20° Ost
30° Ost
40° Ost
50° Ost
Estland
eden
Lyvland
Hzm. Kurland
tsee
Gft. Litauen
Königsberg
Preußen
Moskau
Kais
50° Nord
Groß-Polen
Warschau
Königreich Polen
Schlesien
men
. Mähren
Saporager Kosaken
h
Wien
Fsm. Siebenbürgen
Fsm. Moldau
Chanat der Krim
unabh. Tscherkassen
Kgr. Ungarn
Fsm. Walachai
Schwarzes Meer
40° Nord
Montenegro
Osmanisches
Konstantinopel
Reich
Neapel
Athen
40° Ost
ittelmeer
Jerusalem
30° Nord
Ägypten
20° Ost
30° Ost

DAS WAREN ZEITEN
3

herausgegeben von
Harald Focke

C.C.Buchner

Das waren Zeiten – Niedersachsen

Unterrichtswerk für Geschichte an Gymnasien

Herausgegeben von Harald Focke

Bearbeitet von Ingo Kitzel, Andrea Köhler, Gerlind Kramer, Markus Sanke und Benjamin Stello

1. Auflage, 1. Druck 2016
Alle Drucke dieser Auflage sind, weil untereinander unverändert, nebeneinander benutzbar.

Dieser Titel ist auch als digitale Ausgabe unter *www.ccbuchner.de* (Eingabe im Suchfeld: 31053) erhältlich.

Das Werk folgt der reformierten Rechtschreibung und Zeichensetzung. Ausnahmen bilden Texte, bei denen künstlerische, philologische und lizenzrechtliche Gründe einer Änderung entgegenstehen.

Auf verschiedenen Seiten dieses Buches finden sich Mediencodes. Sie verweisen auf optionale Unterrichtsmaterialien und Internetadressen (Links). Haftungshinweis: Trotz sorgfältiger inhaltlicher Kontrolle wird die Haftung für die Inhalte externer Seiten ausgeschlossen.

Redaktion: Alexandra Hoffmann-Kuhnt
Layout, Satz, Grafik und Karten: ARTBOX Grafik & Satz GmbH, Bremen
Umschlag: ideen.manufaktur, Dortmund
Druck und Bindearbeiten: Brüder Glöckler GmbH, Wöllersdorf

www.ccbuchner.de

ISBN: 978-3-661-**31053**-4

Inhalt

* mögliches Ergänzungsthema des Kerncurriculums

3 Längsschnitt: Der deutsche Nationalstaat im 19. Jahrhundert

4 Industrialisierung und Soziale Frage

5 Längsschnitt: Energienutzung

* mögliches Ergänzungsthema des Kerncurriculums

6 Imperialismus und Erster Weltkrieg

Service-Anhang

Lexikon zur Geschichte

Register

* mögliches Ergänzungsthema des Kerncurriculums

So findet ihr euch im Buch zurecht

Auch durch dieses Schuljahr wird euch euer Geschichtsbuch „*Das waren Zeiten*" begleiten. Es ist ein Arbeits- und Entdeckungsbuch. Ihr könnt mit diesem Buch verschieden umgehen. Man kann es durchblättern, darin schmökern, damit arbeiten, innehalten und Ausschau halten. Man kann erstaunt sein, sich wundern, Fragen stellen und Rätsel lösen – all dies geht mit diesem Buch.
Wie auch immer ihr mit diesem Buch arbeiten werdet, eines solltet ihr dabei nicht verlieren: die *Orientierung*. Um sich zurechtzufinden, nutzten die Menschen früher oft einen Kompass. Heute geRauchen wir dafür eher ein Navigationsgerät mit GPS. Als „Kompass" oder „GPS" sollen euch auch die folgenden Erklärungen der verschiedenen Seiten dieses Buches dienen.

Der „Einstieg" – damit ihr wisst, worum es geht
Jedes Hauptkapitel beginnt mit einem großen Bild. Zu ihm geben wir kurze Hinweise. Der Leitgedanke dieser Seiten lautet: „Wo kann ich dem Thema des Kapitels *heute noch* begegnen?"
Unten rechts findet ihr einen Vorschlag, wie ihr das Bild selbst befragen könnt. Vielleicht wollt ihr in der Klasse darüber sprechen?

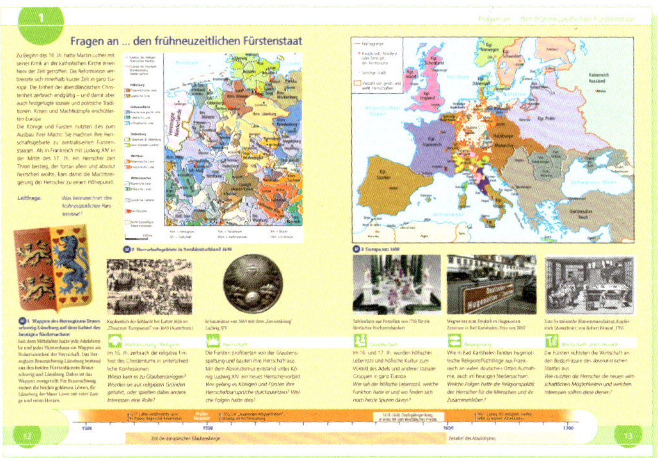

„Fragen an..." – euer Informationszentrum
Die Doppelseite ist euer *Informationszentrum* für das folgende Kapitel. Sie gibt euch Erklärungen, warum wir uns heute mit diesem Teil der Vergangenheit befassen.
Die *Karte* zeigt, wo die Ereignisse stattfanden, die ihr kennenlernen werdet. Sie enthält alle Orte, die im Kapitel vorkommen. Die *Zeitleiste* hilft dabei, euch den Zeitraum vorzustellen und mit der Zeit der vorigen Kapitel zu vergleichen.
In jedem Kapitel haben wir das Thema übersichtlich in fünf wichtige Bereiche (*Kategorien*) gegliedert und mit einem Zeichen (Symbol) gekennzeichnet. Dazu könnt ihr wiederum Fragen stellen. Wichtig ist die *Leitfrage*: Sie soll euch durch das Kapitel begleiten und am Ende beantwortet werden.

Teilkapitel – das Wichtige, übersichtlich geordnet

Auf der *linken Seite* haben die Verfasser aufgeschrieben, was sie für wichtig halten. Hier erfahrt ihr das Wesentliche zum Thema. Das euch schon bekannte *Symbol* oben zeigt, welche *Kategorie* vor allem behandelt wird. Neue *Lernbegriffe* werden fett gedruckt und unten wiederholt. Außerdem enthält das Buch viele *Materialien*. Diese Texte, Bilder und Zeichnungen sind mit **M** gekennzeichnet und nummeriert. Mit ihnen könnt ihr eigenständig arbeiten.

Die *Zeitleiste* enthält die Daten der Doppelseite – findet mit der *Fragen an ... - Seite* heraus, welche Zeit ihr gerade bearbeitet. *Arbeitsvorschläge* stehen unten rechts. Zu kniffligen Fragen geben wir Hilfen.

Methoden – Aufgaben schrittweise lösen

Wer die Geschichte verstehen will, muss die richtigen Fragen stellen und zu ihrer Beantwortung schrittweise vorgehen. Dafür braucht ihr *Methoden*. Wir zeigen euch an Beispielen, wie ihr Material auswertet. Auf den Methodenseiten könnt ihr das gleich selbst erproben:

M 1 bearbeiten wir mit euch gemeinsam. *Jetzt bist du dran*: Zu **M 2** machen wir keine Vorschläge. Mit den *Hilfen zur Formulierung* könnt ihr diese und kommende Aufgaben sicher allein lösen!

„Das weiß ich, das kann ich!" – Testet euch selbst

Am Ende des Kapitels seid ihr Experten für die behandelte Zeit!

„Das weiß ich – das kann ich!" kommt auf die Leitfrage von der „Fragen an ..."-Seite zurück:

Links machen wir Vorschläge, wie ihr die Fragen zu den *Kategorien* beantworten könntet. *Rechts* findet ihr neues Material und passende Aufgaben. Damit könnt ihr prüfen, wie gut ihr euch jetzt auskennt und wie sicher ihr die Methoden anwenden könnt.

Noch unsicher? Besucht im Internet die Seite *Kompetenz-Test*! Hier könnt ihr checken, was ihr schon gut erklären könnt und was ihr noch üben solltet.

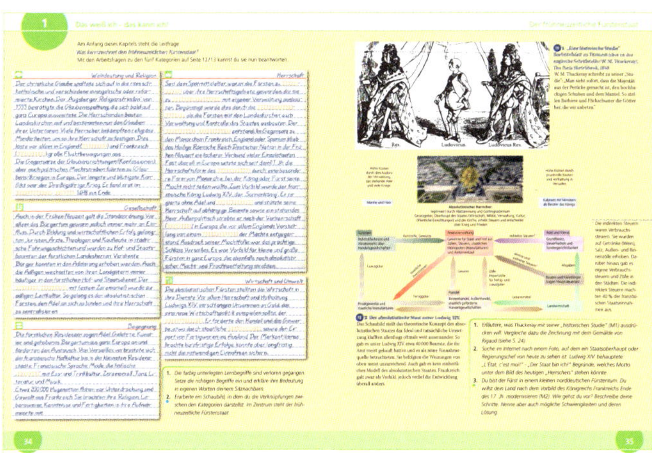

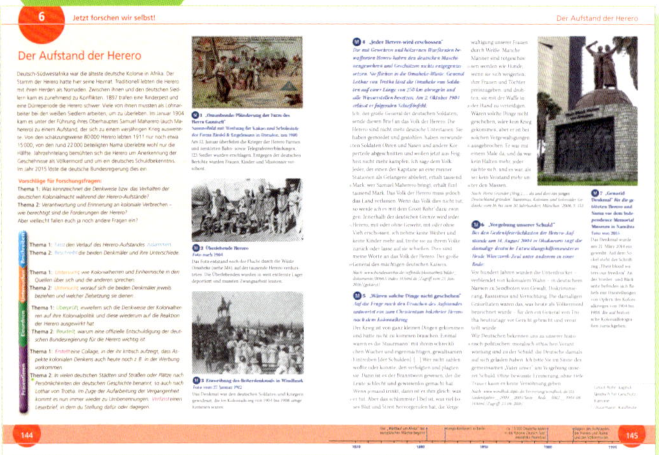

„Jetzt forschen wir selbst!“

Solche Doppelseiten findet ihr in mehreren Großkapiteln. Die Materialien, die wir zusammen gestellt haben, gehören *zu einem Thema* des Kapitels. Wir machen euch *Vorschläge*, welche Fragen ihr an die Bilder und Texte stellen könnt.
Um mehr über das Leben in der Vergangenheit herauszufinden, geht ihr am besten *schrittweise* vor – unsere Aufgaben helfen euch dabei.
So übt ihr nach und nach, Zeugnisse aus der Vergangenheit zu *beschreiben*, zu *untersuchen*, *einzuordnen* und eure Ergebnisse zu *präsentieren*.

1. *Überlege, welche Folgen ...*
   ... ...
2. *Verfasse einen Brief an Bismarck (M4) ...*
   ... ...

Aufgaben-Kennzeichnungen

Zu Aufgaben, die mit dem Symbol ● gekennzeichnet sind, geben wir dir im Anhang eine *Hilfestellung*.
Aufgaben mit dem Symbol ● sind etwas *kniffliger* oder brauchen etwas *längere Zeit*.

Service-Teile: Hilfen für Euch

Alle Aufgaben im Buch enthalten *Operatoren*. Das sind Verben, die Euch genau sagen, was ihr tun sollt. Im Anhang findet ihr dafür Beispiele und Erklärungen.
Die *Methoden*, die ihr trainiert habt, könnt ihr bei ähnlichen Quellen immer wieder anwenden. Eure Methodenkarten wachsen im Laufe des Geschichtsunterrichts zu einer nützlichen Sammlung von Anleitungen.
Zu allen Aufgaben mit dem Symbol ● geben wir *Hilfestellungen* (s. o.) Wir sagen euch aber keine Lösung, sondern helfen euch, die Aufgabe selbst zu meistern.
Begriffe und Personen, die auf den linken Seiten unten wiederholt werden, sind für das Thema besonders wichtig. Im „*Kleinen Lexikon zur Geschichte*“ könnt ihr sie nachschlagen.

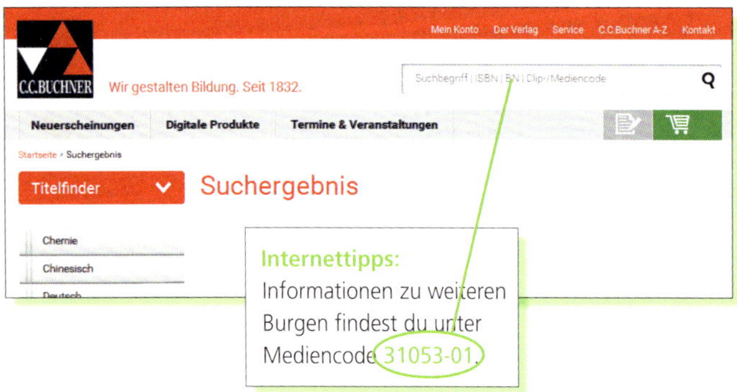

Lust auf mehr? Geht ins Netz!

Vielleicht bekommt ihr ja Lust darauf, zu dem einen oder anderen Thema noch etwas mehr zu erfahren. Dann achtet auf die Internettipps, die wir auf vielen Seiten dieses Buches abgedruckt haben.
Wenn ihr die Links aufrufen wollt, müsst ihr keine langen Internetadressen abtippen. Geht einfach auf unsere Homepage *www.ccbuchner.de*. In das Suchfeld oben rechts müsst ihr nur den Code des Internettipps eingeben, z. B. „31053-01“.

Eine neue Etappe eurer Zeitreise

Liebe Schülerinnen und Schüler,

im vergangenen Schuljahr habt ihr euch mit dem Ende des Römischen Reiches beschäftigt, ihr habt erfahren, wie die Menschen im Mittelalter lebten, wie sie in der Frühen Neuzeit neue Länder entdeckt und erobert haben und wie sich die europäischen Christen nach der Reformation in zwei Lager spalteten.

Nun geht eure Zeitreise im 16. Jh. weiter. Sie zeigt, welche Folgen die Glaubensspaltung hatte – nicht nur in den deutschen Staaten, sondern in ganz Europa. Ein Zeitalter der Glaubenskriege begann. Die Kriege veränderten die Machtverhältnisse: Die Fürsten wurden gestärkt, der Kaiser des Heiligen Römischen Reiches Deutscher Nation geschwächt. Hauptmacht Europas wurde Frankreich.

Dort herrschte im 18. Jh. der Mann als König, den ihr vorne auf dem Buch seht: Ludwig der XIV. Er ist eine der berühmtesten Figuren der europäischen Geschichte. Mit vier Jahren wurde er König von Frankreich, 13-jährig übernahm er die Regierung, die er bis zu seinem Tod mit 76 Jahren innehatte. Zeit genug für den ehrgeizigen Monarchen, Frankreich und Europa seinen Stempel aufzudrücken. 34 Jahre führte er Krieg und machte Frankreich zur beherrschenden Macht auf dem Kontinent. Auch im Innern konnte Ludwig XIV. seinen Anspruch durchsetzen, allein zu herrschen. Andere europäische Fürsten taten es ihm nach. Auch seine prachtvolle Residenz in Versailles und das luxuriöse Leben am Hof beeindruckte sie. Diesem Vorbild wollten alle nacheifern.
Doch das französische Volk war davon alles andere als begeistert. König und Adel verprassten das Geld für Kriege, Prunk und Luxus – die Menschen aber lebten trotz harter Arbeit in Armut. Am Ende des 18. Jh. kam es in Frankreich zu einem Aufstand, einer Revolution: Die Bürger setzten den König ab. Neue Ideen zu Politik und Gesellschaft hatten sie stark gemacht und eine gewaltige Lawine politischer Veränderungen in Gang gesetzt.

Nicht nur der Streit um die Macht prägte Europa im 19. Jh. Wirtschaft und Gesellschaft veränderten sich grundlegend durch die Industrialisierung: Fabriken und Maschinen verdrängten die Handarbeit in den Werkstätten. Erfindungen veränderten das Leben, nicht zuletzt durch bahnbrechende Leistungen in den Naturwissenschaften. Dafür steht beispielhaft die Dame vorn auf dem Einband: Marie Curie. Als bisher einzige Frau erhielt sie sowohl den Nobelpreis für Physik wie auch für Chemie – und das in einer Zeit, in der sonst Männer den Ton angaben. Immer mehr Frauen forderten aber gleiche Rechte. Auch die Arbeiter in den Fabriken kämpften für ein menschenwürdiges Leben. Wo lagen ihre Probleme? Was erreichten sie?
Es gibt viel zu erkunden, nach Ursachen und Zusammenhängen zu fragen, um die Entwicklungen zu verstehen. Interessante Erkenntnisse und Freude an der Geschichte wünsche ich euch im Namen aller, die an diesem Buch mitgearbeitet haben.

Harald Focke, Bassum

1

Der frühneuzeitliche Fürstenstaat

„Für ein Wochenende zurück ins 18. Jahrhundert" – so werden die „Lebendigen Barocktage" auf Schloss Bückeburg beworben. Einmal im Jahr öffnet das Schloss für zwei Tage seine Tore für eine Zeitreise an den Fürstenhof, erstmals am 19. und 20. Oktober 2013. Anlass für das Barockfest war ein Jubiläum: Genau 250 Jahre zuvor war der Landesherr Graf Wilhelm zu Schaumburg-Lippe – einer der schillerndsten Fürsten des 18. Jh. – aus dem Siebenjährigen Krieg heimgekehrt, in dem die europäischen Mächte gegeneinander gekämpft hatten. Über 100 kostümierte Darsteller sollten die Szenerie historisch so genau wie möglich zum Leben erwecken: Tanzen und Flanieren in Originalkostümen, Trinkschokolade nach altem Rezept, Glücksspiel, Musik- und Fechtstunde oder Schießübungen im Park mit historischen Requisiten.

M **Tanz am Fürstenhof**
Foto von den Lebendigen Barocktagen auf Schloss Bückeburg am 19. und 20. Oktober 2013

Weil das Bild des 18. Jh. historisch korrekt vermittelt werden sollte, war Besuchern der Zutritt in eigener Kostümierung nicht erlaubt. Nimm Stellung. Woher wissen die Veranstalter eigentlich, was historisch korrekt ist? Gibt es Bereiche des damaligen Lebens, über die wir gar nicht wissen können, wie es wirklich war?

Fragen an ... den frühneuzeitlichen Fürstenstaat

Zu Beginn des 16. Jh. hatte Martin Luther mit seiner Kritik an der katholischen Kirche einen Nerv der Zeit getroffen. Die Reformation verbreitete sich in kurzer Zeit in ganz Europa. Die Einheit der abendländischen Christenheit zerbrach endgültig – und damit auch festgefügte soziale und politische Traditionen. Krisen und Machtkämpfe erschütterten Europa. Die Könige und Fürsten nutzten dies zum Ausbau ihrer Macht: Sie machten ihre Herrschaftsgebiete zu zentralisierten Fürstenstaaten. Als in Frankreich mit Ludwig XIV. in der Mitte des 17. Jh. ein Herrscher den Thron bestieg, der fortan allein herrschen wollte, kam damit die Machtsteigerung der Herrscher zu einem Höhepunkt.

Leitfrage: *Was kennzeichnet den frühneuzeitlichen Fürstenstaat?*

M2 Herrschaftsgebiete in Norddeutschland 1648

M1 Wappen des Herzogtums Braunschweig-Lüneburg auf dem Gebiet des heutigen Niedersachsen

Seit dem Mittelalter hatte jede Adelsfamilie und jedes Fürstenhaus ein Wappen als Hoheitszeichen der Herrschaft. Das Herzogtum Braunschweig-Lüneburg bestand aus den beiden Fürstentümern Braunschweig und Lüneburg. Daher ist das Wappen zweigeteilt: Für Braunschweig stehen die beiden goldenen Löwen, für Lüneburg der blaue Löwe mit roter Zunge und roten Herzen.

Kupferstich der Schlacht bei Lutter 1626 im „Theatrum Europaeum“ von 1643 (Ausschnitt)

Weltdeutung / Religion

Im 16. Jh. zerbrach die religiöse Einheit des Christentums in unterschiedliche Konfessionen.

Wieso kam es zu Glaubenskriegen? Wurden sie wirklich aus religiösen Gründen geführt, oder spielten dabei andere Interessen eine Rolle?

Schaumünze von 1664 mit dem „Sonnenkönig“ Ludwig XIV.

Herrschaft

Die Fürsten nutzten die Glaubensspaltung und bauten ihre Herrschaft aus. Mit dem Absolutismus entstand unter König Ludwig XIV. ein neues Herrschervorbild.

Wie gelang es Königen und Fürsten ihre Herrschaftsansprüche durchzusetzen? Welche Folgen hatte dies?

- 1517: Luther veröffentlicht seine 95 Thesen; Beginn der Reformation

Frühe Neuzeit

- 1555: Der „Augsburger Religionsfrieden“ bestätigt die Kirchenspaltung

1500 1550

Zeit der europäischen Glaubenskriege

M 3 Europa um 1600

Tischaufsatz aus Porzellan von 1755 für ein fürstliches Hochzeitsbankett

Wegweiser zum Deutschen Hugenotten-Zentrum in Bad Karlshafen, Foto von 2007

Eine französische Blumenmanufaktur, Kupferstich (Ausschnitt) von Robert Bénard, 1765

Gesellschaft

Im 16. und 17. Jh. wurden der Lebensstil und die Kultur am Hofe des französischen Königs zum Vorbild des Adels in ganz Europa.
Wie sah der höfische Lebensstil aus, welche Funktion hatte er und wo finden sich noch heute Spuren davon?

Begegnung

Wie in Bad Karlshafen fanden Religionsflüchtlinge aus Frankreich an vielen deutschen Orten Aufnahme, auch im heutigen Niedersachsen.
Welche Folgen hatte die Religionspolitik der Herrscher für die Menschen und ihr Zusammenleben?

Wirtschaft und Umwelt

Die Fürsten richteten die Wirtschaft an den Bedürfnissen ihres Staates aus.
Wie nutzten die Herrscher die wirtschaftlichen Möglichkeiten und welchen Interessen sollten diese dienen?

1618-1648: Dreißigjähriger Krieg; er endet mit dem Westfälischen Frieden

1661-1715: Ludwig XIV. regiert in Frankreich absolutistisch

1650 1700

Zeitalter des Absolutismus

Fürstenstaaten entstehen

M 1 Friedrich II. belehnt Otto (das Kind) 1235 mit dem Herzogtum Braunschweig-Lüneburg
Buchmalerei von Hans Bornemann im Lüneburger Sachsenspiegel von 1448

Auf dem Mainzer Hoftag 1235 übertrug Kaiser Friedrich II. dem Welfenherzog Otto seine Besitzungen um Braunschweig und Lüneburg als neu geschaffenes Herzogtum und erhob es zum Reichsfürstentum – eine wichtige Herrschaftsgrundlage für die mächtige Adelsfamilie der Welfen war gelegt.

Informiere dich über die Welfenherzöge im niedersächsischen Raum und die wichtigsten Etappen ihres Aufstiegs.

Herrschaft in Europa

Um 1600 war die übliche Staatsform in Europa die Monarchie. Fast alle Könige (und Fürsten) hatten Berater an ihrer Seite, und sie riefen immer wieder die Stände – Adlige, Vertreter der Städte sowie der Kirche – zusammen. Auf Reichs- oder Landtagen konnten sie die Politik des Herrschers beeinflussen.

Die Könige und Fürsten entstammten ganz überwiegend alten Herrschergeschlechtern (Dynastien) und kamen durch Erbfolge ins Amt. Nur wenige wurden gewählt, etwa der König Polens und der Kaiser im Heiligen Römischen Reich Deutscher Nation – so wurden seit dem Ende des 15. Jh. die deutschen Teile der Gebiete genannt, die von den Kaisern aus der Familie der Habsburger regiert wurden. Der Kaiser des Heiligen Römischen Reiches besaß nicht die Stellung eines „Königs“, weil nicht er selbst im Reich regierte, sondern die Fürsten in ihren Herrschaftsgebieten; dazu zählten auch die Welfenherzöge im niedersächsischen Raum. Wie kam es dazu?

Fürsten werden mächtig

Die geistlichen und weltlichen Fürsten des Heiligen Römischen Reiches – also die Bischöfe, Herzöge und Grafen – hatten Land und königliche Herrschaftsrechte (Regalien) im Mittelalter ursprünglich nur zu Lehen erhalten. Sie nutzten die Einnahmen und die übertragenen Rechte jedoch, um ihre eigene Macht als „**Landesherren**“ auszubauen. Nach und nach vergrößerten die Fürsten ihren Familienbesitz durch Heirat, Kauf, Tausch, Erbschaften, aber auch durch Kriege. Sie ließen Burgen bauen und Städte gründen und überzogen so das Land mit Stützpunkten. Ihr Ziel war es, ein möglichst zusammenhängendes Herrschaftsgebiet zu schaffen, ein Territorium.

Die Kaiser konnten dem nichts entgegensetzen; sie waren auf die Fürsten angewiesen: Ohne die Zustimmung der (Kur-)Fürsten konnte kein Kaiser gewählt werden und ohne die Unterstützung der Reichsfürsten das Reich nicht regiert werden.

Auf dem Weg zum frühmodernen Staat

Seit dem Spätmittelalter regierten die Landesherren in ihrem Territorium als „Obrigkeit“ (Souverän). Sie erließen Gesetze, sprachen Recht und zogen Steuern ein. Oft wählten die Fürsten einen Hauptort in ihrem Hoheitsbereich zum festen Herrschaftssitz (Residenz), um von dort aus zentral zu regieren. Räte und Fachleute halfen dem Fürsten beim Aufbau einer **Verwaltung**. Diese Beamten trugen dazu bei, dass die landesherrlichen Gebiete zu gut funktionierenden **Territorialstaaten** wurden.

Begünstigt wurde diese Entwicklung hin zum „Staat“ in der Reformationszeit. Viele Landesherren setzten nach 1525 ein einheitliches Bekenntnis (Konfession) in ihrem Territorium durch. Den Vorgang nennen Historiker **Konfessionalisierung**. Dazu bestimmten die Landesherren die Kirchen- und Gemeindeordnung und ließen sie von staatlichen Amtsträgern kontrollieren. Die Kirchenordnungen ergänzten die „Policey-Ordnungen“, mit denen die Obrigkeit in alle Lebensbereiche der Untertanen hineinregierte. Die Landesherren beaufsichtigten Kirchen, Schulen, Universitäten, Kranken- und Armenhäuser und bezahlten diese aus dem Kirchenvermögen und Steuereinnahmen. Steuern waren auch für den Unterhalt der stets einsatzbereiten (stehenden) Heere nötig, die ab der Mitte des 17. Jh. in den meisten Staaten unterhalten wurden.

Von einem modernen Staat kann in der Frühen Neuzeit noch nicht gesprochen werden. Oft teilten sich verschiedene Herren Besitzungen und Rechte auf engstem Raum, sodass es keine klaren Grenzen gab. Aber: Im Verlauf des 16. und 17. Jh. wurden die Grundlagen des modernen Staates gelegt. Die Veränderungen bis 1650 waren daher die Entstehungsphase des frühmodernen (Fürsten-)Staates.

Landesherr Verwaltung Territorialstaat Konfessionalisierung

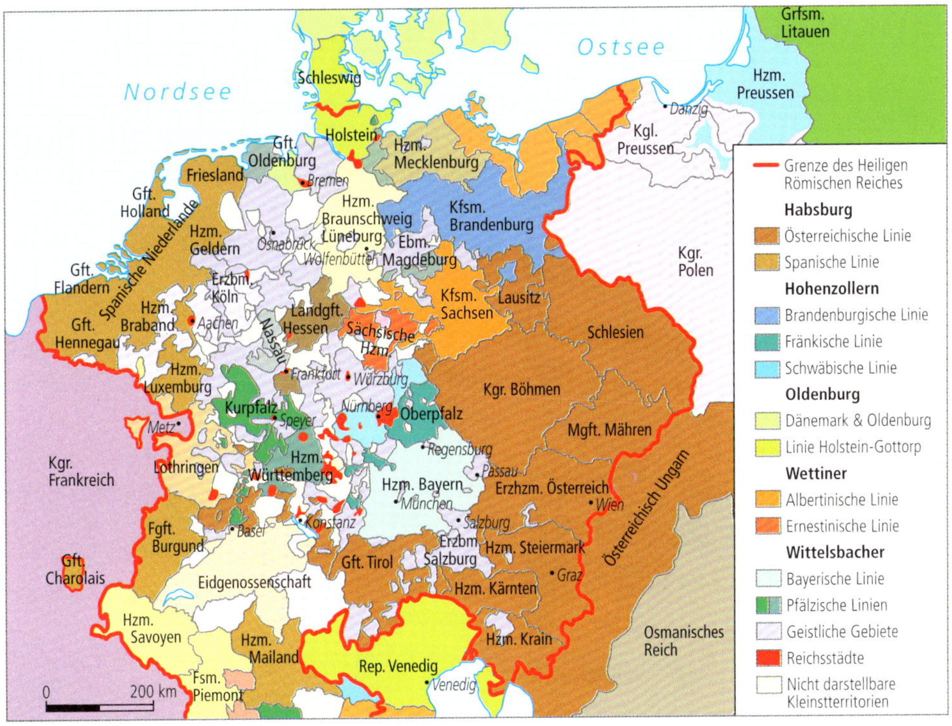

M 2 Deutschland um die Mitte des 16. Jh.

M 3 Ein typischer Territorialfürst

Über die Regierungszeit des Welfenherzogs Heinrich des Jüngeren zu Braunschweig-Wolfenbüttel in der Mitte des 16. Jh. schreibt ein Historiker:

Die Territorialfürsten entschieden in Glaubensfragen zumeist weniger aus religiöser Überzeugung denn aus politischer Opportunität[1]. [...] Ein gutes Beispiel hierfür ist der Welfe Herzog Heinrich der Jüngere (1489 - 1568) zu Braunschweig-Wolfenbüttel. Zwei seiner Brüder waren Bischöfe in Minden und Verden bzw. Erzbischof von Bremen. In seiner Regierungszeit bewies sich Heinrich als Fürst und Krieger gleichermaßen. Er war machtbewusst, schroff und leidenschaftlich, aber er besaß auch reichlich taktisches und diplomatisches Geschick. In den konfessionellen Auseinandersetzungen der Epoche blieb er als ein getreuer Gefolgsmann Kaiser Karls V. altgläubig, auch wenn er die Notwendigkeit kirchlicher Reformen sah.

Sein außenpolitisches Streben korrespondierte mit dem erfolgreichen Bemühen, sein Herzogtum im Innern zu festigen und zu modernisieren. Er baute die Verwaltung und Rechtsprechung seines Territoriums aus (Kanzleiordnung / Hofgericht), etablierte die Primogenitur (Erstgeburtsrecht, um Erbteilungen zu verhindern) und förderte seine Festungs- und Residenzstadt Wolfenbüttel. Nicht zuletzt interessierte er sich stark für die ökonomischen Möglichkeiten seiner Zeit [...]. Interessant aber im Zusammenhang der Reformation ist, auf welche Weise dieses erfolgte. Trotz anfänglicher Niederlagen [...] ging Heinrich als Sieger aus der Hildesheimer Stiftsfehde von 1519 bis 1523 hervor. Sein Braunschweiger Territorium reichte nun in einem Ring um Hildesheim bis zu Innerste, Leine und Weser. Im Jahre 1530 bestätigte Kaiser Karl V. diesen Zugewinn.

Carl-Hans Hauptmeyer, Niedersachsen. Landesgeschichte und historische Regionalentwicklung im Überblick, hrsg. von der Niedersächsischen Landeszentrale für politische Bildung, Hannover 2004, S. 62 f.; zit. nach: www.politische-bildung.de/niedersachsen/niedersachsen_landesgeschichte.pdf [Zugriff: 30. 05. 2016]

[1] Opportunität: passende Gelegenheit, Vorteil

1. *Erläutere mithilfe des Verfassertextes und der Karte M2, wie die Fürsten des Heiligen Römischen Reiches immer mächtiger wurden.*
2. *Arbeite heraus, inwiefern es sich bei Herzog Heinrich von Braunschweig-Wolfenbüttel um einen „typischen Territorialfürsten" der Reformationszeit handelte (M3).*
3. *Prüfe, inwiefern in der Zeit der Konfessionalisierung die Grundlagen des modernen Staates gelegt wurden.*

1524 - 1526 sogenannter Bauernkrieg
1517: angeblich Thesenanschlag Luthers; Beginn der Reformation
1545 - 1563 Konzil von Trient
Ausbreitung der Reformation in Europa: Glaubensspaltung
Frühe Neuzeit
Entstehung des frühmodernen Staates
1400 1500 1600 1700

Machtkämpfe und Krisen um 1600

M1 „Zwo warhafftige und erschröckliche Newe Zeitungen"
Holzschnitt auf einer Flugschrift von 1616
Das Bild ist der obere Teil einer Nachricht (Zeitung) von Erscheinungen am Himmel und auf der Erde, die an verschiedenen Orten Deutschlands und Böhmens sowie in Paris beobachtet wurden. Am oberen Bildrand stürmen ein Christen- und ein Türkenheer aufeinander zu. Die Posaunenengel rufen die Toten zum letzten Gericht und die Lebenden zur Umkehr auf.

Flugschriften, die „Bunte Presse" der Frühen Neuzeit, drückten die Ängste und Stimmung der Menschen aus. Überprüfe die Aussage an M1 nach der Lektüre des Verfassertextes.

Kämpfe um Glauben …

Auch nach dem Augsburger Religionsfrieden waren die konfessionellen Rivalitäten nicht dauerhaft beendet. Denn die Frage nach dem Glaubensbekenntnis stellte zugleich auch immer die Frage nach der Macht – mit der Ausbreitung der Reformation überall in Europa.

In Frankreich hatten sich rund fünf Prozent der Bevölkerung der Lehre des Reformators Johannes Calvin, dem Calvinismus, zugewandt: die **Hugenotten**. Unter ihnen waren zahlreiche Adelsfamilien, die fast 40 Jahre lang gegen den König und eine katholische Adelsgruppe um Unabhängigkeit und Macht kämpften. Erst 1598 endeten die Glaubenskriege in Frankreich mit einem Gesetz (Edikt von Nantes), das den Hugenotten eine begrenzte Religionsausübung erlaubte.

Wie in Frankreich wurden die Calvinisten auch in den Niederlanden, damals vom spanischen König regiert, lange bekämpft. 1581 sagten sich die nördlichen Provinzen von Spanien los und gründeten ein eigenes Staatswesen: die Republik der Vereinigten Niederlande. In England lösten sich um 1567 die **Puritaner** (lat. purus: rein), die Anhänger der „reinen" calvinistischen Lehre, aus der anglikanischen Staatskirche. Viele wanderten in die Niederlande oder nach Nordamerika aus.[1]

… und Macht in Europa

Das Heilige Römische Reich Deutscher Nation bildete das Zentrum Europas. Das Reich war kein zentral regierter Staat, sondern ein „Flickenteppich" aus kleineren, von Fürsten regierten Territorien. Zusammengehalten wurde es durch wenige gemeinsame Einrichtungen: den Reichstag und die Reichsgerichte. Sie konnten aber nur handeln, wenn sich Kaiser und Reichsstände im Tauziehen um ihre Interessen nicht einig waren.

Konflikte gab es nicht nur innerhalb der Reichsgrenzen. Frankreich und Spanien kämpften um die Vorherrschaft in Europa. Seit unter Kaiser Karl V. auch Spanien und Gebiete in den Niederlanden und Italien zum Habsburgerreich gehörten, fühlte sich Frankreich „eingekreist" und bedroht.

Um die Macht im Norden stritten sich Schweden, Polen, Dänemark und das russische Zarenreich. Hier ging es um die Vorherrschaft im wichtigen Ostseehandel.

Das Osmanische Reich nutzte die Uneinigkeit der europäischen Staaten: 1526 eroberten die Türken große Teile Ungarns und 1529 belagerten sie erstmals Wien. Die „Türkenkriege" flackerten bis zum Beginn des 18. Jh. immer wieder auf.

Krisenstimmung

Die Bevölkerung in Europa litt unter den politischen und konfessionellen Krisen und der daraus resultierenden Gewalt. Aber auch im Frieden lebten die Menschen häufig in Unsicherheit und Angst. Das Klima wurde kälter, es regnete mehr. Häufige Missernten, Teuerungen und Hungersnöte folgten. Durch einen frommen Lebenswandel und einen festen Glauben versuchten die Menschen, Gott gnädig zu stimmen und sich so zu schützen. Vordringliche Aufgabe der Obrigkeiten war es daher, für ein gottgefälliges Leben der Untertanen zu sorgen. In Bildern und Schriften riefen die Zeitgenossen die Herrschenden dazu auf, die Konflikte beizulegen.

- *Erkläre, wie es zu der konfessionellen Spaltung Europas kam. Nenne die Folgen.*

[1] Siehe dazu S. 54 f.

Hugenotten Puritaner

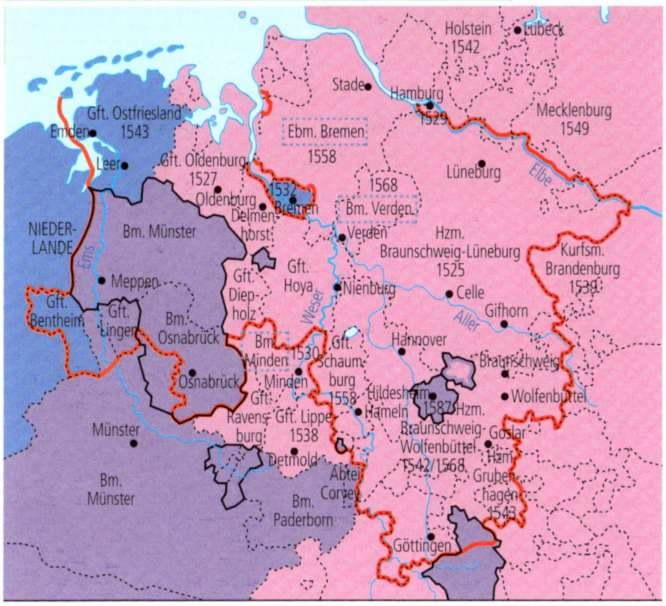

M2 Staaten, Religionen und Konfessionen um 1570 in Europa

M3 Die Verteilung der Konfessionen in Niedersachsen Ende des 16. Jh.

Internettipp:
Wer waren die Hugenotten, warum wurden sie verfolgt und was wurde aus ihnen? Siehe dazu Mediencode 31053-01

1. *Zeichne die Konflikte im 16. Jh. mithilfe des Verfassertextes und der Karte M2 nach.*
2. *Erläutere den folgenden Satz aus dem Verfassertext an einem Beispiel: Denn die Frage nach dem Glaubensbekenntnis (der Konfession) stellte auch immer die Frage nach der Macht.*
3. *Nenne Länder, die heute noch mehrheitlich a) katholisch oder b) protestantisch sind. Vergleiche die heutige Situation mit der Karte M2.*
4. *Untersuche die Karte M3. Stelle fest, zu welchem Landesherrn und zu welcher Konfession dein Heimatort um 1648 gehörte.*

1545 - 1563 Konzil von Trient
1524 - 1526 sogenannter Bauernkrieg
Glaubenskriege in Frankreich
1517: angeblich Thesenanschlag Luthers; Beginn der Reformation
Ausbreitung der Reformation in Europa: Glaubensspaltung
Frühe Neuzeit
Entstehung des frühmodernen Staates
1400 1500 1600 1700

Dreißig Jahre Krieg

M1 Der „Prager Fenstersturz"
Flugblatt (Holzschnitt) von 1618

Die „warhafftige Zeitung" aus Prag berichtet sinngemäß, dass dank Gottes die von den königlichen Beamten ausgehende Gefahr abgewendet worden sei. Ein Beamter habe sich später im Kloster versteckt, wurde jedoch herausgegeben und musste mit den anderen Beamten ein Geständnis ablegen und um Gnade bitten.

Beurteile, ob es sich bei M1 um ein Flugblatt von protestantischer oder katholischer Seite handelt.

Internettipp:
Der Dreißigjährige Krieg wütete auch im heutigen Niedersachsen. Siehe dazu Mediencode 31053-02

Fenstersturz mit Folgen

Am 23. Mai 1618 stürmten protestantische Adlige die Burg von Prag, Sitz des Königs von Böhmen, und warfen die Statthalter des Königs samt Sekretär aus dem Fenster. Wie konnte es dazu kommen?

Neun Jahre zuvor hatten die höchsten Adligen Böhmens vom damaligen Kaiser und böhmischen König das Recht bekommen, sich ihre Konfession frei zu wählen. Doch der 1617 gewählte neue böhmische König Ferdinand wollte die garantierte Glaubensfreiheit rückgängig machen. Die Wut der protestantischen Stände zeigte sich im „Prager Fenstersturz". Die königlichen Beamten hatten Glück: Sie fielen auf einen Misthaufen und überlebten. Niemand aber konnte ahnen, dass der Sturz einen der längsten und blutigsten Kriege in Mitteleuropa auslösen würde.

Verhärtete Fronten

In Böhmen entluden sich 1618 konfessionelle Spannungen, die sich zu Beginn des 17. Jh. überall im Reich angestaut hatten. Gegen Ende des 16. Jh. versuchte eine Reihe von katholischen Fürsten, den Einfluss der protestantischen Fürsten mithilfe des Kaisers wieder zurückzudrängen (Gegenreformation).

1608 schlossen sich daher einige protestantische Fürsten mit mehreren Städten zu einem militärischen Schutzbündnis zusammen, der „Union". Im Gegenzug verbündeten sich die wichtigsten katholischen Fürsten in der „Liga". Beide Bündnisse bemühten sich um Unterstützung durch andere europäische Mächte. Eine friedliche Lösung des Konflikts schien kaum mehr möglich.

Ein europäischer Krieg

In Böhmen wählten die protestantischen Adligen schließlich sogar einen anderen zum König. Ferdinand, der inzwischen Kaiser geworden war, holte sich seine böhmische Königskrone durch einen Krieg zurück. Die Führer des Aufstandes wurden hingerichtet, die böhmischen Protestanten mussten zum katholischen Glauben zurückkehren.

Mit seinem Heer versuchte der Kaiser auch im Norden des Heiligen Römischen Reiches protestantische Gebiete zu unterwerfen. Der Krieg weitete sich aus. Denn nicht nur alle Reichsfürsten wollten einen zu großen Machtzuwachs des Kaisers verhindern. Auch der katholische König von Frankreich und der protestantische König von Schweden sandten Soldaten gegen den Kaiser.

Zu dem Gegensatz der Konfessionen war der Kampf um die Vormacht in Europa gekommen. Zwischen 1618 und 1648 wurden mehrere Feldzüge zwischen unterschiedlichen Gegnern ausgetragen. Je nachdem, wie es ihnen zweckmäßig erschien, gingen die deutschen Fürsten über die Konfessionen hinweg Bündnisse ein, um ihre Stellung zu sichern.

Not und Elend

Mit Unterbrechungen dauerte der Krieg insgesamt 30 Jahre. Der modernen Kriegsführung mit Feuerwaffen und Geschützen fielen unzählige Soldaten zum Opfer. Bei den Plünderungen, Eroberungen und Verwüstungen verlor die einfache Bevölkerung oft das Lebensnotwendige, viele wurden umgebracht oder starben durch Hunger und Seuchen. Über 1 600 Städte und mehr als 18 000 Dörfer wurden allein in den deutschen Gebieten zerstört. Die Bevölkerung des Reiches sank von etwa 16 auf elf Millionen.

Weite Teile des Landes waren verwüstet, Felder lagen brach. Es fehlten Menschen und Geld, um die Bauernhöfe wieder aufzubauen und die Felder wieder fruchtbar zu machen. Der Dreißigjährige Krieg ließ das Reich in fast jeder Hinsicht hinter die anderen europäischen Großmächte zurückfallen.

M2 Ein Söldner berichtet

Peter Hagendorf dient ab 1627 im Heer der Liga. Von ihm ist ein Tagebuch überliefert. Aus diesem wissen wir, dass seine erste Frau und sieben Kinder während des Krieges gestorben sind. Über die Erstürmung Magdeburgs 1631 schreibt er:

Den 20. Mai [1631] haben wir mit Ernst angesetzt und gestürmt und auch erobert. Da bin ich mit stürmender Hand ohne allen Schaden in die Stadt gekommen. Aber in der Stadt, am Neustädter Tor, bin ich zweimal durch den Leib geschossen worden, das ist meine Beute gewesen. [...] Ist mir doch von Herzen Leid gewesen, dass die Stadt so schrecklich gebrannt hat [...]. Wie ich nun verbunden bin, ist mein Weib in die Stadt gegangen, obwohl sie überall gebrannt hat, und hat wollen ein Kissen holen und Tücher zum Verbinden und worauf ich liegen könnte. So habe ich auch das kranke Kind bei mir liegen gehabt. [...] Sie [die Frau des Söldners] kommt nach anderthalb Stunden gezogen mit einer alten Frau aus der Stadt. Die hat sie mit sich hinausgeführt, ist eines Seglers Weib gewesen und hat ihr helfen tragen Bettgewand. So hat sie mir auch gebracht eine große Kanne von vier Maß mit Wein und hat außerdem auch zwei silberne Gürtel gefunden und Kleider, sodass ich dafür zwölf Taler eingelöst habe zu Halberstadt.

Zit. nach: Jan Peters (Hrsg.), Peter Hagendorf – Tagebuch eines Söldners aus dem Dreißigjährigen Krieg, Göttingen 2012, S. 104 f.

M4 Plünderung eines Dorfes
Ölgemälde von dem flämischen Maler Sebastian Vrancx (Ausschnitt), um 1620

M3 Kriegsleiden und -folgen

Ein Pfarrer aus Großbieberau (Hessen):

1634: Bald fielen die Schweden über den Rhein herüber und jagten die Kaiserlichen aus ihrem Quartier, und bald jagten diese wieder jene hinaus. Die Folge war, dass das ganze Land zwischen Main und Rhein ausgepresst wurde. Kein Mensch durfte sich auf dem Land blicken lassen, sonst wurde ihm nachgejagt wie einem Wild. Ergriff man einen, dann wurde er [...] unbarmherzig geschlagen, bis er verriet, wo er sein Geld oder sein Vieh oder sein Pferd hatte. Gefangene wurden nackend an heiße Öfen angebunden oder aufgehängt und mit Rauch gedämpft. [...]

1635: Inzwischen hat Gott uns neben dem Kriegsleid noch die Pest hinterhergeschickt. Die Leute sterben schnell und haufenweise dahin, sodass man sie gar nicht alle begraben konnte. [...] Durch diesen Krieg nun, durch Pest, Teuerung und Hungersnot sind der Leute so wenig im Land geworden, dass unsere Nachkommen es schwerlich glauben werden.

Zit. nach: Günther Franz (Hrsg.), Quellen zur Geschichte des deutschen Bauernstandes in der Neuzeit, Darmstadt 1963, S. 117 ff. (stark vereinfacht)

Lesetipp:
Tilman Röhrig, In 300 Jahren vielleicht, Würzburg [9]1999

1. *Stelle die Folgen des Krieges stichwortartig zusammen (M2-M4).*
2. *Vergleiche die Sichtweisen der Textquellen (M2 und M3).*
3. *Söldner – Täter oder Opfer? Diskutiert das Thema (M2-M4)!*
4. *Prüfe mithilfe der Materialien und des Verfassertextes: War der Dreißigjährige Krieg ein „Glaubenskrieg"?*

1608: Protestantische Landesfürsten gründen eine „Union"
1609: Katholische Landesfürsten gründen eine „Liga"
1618: „Prager Fenstersturz"
Dreißigjähriger Krieg
1600 | 1610 | 1620 | 1630 | 1640 | 1650

Endlich Frieden – geschlossen in Münster und Osnabrück

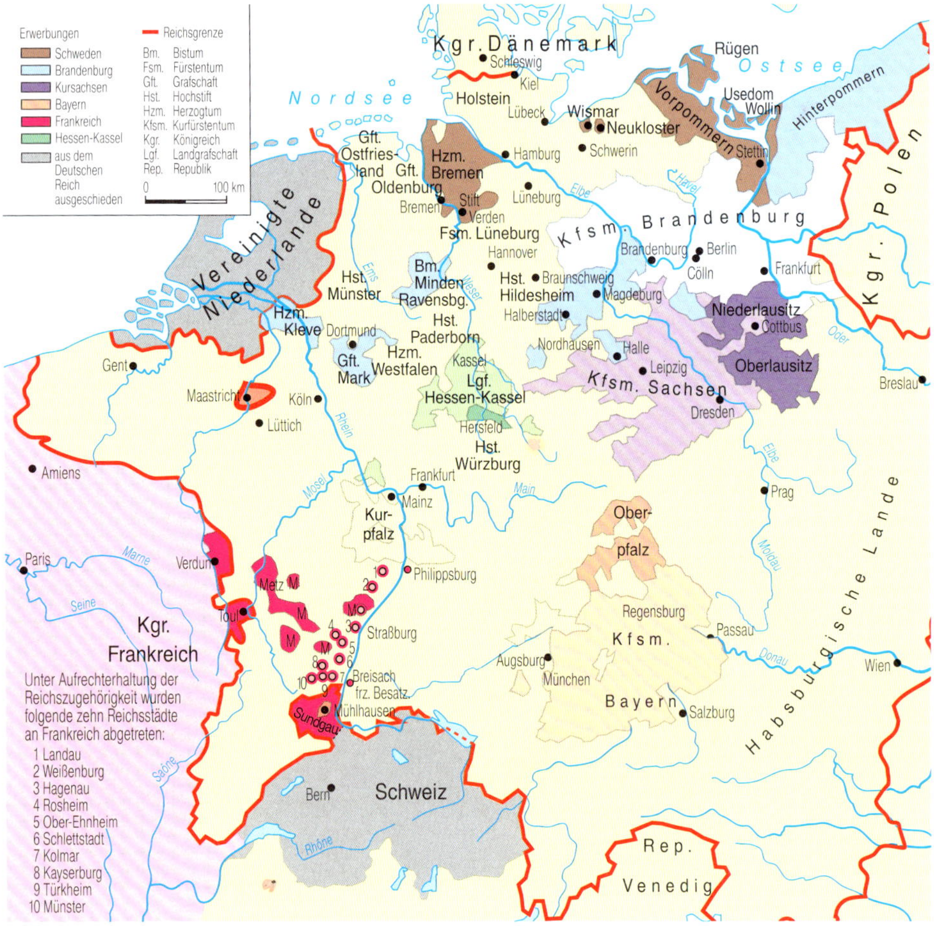

M1 Gebietsveränderungen nach dem Dreißigjährigen Krieg 1648

Die Schweiz und die Niederlande wurden als selbstständige Staaten anerkannt.

Nenne die heutigen Staaten, die 1648 auf dem Gebiet des Heiligen Römischen Reiches Deutscher Nation lagen.

Der Westfälische Frieden

Schon bevor der Krieg endgültig beendet war, verhandelten Gesandte aller beteiligten Mächte in Münster und Osnabrück lange über einen Frieden. Es war der erste Friedenskongress der Geschichte.

Die Verträge von Osnabrück zwischen Kaiser, Reichsfürsten und Schweden sowie von Münster zwischen Kaiser, Reichsfürsten und Franzosen schufen eine europäische Friedensordnung. Sie regelten Gebietsansprüche und den konfessionellen Ausgleich.

Auch wenn das Jahr 1648 nicht das Ende der Religionskonflikte bedeutete, verhinderten die Vereinbarungen langfristig einen neuen Religionskrieg.

Der konfessionelle Ausgleich

Der **Westfälische Frieden** bekräftigte den Augsburger Religionsfrieden von 1555. Neben Katholiken und Lutheranern wurde nun auch der Calvinismus als Konfession anerkannt. Die konfessionellen Besitzstände von 1624 sollten wiederhergestellt werden. Religiöse Streitfragen zwischen den höchten deutschen Fürsten, den Reichsständen, waren von nun an vom Reichstag zu entscheiden.

Bedeutung des Friedens für das Reich

Das Reich musste den Siegerstaaten Gebiete abtreten, auch an Frankreich und Schweden, die garantieren sollten, dass der Frieden eingehalten wird.

Der Westfälische Frieden bestätigte den deutschen Reichsständen die Landeshoheit in ihren Gebieten. Außerdem durften sie frei Bündnisse miteinander und mit fremden Staaten schließen – außer gegen den Kaiser und das Reich. Bei wichtigen Reichsangelegenheiten wie Kriegserklärungen und Friedensschlüssen brauchte der Kaiser die Zustimmung der Reichsstände.

Die Bestimmungen sicherten die Staatenvielfalt im Heiligen Römischen Reich Deutscher Nation bis zu seinem Ende im Jahr 1806[1].

Arbeite die Bedeutung des Westfälischen Friedens heraus für a) Rechte und Besitz der Konfessionen, b) das Verhältnis der Territorialstaaten zum Reich und c) die Machtverhältnisse in Europa.

[1] Dazu erfährst du mehr auf S. 66.

M 2 Aus dem Osnabrücker Friedensvertrag

In Artikel II des am 25. Oktober 1648 verkündeten Friedensvertrages zwischen dem Kaiser (und seinen Verbündeten) sowie der Königin Christina von Schweden (und ihren Verbündeten) heißt es:

Beiderseits sei immerwährendes Vergessen und Amnestie[1] alles dessen, was seit Anbeginn dieser Unruhen an irgendeinem Ort und auf irgendeine Weise vom einen oder andern Teil, hüben und drüben, feindlich begangen worden ist [...]; vielmehr sollen alle und jede hin und her, sowohl vor dem Kriege als auch im Kriege, mit Worten, Schriften oder Taten zugefügten Beleidigungen, Gewalttaten, Feindseligkeiten, Schäden und Unkosten ohne alles Ansehen der Personen oder Sachen dergestalt gänzlich abgetan sein, dass alles, was deshalb der eine vom andern fordern könnte, in immerwährendem Vergessen begraben sein soll.

Armin Reese, Pax sit Christiana. Die Westfälischen Friedensverhandlungen als europäisches Ereignis, Düsseldorf 1988, S. 131

M 4 „Neuer Auß Münster vom 25. deß Weinmonats im Jahr 1648 abgefertigter Freud= und Friedensbringender Postreuter"

Nachträglich kolorierter Holzschnitt von einem Flugblatt

Am oberen Bildrand (links) verkündet eine „Fama" die Botschaft, der Götterbote Merkur (rechts) übergibt dem Reiter die Nachricht. Im Hintergrund des Blattes sind die Ziele des Reiters erkennbar.

M 3 Über die Bedeutung des Friedens

Der Historiker Michael Salewski urteilt 1993:

Gewiss beschleunigte das Friedenswerk die Aufsplitterung des Reiches in eine Unzahl von kleinen und kleinsten souveränen Territorialstaaten, darin konnte man auf der einen Seite ein Zeichen der Ohnmacht sehen. Auf der anderen war diese „Atomisierung" [...] Voraussetzung zur Ausbildung einer schier unendlichen Fülle von individuellen, originellen Staats- und Gesellschaftsformen. Die in der Folgezeit entstehenden zahlreichen kleinen Residenzen prägen noch heute das Bild unserer Landschaften und Städte; die kulturelle Vielfalt, wie sie den Deutschen seither selbstverständlich geworden ist, geht auf diese politische Entwicklung wesentlich zurück.

Michael Salewski, Deutschland. Eine politische Geschichte. Von den Anfängen bis zur Gegenwart, Bd. 1, München 1993, S. 149

M 5 Gedenkmünze 350 Jahre Westfälischer Friede

Der Entwurf der Silbermünze stammt von Aase Thorsen. Sie hat einen Durchmesser von 3,25 cm und wurde 1998 in einer Auflage von 4,5 Millionen geprägt.

[1] Amnestie: Erlass von Strafen

Lese- und Filmtipps:

- Peter Milger, Gegen Land und Leute. Der Dreißigjährige Krieg (ARD/hr 1998), München 2001
- Hans-Christian Huf, Mit Gottes Segen in die Hölle. Der Dreißigjährige Krieg (ZDF 2003), München 2005

1. *Beurteile die Bedeutung des Artikels II für die damalige Zeit. Überlege, ob er noch heute als Grundlage eines Friedensvertrages dienen könnte (M2).*
2. *Erkläre Michael Salewskis Haltung mit eigenen Worten (M3). Schreibe eine Gegenposition.*
3. *Erläutere die einzelnen Bildelemente des Holzschnittes (M4).*
4. *Die Bildseite der Münze (M5) zeigt vier Symbole: eine Taube mit Ölzweig, zwei ineinander verschlungene Hände, ein Tintenfass mit Feder und eine Darstellung zweier Lippenpaare. Informiere dich über die Symbole und erkläre sie. Was haben sie mit dem Westfälischen Frieden zu tun?*

1608: Protestantische Landesfürsten gründen eine „Union" · 1609: Katholische Landesfürsten gründen eine „Liga" · 1618: „Prager Fenstersturz" · Dreißigjähriger Krieg · 1648: Frieden von Münster und Osnabrück

1600 – 1610 – 1620 – 1630 – 1640 – 1650

Vorreiter Frankreich: Der König regiert allein

M1 Die Sonne als Zeichen des Königs
Foto von 1990
Teil des Schlosstors von Versailles (siehe S. 26).
Der französische König Ludwig XIV. wählte als Sinnbild seiner Herrschaft die Sonne. Zähle Eigenschaften auf, die du von einem König erwartest, der sich selbst mit der Sonne vergleicht. Überlege, welche Kritik solch ein „Sonnenkönig" hervorrufen könnte.

In Frankreich setzt sich der König durch

Seit dem Mittelalter hatten die französischen Könige ihre Macht gegen große Widerstände des Adels erweitert, etwa durch geschickte Heiratspolitik. Seit 1614 verzichteten die Könige zudem darauf, die Vertreter des Adels (Erster Stand), des Klerus (Zweiter Stand) und der Städte (Dritter Stand) einzuberufen – die **Generalstände**. Sie hatten sie vorher immer versammelt, wenn sie ihre Staatseinnahmen erhöhen und Kriege führen wollten.
Nach den Religionskriegen erreichte König Heinrich IV. Stabilität, indem er das katholische Bekenntnis als Staatsreligion sicherte.
Zu Beginn des 17. Jh. regierte der französische König direkt über ein größeres Reichsgebiet. Allerdings konnte er seine Macht nicht überall gleich gut durchsetzen. Frankreich war noch kein einheitlicher Staat, sondern bestand aus mehreren Provinzen. Ein Netz von Amtssitzen und Gerichtshöfen im ganzen Land trug jedoch dazu bei, der königlichen Autorität auch fern der Hauptstadt Geltung zu verschaffen.

„Der Staat bin ich"

Ludwig XIV. gelang es wie keinem anderen zuvor seine Macht durchzusetzen. Unzählige Herrscher ahmten in nach. Er war erst vier Jahre alt, als sein Vater, König Ludwig XIII. von Frankreich, 1643 starb. Daher regierte an seiner Stelle seine Mutter. Sie ließ von Kardinal Jules Mazarin als „Erstem Minister" (Premierminister) die Staatsgeschäfte leiten. Als Mazarin 1661 starb, verkündete der 18-jährige Ludwig dem „alten" Hofadel im Staatsrat, dass er im Gegensatz zu seinen Vorgängern nun selbst regieren werde. Hohe Beamte und Offiziere durften ihn nur noch beraten, aber keine Anweisungen erteilen.
Ludwig XIV. wollte die Macht auch nicht mehr mit den Adligen und dem Klerus teilen. Ihm wurde deshalb der Ausspruch „Der Staat bin ich" zugeschrieben. Seinen Herrschaftsanspruch leitete er direkt von Gott ab (Gottesgnadentum). Nur ihm sei er Rechenschaft schuldig. Diese Herrschaftsform wird als **Absolutismus** bezeichnet.
Nach dem Grundsatz „Ein König, ein Gesetz, ein Glaube" beherrschte Ludwig XIV. auch die katholische Kirche in Frankreich. Er lehnte sogar eine Einmischung des Papstes ab. 1685 widerrief Ludwig XIV. das Edikt von Nantes, das den französischen Protestanten religiöse Freiheit garantiert hatte. Sie galten nun als Irrgläubige, ihre Kirchen wurden zerstört. Fast 200 000 Hugenotten wanderten aus.

Es kann nur eine Sonne geben

Wie seine Vorgänger berief Ludwig XIV. die Generalstände nicht ein. Der Adel behielt zwar viele Vorrechte (Privilegien) wie die Steuerfreiheit, das Jagdrecht und hohe Offiziersstellen. Seinen Anspruch auf die höchsten Staatsämter verlor er aber unter Ludwig XIV. Diesem gelang es, die Adligen von sich abhängig zu machen.[1]
Der König stützte seine Regierung vor allem auf Fachleute aus dem Bürgertum. Ein Kanzler war für die Gerichte verantwortlich, Beamte oder Minister leiteten das Heer, die Außenpolitik und die Marine. Ein Fachmann beaufsichtigte die Finanzen. Sie alle gehörten zum Staatsrat, der unter dem Vorsitz des Königs regelmäßig zusammentrat. Die Beamten waren gut ausgebildet und dem König treu ergeben, da sie ihm ihren Aufstieg verdankten und weitere Belohnungen erhofften, etwa einen Adelstitel.

Ist der Absolutismus gut für alle?

Die absolutistischen Herrscher verkündeten, dass sie im Auftrag Gottes für das Wohl ihrer Untertanen sorgen sollten. Der englische Gelehrte Thomas Hobbes erklärte in seinem Werk „Leviathan", warum der Absolutismus vernünftig sei: Wenn es keinen Herrscher gäbe und alle Menschen gleichberechtigt wären, würden sie sich immerzu bekämpfen. Denn jeder sei auf seinen eigenen Vorteil bedacht. Deshalb solle der Herrscher zum Wohl aller die Gemeinschaft der Untertanen leiten; er sorge für Sicherheit im Innern und für Frieden nach außen.

Internettipps:
Du willst mehr über den „Sonnenkönig" erfahren? Dann lies nach unter Mediencode 31053-03

[1] Wie ihm das gelang, lies nach auf S. 26f.

M2 Die königliche Macht

In dem 1682 veröffentlichten Werk über „Die Politik nach den Worten der Heiligen Schrift" schreibt Bischof Bossuet, der ehemalige Hauslehrer des Kronprinzen:

Alle Macht kommt von Gott. Die Fürsten regieren also als seine Stellvertreter auf Erden. Gott also regiert alle Völker und gibt ihnen allen ihre Könige.

Daraus folgt, dass die Person des Königs heilig ist. Die königliche Autorität ist absolut.

1. Der Fürst hat niemandem Rechenschaft abzulegen über das, was er befiehlt. Seine Macht muss so groß sein, dass niemand hoffen kann, sich ihr zu entziehen.
2. Wenn der Fürst geurteilt hat, gibt es kein anderes Urteil mehr. Die Urteile der Herrscher gehen auf Gott zurück.
3. Es gibt keinerlei Zwangsgewalt gegen den Fürsten.
4. Deshalb sind die Könige aber nicht von den Gesetzen befreit. Sie sind wie alle anderen der Rechtlichkeit des Gesetzes unterworfen, sowohl weil sie selbst gerecht sein sollen, als auch weil sie dem Volk Beispiel als Hüter des Gesetzes sein sollen, aber sie sind nicht den Strafen des Gesetzes unterworfen.

Zit. nach: Paul Hartig, Auf der Suche nach dem besten Staat, Stuttgart 1985, S. 27 f. (vereinfacht)

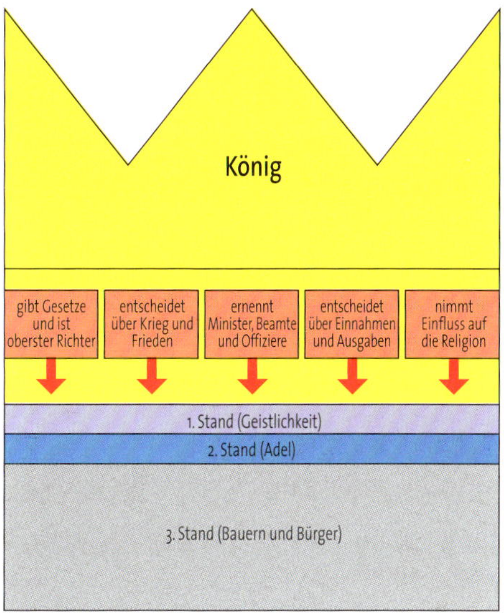

M3 Wie die absolutistische Herrschaft unter Ludwig XIV. funktionieren sollte

M5 Thomas Hobbes, Leviathan, 1651
Ausschnitt des Titelbildes (Kupferstich)
Der lateinische Spruch aus der Bibel oben lautet übersetzt: „Keine Macht auf Erden kommt ihm gleich".

M4 Kritik am Absolutismus

Der französische Erzbischof Fénelon, Erzieher der Enkel Ludwigs XIV., kritisiert um 1695/96 in einem Roman die absolutistische Regierungsweise. Das Buch wird verboten, und Fénelon muss den Hof verlassen.

Wenn sich die Könige daran gewöhnen, kein anderes Gesetz mehr anzuerkennen als ihren unumschränkten Willen [...], dann vermögen sie alles. Aber gerade da sie alles tun können, was sie wollen, untergraben sie selber die Grundpfeiler ihrer Macht; sie richten sich in ihrer Regierung nicht mehr nach bestimmten Regeln und Grundsätzen. Alle Leute schmeicheln ihnen um die Wette; sie haben keine Untertanen mehr; es bleiben ihnen nur noch Sklaven [...]. Wer wird ihnen die Wahrheit sagen? [...] Nur eine plötzliche, gewaltsame Revolution kann diese ausufernde Macht in ihre natürliche Bahn zurückführen.

Zit. nach: Paul Hartig, Auf der Suche nach dem besten Staat, a. a. O., S. 30

1. *Erkläre, wie der Absolutismus funktioniert (Verfassertext, M2, M3).*
2. *Erläutere, was Bossuet in M2, Zeile 16-22 schreibt. Überzeugt dich seine Argumentation? Begründe dein Urteil.*
3. *Nenne die Punkte, die Fénelon am Absolutismus bemängelt (M4).*
4. *Untersuche, wie das Titelbild von „Leviathan" (M5) den Absolutismus veranschaulicht. Informiere dich: Wer oder was ist „Leviathan"? Warum hat Hobbes den Namen gewählt? Achte auf die beiden Gegenstände, die die Figur in den Händen hält.*

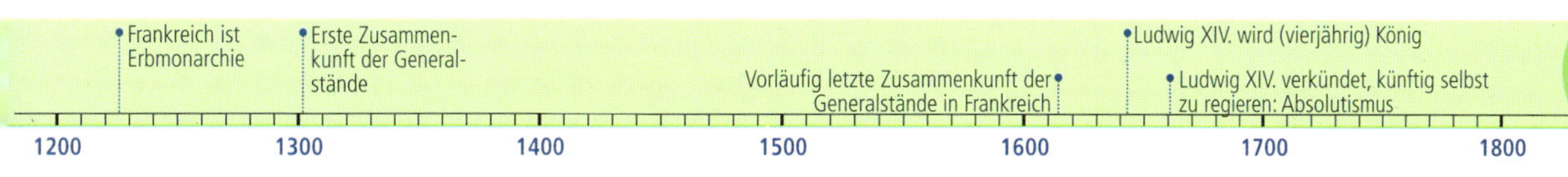

Bilder machen Herrscher

Wie wir Prominente heute sehen, bestimmen vor allem die Medien. Fotografen schießen von ihnen Fotos in jeder Lebenssituation, die Presse erfindet so manche reißerische Geschichte dazu. Deshalb versuchen Prominente, ihr Image durch Berater, durch Auftritte im Fernsehen und Veröffentlichungen im Internet zu steuern.
Dabei könnten sie von Ludwig XIV. lernen. Der verstand es wie kaum ein Zweiter, sein Bild als Herrscher in der Öffentlichkeit zu formen. Dass er als einzigartiger, alles überstrahlender „Sonnenkönig" wahrgenommen wurde, war Ergebnis seiner geschickten Selbstdarstellung.
Ludwig beschäftigte viele Künstler damit, ihn nach seinen Wünschen öffentlich in Szene zu setzen. Die Werke zeigten ihn z. B. als Kriegsgott Mars, Göttervater Jupiter oder strahlende Sonne. So sollte der Betrachter den König als siegreich, fähig, mächtig, sonnengleich sehen. Die Werke waren bis ins Kleinste durchkomponiert. Alles an ihnen war Absicht: Pose, Kleidung, Hintergrund, selbst scheinbar nebensächliche Dinge.
Besonders deutlich wird dies bei dem 1701 angefertigten Herrscherporträt Ludwigs XIV. Es wurde zum Vorbild zahlreicher absolutistischer Fürstinnen und Fürsten nach ihm.

Bei der Untersuchung von Herrscherporträts kannst du in drei Schritten vorgehen:

1. Beschreiben: Was sehe ich?

Wer ist abgebildet? Wo steht die Person? Wie steht die Person da (Gestik) und wo schaut sie hin (Mimik)? Wie ist das Bild aufgebaut? Welche Kleidung, welche Accessoires trägt die Person? Welche Zeichen der Macht, welche Herrschaftsinsignien lassen sich erkennen? Wie und wo sind sie angeordnet? Wie ist der Hintergrund gestaltet?

2. Einordnen und deuten: Was bedeuten die Einzelheiten?

Was weiß ich über die abgebildete Person? Welche politischen Verhältnisse herrschten damals? Bezieht sich das Bild auf ein Ereignis? Wo hing das Bild? Wer sah es? Wie groß war das Bild im Original? Welche Perspektive nimmt der Betrachter ein? Welche Bedeutung haben Symbole, Farben und andere Gegenstände? Welche Rolle spielt das Licht?

3. Absicht und Wirkung untersuchen: Was ist die Botschaft?

Wann, wo und in wessen Auftrag ist das Bild entstanden? Aus welchem Anlass und zu welchem Zweck? Wer war der Maler? Welche Wirkung soll das Bild auf den Betrachter entfalten? Wie will die porträtierte Person gesehen, wie als Herrscher verstanden werden?

M 1 Herrscherbild Ludwigs XIV.
Ölgemälde von Hyacinthe Rigaud (279x190 cm), 1701
Heute hängt das Gemälde im Pariser Museum Louvre.

M 2 Zarin Katharina II., genannt die Große, in ihrem Krönungsmantel
Ölgemälde (60 x 49 cm) von Vigilius Eriksen, dem Hofmaler in St. Petersburg, 1778
Katharina wurde 1762 durch einen Staatsstreich russische Zarin und regierte das riesige Reich bis 1796 als absolutistische Herrscherin.

So könnte deine Interpretation lauten:

1. Beschreiben: Im Zentrum des Bildes steht König Ludwig XIV. unter einem purpurroten Baldachin in vollem Krönungsornat auf einem Podest. Er wendet sich leicht zur Seite, den Kopf zum Betrachter gewandt. Die Miene ist stolz, die Haltung elegant und herrisch. Rechts im Hintergrund ein Thronsessel, links von ihm ein Schemel (Tabourett), darauf die Königskrone. Ludwig trägt eine üppige Lockenperücke, um den Hals einen Orden sowie einen ausladend drapierten, mit Hermelin ausgeschlagenen Krönungsmantel – wie Thron und Tabourett mit goldenen Lilien bestickt. Mit der rechten Hand stützt er sich auf sein Zepter. Am linken Bildrand ist hinter einer Marmorsäule ein großer Thronsaal zu erahnen.

2. Einordnen und deuten: Das Gemälde zeigt Ludwig 63-jährig auf dem Höhepunkt seiner absolutistischen Herrschaft. Alles weist auf seinen hohen Rang hin: die königlichen Herrschaftszeichen, der dem Adel vorbehaltene wertvolle weiße Hermelinpelz, das Schwert, das von Karl dem Großen stammen soll, der Orden vom Heiligen Geist, dem bedeutendsten Ritterorden Frankreichs, der Thronbaldachin als Zeichen für das Himmelsgewölbe. Das Säulenrelief mit Justitia, der Göttin der Gerechtigkeit, stilisiert die gerechte Herrschaft.
Farbgebung und Licht spielen eine besondere Rolle: Purpurrot ist die Farbe der Könige, das Gold steht für Reichtum und Macht, das Weiß des Hermelinpelzes und der Strümpfe lenkt den Blick direkt auf den König und lässt ihn regelrecht erstrahlen.
Das 2,80 m hohe und 1,90 m breite Ölgemälde hing im Thronsaal von Versailles. Dort wurde es so hoch angebracht, dass die Füße des Königs auf Augenhöhe des Betrachters waren.

3. Absicht und Wirkung: Das Bild wurde 1701 vom Hofmaler Hyacinthe Rigaud im Auftrag Ludwigs XIV. für seinen Neffen, König Philipp V. von Spanien, angefertigt; dieser bekam aber nur eine Kopie; das Original verblieb, da es Ludwig so gefiel, im Schloss in Versailles. Das Bild sollte beim Betrachter Ehrfurcht erzeugen und ausdrücken: „Ich bin ein mächtiger, wohlhabender, gerechter und wehrhafter König. Ich entstamme einem edlen und alten Geschlecht. Zu mir sollt ihr aufschauen."

Jetzt bist du dran:

Mit den Arbeitsschritten im Kasten links und den Informationen in der Bildlegende kannst du das Herrscherporträt M2 nun selbst interpretieren.

Nützliche Sätze bei der Interpretation von Herrscherbildern:

Schritt 1: *Bei der porträtierten Person handelt es sich um … – Im Bildvordergrund/-hintergrund erkenne ich …*

Schritt 2: *Das Gemälde stammt aus der Zeit … – Damals passierte … – Der Maler hat folgende Symbole benutzt … – Sie stehen für/bedeuten/sind Zeichen für … – Eine besondere Rolle spielt auch …*

Schritt 3: *Das Gemälde wurde in Auftrag gegeben von … – … , weil … – Die Wirkung des Bildes wird unterstrichen durch … – „Ich bin … /Ich will … /Ich kann …" (Formuliere in einer Ich-Botschaft, was der dargestellte Herrscher/die Herrscherin wohl beim Betrachter auslösen wollte) – Interessant wäre noch …*

Herrschen mit Hof und Etikette

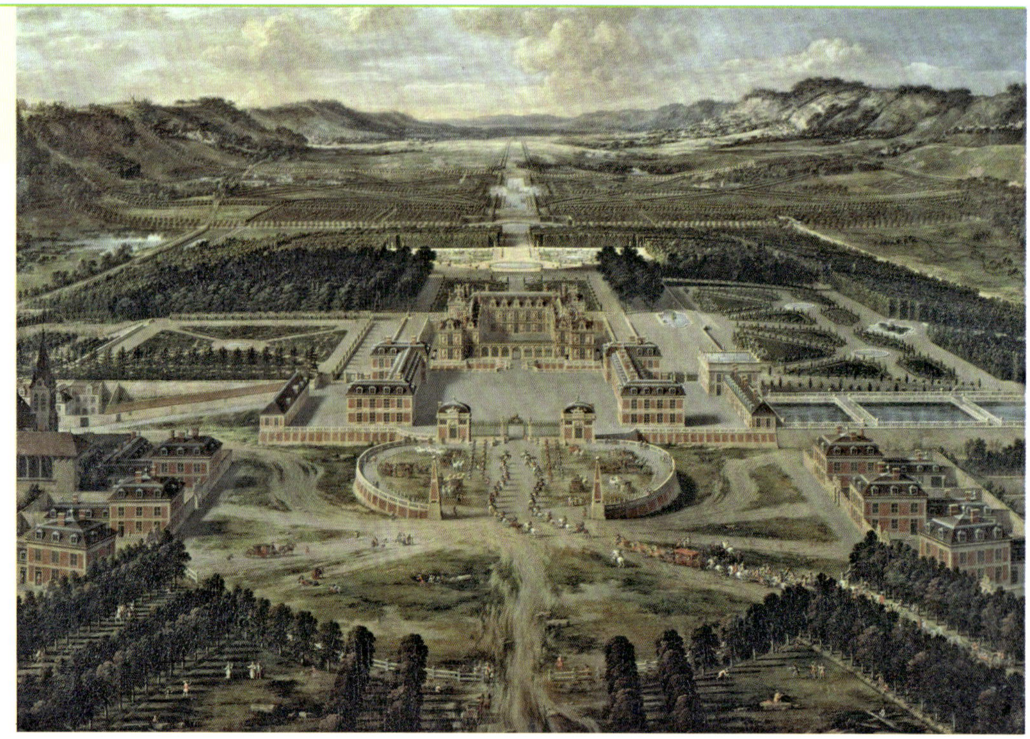

M 1 Versailles
Gemälde von Pierre Patel, 1668 (Ausschnitt)
Die Straße von Paris führt direkt auf das Schloss zu. Der Innenhof verengt sich immer weiter und unterteilt sich in den „Hof der Minister", den „Königshof" und schließlich den Ehrenhof. Das Schlafzimmer des Königs lag genau auf der Mittelachse im zweiten Stock.
Beschreibe die Schlossanlage und ihre Wirkung.

Das Zentrum der Macht

Um seine unumschränkte Macht über Mensch und Natur darzustellen, ließ Ludwig XIV. ein Jagdschloss seines Vaters zu einer Residenz erweitern, die alle bisherigen Anlagen in den Schatten stellte. Dazu mussten Sümpfe trockengelegt, Flüsse umgeleitet sowie Gräben und Kanäle ausgehoben werden. Der Wald wurde in einen Park mit Hecken, Blumenbeeten, unterirdischen Wasserleitungen und beeindruckenden Wasserspielen verwandelt. Bis zu 36 000 Menschen waren mit den Arbeiten beschäftigt. Die Bauarbeiten dauerten etwa 20 Jahre.

Die rund 2 000 Räume, großen Säle und langen Flure boten Platz für mehr als 20 000 Personen. Ein Teil dieses Hofstaates waren die etwa 1 000 Adligen, die der König auf diese Weise kontrollieren konnte. Sie hatten ihre Macht verloren, bekamen in Versailles jedoch ein prunkvolles Leben mit zahlreichen Unterhaltungsmöglichkeiten (Feste, Theater, Oper, Ballett) geboten, das sie sich selbst nicht leisten konnten.

Die Macht der Etikette

Versailles sollte das Gefühl vermitteln, nur „bei Hofe" könne man wie ein wirklicher Adliger leben. Dazu trugen die königlichen Vorschriften für den Umgang miteinander (**Etikette**) bei. Jeder am Hofe erhielt nach seinem Ansehen einen bestimmten Rang im Hofzeremoniell. Das Recht, sich in der Nähe Ludwigs XIV. aufzuhalten oder ihn in seiner Kutsche zu begleiten, stand nur Adligen zu, die ihre Herkunft bis in das 14. Jh. nachweisen konnten. Damit band der Monarch den „alten" Adel an seinen Hof und „zähmte" ihn zugleich. Denn die Nähe des „alten" Adels zum Herrscher war ein Ausgleich für seinen verlorenen politischen Einfluss.

Andere Herrscher eiferten ihm nach und ließen sich ebenfalls große Schlösser errichten, in denen sich der europäische Adel, Gelehrte und andere hochgestellte Persönlichkeiten trafen und ein Hofleben nach französischer Art führten.

Beurteile die Bedeutung des Hofzeremoniells für die Herrschaft des Königs.

Internettipp:
Du willst dich ein wenig in Versailles umschauen? Das geht unter Mediencode 31053-04

M 2 Morgenempfang beim König

Der französische Historiker Hippolyte Taine (1828 - 1893) beschreibt das „Große Lever", das tägliche „Aufstehen":

Der König ist gehalten, eine ganze Aristokratie zu beschäftigen; daher muss er sich fortwährend zeigen und seine Person zur Schau tragen. Des Morgens weckt ihn der erste Kammerdiener zu der von ihm bestimmten Stunde, und der Reihe nach treten fünf Gruppen von Leuten ein, um ihre Aufwartung zu machen. Zuerst kommt die „vertrauliche Gruppe", bestehend aus den königlichen Kindern, den Prinzen und Prinzessinnen von Geblüt, dem ersten Arzt, dem ersten Chirurgen und anderen nützlichen Personen.

Dann folgt die „große Gruppe"; dabei befinden sich der Großkämmerer, der Großmeister der Garderobe, die Ehren- und Kammerdamen der Königin und Prinzessinnen sowie Barbiere, Schneider und verschiedene Diener. Man gießt dem König aus einer vergoldeten Schale Franzbranntwein auf die Hände und reicht ihm den Weihkessel; er bekreuzt sich und betet. Dann erhebt er sich vor der ganzen Gesellschaft aus dem Bette, zieht die Pantoffeln und den ihm vom Großkämmerer und vom ersten Kammer-Edelmann gereichten Schlafrock an und setzt sich auf den Ankleide-Sessel. In diesem Augenblick wird die dritte Gruppe hereingelassen, die teils aus Günstlingen, teils aus einer Menge von Dienstleuten [...] zusammengesetzt ist.

Im Moment, da man den König anzukleiden beginnt, nähert sich diesem der von einem Ordner benachrichtigte erste Kammer-Edelmann und nennt ihm die Namen der vor der Türe wartenden Edlen. Diese treten als vierte Gruppe ein. Die umfasst die meisten hohen Beamten, den Kaplan, den Prediger, den Hauptmann und Major der Leibgarden und einen Teil der übrigen hervorragenden Adligen und Geistlichkeit.

In dem feierlichen Augenblick, wenn der König ein frisches Hemd anzieht, dem Gipfelpunkt der Handlung, wird die fünfte Gruppe eingelassen, die alles umfasst, was bisher fehlte.

Zit. nach: Wilhelm Weigand (Hrsg.), Der Hof Ludwigs XIV. Nach den Denkwürdigkeiten des Herzogs von Saint-Simon, Leipzig [3]1925, S. 466 ff. (stark vereinfacht)

M 3 Schlafzimmer Ludwigs XIV. im Schloss von Versailles
Foto von 1990

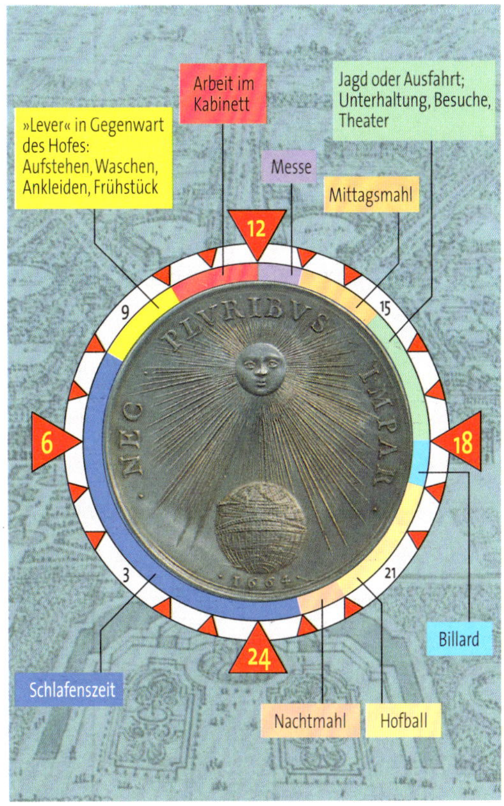

M 4 Der Tagesablauf des Königs
In der Mitte der Grafik ist die Rückseite einer Schaumünze (Medaille) von 1664 zu sehen.

1. *Liste die Personen auf, die am Morgenempfang des Königs teilnahmen (M2). Ordne sie den Ständen zu, denen sie angehörten.*
2. *Begründe, weshalb Ludwig XIV. ein solches Leben führte (M2 - M4).*

Frankreich ist Erbmonarchie
Erste Zusammenkunft der Generalstände
Vorläufig letzte Zusammenkunft der Generalstände in Frankreich
Ludwig XIV. wird (vierjährig) König
Regierungszeit Ludwigs XIV.
1200 1300 1400 1500 1600 1700 1800

Fürstenhöfe: Zentren der Macht

M 1 Europäische Schloss- und Platzanlagen nach dem Vorbild von Versailles

Überlege, aus welchen Gründen sich Fürsten in ganz Europa Versailles als Vorbild nahmen.

Lesetipp:
Barbara Djassemi, Mit Reifrock und Rosenwasser. Kinder erleben die Barockzeit, Stuttgart 2012

Versailles als Vorbild

Die Herrscher wollten ihre Macht für alle sichtbar machen. Bis ins 17. Jh. waren die Fürsten meist noch zwischen ihren Burgen oder Schlössern hin- und hergezogen. Die absolutistischen Fürsten ließen nun prachtvolle Schlösser als ständige Wohn- und Regierungssitze im Stil des Barock errichten. Dieser prunkvolle Kunststil prägt die Zeit des Absolutismus im 17./18. Jh. Barocke Bauwerke sind meist hell und farbenprächtig und haben bevorzugt runde, verspielte Formen.
Vorbild für ganz Europa war König Ludwig XIV. von Frankreich mit Schloss und Park von Versailles. Nach deren Muster entstanden viele prächtige Anlagen, auch in Niedersachsen.

Die Kunst der Selbstdarstellung

Für den Ausbau ihrer Residenzen ließen die Fürsten bestehende Burgen, Schlösser oder Klöster abreißen oder umbauen. Gärten, Städte und selbst die Landschaft wurden nach ihrem Willen umgeformt. Alles sollte planmäßig angelegt und dem Herrscher untertan sein.
Der Eindruck wurde meistens noch verstärkt, da die Schlösser streng symmetrisch erbaut worden waren: Sie sollten ein Abbild der „geordneten Verhältnisse" des ganzen Landes sein.
In den Schlössern gab es die Wohn- und Aufenthaltsräume des Schlossherrn samt den Amtszimmern, Küchen, Kellern, Dienerkammern und anderen Räumen zur Versorgung des Hofstaates. Der besondere Stolz des Herrn waren besondere Schauräume: große Prunktreppenhäuser, prächtige Säle, Spiegel- und Gemäldegalerien. Sie entfalteten ihren Glanz bei aufwändigen Empfängen und rauschenden Festen. Die Fürstenhöfe waren damit auch Orte der Begegnung: Hier trafen sich der europäische Hochadel, Gelehrte und Künstler. Man kam um zu sehen und gesehen zu werden. Und im Mittelpunkt all dessen stand – wie eine Sonne – der Gastgeber und Schlossherr.

M 2 Schloss Schönbrunn in Wien mit Grßer Galerie (kleines Foto)
Fotos von 2014 und 2012
Der repräsentative Barockbau wurde von 1696 bis 1701 auf den Trümmern der 1643 stark beschädigten kaiserlichen Residenz für Kaiser Josef I. errichtet. Der Architekt Johann Bernhard Fischer von Erlach schlug zunächst eine pompöse, riesige barocke Anlage vor, die Schloss Versailles übertreffen sollte. Diese wäre jedoch zu teuer gewesen, daher fiel der endgültige Bau deutlich kleiner aus. Der prunkvolle Saal „Große Galerie" ist 40 Meter lang und 10 Meter breit. Er ist dem berühmten Spiegelsaal im Schloss Versailles nachempfunden.

M3 Grüne Architektur

Über die fürstlichen Gärten zur Zeit des Barock schreibt der Wissenschaftler Dieter Hennebo:

Der feudale Garten […] war kein „Wohngarten“ in unserem Sinne, kein Raum, in dem man sich treiben ließ, kein Ort für träumerische Muße und stille Betrachtung […]. Seine zentralen Räume standen im Dienste der festlichen, großen Geselligkeit. Wie die Bühne, und oft genug als solche, diente er der illusionären[1] Vorstellung einer prächtigen, kunstvoll geordneten Idealwelt, einer Welt ohne Missklang und Furcht, einer Welt der Götter und Helden […]. In diesem Garten offenbarte sich die Sehnsucht nach Vollkommenheit und der Anspruch des Menschen, über die Erde, über die Natur zu gebieten.

Dieter Hennebo und Alfred Hoffmann, Geschichte der deutschen Gartenkunst, Bd. 2: Der architektonische Garten. Renaissance und Barock, Hamburg 1965, S. 152 f.

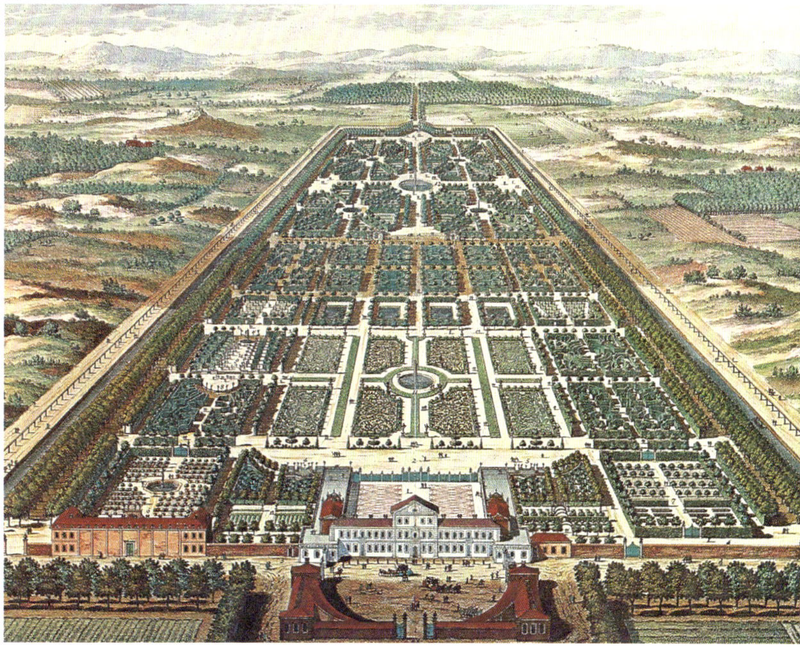

M5 Schloss und „Großer Garten“ in Hannover-Herrenhausen

Kolorierte Radierung, um 1714

Herzog Georg von Calenberg ließ 1638 bei Herrenhausen einen Garten und Gebäude anlegen. Sein Sohn Johann Friedrich machte Herrenhausen in den 1660er-Jahren nach französischem Vorbild zu seiner Sommerresidenz.

M4 Schloss Clemenswerth

Foto von 2008

Schloss Clemenswerth gehört zu den Hauptwerken des Barock in Niedersachsen. Es wurde von 1737 bis 1747 als Jagdschloss für Kurfürst Clemens August I. von Bayern in der Nähe von Sögel im Emsland errichtet. Die Anlage besteht aus einem zentral liegenden Hauptschloss, acht in einem Kreis darum herum angeordneten Pavillons, einem 42 ha großen Waldpark, einer Teichanlage, einem Klostergarten und einem Gartenhäuschen, das auf dem Grundriss eines Parallelogramms errichtet worden ist.

M6 Die Seitenallee im Königlichen Garten zu Herrenhausen

Kupferstich um 1725

Im Zentrum des Bildes: der Rundpavillon des französischen Barockarchitekten Louis Remy de la Fosse, der nicht nur für den Herzog zu Braunschweig und Lüneburg (ab 1714 König Georg I. von Großbritannien und Irland) arbeitete, sondern auch für andere europäische Fürstenhäuser.

[1] illusionär: auf Wunschvorstellungen (Illusionen) beruhend

1. *Prüfe, inwiefern sich das absolutistische Herrschaftsverständnis der Fürsten in den Anlagen wiederfindet.*
2. *Untersuche, wie weit die Beschreibung (M3) für den „Großen Garten“ in Herrenhausen und die Anlage Clemenswerth gilt.*
3. *Stelle in einem kurzen Referat ein Barockschloss deiner Wahl in Niedersachsen vor. Vergleiche es mit dem Schloss in Versailles (S. 26).*

Beginn des Ausbaus von Schloss Herrenhausen nach Versailler Vorbild
Beginn des Ausbaus von Schloss Versailles
Ludwig XIV. wird (vierjährig) König
Regierungszeit Ludwigs XIV.
Baubeginn Schloss Schönbrunn
Zeitalter des Absolutismus
Baubeginn Schloss Clemenswerth
1600 1650 1700 1750 1800

Die Außen- und Wirtschaftspolitik Ludwigs XIV.

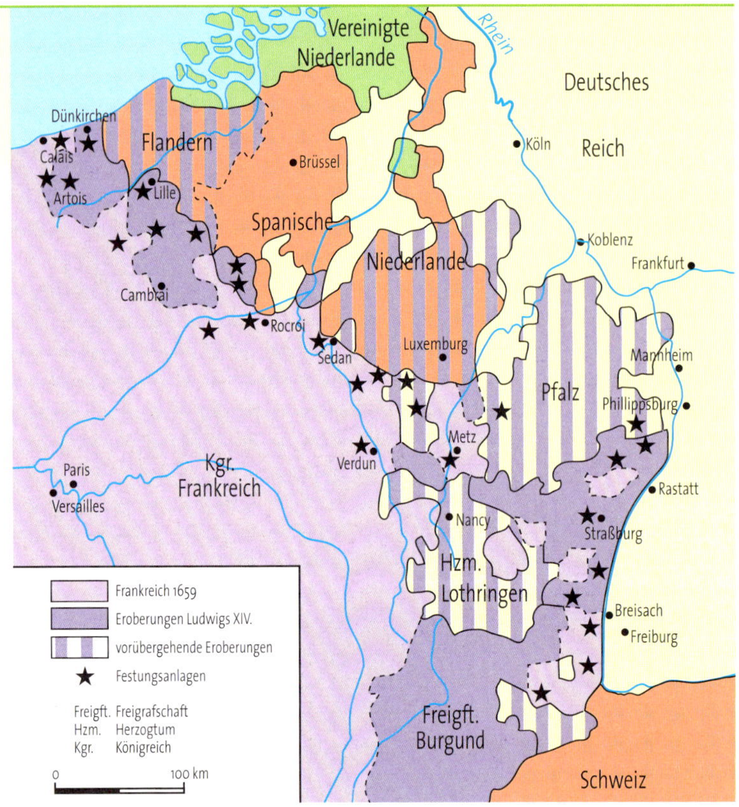

M1 Veränderung der Nordostgrenze Frankreichs

Beschreibe mit der Karte die Ziele und Maßnahmen der Außenpolitik Ludwigs XIV.

Ziel: Vormachtstellung

Ludwig XIV. strebte eine Vormachtstellung (**Hegemonie**) Frankreichs an. Seine Außenpolitik wollte

- das Herrscherhaus Habsburg in Spanien und Österreich schwächen,
- Frankreichs Grenzen nach Norden und Osten verschieben und
- wirtschaftliche Konkurrenten ausschalten.

Um diese Ziele zu erreichen, führte der König viele Kriege, in die andere europäische Staaten hineingezogen wurden. Ständig bemühte er sich um neue Bündnisse. Frankreich wurde durch Kriege und Verhandlungen mit auswärtigen Mächten in den 1680er-Jahren zur größten Macht Europas.

Vor allem England widersetzte sich der französischen Hegemonie, forderte eine Gleichgewichtspolitik und schloss aus dem Grunde Bündnisse mit Frankreichs Nachbarn. So musste Ludwig XIV. nach 1688 seinen Führungsanspruch aufgeben und Englands Grundsatz vom **Gleichgewicht der Mächte** (engl. balance of powers) in Europa hinnehmen.

Frühmoderne Wirtschaftspolitik

Der absolutistische Staat brauchte viel Geld für das Heer und die Kriege, für die Gehälter der Beamten und die aufwändige Hofhaltung. Um die Staatseinnahmen zu erhöhen, verbesserte der König die Verwaltung. Er beauftragte den Bürgerlichen Jean Baptiste Colbert 1661 bis zu seiner Absetzung 1683 mit der Finanz- und Wirtschaftspolitik.

Colbert führte eine staatlich gelenkte Wirtschaft ein, die später **Merkantilismus** (von lat. mercari: Handel treiben) genannt wurde. Er ließ Land- und Wasserstraßen ausbauen, viele Binnenzölle aufheben, senkte Einfuhrzölle für Rohstoffe, die vor allem aus den Kolonien stammen sollten, und erhob hohe Aufschläge für die Einfuhr von Luxusgüter n und Fertigwaren. Ziel war es, Fertigwaren im Land selbst herzustellen und für viel Geld ins Ausland zu exportieren.

Manufakturen werden gefördert

Dazu ließ Colbert viele staatliche Gewerbebetriebe (**Manufakturen**) errichten, die Wandbildteppiche (Gobelins), Uhren und Parfüm für die Ausfuhr ins Ausland herstellten. Und schließlich warb er ausländische Fachkräfte an und verbot französischen Spezialisten die Auswanderung. Auch unter den Hugenotten waren viele gebildete Fachleute. Die Aufhebung der Religionsfreiheit unter Ludwig XIV. veranlasste jedoch fast 200 000 von ihnen zur Flucht ins Ausland. Die Fürsten in den evangelischen Gebieten sahen die vielen gut ausgebildeten Flüchtlinge als Chance für die Verwaltung und Wirtschaft ihrer frühmodernen Staaten an. Vor allem in Preußen und Hessen wurde ihre Ansiedlung gefördert, aber auch auf dem Gebiet des heutigen Niedersachsen ließen sie sich nieder.

Durch die neue Wirtschaftspolitik nahm der französische Staat kurzfristig mehr Geld ein. Gleichzeitig wurden Bürger durch Handel und Gewerbe reich. Der Adel durfte sich aufgrund der Standesbestimmungen nicht direkt daran beteiligen. Die Landwirtschaft, von der die meisten Franzosen lebten, vernachlässigte Colbert. Am ärmlichen Leben der Bauern änderte sich nichts. Am Ende war das Land bankrott.

M 2 Spielkartenmanufaktur in Paris
Ölgemälde, um 1680 (Ausschnitt)
In den großen Werkstätten arbeiteten viele Menschen an unterschiedlichen Plätzen vorwiegend mit der Hand, daher der Name Manufaktur (von lat. manu facere: mit der Hand machen). Die Fertigung wurde in einzelne Schritte zerlegt. Durch diese Arbeitsteilung ließen sich mehr Waren günstiger herstellen, weil ungelernte Arbeiter, Frauen und Kinder mit geringen Löhnen eingestellt wurden und die Zwischentransporte der Halbfertigwaren von einer kleinen Werkstatt zur nächsten entfielen.

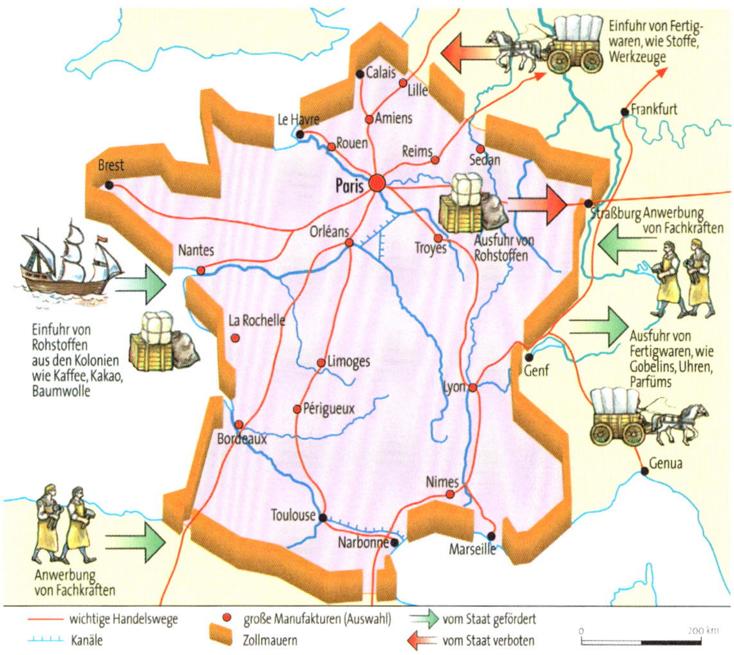

M 4 Wie die merkantilistische Wirtschaft funktionieren sollte
Die Karte stellt einen einheitlichen Wirtschaftsraum dar, den sich Colbert gewünscht hätte.

M 3 Was will Colbert?

Ein Botschafter der Republik Venedig berichtet in den 60er-Jahren des 17. Jh. über die neue französische Wirtschaftspolitik:

Herr Colbert [...] versäumt nichts, um Gewerbe anderer Länder in Frankreich heimisch zu machen. Was an Besonderem in England hergestellt wird, was die Natur dort an Seltenem liefert, bemüht er sich, ins Königreich einzuführen [...]. Aus Holland hat man Techniken der Tuchproduktion übernommen, ebenso auch die Herstellung von Käse, Butter und anderen Spezialitäten. Aus deutschen Ländern hat man die Produktion von Gütern, Weißblech und vieler anderer Gewerbeerzeugnisse geholt, von unserem Land die Spitzenklöppelei und die Spiegelherstellung. Was es an besten Waren in aller Welt gibt, das wird zurzeit in Frankreich hergestellt, und so groß ist das Ansehen dieser Waren, dass von überall Bestellungen kommen.

Zit. nach: L'histoire de France, Bd. 4, hrsg. von E. Larisse, Paris 1906, S. 229 f. Übersetzung: Geschichtsbuch 2, Frankfurt am Main 1987, S. 159 f.

1. *Erkläre mithilfe des Verfassertextes die Gründe für die Einführung des Merkantilismus.*
2. *Auf dem Bild (M2) sind folgende Arbeitsgänge zu sehen: Färben, Drucken, Trocknen, Schneiden, Glätten und Sortieren. Ordne die einzelnen Arbeitsschritte den Bildteilen zu.*
3. *Nenne die Vor- und Nachteile der Manufaktur gegenüber der Werkstatt eines Handwerkers (M2).*
4. *„Der Merkantilismus kann nicht funktionieren, wenn alle Staaten ihn anwenden". Nimm mithilfe von M3 und M4 Stellung zu dieser Behauptung.*
5. *Verfasst in kleinen Arbeitsgruppen eine „Regierungserklärung", in der der französische König die Grundlagen seiner Macht herausstellt und die Probleme verschleiert.*

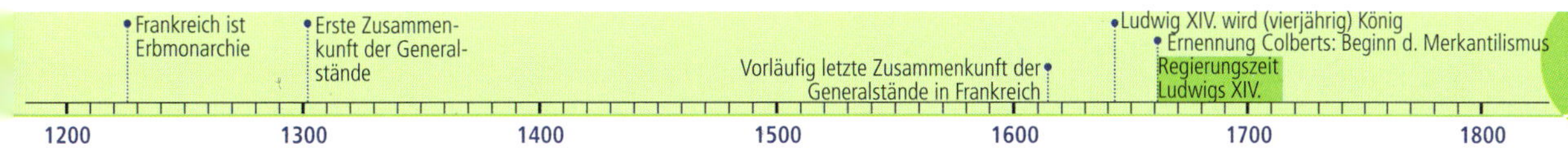

Absolutismus vor der Haustür

Das Vorbild des französischen Absolutismus strahlte in das heutige Niedersachsen aus. Die Fürsten eiferten Ludwig XIV. nach, sie regierten weitgehend nach seinem Vorbild, bauten Schlösser und lebten im Luxus. Wie wirkte sich der Absolutismus hier bei uns aus?

Vorschläge für Forschungsfragen

Thema 1: *Manufakturen im heutigen Niedersachsen – Merkantilismus auch bei uns?*

Thema 2: *Im Schatten der Fürstenschlösser – wie erging es den Menschen in den Dörfern?*

Findet ihr noch eigene Fragen dem Thema?

Beschreiben

Thema 1: *Gebt wieder, was die Wirtschaft zur Zeit des Absolutismus im heutigen Niedersachsen kennzeichnet.*

Thema 2: *Beschreibt die sozialen Gegensätze, die der Historiker am Beispiel des Ortes Ahlden um 1700 aufzeigt.*

Untersuchen

Thema 1: *Vergleicht in einer Tabelle die Ziele und Kennzeichen der Wirtschaftspolitik der niedersächsischen Landesfürsten mit der König Ludwigs XIV. in Frankreich.*

Thema 2: *Untersucht die Materialien M3-M6. Was verraten sie über die gesellschaftliche Stellung und über den Alltag der Menschen?*

Einordnen

Thema 1: *Beurteilt, wem die Manufakturen und ihre Produkte nutzten oder schadeten.*

Thema 2: *Erklärt das Verhalten der Kurprinzessin und die Einstellung der Bevölkerung vor dem historischen Hintergrund. Sucht Gründe, warum es keine Proteste gab.*

Präsentieren

Thema 1: *Informiert euch über die Porzellanmanufaktur Fürstenberg, die Glashütte Grünenplan, die Fayence-Manufaktur in Hannoversch Münden oder eine andere Manufaktur in eurer Region. Erstellt eine kleine Präsentation für die Homepage des Ortes, in der ihr die Geschichte der Manufaktur, ihre Produkte, die Arbeitsweisen und die Bedeutung für den Ort/die Region vorstellt. Zeigt, was heute noch an die Manufakturen des 17./18. Jh. erinnert.*

Thema 2: *Recherchiert, ob es in Büchern über eure Region Berichte über Menschen gibt, die nicht im Luxus lebten. Woher stammen die Informationen über die einfache Bevölkerung? Welche Berufe übten sie aus? Wie wohnten sie? Sucht euch ein Beispiel aus stellt in einem Rollenspiel das Leben einer fiktiven Person vor.*

M 1 Schloss und die 1747 von Herzog Karl I. von Braunschweig-Wolfenbüttel gegründete Porzellanmanufaktur Fürstenberg
Malerei von Pascha Johann Weitsch, um 1760
Nach Meißen ist die Fürstenberger Porzellanmanufaktur die älteste heute noch bestehende derartige Anlage in Deutschland.

M 2 Absolutismus und Wirtschaft

Ein Historiker fasst zusammen, wie absolutistische Herrscher die Wirtschaft im heutigen Niedersachen veränderten:

Die Landesfürsten bemühten sich durch Imitation[1] und nachholende Modernisierung ihre Territorien konkurrenzfähig zu halten. Stets spielte die Förderung der Gewerbe eine wichtige Rolle. Dazu wurden externe[2] Arbeitskräfte angeworben, beispielsweise als nach der Aufhebung des Ediktes von Nantes 1689 viele Hugenotten aus Frankreich flohen. Die Ziele der Förderung, später Merkantilismus genannt, waren: Unabhängigkeit von teuren Importen und eine aktive Handelsbilanz mit Hilfe zahlreicher gewerblich tätiger Untertanen. Hierbei erfolgreich zeigten sich kleinere Territorien, voran Braunschweig-Wolfenbüttel mit der Gründung von Manufakturen in den Städten oder mit dem Aufbau von Spezialindustrien für besonders begehrte Produkte (Glas in Grünenplan, Porzellan in Fürstenberg). [...] Schneller als die städtische gewerbliche Wirtschaft wuchs im 18. Jh. die ländliche. [...] Dabei dominierten Flachsspinnerei, Leinen- und Wollweberei. Die vielerorts hergestellte, meist grobe Leinwand gelangte im 18. Jh. in die Niederlande, nach England, Spanien, Portugal, nach Nordamerika und in die Karibik. Der internationale Export niedersächsischer Einfach-, Roh- und Halbfertigprodukte trug zur engeren Bindung des niedersächsischen Raumes an die Handelszentren Westeuropas bei.

Carl-Hans Hauptmeyer, Geschichte Niedersachsens, München 2009, S. 69 f.

M 3 Im Schatten von Schloss Ahlden

Der Historiker Ernst Schubert beschreibt in einem Buch zur niedersächsischen Geschichte die Verhältnisse in Ahlden zwischen Celle und Verden:

Nüchterne Rechnungseinträge zeigen, dass etwa im Jahre 1703 arme Leute zum Amtssitze Ahlden wanderten, Blinde und Krüppel, Menschen, deren Häuser abgebrannt waren und die nun ganz mittellos dastanden, invalide Soldaten ohne jede Versorgung oder „ein armer kehrl vom Hartze, der ganz nackend war“. Bis nahe vor die Palisaden, die das schlossartige Amtshaus bewehrten, kamen diese Menschen und harrten so lange aus, bis ihnen die Bewohnerin, die ehemalige hannoversche Kurprinzessin Sophie Dorothea, bei ihrem Ausritt Almosen zuwarf. [...] Arme Leute warteten im Winter frierend vor dem Amtshaus in Ahlden – welch ein Gegensatz zu den Zuständen, die im Inneren der zum Wohnsitz einer Prinzessin umgestalteten Gehöftanlage herrschten! Feinste Tapeten und Gobelins – allein im Jahre 1707 waren für fast 5 000 Taler Brabanter Goldtapeten und sieben Gobelins aus Brüssel geliefert worden. Das Mobiliar und Silbergeschirr war vom Feinsten ebenso wie die Garderobe der Prinzessin, die alljährlich von den besten Pariser Schneidern Kleider nach neuester Mode kommen ließ. Vom Feinsten die Weine und auch das Essen. Der Suppe pflegten fünf Gänge zu folgen – die beliebten Pasteten von Wachteln und Hühnchen darunter, aber kaum Gemüse und so gut wie gar kein Obst. Klaffender konnten die sozialen Gegensätze zwischen den halbverhungerten zerlumpten Gestalten, die um Almosen flehten, und einer Prinzessin nicht zutage treten, die ihre Kleidung in Paris für hunderte von Talern zu bestellen pflegte und ein Almosen von einigen Groschen reichte. Überhaupt keine Protestformen sind überliefert, weder von den armen Bauern in Ahlden, noch von den armen Leuten, die in Hoffnung auf ein Almosen nach Ahlden wanderten. Der Reichtum der Prinzessin wurde nicht beneidet.

Ernst Schubert, Niedersachsen um 1700, in: Bernd Ulrich Hucker u. a. (Hrsg.), Niedersächsische Geschichte, Göttingen 1991, S. 288 - 327, S. 289 und 291 f.

M 4 „Kaffeegesellschaft“
Figurengruppe des Modelleurs Jean Jacques Desoches aus der Porzellanmanufaktur Fürstenberg von 1771
Eine Kinderfrau kümmert sich um zwei Kinder aus höherem Hause. Zwei barfüßige Landkinder dürfen mit ihnen spielen. Eine Dienstmagd räumt den Tisch ab.

M 5 Sophie Dorothea, die Prinzessin von Ahlden
Gemälde nach Henri Gascar, 1686

[1] Imitation: Nachahmung
[2] externe: auswärtige

Das weiß ich – das kann ich!

Am Anfang dieses Kapitels steht die Leitfrage:
Was kennzeichnet den frühneuzeitlichen Fürstenstaat?
Mit den Arbeitsfragen zu den fünf Kategorien auf Seite 12/13 kannst du sie nun beantworten:

Weltdeutung und Religion

Der christliche Glaube spaltete sich auf in die römisch-katholische und verschiedene evangelische oder reformierte Kirchen. Der „Augsburger Religionsfrieden" von 1555 bestätigte die Glaubensspaltung, die sich bald auf ganz Europa ausweitete. Die Herrschenden bauten Landeskirchen auf und bestimmten nun den Glauben ihrer Untertanen. Viele Herrscher bekämpften religiöse Minderheiten, um so ihre Herrschaft zu festigen. Dies löste vor allem in England (___) und Frankreich (___) große Fluchtbewegungen aus.
Die Gegensätze der Glaubensrichtungen (Konfessionen), aber auch politisches Machtstreben führten zu (Glaubens-)kriegen in Europa. Der längste und blutigste Konflikt war der Dreißigjährige Krieg. Er fand erst im ___ ___ 1648 ein Ende.

Gesellschaft

Auch in der Frühen Neuzeit galt die Ständeordnung. Vor allem das Bürgertum gewann jedoch durch Bildung und wirtschaftlichen Erfolg immer mehr an Einfluss. Verdiente Bürger konnten in den Adelsstand erhoben werden. Auch die Adligen wechselten von ihren Landgütern immer häufiger in den fürstlichen Hof- und Staatsdienst. Der ___ ___ mit festem Zeremoniell wurde zur adligen Leitkultur. So gelang es den absolutistischen Fürsten, den Adel an sich zu binden und ihre Herrschaft zu zentralisieren.

Begegnung

Die fürstlichen Residenzen zogen Adel, Gelehrte, Künstler und gehobenes Bürgertum aus ganz Europa an und förderten den Austausch. Von Versailles verbreitete sich die französische Hofkultur bis in die kleinsten Residenzstädte: Französische Sprache, Mode, die höfische „___" mit Ess- und Trinkkultur, Zeremoniell, Tanz, Literatur und Musik. Etwa 200 000 Hugenotten flohen vor Unterdrückung und Gewalt aus Frankreich. Sie brachten ihre Religion, Lebensweise, Kenntnisse und Fertigkeiten in ihre Aufnahmeorte mit.

Herrschaft

Seit dem Spätmittelalter waren die Fürsten zu ___-___ über ihre Herrschaftsgebiete geworden, die sie zu ___ mit eigener Verwaltung ausbauten. Begünstigt wurde dies durch die ___-___, als die Fürsten mit den Landeskirchen auch Verwaltung und Kontrolle des Staates ausbauten. Der ___ ___ entstand. Im Gegensatz zu den Monarchien Frankreich, England oder Spanien blieb das Heilige Römische Reich Deutscher Nation in der Frühen Neuzeit ein lockerer Verbund vieler Einzelstaaten.
Fast überall in Europa setzte sich seit dem 17. Jh. die Herrschaftsform des ___ durch, eine besondere Form von Monarchie, bei der König oder Fürst seine Macht nicht teilen wollte. Zum Vorbild wurde der französische König Ludwig XIV., der „Sonnenkönig". Er regierte ohne Adel und ___ und stützte seine Herrschaft auf abhängige Beamte sowie ein stehendes Heer. Außenpolitisch strebte er nach der Vorherrschaft (___) in Europa, die vor allem Englands Vorstellung von einem ___ der Mächte entgegenstand. Ausdruck seiner Machtfülle war das prächtige Schloss Versailles. Es war Vorbild für kleine und große Fürsten in ganz Europa, die ebenfalls nach absolutistischer Macht- und Prachtentfaltung strebten.

Wirtschaft und Umwelt

Die absolutistischen Fürsten stellten die Wirtschaft in ihre Dienste. Vor allem Herrschaft und Hofhaltung Ludwigs XIV. verschlangen Unsummen an Geld, das eine neue Wirtschaftspolitik einspielen sollte: der ___. Er förderte den Handel und das Gewerbe, etwa durch staatliche ___, sowie den Export von Fertigwaren ins Ausland. Der Merkantilismus brachte kurzfristige Erfolge, konnte aber langfristig nicht die notwendigen Einnahmen sichern.

Kompetenz-Test
Einen Fragebogen, mit dem du überprüfen kannst, was du schon kannst und was du noch üben solltest, findest du unter 31053-05.

1. *Die Lernwörter sind verloren gegangen. Setze die richtigen Begriffe ein. Erkläre ihre Bedeutung in eigenen Worten deinem Sitznachbarn.*
2. *Erarbeite ein Schaubild, in dem du die Verknüpfungen zwischen den Kategorien darstellst. Im Zentrum steht der frühneuzeitliche Fürstenstaat.*

M1 „Eine historische Studie“
Buchtitelblatt zu Titmarsh (dies ist der englische Schriftsteller W. M. Thackeray), The Paris Sketchbook, 1840
W. M. Thackeray schreibt zu seiner „Studie“: „Man sieht sofort, dass die Majestät aus der Perücke gemacht ist, den hochhackigen Schuhen und dem Mantel. So stellen Barbiere und Flickschuster die Götter her, die wir anbeten.“

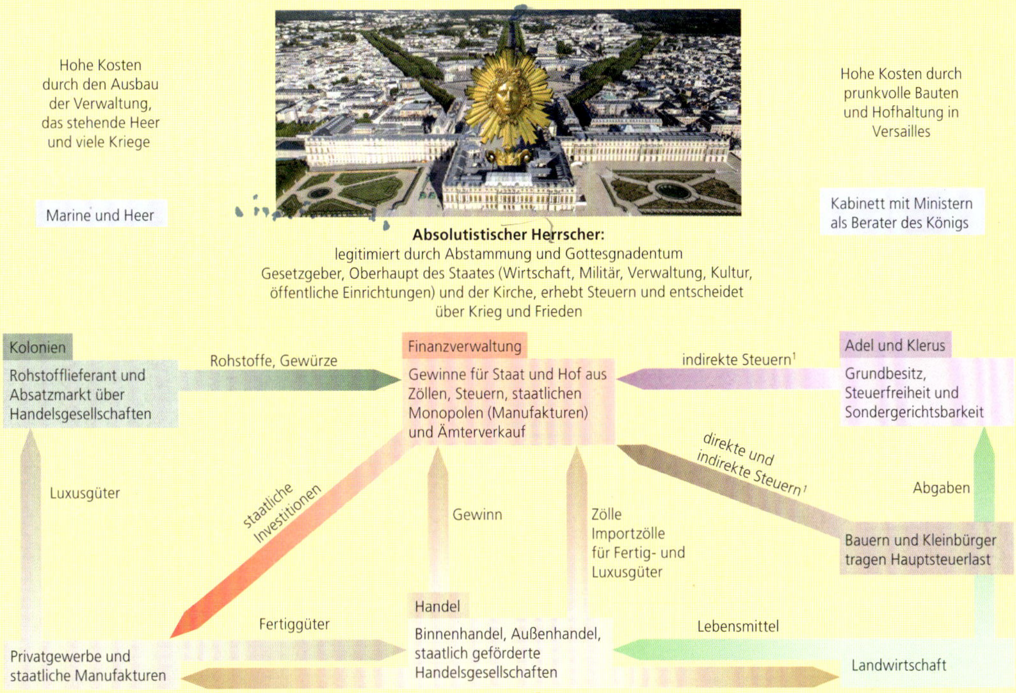

[1] Die indirekten Steuern waren Verbrauchssteuern. Sie wurden auf Getränke (Wein), Salz, Außen- und Binnenzölle erhoben. Darüber hinaus gab es eigene Verbrauchssteuern und Zölle in den Städten. Die indirekten Steuern machten 40 % der französischen Staatseinnahmen aus.

M2 Der absolutistische Staat unter Ludwig XIV.
Das Schaubild stellt die Theorie des absolutistischen Staates dar. Ideal und tatsächliche Umsetzung klafften allerdings oftmals weit auseinander. So gab es unter Ludwig XIV. etwa 40 000 Beamte, die ihr Amt meist gekauft hatten und es als reine Einnahmequelle betrachteten. Sie befolgten die Weisungen von oben meist unzureichend. Auch gab es kein einheitliches Modell des absolutistischen Staates. Frankreich galt zwar als Vorbild, jedoch verlief die Entwicklung überall anders.

1. *Erläutere, was Thackeray mit seiner „historischen Studie“ (M1) ausdrücken will. Vergleiche dazu die Zeichnung mit dem Gemälde von Rigaud (siehe S. 24).*
2. *Suche im Internet nach einem Foto, auf dem ein Staatsoberhaupt oder Regierungschef von heute zu sehen ist. Ludwig XIV. behauptete: „L'État, c'est moi!“ – „Der Staat bin ich!“ Begründe, welches Motto unter dem Bild des heutigen „Herrschers“ stehen könnte.*
3. *Du bist der Fürst in einem kleinen norddeutschen Fürstentum. Du willst dein Land nach dem Vorbild des Königreichs Frankreich Ende des 17. Jh. modernisieren (M2). Wie gehst du vor? Beschreibe deine Schritte. Nenne aber auch mögliche Schwierigkeiten und deren Lösung.*

2

Bürgerliche Revolutionen

Feiert die Revolution!

Jedes Jahr am 14. Juli haben die Kinder in Frankreich schulfrei. Seit 1880 ist der Tag ganz offiziell ein Feiertag: der Französische Nationalfeiertag. Aber warum gerade der 14. Juli?

Im Sommer 1789 entlud sich in Frankreich die Unzufriedenheit der Bürger gegen die absolutistische Herrschaft des Königs und die großen wirtschaftlichen und sozialen Probleme in einer Revolution. Sie machte Frankreich zum ersten demokratisch legitimierten Nationalstaat.

Der 14. Juli 1789 wird als der eigentliche Beginn dieser Revolution angesehen. Eine aufgebrachte Menschenmenge hatte an diesem Tag das alte königliche Gefängnis in Paris, die Bastille, gestürmt. Dieser „Sturm auf die Bastille" wurde zum Symbol der Französischen Revolution schlechthin. Noch am Abend des 14. Juli 1789 gab es in Paris Umzüge für die „Sieger der Bastille".

Alljährlich wird heute in Frankreich an den 14. Juli gedacht. An den Abenden des 13. Juli finden in allen französischen Dörfern und Städten Feste statt, die an die ausgelassenen Feiern des einfachen Volkes während der Revolutionszeit erinnern. Am folgenden Morgen beschwören dann die Regierenden in Paris die nationale und republikanische Einheit Frankreichs mit großen Militärparaden. Die französischen Nationalfeiertage enden abends mit aufwändigen Feuerwerken.

M Militärparade auf den Champs-Elysées am französischen Nationalfeiertag in Paris
Foto vom 14. Juli 2016

Was wisst ihr über unseren Nationalfeiertag? An welches Ereignis wird erinnert?
In Frankreich wurde die Wahl des 14. Juli als Nationalfeiertag auch kritisiert, vor allem, weil es beim Sturm auf die Bastille auch Todesopfer gab. Haltet ihr es für richtig, diesen Tag bzw. die Revolution zu feiern? Wiederholt die Diskussion noch einmal am Ende des Kapitels. Habt ihr nun eine andere Meinung zu dem Thema und warum?

Fragen an ... Bürger, die Revolutionen machen

König Ludwig XIV. und seine beiden Nachfolger hatten weitgehend unabhängig von den Gesetzen und den drei Ständen regiert. Keine 70 Jahre nach Ludwigs Tod wurde sein Nachkomme, König Ludwig XVI., in der Französischen Revolution vom Thron gestürzt und schließlich 1793 geköpft. Das Volk kämpfte für eine andere Form der Herrschaft. Gebildete Vordenker prangerten die Missstände im Staat an und entwickelten neue, „aufklärerische" Ideen zu Politik und Gesellschaft.

Als erster Staat verwirklichten die erst 1776 gegründeten Vereinigten Staaten von Amerika die Gedanken der Aufklärer.

1789 begann die Französische Revolution. Sie läutete das Zeitalter der bürgerlichen Revolutionen ein. Wie in Frankreich gab es in vielen Regionen Europas soziale, wirtschaftliche und politische Spannungen, die sich ab 1848 gewaltsam entluden. Freiheit, Recht und Nation waren die Schlüsselbegriffe dieser revolutionären Bewegungen. Die Vorstellungen waren unterschiedlich: Es ging um Menschen- und Bürgerrechte, darum, wie diese aussehen und umgesetzt werden sollten, und wer auf welche Weise das Land regieren sollte. Eines war jedoch allen gemein: das Streben nach nationaler Selbstbestimmung.

Die Zukunft gehörte der demokratischen Republik und dem Nationalstaat. Doch obwohl die Menschen überall in Europa nationale, liberale und soziale Forderungen stellten, mussten sie lange auf ihre Verwirklichung warten – auch in den deutschen Staaten, wo man 1848 sogar schon eine demokratische Verfassung für einen deutschen Nationalstaat entworfen hatte.

M 1 Aufstände in Europa im Jahre 1848

Herrschaft

Im 18. Jh. herrschten viele europäische Monarchen absolut. Die Staatsgewalt ging nicht vom Volk, sondern allein von den Herrscherhäusern aus.

Wie veränderten die Revolutionen Macht und Herrschaft? Wer sollte herrschen und auf welche Weise? ...

Begegnung

Die Französische Revolution wurde auch in anderen Staaten beachtet. Wichtige Impulse für sie kamen aus England und den kurz zuvor entstandenen USA.

Welche Vorbilder hatte die Französische Revolution? Was bewirkte sie in Europa? ...

Leitfrage:

Wie veränderten die bürgerlichen Revolutionen die Geschichte?

1600 1610 1620 1630 1640 1650 1660 1670 1680 1690 1700 1710 1720 1730 17

Aufklärung

Absolutismus

Aufgeklärter Absolutismus

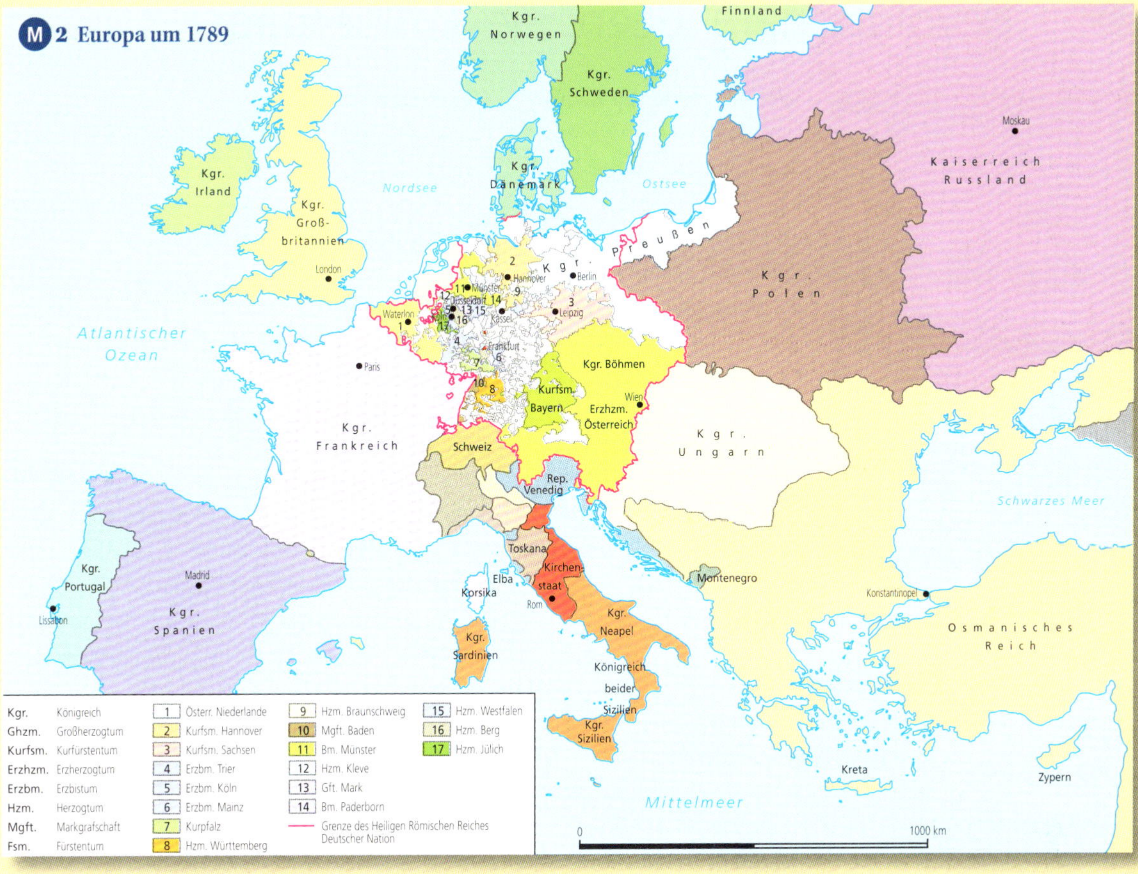

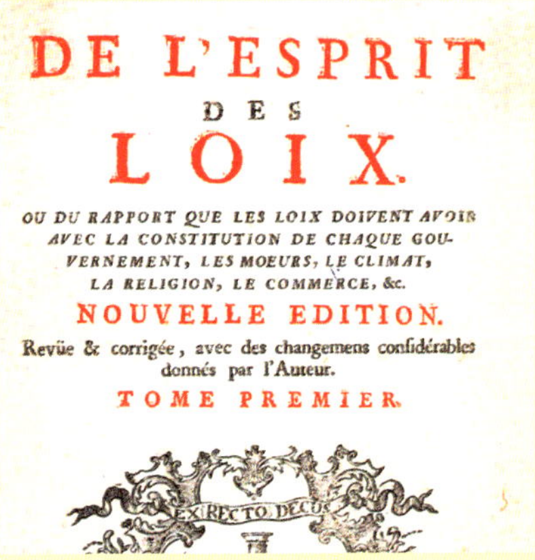

DE L'ESPRIT
DES
LOIX.
OU DU RAPPORT QUE LES LOIX DOIVENT AVOIR AVEC LA CONSTITUTION DE CHAQUE GOUVERNEMENT, LES MOEURS, LE CLIMAT, LA RELIGION, LE COMMERCE, &c.
NOUVELLE EDITION.
Revüe & corrigée, avec des changemens considérables donnés par l'Auteur.
TOME PREMIER.

Weltdeutung / Religion

Die bürgerlichen Revolutionen entstanden auch aus den Ideen der Aufklärung. Viele bis dahin gültige Ideen wurden in Frage gestellt. Manches wurde radikal verändert.

Was waren „revolutionäre" Gedanken jener Zeit? ...

Wirtschaft und Umwelt

Die meisten Menschen in Europa lebten auch im 18. Jh. von der Landwirtschaft. Ein großer Teil der Bevölkerung war ohne Macht und arbeitete hart, um die wenigen Mächtigen zu ernähren.

Wie beeinflusste die wirtschaftliche Situation den Ausbruch der Revolutionen? ...

Gesellschaft

Auch die Gesellschaftsordnung wurde im Zeitalter der Bürgerlichen Revolutionen immer mehr infrage gestellt.

Wie wirkten sich Aufklärung und Revolution auf die Gesellschaft aus? Verhalfen sie allen Menschen zu Freiheit und Gleichheit? ...

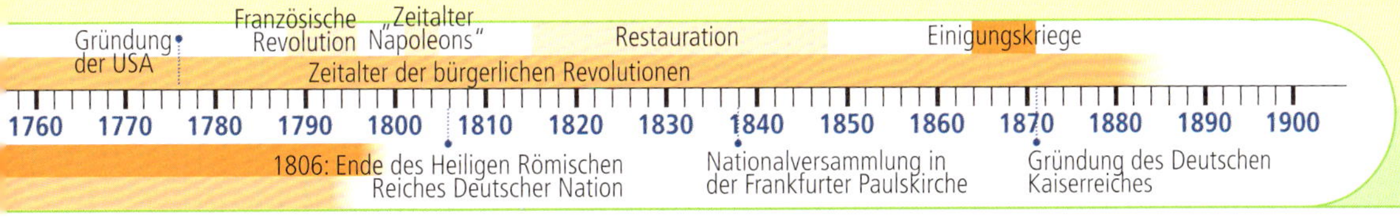

Revolutionäre Ideen: die Aufklärung

M1 „Aufklärung"
Kupferstich von Daniel Chodowiecki, 1791 (Ausschnitt)

In der Zeit des Absolutismus, in der Könige und Fürsten nach der unumschränkten Macht strebten und alle „Sonnenkönige" sein wollten, wurde das Bild von der Sonne auch ganz anders verwendet. Für die Aufklärer stand die Sonne als Symbol für etwas anderes.

Beschreibe das Bild und erkläre, wofür die Sonne hier steht. Findest du, dass der Titel „Aufklärung" passt? Welchen Titel würdest du stattdessen wählen?

Woher kamen die Ideen?

Die Ideen der bürgerlichen Revolutionen waren nicht über Nacht und auch nicht allein in Amerika oder Frankreich entstanden. Seit den Religions- und Bürgerkriegen des 16. und 17. Jh. hatten kluge Köpfe in Europa Antworten auf die Frage nach dem besten Staat gesucht.

Aus humanistischen Ideen entwickelte sich die Bewegung der **Aufklärung**, die im 18. Jh. ganz Europa – und ganz besonders auch Frankreich – erfasste.

Was ist Aufklärung?

Die Aufklärer fassten die Sorgen der Bevölkerung in Worte und forderten Änderungen. In einem Staat sollten alle Menschen gleich und frei sein. In einer Verfassung sollte festgelegt sein, dass die Menschenrechte geschützt werden, dass alle Staatsbürger dieselben Grundrechte und Adel und Klerus keine Vorrechte mehr haben. Selbst die Rechtfertigung des Absolutismus, das Gottesgnadentum, wurde bezweifelt.

In den Mittelpunkt des Denkens und Handelns stellten die Aufklärer die Vernunft. Diese sollte den Menschen „Licht" und „Erleuchtung", eben Aufklärung, bringen und sie aus ihrer „selbstverschuldeten Unmündigkeit" befreien, so der Philosoph Immanuel Kant im Jahr 1784. Dazu gehörte auch gegenseitige Achtung und Toleranz. Die Menschen sollten sich nicht von Autoritäten wie der Kirche leiten lassen, sondern ihr Leben selbst bestimmen und ihr Wissen durch eigenes Denken erarbeiten.

„Vernünftige" Wissenschaft

Neu war diese Art zu denken nicht: Bereits für viele Forscher und Gelehrte seit der Renaissance hatte nur noch das Bestand, was sie selbst mit Experimenten und nachkontrollierbaren Erkenntnissen herausfanden. Neben der Vernunft diente ihnen dabei die Natur als Maßstab.

Gegen den Absolutismus

Anhänger fand diese neue Geisteshaltung besonders in den selbstbewusst gewordenen Bürgern der Städte. Stolz grenzten sie sich von Adel und Klerus ab und verwiesen dabei auf ihren Wohlstand und ihre Bildung.

Kaum verwunderlich also, dass gerade dieses Bürgertum die aufklärerische Idee entwickelte und verbreitete. Was das Bürgertum forderte: die Gleichbehandlung aller drei Stände und politische Mitbestimmung.

Philosophen und Rechtsgelehrte wie der Engländer John Locke und der Franzose Charles de Montesquieu entwickelten eine moderne Staatslehre: Die Macht sollte bei einem vom ganzen Volk gewählten **Parlament** liegen; eine **Gewaltenteilung** sollte Machtmissbrauch und Willkür verhindern.

„Volksaufklärung" und neue Öffentlichkeit

Nach den Vorstellungen der Aufklärer hatten alle Menschen ein Recht auf Bildung. Die meisten Kinder besaßen damals jedoch gar keine oder nur eine schlechte Schulbildung. Deshalb wurden Einrichtungen für Kinder aus armen Familien gegründet. Umfangreiche Lexika sollten das Wissen der damaligen Zeit einer breiten Öffentlichkeit bekannt machen.

Die Ideen der Aufklärung verbreiteten sich rasant. Das lag vor allem daran, dass sie massenhaft gedruckt, gelesen und diskutiert werden konnten. Männer und Frauen aus Adel und Bürgertum trafen sich in Kaffeehäusern, Lesegesellschaften oder großbürgerlichen und adligen Salons, in denen sie sich über die Schriften austauschten.

Die Aufklärung war zwar die Sache einer Minderheit: der Gelehrten, Schriftsteller, hohen Beamten und Kaufleute. Sie entwickelte aber etwas grundsätzlich Neues: eine öffentliche Meinung und ein Umdenken in Erziehung und Bildung.

- *Erstelle eine Mindmap, die alle deiner Meinung nach wesentlichen Begriffe und Aspekte zum Thema „Aufklärung" enthält.*

M2 Die Grenzen der Macht

John Locke beruft sich auf den „gesunden Menschenverstand". In seinem Werk „Über die Regierung" (1679-1681, gedruckt 1689) schreibt er:

Das große Ziel, mit welchem die Menschen in eine Gesellschaft eintreten, ist der Genuss ihres Eigentums in Frieden und Sicherheit, und das große Werkzeug und Mittel dazu sind die Gesetze [...].

Zum Ersten muss die gesetzgebende Gewalt nach öffentlich bekanntgemachten festen Gesetzen regieren, die nicht für besondere Fälle geändert werden dürfen, sondern nur ein Maß anlegen für Reich und Arm, für den Günstling bei Hof wie für den Landmann am Pflug.

Zum Zweiten sollten diese Gesetze auf kein anderes letztes Ziel als das Wohl des Volkes ausgerichtet sein.

Zum Dritten darf die gesetzgebende Gewalt keine Steuern auf das Eigentum des Volkes erheben ohne Zustimmung des Volkes [...].

John Locke, Über die Regierung (The Second Treatise of Government). In der Übersetzung von Dorothee Tidow mit einem Nachwort herausgegeben von Peter Cornelius Mayer-Tasch, Stuttgart 1974, S. 101 (vereinfacht und stark gekürzt)

M3 Das Recht auf Widerstand

Locke rechtfertigt Widerstand so:

Wo immer das Gesetz endet, beginnt Tyrannei [...]. Und wer immer in Ausübung von Amtsgewalt seine gesetzlichen Zuständigkeiten überschreitet und von der unter seinem Befehl stehenden Gewalt Gebrauch macht, um den Untertanen etwas aufzuzwingen, was das Gesetz nicht erlaubt, hört damit auf, Obrigkeit zu sein. Er handelt ohne Autorität, und man darf sich ihm widersetzen wie jedem anderen Menschen, der gewaltsam in die Rechte anderer eingreift.

John Locke, Über die Regierung, a. a. O., S. 153 (vereinfacht)

M4 Die Gewaltenteilung

Montesquieu schreibt in seinem Buch „Vom Geist der Gesetze" von 1748:

Es gibt in jedem Staat drei Arten von Vollmacht: die gesetzgebende Gewalt, die vollziehende Gewalt in Sachen, die vom Völkerrecht abhängen, und die vollziehende Gewalt in Sachen, die vom bürgerlichen Recht (Zivilrecht) abhängen.

Aufgrund der ersteren schafft der Herrscher oder Magistrat Gesetze auf Zeit oder für die Dauer, ändert geltende Gesetze oder schafft sie ab. Aufgrund der zweiten stiftet er Frieden oder Krieg, sendet oder empfängt Botschaften, stellt die Sicherheit her, sorgt gegen Einfälle vor. Aufgrund der dritten bestraft er Verbrechen oder sitzt zu Gericht über die Streitfälle der Einzelpersonen [...].

Sobald in ein und derselben Person oder derselben Beamtenschaft die legislative Befugnis mit der exekutiven verbunden ist, gibt es keine Freiheit. Es wäre nämlich zu befürchten, dass derselbe Monarch oder derselbe Senat[1] tyrannische Gesetze erließe und dann tyrannisch durchführte. Freiheit gibt es auch nicht, wenn die richterliche Befugnis nicht von der legislativen und von der exekutiven Befugnis geschieden wird [...]. Alles wäre verloren, wenn ein und derselbe Mann beziehungsweise die gleiche Körperschaft entweder der Mächtigsten oder der Adligen oder des Volkes folgende drei Machtvollkommenheiten ausübte: Gesetze erlassen, öffentliche Beschlüsse in die Tat umsetzen, Verbrechen und private Streitfälle aburteilen.

Montesquieu, Vom Geist der Gesetze, eingel., ausgew. und übers. von Kurt Weigand, Stuttgart 1994, S. 216 f. (vereinfacht)

M5 John Locke
Porträt von Godfrey Kneller, 1697
Der Engländer Locke (1632-1704) lehrte in Oxford, verfasste naturwissenschaftliche, philosophische und politische Schriften und hatte auch Regierungsämter inne.

M6 Charles de Montesquieu
Gemälde von Jacques-Antoine Dassier, 1728
Montesquieu (1689-1755) war Rechtsgelehrter, Schriftsteller und übernahm öffentliche Ämter.

[1] Senat: Staatsrat

1. *Arbeite heraus, wie John Locke sich den Staat vorstellt (M2, M3).*
2. *Wie könnte ein Monarch auf Lockes und Montesquieus Ideen reagiert haben? Verfasse einen Tagebucheintrag aus seiner Sicht oder schreibe auf, wie sich ein Bürger geäußert haben könnte (M2-M4, Verfassertext).*
3. *Erläutere, mit welchen Maßnahmen Montesquieu die Tyrannei eines Einzelnen verhindern möchte (M4).*
4. *Die Aufklärer haben darüber nachgedacht, wie der beste Staat aussehen sollte. Diskutiert in der Klasse, wie der beste Staat heute gestaltet sein sollte.*

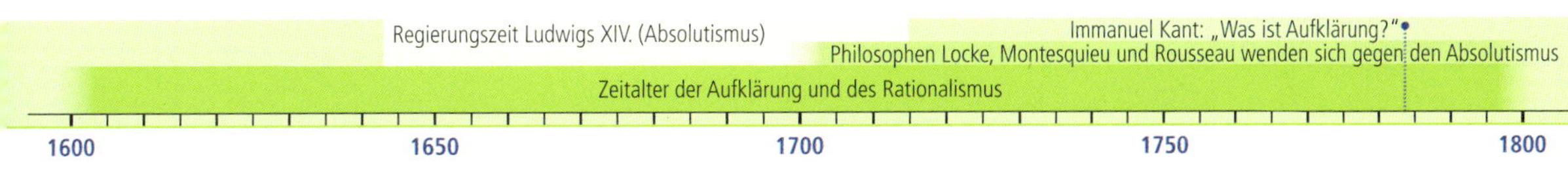

Die französische Monarchie in der Krise

M 1 „Man muss hoffen, dass dieses Spiel bald vorbei ist“
Radierung eines unbekannten Künstlers von 1789 (Ausschnitt)
Das Bild fand als Flugblatt weite Verbreitung. Auf dem Taschentuch der unteren Figur steht: „Salz- und Tabaksteuern, Grundsteuer, Zehnt, Frondienst, Militärdienst“, auf dem Säbel „gerötet von Blut“ und auf dem Stock „mit Tränen getränkt“.

Arbeite heraus, welche Missstände angeprangert werden. Hinweis: Vögel und Kaninchen deuten an, welche Folgen das alleinige Jagdrecht des Adels hat.

Neuer König – neue Chance?

In einer prunkvollen Feier wurde **Ludwig XVI.** im Jahre 1774 zum König von Frankreich gekrönt. Die Bevölkerung jubelte ihm zu. Sie setzte große Hoffnungen in ihn, weil sie mit den bisherigen Königen unzufrieden war.

Zwar war Frankreich unter der langen Herrschaft Ludwigs XIV. und dessen Sohn Ludwig XV. der mächtigste Staat Europas geworden, aber auf Kosten der Bevölkerung. Viele Kriege hatten so viel Geld gekostet, dass Frankreich finanziell vor dem Bankrott stand. Vor allem die einfache Bevölkerung litt unter der absolutistischen Königsherrschaft.

Prunk – Pleite – Krise

Aber der junge König erfüllte die Erwartungen nicht. Er regierte wie seine Vorgänger als absoluter Herrscher, führte ein luxuriöses Hofleben in Versailles und teure Kriege.

Die Bevölkerung staunte, als Ludwig die Generalstände ins Schloss Versailles einberief. Dies hatte es in Frankreich seit fast 175 Jahren nicht mehr gegeben! Wollte der König damit seine Macht demonstrieren? Das Gegenteil war der Fall: Ludwig waren die Probleme über den Kopf gewachsen.

1788 und 1789 stiegen nach schlechten Ernten die Brotpreise in die Höhe, viele ärmere Franzosen konnten sich kaum mehr das Lebensnotwendige leisten. Löhne sanken und die Zahl der Bettler wuchs. Viele Hungernde auf dem Land glaubten, die Regierung halte das Getreide absichtlich zurück, um es dann zu Höchstpreisen zu verkaufen. Im Frühjahr 1789 plünderten hungernde Menschen in mehreren Städten Bäckereien und Lebensmittelgeschäfte.

Ungleiche Lasten

Der König wusste, dass der Staat mehr Einnahmen brauchte. Dafür war es nötig, die Steuern zu erhöhen. Das Problem war, dass der Dritte Stand bereits hoch besteuert war: Bauern und Stadtbürger bezahlten die wachsenden Ausgaben des Staates bislang fast ganz allein. Dabei konnten die meisten Bauern von ihren kleinen Höfen kaum noch leben und mussten zudem noch Abgaben an ihre Grundherren leisten. Die Bürger in den Städten – hauptsächlich Arbeiter, Kleinhändler und Handwerker, aber auch Richter, Rechtsanwälte und Ärzte sowie reiche Manufaktur- und Bergwerksbesitzer, Großkaufleute und Bankiers – bezahlten zwar viele Steuern, hatten aber kein politisches Mitspracherecht und waren von allen wichtigen Ämtern ausgeschlossen.

Sie forderten, die Steuerprivilegien der beiden ersten Stände – Adel und Klerus – abzuschaffen. Denn diese waren von Steuern bisher fast ganz befreit. Vor allem aber wollten die Bürger endlich politisch mitbestimmen wie die Bürger in England. Für sie waren die Vereinigten Staaten vorbildlich.[1]

Der König verliert an Macht

Der König hoffte, neue Steuern erheben zu können – nun auch von den ersten beiden Ständen. Doch diese weigerten sich. Sie stellten sich auf den Standpunkt, dass Steuern nur die Generalstände festsetzen dürften, die seit 1614 nicht mehr zusammengetreten waren. In seiner Notlage gab der König den Forderungen nach und berief die Generalstände für den 5. Mai 1789 nach Versailles ein. Um den unzufriedenen Bürgern zudem eine Möglichkeit zu geben, ihren Ärger auszudrücken, wurden in allen Teilen des Landes Beschwerdehefte verteilt, die von den Abgeordneten dann nach Versailles mitgenommen wurden.

Ohne es zu wollen, gab Ludwig XVI. damit seinen absolutistischen Herrschaftsanspruch auf.

Beschreibe in eigenen Worten, warum Ludwig XVI. die Generalstände einberufen ließ. Was bedeutete dies für seine Herrschaft?

[1] Lies dazu S. 54 f.

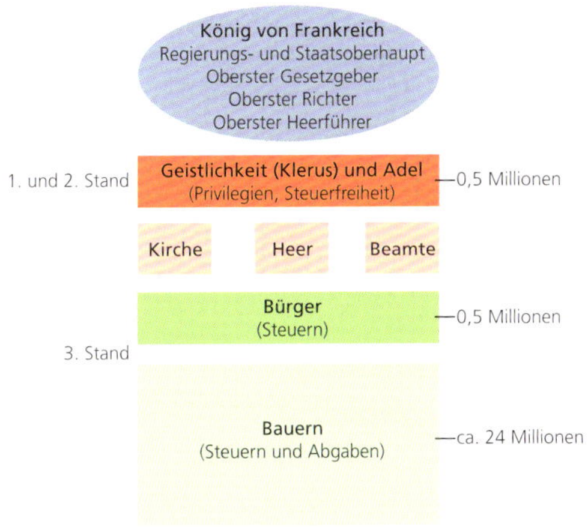

M2 Aufbau der Gesellschaft in Frankreich vor der Revolution

M3 Forderungen vom Lande

Vor den Wahlen zu den Generalständen 1789 werden etwa 60 000 Beschwerdehefte im Land ausgegeben. In dem Heft einer Landgemeinde steht:

Die Einwohner dieser Gemeinde fordern:

1. dass alle Steuern von den drei Ständen ohne irgendwelche Ausnahmen gezahlt werden, von jedem Stand gemäß seinen Kräften;
2. das gleiche Gesetz und Recht im ganzen Königreich;
3. die völlige Aufhebung der Sondersteuern und der Salzsteuer […];
4. die völlige Beseitigung jeglicher Art von Zehnten in Naturalien […];
8. dass die Eigentumsrechte heilig und unverletzlich sind […];
10. dass alle Frondienste, welcher Art sie auch sein mögen, beseitigt werden.

Nach: Irmgard und Paul Hartig, Die Französische Revolution, Stuttgart 1988, S. 34

M4 Forderungen aus einer Stadt

Aus einem Beschwerdebrief:

[Wir] haben beschlossen:

1. Dass die Person des Königs als heilig angesehen werde […].
2. Zu verlangen, dass eine auf Grundgesetzen beruhende Verfassung geschaffen werde […].
7. Dass die Steuern ohne Unterschied von den Bürgern aller Stände erhoben werden […].
11. Dass Angehörige des Dritten Standes, die Anstand, Talent und Tugenden gezeigt haben, Zugang zu den militärischen und zivilen Stellungen erlangen, deren sie sich würdig erwiesen haben […].
22. Dass es im ganzen Königreich gleiche Maße und Gewichte geben soll.

Nach: Ulrich Friedrich Müller (Hrsg.), Die Französische Revolution 1789-1799. Ein Lesebuch, München 1988, S. 32 ff. (leicht bearbeitet)

M5 Was Frauen wollen

Frauen des Dritten Standes fordern in einer Beschwerdeschrift vom 1. Januar 1789 vom König:

Wir bitten um Ausbildung und Beruf, nicht, um uns die Befugnisse der Männer anzueignen, sondern, um höher von ihnen geachtet zu werden, und damit wir imstande sind, vor dem Elend geschützt zu leben. […]

Wir glauben, dass es den Frauen, den Witwen und Töchtern, die Ländereien oder anderes Vermögen besitzen, billigerweise gestattet sein muss, dem Thron ihre Beschwerden zu Füßen zu legen, und dass es ebenso nur gerecht ist, ihre Stimmen zu zählen, da sie doch, wie die Männer, dazu verpflichtet sind, die königlichen Abgaben zu zahlen […].

Nach: Geschichte auch für Mädchen, hrsg. von der Parlamentarischen Staatssekretärin für die Gleichstellung von Frau und Mann beim Ministerpräsidenten des Landes Nordrhein-Westfalen, Düsseldorf 1989, S. 20 f.

M6 „Für die Mühsal geboren – Der Mann des Dorfes"
Nachkolorierter Kupferstich, Paris, 1789

Der Bildtext lautet übersetzt:
„Jeden Tag mitten auf dem Feld – in Hitze und Kälte – sieht man den armen Bauern – arbeitend das ganze Jahr über – um mit seiner Arbeit das Geld zu verdienen – und damit den Steuereintreiber zu bezahlen."

1. *Arbeite die Situation des Dritten Standes heraus (Verfassertext, M1 - M6).*
2. *Untersuche die Forderungen der Bauern (M3), der Stadtbürger (M4) und der Frauen (M5). Welche sind eher gemäßigte Reformen der bestehenden Staats- und Gesellschaftsordnung? Welche zielen auf eine grundlegende Veränderung der politischen Verhältnisse?*
3. *Das Bild M6 ist eine von mehreren „symbolischen Szenen", die wie M1 1789 weit verbreitet wurden. Erörtere die Aussage des Bildes. Wer könnte es verbreitet haben und mit welcher Absicht?*

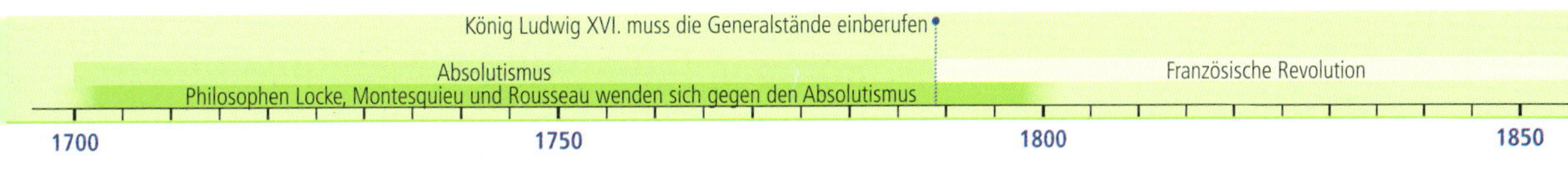

Von den Generalständen zur Nationalversammlung

M 1 Die drei Stände schmieden die Verfassung
Kolorierter Kupferstich (18,1 x 18,6 cm), 1789/90
Übersetzt lauten die Zeilen unter dem Bild: „Rasch, rasch, rasch! Schmiedet das Eisen heiß! Rasch, rasch, rasch! Nur guten Mut, man muss beherzt zu Werke gehen."

Interpretiere die Zeichnung und den Text. Ordne vorher den Personen bestimmte Funktionen wie „Werkmeister" und „Gesellen" zu.

Generalstände und Stände: Wer vertritt wen?

Ging es nach dem Willen des Königs, sollten die Generalstände eine neue Steuer beschließen und dann wieder aufgelöst werden. Es gab aber keine neue Steuer und die Generalstände ließen sich auch nicht wieder auflösen. Warum erfüllten sich die Erwartungen des Königs nicht?

Bevor die Abgeordneten zusammenkommen und abstimmen konnten, stellte der Dritte Stand die Abstimmung selbst infrage. Alle Männer über 25 Jahre wählten die Abgeordneten, und zwar getrennt nach Ständen. Der Dritte Stand durfte 600 Abgeordnete stellen und damit genauso viele wie Adel und Klerus zusammen. Aber da jeder Stand nur mit einer Stimme sprechen und abstimmen durfte, hätten die beiden ersten Stände eine sichere Mehrheit gehabt. Für die Vertreter des Dritten Standes war also nur eine Einzelabstimmung denkbar, da so eine echte Chance bestand, sich gegen die je 300 Vertreter der beiden ersten Stände durchzusetzen.

Die Generalstände tagen

Die gewählten Vertreter der drei Stände trafen sich am 5. Mai 1789 in Versailles zur ersten Sitzung. Die Stände sollten getrennt beraten. Aber die Vertreter des Dritten Standes verlangten nun die gemeinsame Beratung aller Abgeordneten und eine Abstimmung „nach Köpfen". Schließlich forderten sie die Vertreter der anderen beiden Stände auf, an ihren Beratungen teilzunehmen. Einige Vertreter des Adels und Geistliche folgten der Einladung, denn sie hatten zum Teil mehr mit den Interessen des Dritten Standes gemeinsam, als mit denen der mächtigen und reichen Mitglieder des eigenen Standes.

Die Nationalversammlung

Als der König den Tagungsraum des Dritten Standes schließen ließ, trafen sich die Abgeordneten im Ballsportsaal des Versailler Schlosses. Dort erklärten sie sich am 17. Juni 1789 zur alleinigen **Nationalversammlung**. Sie verstanden sich nicht mehr als Abgeordnete einzelner Stände, sondern als Vertreter der ganzen **Nation**[1] – repräsentierten sie doch ohnehin 98 Prozent des französischen Volkes. Sie schworen, nicht eher auseinanderzugehen, bis sie Frankreich eine **Verfassung** gegeben hätten, die die Freiheit der Bürger, die Rechte des Königs und der Regierung festlegte (Ballhausschwur).

Weitere Versuche des Königs, die Nationalversammlung aufzulösen, blieben erfolglos. Schließlich gab er nach und forderte sogar die Vertreter von Adel und Klerus auf, sich der Nationalversammlung anzuschließen. Am 9. Juli 1789 erklärten sich die Abgeordneten der Nationalversammlung zur Verfassunggebenden Nationalversammlung. Anstatt Geld für das bankrotte Frankreich aufzutreiben, hatte der König erneut ein großes Stück seiner Autorität eingebüßt.

Fasse in deinen eigenen Worten zusammen, wie die Abgeordneten des Dritten Standes von der Eröffnung der Generalstände bis zum Ballhausschwur handelten.

[1] Zu Begriff und Bedeutung von „Nation" informiert dich auch S. 76.

Nationalversammlung Nation Verfassung

M 2 Was ist der Dritte Stand?

Der Geistliche Emmanuel-Joseph Siéyes zählt zu den wichtigsten Personen zu Beginn der Revolution. Seine Flugschrift „Was ist der Dritte Stand?" von Januar 1789 trug erheblich dazu bei, dass sich der Dritte Stand zur Nationalversammlung erklärt hat:

Wir haben uns drei Fragen vorzulegen:

1. Was ist der Dritte Stand? ALLES.
2. Was ist er bis jetzt in der politischen Ordnung gewesen? NICHTS.
3. Was verlangt er? ETWAS ZU SEIN. [...]

Also, was ist der Dritte Stand? Alles, aber ein gefesseltes und unterdrücktes Alles. Was wäre er ohne den privilegierten Stand? Alles, aber ein freies und blühendes Alles. Nichts kann ohne ihn gehen; alles ginge unendlich besser ohne die anderen. [...]

Was ist eine Nation? Eine Körperschaft von Gesellschaftern, die unter einem gemeinschaftlichen Gesetz leben und durch dieselbe gesetzgebende Versammlung repräsentiert werden usw. [...]

Der Dritte Stand umfasst also alles, was zur Nation gehört; und alles, was nicht der Dritte Stand ist, kann sich nicht als Bestandteil der Nation ansehen [...].

Man kann die wirklichen Forderungen des Dritten Standes nur nach den Beschwerden beurteilen, welche die großen Stadtgemeinden des Königreichs an die Regierung gerichtet haben.

Nach: Eberhard Schmitt und Rolf Reichardt (Hrsg.), E. J. Sieyes. Politische Schriften 1788-1790, München ²1981, S. 119, 122, 124 und 131

M 4 Der Ballhausschwur
Zeichnung von Jacques-Louis David, 1791
Die Zeichnung gibt nicht den tatsächlichen Hergang wieder. Im Vordergrund verbrüdern sich ein Mönch, ein katholischer Priester und ein protestantischer Pfarrer. Im Zentrum des Bildes hebt der Präsident der Nationalversammlung die Hand zum Schwur.

M 3 Der König und die Forderungen des Dritten Standes

In einer Sondersitzung lässt König Ludwig einen Text verlesen, in dem die Forderungen des Dritten Standes abgelehnt werden. Nach nur vier weiteren Tagen empfiehlt er dem Ersten und Zweiten Stand dann aber, sich mit dem Dritten zu vereinigen:

Artikel 1: Der König will, dass die alte Unterscheidung zwischen den Ständen im Staat in ihrer Ganzheit erhalten bleibt, da sie wesentlich an die Verfassung seines Reiches gebunden ist. Er wünscht, dass die von jedem der drei Stände frei gewählten Abgeordneten, die drei Kammern bilden und nach Ständen getrennt beraten, aber mit Erlaubnis des Königs auch gemeinsam beraten dürfen, allein als die Gesamtheit der Nation betrachtet werden können. Folglich hat der König die Beschlüsse für null und nichtig erklärt, die von den Abgeordneten des Dritten Standes am 17. Juni gefasst wurden, weil sie illegal und gegen die Verfassung sind.

Nach: Die Französische Revolution. Ein Lesebuch mit zeitgenössischen Berichten und Dokumenten, hrsg., übers. u. komm. v. Chris E. Paschold und Albert Gier, Stuttgart 1989, S. 73

1. *Fasse zusammen, was Sieyès unter „Nation" versteht (M2).*
2. *Erkläre die heutige Vorstellung von Nation. Nenne dabei die Unterschiede zu M2.*
3. *Stell dir vor, du bist ein Abgeordneter des Dritten Standes und sollst eine Rede im Ballhaus halten, in der du erklärst, warum der Dritte Stand zu Recht die Nationalversammlung darstellt. Schreibe diese Rede (M2, M3).*
4. *Zeige, dass der französische König Ludwig XVI. seine Macht weitgehend verloren hat (Verfassertext, M1-M3).*
5. *Der Maler wollte mit seinem Gemälde des Ballhausschwures (M4) die besondere Bedeutung des Ereignisses herausstellen. Begründe, mit welchen Mitteln ihm dies gelungen ist.*

Revolution!

M1 Die Erstürmung der Bastille am 14. Juli 1789
Kupferstich nach einem Gemälde von Charles Thévenin, um 1793
Die Bastille diente als Gefängnis und Munitionslager. Bei der Einnahme der Bastille starben etwa 100 Menschen.
Die im Bild gezeigte blau-weiß-rote Trikolore (lat. tricolor: dreifarbig) ist eine Kombination aus den Farben der Stadt Paris (blau und rot) und dem weißen Lilienbanner der Monarchie. Offiziell wurde die Trikolore erst 1794 zur Nationalflagge erklärt.

Von dem Bild M1 gibt es auch eine Fassung, die statt der blau-weiß-roten Trikolore eine weiße Fahne zeigt. Begründe, inwiefern sich damit die Bildaussage verändert.

Sturm auf die Bastille

Die Bevölkerung hatte gehofft, dass die Nationalversammlung rasch für bessere Lebensverhältnisse sorgt. Doch die Lage besserte sich nicht. Als der König auch noch Soldaten um Paris zusammenziehen ließ, befürchteten die Bürger, dass er die Verfassunggebende Nationalversammlung auflösen wollte. Die Stimmung radikalisierte sich. Von Rednern aufgeputscht, beschlossen Handwerker, Händler, Gastwirte und Tagelöhner, sich zu bewaffnen. Mit Leichtigkeit konnte die Volksmasse die Waffenkammer im Hôtel des Invalides plündern. Nun hatte die Menge reichlich Waffen: allein 32 000 Gewehre, dazu sogar Kanonen, aber kein Pulver. In den Kellergewölben des alten königlichen Gefängnisses, der Bastille, wurde Schießpulver vermutet. Zugleich war das Bauwerk in den Augen der Bevölkerung ein Symbol für Willkür und absolutistische Macht. Am 14. Juli 1789 eroberten die Aufständischen die Bastille – allerdings nicht im Sturm, wie revolutionäre Schriften später verbreiteten. Vielmehr wurde das Gefängnis nach einer chaotischen, militärisch wenig wirksamen Belagerung den Aufständischen übergeben. In dem riesigen Bau saßen nur noch sieben Gefangene.

Dennoch feierte die Menge die erfolgreiche Erstürmung der Bastille als Sieg über die Despotie. Stein für Stein wurde die Festung abgetragen. Die Überreste wurden unter Anhängern der Revolution zu einem begehrten Souvenir.

Aufstände in Stadt und Land

Als König Ludwig XVI. vom Sturm auf die Bastille erfuhr, rief er aus: „Das ist ja eine Revolte!" Ein Herzog widersprach ihm: „Nein, Sire, das ist eine **Revolution**!"

Die Wirkung dieses Ereignisses war unglaublich: Eine unorganisierte Menge von etwa 950 Personen hatte es geschafft, eine der mächtigsten Festungen des Landes in weniger als einer Stunde zu erobern! In Paris übernahm das wohlhabende Bürgertum die Stadtverwaltung. Eine Bürgerwehr, die Nationalgarde, wurde aufgestellt. Sie sollte für Ruhe und Ordnung sorgen. Diesem Beispiel folgten weitere Städte.

Auch auf dem Land gab es zahlreiche Proteste. Bewaffnete Bauern fielen über Klöster und Schlösser her. Mancherorts wurden die Urkunden verbrannt, in denen Steuern und Abgaben festgelegt waren.

Internettipp:
Lernhilfen zur Französischen Revolution findest du unter Mediencode 31053-06

M2 Ein Tourist über den Sturm auf die Bastille

Der englische Arzt Dr. Edward Rigby hält sich im Juli 1789 als Tourist in Paris auf. Seiner Familie schildert er am 14. Juli 1789, was nach der Erstürmung der Bastille geschehen ist:

Auf einen Schlag brach der tollste Jubel los; jede erdenkliche Art, in der sich die ausgelassensten Freudengefühle äußern können, war allenthalten zu sehen und zu hören. Rufe und Schreie, Springen und Umarmen, Lachen und Weinen, jeder Ton und jede Geste, auch Äußerungen, die hysterischen Zuständen nahekamen, offenbarten in der bunt durcheinandergemischten Menge ein solches Aufwallen äußerster Freude, wie es, sollte ich meinen, nie zuvor von Menschenkindern erlebt worden ist. Wir wurden als Engländer erkannt; wir wurden umarmt als freie Männer, „denn die Franzosen", sagten sie, „sind jetzt ebenso gut frei als ihr; künftig sind wir keine Feinde mehr, wir sind Brüder, und nie mehr soll ein Krieg uns trennen."

Nach: Ulrich Friedrich Müller (Hrsg.): Die Französische Revolution 1789-1799. Ein Lesebuch, München 1988, S. 49

M3 Ein Gegner der Revolution über den Sturm auf die Bastille

Der Schriftsteller Antoine Rivarol schreibt am 29. Juli 1789:

Obwohl die Regierung schuldig war, weil sie gegen das Gewitter, das sich so kräftig angekündigt hatte, keinerlei Maßnahmen ergriffen hatte, war der Gouverneur [der Bastille] nicht weniger tadelnswert, weil er sich auf Verhandlungen mit dem Pöbel eingelassen hatte. Hätte er sich in die Bastille eingeschlossen, wäre er unüberwindlich gewesen. Dieser unglückliche Gouverneur ist für seinen Leichtsinn schwer bestraft worden; das durch seinen Widerstand und den Tod einiger Bürger beim Angriff erregte Volk schleppte ihn zu der Place de Grève und schlug ihm den Kopf ab, nachdem man ihn mit Schlägen und Beschimpfungen überhäuft hatte. Dieser Kopf wurde auf der Spitze einer Lanze durch die Straßen getragen.

Journal politique national N° 8, 29. Juli 1789; nach: Irmgard und Paul Hartig: Die Französische Revolution, Stuttgart 1985, S. 44ff. (leicht bearbeitet)

M4 Kokarde mit den französischen Nationalfarben
Derartige Kokarden wurden zum Erkennungszeichen der Anhänger der Revolution. 1793 wurde es sogar Pflicht, eine zu tragen. Vgl. zu den Farben die Erläuterungen zum Bild M1 auf der gegenüberliegenden Seite.

M5 Sansculotten tragen ein Modell der Bastille
Zeichnung von 1790/91
Solche Bastille-Modelle wurden bei Umzügen durch die Städte getragen. Die Sansculotten (franz. sans culottes: ohne Kniehosen) trugen im Gegensatz zu den Kniehosen und Seidenstrümpfen des Adels und der reichen Großbürger demonstrativ lange Hosen. Zu ihnen zählten Handwerker, Händler, Tagelöhner, Marktfrauen und Wäscherinnen. Sie waren zum größten Teil Anhänger der Revolution.

1. *Vergleiche, wie das Volk in M2 und M3 dargestellt wird.*
2. *Schreibe an Rivarol (M3) einen Brief. Er soll seine Haltung gegenüber dem Volk und gegenüber dem Gouverneur ändern.*
3. *Erkläre, warum sich die Bastille gut als Symbol für die Französische Revolution eignet (Verfassertext, M4, M5).*
4. *Die Erstürmung der Bastille dauerte nur eine Stunde, es wurden nur sieben Gefangene befreit und es gab nur wenige Todesopfer. Finde Gründe, warum dieses Ereignis trotzdem so bedeutend war, dass der Französische Nationalfeiertag bis heute auf dem 14. Juli liegt (Verfassertext, M1, M2 und S. 36 f.).*

König Ludwig XVI. muss die Generalstände einberufen • 17.06.1789 Schwur im Ballhaus
14.07.1789 Erstürmung der Bastille
Absolutismus
Französische Revolution
Philosophen Locke, Montesquieu und Rousseau wenden sich gegen den Absolutismus
1700 1750 1800 1850

„Freiheit, Gleichheit, Brüderlichkeit“

M1 „Unité, Indivisibilité, De La République. Liberté, Egalité, Fraternité Ou La Mort“
Plakat (61,5 x 45 cm), Herbst 1793
Abgebildet sind ein Eichenkranz mit Trikolore, darüber die phrygische Mütze, in der Antike ein Symbol der freigelassenen Sklaven. Die Mütze wurde von den radikalen Revolutionären, den Jakobinern (siehe S. 56), als Bekenntnis zu den revolutionären Idealen getragen. Daher wurde sie Jakobinermütze genannt. Auf der Mütze prangt eine Kokarde, ebenfalls ein revolutionäres Gesinnungszeichen. In der Mitte ist ein Rutenbündel abgebildet. Das altrömische Abzeichen symbolisiert die staatliche Strafgewalt über Leben und Tod.

Entschlüssele die Botschaft des Plakats. Erkläre, welche Bedeutung Symbole in der Französischen Revolution hatten. Berücksichtige auch die vorige Doppelseite.

Lesetipp:
Inge Ott, Freiheit! Sechs Freunde in den Wirren der Französischen Revolution, Stuttgart 2012

Von der absoluten Monarchie ...

König und Nationalversammlung reagierten auf die Aufstände und schafften einige Privilegien von Klerus und Adel ab. Alle Stände sollten politisch und steuerlich gleichberechtigt sein. Das bereits im Ballhaus ausgesprochene große Ziel einer Verfassung wurde zwar vorerst noch nicht erreicht, doch wurde ein großer Schritt in diese Richtung getan: Die Erklärung der **Menschen- und Bürgerrechte** am 26. August 1789 garantierte allen Franzosen gleiche Rechte und Freiheiten. Sie sollte Grundlage für die neue Verfassung werden. Die Erklärung ist bis heute wirksam. Sie enthält aber kein Wort zu den Rechten der Frauen und der Sklaven in den damaligen Kolonien.

... zur konstitutionellen Monarchie

Zunächst sah der König die Beschlüsse der Nationalversammlung mehr als Provokation denn als Bedrohung an. Erst nach vielen weiteren Protesten zog Ludwig XVI. nach Paris um, erkannte die Beschlüsse an und stellte sich damit unter die Macht der Revolutionäre. 1791 versuchte die königliche Familie aus Frankreich zu fliehen, wurde aber an der Grenze erkannt und fast wie Gefangene nach Paris zurückgebracht, wo sie von nun an unter der Aufsicht der Revolutionäre blieben.

Am 3. September 1791 trat die erarbeitete Verfassung in Kraft. Frankreich war jetzt keine absolute Monarchie mehr, sondern eine **konstitutionelle Monarchie**. In der „Konstitution“, einer Urkunde, waren die Rechte des Königs aufgeführt; weitere hatte er nicht mehr. Die Macht ging nun vom Volk aus – oder genauer: von den Bürgern mit Besitz, die eine bestimmte Summe Steuern im Jahr bezahlten. Sie durften wählen; den anderen etwa 40 Prozent der männlichen Bürger und den Frauen blieb das verwehrt. Wenn das Recht zu wählen vom Vermögen abhängt, nennt man dies Zensuswahlrecht.

Die katholische Kirche wurde vom Staat abhängig. Sie verlor ihren Grundbesitz und den Kirchenzehnten, eine wichtige Abgabe. Fortan bezahlte der Staat die Priester und ließ die Bischöfe vom Volk wählen. Außerdem wurden mit der neuen Verfassung die Adelstitel abgeschafft. Die Macht war damit fast vollständig neu verteilt.

Durch Einheitlichkeit zur Nation

Neben Freiheit und Gleichheit sollte nun auch eine Nation entstehen. Frankreich wurde in 83 möglichst gleichartige Departements eingeteilt. Französisch wurde zur alleinigen Nationalsprache erklärt und Maße und Gewichte vereinheitlicht.

Auf dem Verbrüderungsfest vom 14. Juli 1790, der ersten Revolutionsfeier, legte König Ludwig XVI. auf dem Marsfeld in Paris gemeinsam mit der Nationalgarde und 300 000 Bürgern einen Eid auf die Nation ab. Hier wurde erstmals auch die Devise „Freiheit, Gleichheit und Brüderlichkeit“ (franz.: liberté, égalité, fraternité) formuliert.

- *Die Begriffe „Freiheit“, „Gleichheit“, „Brüderlichkeit“ gelten als Grundsätze der Französischen Revolution. Erörtere, ob die Revolutionäre diese Ziele wirklich erreicht haben.*

M2 Menschen- und Bürgerrechte

Die am 26. August 1789 veröffentlichten Menschen- und Bürgerrechte werden der Verfassung von 1791 (M3 und M1, S. 50 f.) vorangestellt:

[…] [D]ie Vertreter des französischen Volkes, als Nationalversammlung eingesetzt, […] haben […] beschlossen, die natürlichen und unveräußerlichen und heiligen Rechte der Menschen in einer feierlichen Erklärung darzulegen […].

Artikel 1: Die Menschen sind und bleiben von Geburt frei und gleich an Rechten […].

Artikel 2: Das Ziel jeder politischen Vereinigung ist die Erhaltung der natürlichen und unveräußerlichen Menschenrechte. Diese Rechte sind Freiheit, Eigentum, Sicherheit und Widerstand gegen Unterdrückung […].

Artikel 4: Die Freiheit besteht darin, alles tun zu können, was einem anderen nicht schadet. […]

Artikel 6: Das Gesetz ist der Ausdruck des allgemeinen Willens. Alle Bürger haben das Recht, persönlich oder durch ihre Vertreter an seiner Formung mitzuwirken. Es soll für alle gleich sein […].

Artikel 11: Die freie Mitteilung der Gedanken und Meinung ist eines der kostbarsten Menschenrechte. Jeder Bürger kann also frei schreiben, reden, drucken […].

Artikel 16: Eine Gesellschaft, in der die Verbürgung der Rechte nicht gesichert und die Gewalteilung nicht festgelegt ist, hat keine Verfassung.

Nach: Ute Gerhard, Menschenrechte – Frauenrechte 1789, in: Viktoria Schmidt-Linsenhoff (Hrsg.), Sklavin oder Bürgerin? Französische Revolution und Neue Weiblichkeit, Frankfurt a. M. 1989, S. 68 ff.

M3 Aus der Verfassung von 1791

Von den öffentlichen Gewalten

Artikel 1: Die Souveränität[1] ist einzig, unteilbar, unveräußerlich und unverjährbar. Sie steht der Nation zu. Kein Teil des Volkes und keine einzelne Person kann sich ihre Ausübung aneignen […].

Artikel 3: Die gesetzgebende Gewalt ist einer Nationalversammlung übertragen, die aus den vom Volk frei und auf Zeit gewählten Abgeordneten besteht […].

Artikel 4: Die Regierung ist monarchisch. Die ausführende Gewalt ist dem König übertragen, um […] durch die Minister und andere verantwortliche Beamte […] ausgeübt zu werden […].

Artikel 5: Die richterliche Gewalt ist den durch das Volk auf Zeit gewählten Richtern zu übertragen. […]

Vom Königtum und dem König

Artikel 1: Das Königtum ist unteilbar und […] erblich übertragen […].

Artikel 2: Die Person des Königs ist unverletzlich und heilig. […]

Artikel 3: Es gibt in Frankreich keine höhere Autorität als die des Gesetzes. Der König regiert nur durch dieses. […]

Nach: Dietmar Willoweit und Ulrike Seif (Hrsg.), Europäische Verfassungsgeschichte, München 2003, S. 299 f. und 310

M4 Erklärung der Menschen- und Bürgerrechte
Ölgemälde von 1789/90
Die beiden Frauengestalten symbolisieren „Frankreich" (links) und das „Gesetz". Dazwischen steht das „Auge der Vernunft". Die beiden Schrifttafeln sollen in ihrer Form an die biblischen Gesetzestafeln mit den Zehn Geboten erinnern. Die rote Mütze ist eine Anspielung auf die Kopfbedeckung der freigelassenen römischen Sklaven.

Internettipps:
- Den vollständigen Text der Verfassung findest du unter Mediencode 31053-07
- Vgl. das Grundgesetz der Bundesrepublik Deutschland unter Mediencode 31053-08

[1] Souveränität: oberste Gewalt im Staat

1. *Unsere Grundrechte (siehe Internettipp) gehen auf die Ideen der Französischen Revolution zurück. Begründe dies an Beispielen.*
2. *Schreibe eine Stellenbeschreibung für das Amt a) des Königs und b) eines Abgeordneten der Nationalversammlung (Verfassertext, M2, M3 und M1 auf S. 50 f.).*

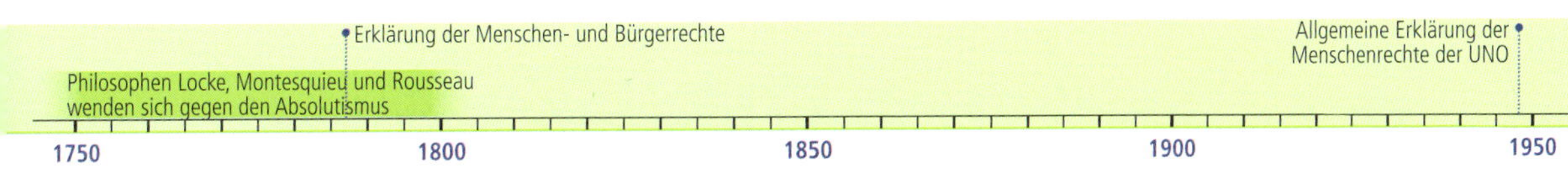

Bauplan für den Staat

Die Verfassung eines Staates ist meist sehr komplex, weil in ihr nicht nur die verschiedenen Institutionen und Prozesse beschrieben werden, sondern auch deren Zusammenwirken. Ein Verfassungsschema kann die Zusammenhänge anschaulich machen. Es stellt den Aufbau und die Arbeitsweise eines Staates sowie die Rechte der Bürger grafisch dar.
Um es lesen zu können, musst du zunächst entscheiden, an welcher Stelle du am besten mit der Beschreibung beginnst. Wichtig für die Deutung des Schaubildes sind vor allem seine Form und die Beziehungen zwischen den Bestandteilen. Beachte die verwendeten Zeichen. Prüfe, welche Begriffe du erklären solltest.

Folgende Fragen können dir helfen, das Verfassungsschema zu lesen:

1. Thema:
- Für welchen Staat gilt die Verfassung?
- Wer hat die Verfassung wann ausgearbeitet und beschlossen?

2. Beschreibung
- Welche Teile der Bevölkerung werden genannt?
- Gibt es ein Wahlrecht? Wer darf wählen (aktives Wahlrecht) und wer darf gewählt werden (passives Wahlrecht)?
- Welche Ämter und Einrichtungen gibt es?
- Wer hat welche Aufgaben, Rechte oder Pflichten?
- Wer arbeitet mit wem zusammen?
- Welche Informationen bietet die Legende?
- Was bedeuten mögliche Symbole (z. B. Krone für König)?

3. Beurteilung
- Wer hat wie Zugang zu Ämtern und Einrichtungen?
- Wer hat wie viel Macht? Wer ist ausgeschlossen?
- Besteht eine Gewaltenteilung? Sind die Gerichte unabhängig?
- Wie hoch ist der Anteil der Bevölkerung mit Wahlrecht? Wie ist es also zu bewerten?
- Wie wird verhindert, dass Einzelne ihre Macht missbrauchen?
- Was hat sich gegenüber der Zeit vor der Verfassung geändert?

Bei der Auswertung eines Verfassungsschemas können dir folgende Satzbausteine helfen:

Im Zentrum/links/rechts im Verfassungsschema steht ... – Besonders wichtig ist ..., weil ... – Auffällig ist, dass auf ... viele Pfeile zeigen/viele Linien wegführen/... – Die Aufgaben von ... sind ...

So könnte deine Auswertung des Verfassungsschemas M1 aussehen (Tipp: Fange mit deiner Beschreibung unten an):

1. Thema: Das Schaubild zeigt die französische Verfassung, wie sie 1791 von der Nationalversammlung beschlossen und vom König durch Eid bekräftig wurde.

2. Beschreibung: Ganz unten steht das Volk. Es ist in zwei politische Gruppen aufgeteilt: die Aktivbürger ①, die wählen dürfen und die Passivbürger ②, die kein Wahlrecht haben. Zu den Aktivbürgern zählen nur Männer über 25 Jahre, die jährliche Steuern im Wert von mindestens 1,5 Livre zahlen können. Passivbürger sind alle anderen: Frauen und die ärmeren männlichen Bürger.
Die Aktivbürger wählen Verwaltungsbeamte ③, Wahlmänner ④ und die Richter ⑤.
Zu Wahlmännern können nur reiche männliche Bürger mit Besitz nominiert werden. Sie wählen Beamte und Richter sowie die 745 Abgeordneten für die Nationalversammlung ⑥, für deren Ernennung ebenfalls ein hohes Steueraufkommen Voraussetzung ist.
Am Aufbau und der Farbgebung des Schemas ist gut zu erkennen, dass es eine Gewaltenteilung gibt. Niemand hat also die Macht über mehr als eine Gewalt im Staat. Links in Rot stehen die Organe der „vollziehenden Gewalt" (Exekutive) ⑦: der König ⑧, seine Regierung ⑨ und die Beamten ③. In der Mitte in Gelb die „gesetzgebende Gewalt" (Legislative) ⑩: die Nationalversammlung ⑥. Sie erlässt neue Gesetze.
Die „richterliche Gewalt" (Judikative) ⑪ ist rechts in grau abgebildet. Zu ihr gehören verschiedene Gerichte, an deren Spitze das Oberste Gericht ⑫ steht.

3. Beurteilung: Gegenseitige Kontrolle der Gewalten soll verhindern, dass die Macht missbraucht wird. Der König ⑧ wird von der Nationalversammlung ⑥ kontrolliert, auch die Regierung ⑨ ist ihr verantwortlich. Der König wiederum hat ein Einspruchsrecht bei der Gesetzgebung: Er kann ein Veto einlegen und damit Gesetze aufschieben oder verhindern. Das Oberste Gericht ⑫ kontrolliert zudem die gesetzgebende Gewalt.
Mit den Aktivbürgern ① ist nur ein Fünftel der Bevölkerung überhaupt wahlberechtigt. Der Hauptteil der Bevölkerung hat also keine politischen Rechte. Und auch die Aktivbürger wählen die Abgeordneten der Nationalversammlung ⑥ nicht direkt, sondern über die Wahlmänner ④.
Frankreich hat zwar noch einen König, aber in der Verfassung sind nun die Rechte der Bürger und eine Gewaltenteilung festgeschrieben. Mit dieser Verfassung wurde Frankreich zu einer konstitutionellen Monarchie.

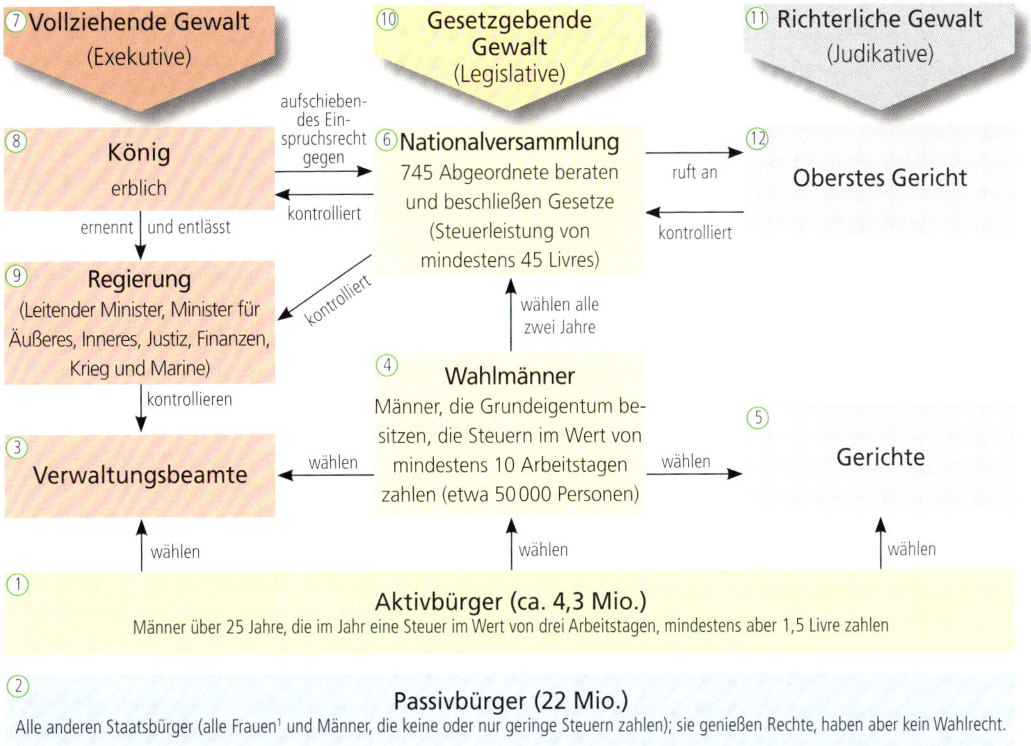

[1] Das Frauenwahlrecht wurde in Frankreich 1946 eingeführt.

M1 Die Verfassung von 1791

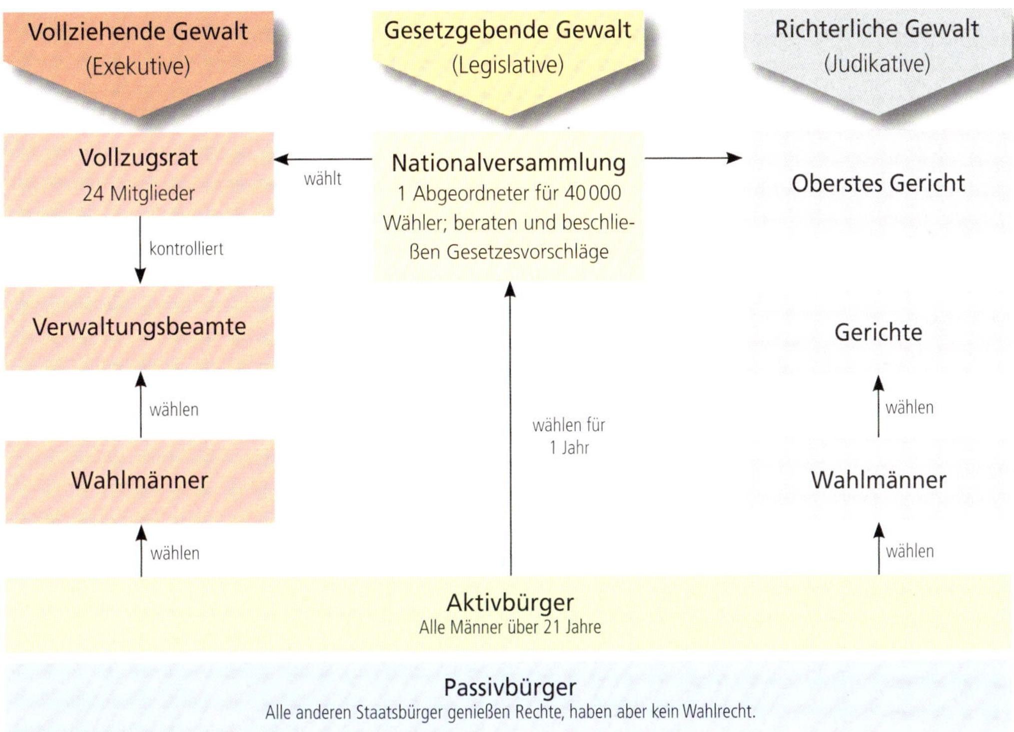

M2 Die Verfassung von 1793
Der Nationalkonvent, wie die Volksversammlung ab 1792 genannt wurde, verabschiedete am 24. Juni 1793 eine neue Verfassung. Sie wurde durch einen Volksentscheid bestätigt, aber letztlich nie in Kraft gesetzt.

Jetzt bist du dran:
Mit den Arbeitsschritten auf der linken Seite und dem Beispiel M1 zur Verfassung von 1791 kannst du die Verfassung von 1793 nun selbst auswerten. Zu den Hintergründen, warum nach nur zwei Jahren eine neue Verfassung erarbeitet wurde, kannst du auf den folgenden Seiten mehr erfahren.
Vergleiche dann die beiden Verfassungen von 1791 und 1793 miteinander. Was hat sich geändert?

17.06.1789 Erklärung der Menschen- und Bürgerrechte
14.07.1789 Frankreich erhält eine Verfassung und wird konstitutionelle Monarchie
König Ludwig XVI. muss die Generalstände einberufen
17.06.1789 Schwur im Ballhaus
14.07.1789 Erstürmung der Bastille
Absolutismus | Französische Revolution
1700 | 1750 | 1800 | 1850

Vorbild England: eine „glorreiche Revolution"

M 1 Magna-Carta-Gedenkmünze
2015 wurde in Großbritannien die Münze „800 Jahre Magna Carta" mit einem Nennwert von 2 Pfund geprägt.
Beschreibe das Motiv. Lies den Verfassertext und begründe, warum die Magna Carta als so entscheidend angesehen wurde, dass sie 2015 mit zahlreichen Projekten und Events gefeiert und mit einer Gedenkmünze bedacht wurde.

Vorbilder im Ausland

In der Französischen Revolution beschränkten die Aufständischen die Macht des Königs mit einer Verfassung, garantierten Freiheiten und Rechte der Bürger und schufen damit eine neue Staatsform.

Damit waren sie allerdings nicht die ersten. Ein großes Vorbild war das Nachbarland: In England war es schon viel früher zu solch einem Schritt gekommen.

Nicht ohne das Parlament

Schon im Jahre 1215 hatte der englische König erstmals versprochen, seine Macht unter die „Herrschaft des Rechts" zu stellen und dies mit einer Urkunde, der „Magna Charta libertatum", beglaubigt. Ohne Zustimmung der Adligen wollte er keine neuen Gesetze oder Steuern beschließen. Aus der Ständevertretung wurde damit ein Parlament.

Im 17. Jh. ließen die englischen Könige immer wieder politische Gegner verhaften und erhöhten im Alleingang die Steuern. Sie versuchten also, eine absolutistische Herrschaft durchzusetzen. Damit scheiterten sie jedoch an der Gegenwehr des Parlaments: Die Abgeordneten zwangen 1628 den König mit der „Petition of Right" („Eingabe über das, was Recht ist") das Recht des Parlaments anzuerkennen.

Bürgerkriege und Aufstände

1649 brach ein Bürgerkrieg aus. Unter der Führung des Parlamentsabgeordneten Oliver Cromwell wurde aus England eine Republik und der englische König, Karl I., hingerichtet. Cromwells Rolle ist umstritten: War er ein Freiheitskämpfer, gar ein Held? Oder nur ein Königsmörder?

Zurück zur Monarchie

Oliver Cromwell starb 1658. Kurz darauf endete auch die junge Republik, denn um weitere Machtkämpfe zu verhindern, hatte das Parlament 1660 den Sohn des hingerichteten Königs zurückgerufen. Er stellte als Karl II. die Monarchie wieder her. Als der neue König willkürlich Strafen verhängte, reagierte das Parlament 1679 mit einem neuen Gesetz, das noch heute jeden Engländer vor willkürlicher Verhaftung schützt: die „Habeas-Corpus-Akte".

Durch Revolution zur parlamentarischen Monarchie

Am Ende eines der turbulentesten Jahrhunderte der englischen Geschichte wurde 1685 Karls Bruder König. Jakob II. stärkte gegen den Willen der Abgeordneten die Rechte der Katholiken und löste sogar das Parlament auf. Dieses wehrte sich abermals erfolgreich: Es rief Maria, die älteste Tochter des Königs, nach England, die mit dem Protestanten Wilhelm von Oranien aus den Niederlanden verheiratet war. Das Paar stimmte der „**Bill of Rights**" („Gesetz der Rechte") zu, welches die Rechte des Parlaments sicherte. Dieses verlieh Maria und Wilhelm daraufhin 1689 die Krone. Da dieser Wechsel unblutig verlief, spricht man von der „Glorious Revolution".

Damit hatte sich die konstitutionelle Monarchie in England durchgesetzt. Die Regierung lag nun in den Händen von König und Parlament mit zwei Kammern, die aus ernannten Vertretern des Adels und der Geistlichkeit (Oberhaus) sowie gewählten Vertretern aus den Grafschaften und Städten (Unterhaus) bestanden. Die Rechte des Königs wurden in einer Verfassung niedergelegt.

Die Ereignisse in England hatten großen Einfluss auf die politischen Entwicklungen auf dem europäischen Festland und in Amerika.

Info: Habeas-Corpus-Akte
Die Worte „Habeas corpus ..." („Du sollst den Körper ergreifen") leiteten im Mittelalter die königlichen Haftbefehle ein. Die Habeas-Corpus-Akte legte fest, dass Inhaftierte nicht außer Landes gebracht werden dürfen und innerhalb von drei Tagen das Recht auf eine richterliche Haftprüfung haben.

Stelle das Verhältnis von König und Parlament zwischen dem 13. und 18. Jh. grafisch dar, indem du auf der x-Achse die jeweilige Macht und auf der y-Achse die Zeit einträgst.

M2 Aus dem englischen „Staatsgrundgesetz“

Die „Bill of Rights“ wird 1688 vom Parlament entworfen, im Februar 1689 von König Wilhelm III. und Königin Maria angenommen und im Oktober vom Parlament als Gesetz verabschiedet:

Dass die angemaßte Gewalt, durch königliche Autorität Gesetze oder die Ausführung der Gesetze ohne Zustimmung des Parlaments aufzuheben, ungesetzlich ist […].

Dass die Erhebung von Geld für und zum Gebrauch der Krone ohne Bewilligung des Parlaments ungesetzlich ist […].

Dass die Errichtung oder Erhaltung eines stehenden Heeres im Königreiche in Friedenszeiten ungesetzlich ist, sofern es nicht mit Zustimmung des Parlaments geschieht […].

Dass die Wahl zu Mitgliedern des Parlaments frei sein muss […].

Dass die Freiheit der Rede und der Debatten oder Verhandlungen im Parlament nicht angefochten oder zum Gegenstand von Untersuchungen gemacht werden darf […].

Und dass zur Abstellung aller Beschwerden und zur Verbesserung, Stärkung und Aufrechterhaltung der Gesetze häufig Parlamente abgehalten werden sollen.

Nach: Ivor W. Jennings und Gerhard A. Ritter, Das britische Regierungssystem. Leitfaden und Quellenbuch, Köln – Opladen ²1970, S. 130 f. (vereinfacht)

M3 Was war so glorreich an der Revolution?

Der Historiker Gerry Hannan beantwortet die Frage 2011 so:

Es ist bedeutsam, dass die Idee des Absolutismus unter den Adligen um 1685 weit verbreitet war. Daher stärkten sie Jakob II. zunächst und sicherten seine Macht. Innerhalb von drei Jahren aber beunruhigte sein Katholizismus und sein Wunsch nach absolutistischer Macht durch ausschließlich den König die Elite und sorgte dafür, dass diese sich gegen ihn wendete. Wilhelm von Oranien und Maria wurden eingeladen, aufgrund öffentlicher Wünsche eine „Invasion“ vorzunehmen. […] So musste Jakob fliehen und die neuen Herrscher veröffentlichten die „Declaration of Rights“[1] im Februar 1689. So wurde der moderne Staat geschaffen, in dem das Parlament die meiste Macht besaß. Es ist auffällig, dass diejenigen, die Wilhelm einluden, […] anschließend wichtige Funktionen im neuen Parlament erhielten. Dadurch wird deutlich, dass die „Revolution“ letztendlich nur ein sorgfältig ausgeführtes Geschäft gewesen ist, um die Profite und das Einkommen der Elite zu sichern. Religion war die Ausrede, um die Revolution zu beginnen, aber nicht ihre Ursache.
[…]

Ob die einfache Bevölkerung hinter den Ideen der Revolution stand, ist nicht wichtig. Sie waren machtlos und waren auf die Gnade der Adligen angewiesen, welche behaupteten, für die Armen zu sprechen. Dementsprechend gibt es auch kaum Quellen aus deren Sicht.

Gerry Hannan, What Was So 'Glorious' About The Glorious Revolution? Nach: https://limerickwriter.wordpress.com/2011/11/09/what-was-so-glorious-about-the-glorious-revolution/ [Zugriff: 22.07.2016] (übersetzt von Benjamin Stello)

M4 „The Revolution 1688“
Kupferstich (50,8 x 65 cm) von James Parker, nach einem Gemälde von James Northcole, 18. Jh. (Ausschnitt)
Wilhelm und Maria von Oranien werden am 13. Februar 1689 als Königspaar in England eingesetzt. Umringt werden sie von Bischöfen und Lords.

[1] Declaration of Rights: Bezeichnung der als Gesetz verabschiedeten „Bill of Rights“

1. *Fasse die wesentlichen Aussagen von M2 mit eigenen Worten zusammen. Welche Rechte besitzt das Parlament?*
2. *Vergleiche die Macht des englischen Königs (M2) mit der Ludwigs XIV. von Frankreich.*
3. *In England wurde Wilhelm von Oranien auch als der aus der Fremde kommende Retter des Vaterlandes dargestellt. Vergleiche mit Hannans Einschätzung der Glorious Revolution und nimm Stellung.*
4. *Beschreibe M4. Erörtere, ob der Bildtitel für das Ereignis angemessen ist.*
5. *Überlege, inwiefern die Entwicklung in England mit der „Bill of Rights“ der Französischen Revolution als Vorbild gedient hat.*

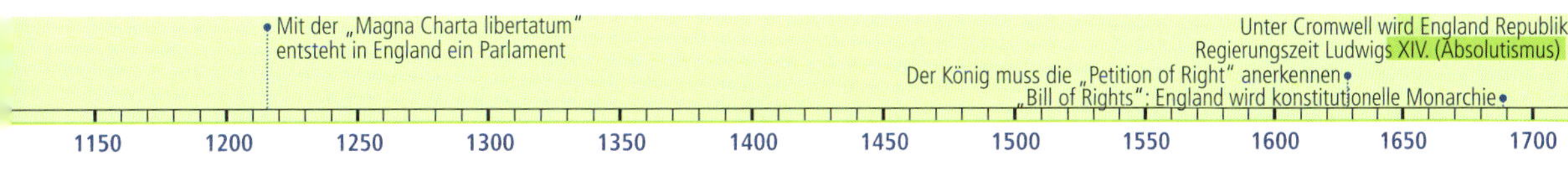

Vorbild USA: Aus 13 Kolonien wird eine Nation

M1 Die dreizehn Gründungsstaaten

Nach der Unabhängigkeit setzte die Eroberung, Besiedlung und Erschließung der riesigen Territorien im Westen ein.

Fasse die Aussagen der Karte in Worte. Finde mithilfe von weiteren Karten im Internet heraus, wie sich die USA weiterentwickelten. Halte die wichtigsten Etappen in Stichpunkten fest. Wann hatte das Land seine jetzige Ausdehnung erreicht?

Die Kolonisierung Nordamerikas

Nachdem im Jahr 1492 Christoph Kolumbus Amerika erreicht hatte, waren Europäer immer weiter in den „neuen" Kontinent vorgedrungen. Seit dem 16. Jh. hatten vor allem Spanier, Franzosen und Engländer Kolonien in Nordamerika gegründet.

Die britischen Kolonien

In den britischen Kolonien durften die Siedler ihre Angelegenheiten in eigenen Parlamenten weitgehend selbst regeln. Es gab dabei keine Ständeordnung. Diese Freiheit lockte viele an. Menschen, die aus wirtschaftlicher Not aus Europa flohen, suchten ein besseres Leben mit neuer Arbeit. Religionsgruppen, die in Europa verfolgt wurden, konnten in Amerika ihren Glauben frei entfalten.

Vorbild für Verwaltung, Rechtsprechung, Wirtschaft und Kultur war England. Für die Engländer waren die Kolonien ein wichtiger Bestandteil ihres Herrschaftsgebietes. Sie schickten daher auch Soldaten zum Schutz der Siedler.

Keine Steuern ohne Mitsprache!

Im French and Indian War (1756-1763) festigten die Engländer ihre Macht in Nordamerika und drängten die Franzosen nach Kanada zurück. Dieser englische Krieg war sehr teuer. Er hatte den Siedlern in den britischen Kolonien Vorteile gebracht. Daher glaubten die Engländer, es sei nur gerecht, sie dafür bezahlen zu lassen – in Form von Steuern.

Als der englische König eine Steuer auf Zucker und die Ausstellung amtlicher Dokumente erließ, lehnten die Kolonisten empört ab. Sie seien nicht im Londoner Parlament vertreten, also dürfe dort auch nicht über Steuern in den Kolonien entschieden werden.

Die Besteuerung von Tee brachte das Fass zum Überlaufen: Bei der „Boston Tea Party" warfen im Bostoner Hafen einige als Indianer verkleidete Kolonisten Kisten mit Tee von drei englischen Schiffen ins Wasser. Die Aktion stand symbolisch für eine neue Haltung: „No taxation without representation!" – keine Besteuerung ohne Mitsprache!

Eine unabhängige Nation entsteht

England verweigerte den Kolonisten weiterhin das politische Mitspracherecht. Die Kolonien wollten nicht länger bevormundet und benachteiligt, sondern von England unabhängig werden. Aus einer Revolte wurde eine Revolution.

Ab 1775 kam es zu Gefechten zwischen der englischen Besatzungsmacht und den Soldaten der Kolonien unter General George Washington. Noch mitten im Krieg, am 4. Juli 1776, wurde die Amerikanische Unabhängigkeitserklärung unterzeichnet. Der Tag wurde zur Geburtsstunde der Vereinigten Staaten, der United States of America (USA).

Die ersten Kolonien gaben sich eine Verfassung. Die Virginia Bill of Rights von 1776 wurde zum Vorbild für andere Staaten. Sie legte die Gewaltenteilung und Grundrechte wie Presse- und Religionsfreiheit fest.

Erst 1783 gewannen die Amerikaner den Krieg gegen England. 1787 trat eine Bundesverfassung in Kraft: Sie bestimmte, dass die Vereinigten Staaten von Amerika ein demokratischer Staatenbund sind. Die Menschen- und Bürgerrechte wurden garantiert.

Menschen unterschiedlicher Herkunft hatten erfolgreich gegen fremde Herrschaftsansprüche gekämpft, eine Nation gegründet und sich eine Verfassung gegeben. Eine demokratische **Republik** war entstanden, in der alle Macht vom Volke ausgehen sollte. Viele Europäer hatten die nordamerikanischen Kolonien dabei unterstützt, zum Beispiel Marquis de La Fayette, und Emmanuel Joseph Sieyès[1]. Sie brachten ihre Erfahrungen nach Frankreich zurück und spielten in der Französischen Revolution eine bedeutende Rolle.

- *Schreibe aus der Sicht eines königstreuen englischen Journalisten einen Artikel über die Unabhängigkeitserklärung.*

[1] Siehe S. 45.

Internettipps:
Unter Mediencode 31053-09 findest du Informationen zur Entwicklung der USA

M2 Die „Virginia Bill of Rights“

Die „Grundrechte“ vom 12. Juni 1776 werden Teil der Verfassung von Virginia:

Abschnitt 1. Alle Menschen sind von Natur aus in gleicher Weise frei und unabhängig und besitzen bestimmte angeborene Rechte, welche sie ihrer Nachkommenschaft durch keinen Vertrag rauben oder entziehen können, wenn sie eine staatliche Verbindung eingehen, und zwar den Genuss des Lebens und der Freiheit, die Mittel zum Erwerb und Besitz von Eigentum und das Erstreben und Erlangen von Glück und Sicherheit.

Abschnitt 2. Alle Macht ruht im Volke und leitet sich folglich von ihm her […].

Abschnitt 5. Die gesetzgebende und die vollziehende Gewalt des Staates sollen von der richterlichen getrennt und unterschieden sein […].

Abschnitt 6. Die Wahlen der Abgeordneten, die als Volksvertreter in der Versammlung dienen, sollen frei sein […].

Abschnitt 12. Die Freiheit der Presse ist eines der starken Bollwerke der Freiheit […].

Abschnitt 16. […] [A]lle Menschen sind gleicherweise zur freien Religionsausübung berechtigt, entsprechend der Stimme ihres Gewissens.

Zit. nach: Günther Franz (Hrsg.), Staatsverfassungen, München [3]1975, S. 7 ff.

M4 Die Unabhängigkeitserklärung wird unterschrieben

Historiengemälde (54 x 79 cm) von John Trumbull, 1786 - 1797

Thomas Jefferson überreicht dem Präsidenten des Zweiten Kontinentalkongresses die Unabhängigkeitserklärung. Links von ihm (im braunen Anzug) John Adams, rechts der Schriftsteller, Naturwissenschaftler und Politiker Benjamin Franklin. Im Hintergrund die Kongressmitglieder.

M5 Die Flaggen von 1776, 1787/88 und heute

M3 Die „Declaration of Independence“

Am 4. Juli 1776 erklären die Abgeordneten des Zweiten Kontinentalkongresses einstimmig:

Folgende Wahrheiten halten wir für selbstverständlich: dass alle Menschen gleich geschaffen sind; dass sie von ihrem Schöpfer mit gewissen unveräußerlichen Rechten ausgestattet sind; dass dazu Leben, Freiheit und das Streben nach Glück gehören; dass zur Sicherung dieser Rechte Regierungen unter den Menschen eingesetzt werden, die ihre rechtmäßige Macht aus der Zustimmung der Regierten herleiten; dass, wann immer irgendeine Regierungsform sich als diesen Zielen abträglich erweist, es Recht des Volkes ist, sie zu ändern oder abzuschaffen und eine neue Regierung einzusetzen […].

Daher tun wir, die […] Vertreter der Vereinigten Staaten von Amerika […] kund […], dass diese Vereinigten Kolonien freie und unabhängige Staaten sind und es von Rechts wegen bleiben sollen; dass sie von jeglicher Treuepflicht gegen die englische Krone entbunden sind; und dass jegliche politische Verbindung zwischen ihnen und dem Staate Großbritannien vollständig gelöst ist und bleiben soll.

Nach: Willi Paul Adams und Angela Meurer Adams (Hrsg.), Die Amerikanische Revolution in Augenzeugenberichten, München 1976, S. 262 f. und 266

1. *Arbeite heraus, welche Ideen der Aufklärung (siehe S. 40 f.) sich in M2 und M3 wiederfinden.*
2. *Untersuche, an wen und gegen wen sich die Unabhängigkeitserklärung (M3) richtet.*
3. *Erkläre mithilfe des Verfassertextes, warum die Flaggen (M5) verändert wurden und was sie jeweils darstellen.*
4. *Die Ereignisse vor und nach der Gründung der Vereinigten Staaten von Amerika erregten in Europa sehr großes Aufsehen. Fasst in Partnerarbeit zusammen, was für die damalige Zeit ungewöhnlich oder auch ungeheuerlich war.*

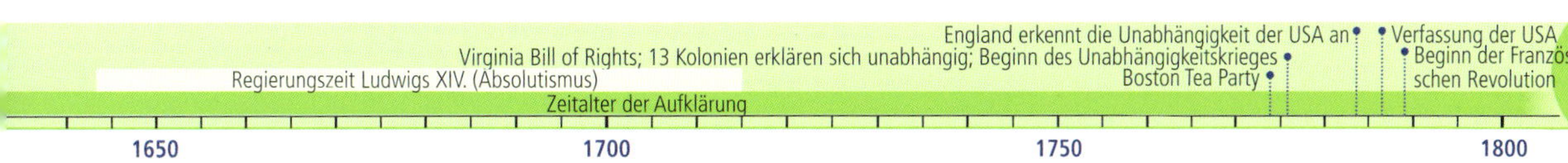

Republik und Schreckensherrschaft

M 1 Ludwig XVI. wird hingerichtet
Zeitgenössischer kolorierter Kupferstich
Die Hinrichtung fand am 21. Januar 1793 auf dem „Place de la Révolution" statt; heute heißt er „Place de la Concorde" („Platz der Eintracht").

Viele Menschen in ganz Europa, nicht nur Adlige, waren über die Hinrichtung Ludwigs XVI. entsetzt, nicht nur wegen der Tötung an sich. Begründe, warum.

Frankreich nach 1791

Nachdem die Verfassung von 1791 verabschiedet worden war, wurde eine neue Volksvertretung gewählt: die Gesetzgebende Nationalversammlung. Dort trafen gegensätzliche Vorstellungen aufeinander: Die meisten der 745 Abgeordneten waren für die konstitutionelle Monarchie und weitere Reformen. Einige radikale Volksvertreter wie der Rechtsanwalt **Maximilien de Robespierre** forderten ein allgemeines Wahlrecht unabhängig vom Einkommen und waren gegen das Einspruchsrecht (Veto) des Königs bei der Gesetzgebung.

Unterstützt wurden sie von den **Sansculotten**[1]. Unter diesem Namen hatten sich die Pariser Unterschichten vereinigt. Sie forderten radikale Maßnahmen: gleiches Wahlrecht für alle, Mindestlöhne und eine Reichensteuer.

Außenpolitische Sorgen

Die übrigen europäischen Fürsten unterstützten den französischen König. Denn auch sie fürchteten, dass sich die Revolution in ihren Staaten ausbreitet. 1792 kam es zum Krieg. Frankreich selbst hatte ihn erklärt. Aber die französischen Soldaten waren schlecht ausgerüstet. Im Juli marschierten die generischen Armeen in Frankreich ein.

Das Ende des Königs

Durch die innen- und außenpolitischen Probleme heizte sich die Atmosphäre in Paris immer weiter auf. Unter Führung radikaler Abgeordneter erstürmten wütende Sansculotten im August 1792 das Stadtschloss. Zudem wurden mehr als 1000 Gefängnisinsassen hingerichtet, die den Eid auf die neue Verfassung verweigert hatten, darunter viele Priester.

Eine Zweite Revolution begann. Ludwig XVI. wurde gefangen genommen und abgesetzt. Frankreich wurde eine Republik. Es kam zum Prozess gegen den König. Ihm wurde wegen seiner Kontakte zu den Gegnern Frankreichs „Verschwörung gegen die Freiheit der Nation" vorgeworfen. Über 90 Prozent der Abgeordneten im Parlament erklärten den König für schuldig. Die Abstimmung über das Strafmaß war knapp, aber die Radikalen setzten sich durch: Am 21. Januar 1793 wurde der König hingerichtet. Neun Monate später ereilte seine Frau, Marie Antoinette[2], das gleiche Schicksal.

Bürgerkrieg und Terror

Im Winter 1792/93 kam es in mehreren Städten erneut zu Aufständen wegen der schlechten Versorgungslage und gegen die im Sommer für junge Männer eingeführte allgemeine Wehrpflicht. Erst nach einem Jahr wurde diese Erhebung blutig beendet. Doch Brot und andere Nahrungsmittel blieben unerschwinglich teuer, das Geld verlor an Wert.

Der radikale Teil der **Jakobiner** unter Führung Robespierres drängte darauf, die Revolution nun im Eiltempo durchzusetzen. Im Juni 1793 wurde eine neue, demokratische Verfassung verabschiedet, die jedoch nie in Kraft trat.[3] Das Ziel der Revolution sei, so Robespierre, die Republik zu begründen, alle „guten Bürger" zu schützen und die „Feinde des Volkes" zu vernichten. Das bedeutete eine Diktatur des Wohlfahrtsausschusses, einer „Teilversammlung" des Konvents, der von Robespierre und seinen Getreuen beherrscht wurde. Und so wurden alle echten und vermeintlichen Gegner, auch ehemalige Parteifreunde, unter der Guillotine hingerichtet. Ab Dezember 1793 spricht man daher von der Zeit der **Schreckensherrschaft** („Terreur"). Sie endete erst als Robespierre und weitere 92 Männer selbst mit der Guillotine enthauptet wurden.

[1] Zu den Sansculotten vgl. M5 auf S. 47.
[2] Zu Marie Antoinette erfährst du mehr auf S. 61.
[3] Siehe M2 auf S. 51.

M 2 „Ludwig muss sterben“

Der Rechtsanwalt und mitverantwortliche Politiker für den Terror Maximilien de Robespierre hält am 3. Dezember 1792 folgende Rede im Nationalkonvent:

Es gibt hier keinen Prozess zu führen. Ludwig ist nicht Angeklagter, Sie sind nicht Richter; Sie sind, Sie können nur Staatsmänner und die Vertreter der Nation sein. Sie haben keinen Richterspruch für oder gegen einen Menschen zu fällen, aber eine Maßregel der Staatsrettung zu ergreifen, eine Handlung der nationalen Vorsehung auszuüben. [...] Ludwig ist wegen seiner Verbrechen entthront worden; Ludwig klagte das französische Volk als rebellisch an; er hat seine Mitbrüder, die Waffen der Tyrannen herbeigerufen, um es zu züchtigen; der Sieg und das Volk haben entschieden, dass allein er rebellisch war; Ludwig kann also nicht mehr gerichtet werden, er ist schon gerichtet. Er ist verurteilt, oder die Republik ist nicht freigesprochen. [...] Aber wenn Ludwig freigesprochen wird, wenn Ludwig als unschuldig angenommen werden kann, was wird dann aus der Revolution? Wenn Ludwig unschuldig ist, so werden alle Verteidiger der Freiheit nur seine Verleumder. [...] Ich verabscheue die Todesstrafe [...] und ich habe für Ludwig weder Liebe noch Hass; ich hasse nur seine Freveltaten. [...] Ich spreche mit Bedauern diese fatale Wahrheit aus – aber Ludwig muss sterben, weil das Vaterland leben soll.

Nach: Ulrich Friedrich Müller, Die französische Revolution. 1789-1799, München 1988, S. 192-197

M 3 König ohne Rechte?

Am 26. Dezember 1792 erwidert der Jurist Raymond de Sèze, der Verteidiger von Ludwig XVI., vor dem Nationalkonvent:

Ohne Zweifel kann die Nation heute erklären, dass sie kein monarchisches Regiment mehr will, [...] aber sie kann es nicht auslöschen für die ganze Zeit, in der Ludwig den verfassungsmäßigen Thron eingenommen hat. Ludwig war unverletzlich, solange er König war; die Abschaffung des Königtums kann an seiner Rechtslage nichts ändern. [...] So kommen wir zu dem Schluss, dass, wo es kein anwendbares Gesetz gibt, auch kein Richten stattfinden kann [...]! Aber nehmt euch in Acht; nehmt ihr Ludwig die Unverletzlichkeit des Königs, so seid ihr ihm wenigstens die Rechte des Bürgers schuldig. [...] Wo sind die schützenden Formen, die jeder Bürger kraft unveräußerlichen Rechts verlangen kann? Ich frage euch: Wo ist jene Teilung der Gewalten, ohne die weder Verfassung noch Freiheit möglich ist? Ich frage euch: Wo sind die Geschworenen für Anklage und Urteil [...]? [...]

Ihr wollt richten über Ludwig und seid selbst seine Ankläger! Ihr wollt richten über Ludwig und habt euer Urteil schon ausgesprochen! [...] Ludwig soll weder die Rechte des Bürgers noch die Vorrechte des Königs haben! Er soll weder in der alten noch in der neuen Rechtsstellung geachtet werden!

Nach: Wolf D. Behschnitt, Die Französische Revolution, in: Politische Bildung, Materialien für den Unterricht. Stuttgart 1978, S. 75 f.

M 4 Politisch motivierte Todesurteile

Grundlage der folgenden Statistik sind Angaben von 14 080 bzw. 16 594 Hinrichtungen, die zwischen März 1793 und August 1794 stattgefunden haben.

Von den Verurteilten waren		
Adlige	1 158	(8,25 %)
Geistliche	920	(6,50 %)
Gehobenes Bürgertum	1 964	(14,00 %)
Kleinbürgertum	1 488	(10,50 %)
Lohnempfänger (Sansculotten)	4 389	(31,25 %)
Bauern	3 961	(28,50 %)
Sonstige	200	(1,50 %)

Verurteilungen wegen	
bewaffneten Aufruhrs	78 %
eidverweigernder Agitation	19 %
Wirtschaftsverbrechen	1 %

M 5 Robespierre als Henker des Henkers
Radierung, Ende 1794
Auf der Grabpyramide steht: „Hier ruht ganz Frankreich.“
Die Guillotine entwickelte sich zu einem Kennzeichen des Terrors. Dieses Hinrichtungsgerät wurde seit dem Frühjahr 1792 eingesetzt und ist nach dem Arzt Joseph Ignace Guillotin benannt.

Nach: Donald Greer, The Incidence of the Terror during the French Revolution. A Statistical Interpretation, Cambridge, Mass. 1935 (ND Gloucester, Mass. 1966), S. 143 und 165 (vereinfacht)

1. *Erkläre, warum die Ereignisse vom August 1792 auch als „Zweite Revolution“ bezeichnet werden.*
2. *Bildet zwei Gruppen und spielt einen Prozess gegen den König nach. Eine Gruppe klagt den König an, die andere verteidigt ihn. Stellt dabei a) die Gründe dar, die in M2 und M3 für bzw. gegen die Hinrichtung angeführt werden, wägt b) diese Gründe nach ihrer Bedeutung ab, bezieht c) die Außenwirkung ein (siehe M1) und d) beurteilt: Wurde der König zu Recht oder zu Unrecht hingerichtet?*
3. *Untersuche die Statistik (M4). Was sagt sie uns, was bleibt unklar?*

Karikaturen als gezeichnete Geschichte

Karikaturen kommentieren und bewerten Ereignisse. Sie spitzen zu und beziehen Stellung. Da sie in zeitlicher Nähe zum Geschehen entstehen, sind sie historische Quellen.
Worüber die Zeitgenossen lachten oder sich ärgerten, was ihnen gefiel oder was sie ablehnten, erkennen wir heute selten auf Anhieb. Da die Zeichner gerne Symbole benutzen, gilt es, sie zu entschlüsseln und zu deuten. Auch Größenverhältnisse und Bildaufbau sind für die Interpretation wichtig, da sie auf Macht, Wichtigkeit oder Überlegenheit hindeuten. Zunächst ist zu klären, welche Ereignisse vor welchem zeitlichen Hintergrund dargestellt sind. Dabei hilft zunächst die Bildunterschrift, dann historisches Wissen.

Bei der Untersuchung sind drei Schritte sinnvoll:

1. Beschreiben: Was sehe ich, was fällt auf?
Meist liefern der Bildtitel und ein möglicher Bildtext wesentliche Informationen.
Was wird dargestellt? Auf welches Ereignis oder welche Situation spielt die Karikatur an? Sind Personen zu erkennen? Welche Gegenstände sind wichtig? Wurden besonders auffällige Farben verwendet? Wie stehen die Figuren und Gegenstände im Verhältnis zueinander? Kannst du Symbole erkennen, und wenn ja, welche?

2. Analysieren: Wie ist das Abgebildete zu erklären?
Bringe dein historisches Wissen ein.
Weißt du etwas über den Zeichner? Wann ist die Karikatur entstanden? Gibt es erläuternde Äußerungen, z. B. ein Zitat / eine Anspielung? Stehen die Personen für eine Gruppe oder ein Volk? Was bedeuten die Symbole? Was wird übertrieben dargestellt? Warum?

3. Deuten: Was sind Absicht und Botschaft der Karikatur?
Was möchte der Zeichner aussagen oder kritisieren? Wie wird das erreicht? Wo wurde die Karikatur veröffentlicht? Wen soll sie ansprechen? Warum hat der Zeichner diese Szene gewählt?

Die folgenden Satzbausteine können dir helfen:
Im Zentrum/links/rechts in der Karikatur ist … zu sehen. – Besonders wichtig ist …, weil … – Schon beim ersten Anschauen fällt der Blick auf …, weil … – Die Person links/rechts/in der Mitte sieht aus wie … – Damit könnte … gemeint sein. – Der Karikaturist kritisiert/lobt mit seiner Zeichnung …

Mit den Informationen, die du zur Karikatur M1 zusammengetragen hast, könntest du diese Analyse schreiben:

1. Beschreibung:
Die Karikatur des Engländers James Gillray wurde im Februar 1793 veröffentlicht. Sie zeigt eine Hinrichtungsszene mit einer Guillotine und bezieht sich damit auf die radikale Phase der Revolution. Auf der Guillotine weht die Trikolore mit der Aufschrift „Vive l'egalité" – „Es lebe die Gleichheit", eine der drei Revolutionstugenden. Die Guillotine wird von lachenden Männern mit phrygischen Mützen und ohne Hosen bewacht. Das Podest ist von vielen Menschen umringt, die alle Jakobinermützen mit Kokarde tragen.
Im Bildmittelpunkt sitzt auf der Laternenhalterung einer Kirche (siehe Kruzifix) ein Geige spielender Mann ohne Hose. Er trägt ebenfalls eine phrygische Mütze mit einer Kokarde. Die Haare sind wirr, die Kleidung zerrissen, die Füße nackt. Er stützt sich auf den Kopf eines erhängten Priesters. Neben diesem sind noch zwei gehenkte Mönche, im Hintergrund ist ein gehenkter Richter zu sehen, erkennbar an den Symbolen der Justitia: Waage und Schwert. Im Hintergrund brennt die Kuppel einer Kirche oder eines Palastes.

2. Analyse
Die Männer mit den nackten Beinen spielen ironisch auf die Sansculotten an, die phrygische Mütze ist Kennzeichen der Jakobiner – Sansculotten und Jakobiner setzt Gillray hier als eins. Die Datierung der Zeichnung und das Symbol der Krone auf dem Fallbeil weisen darauf hin, dass hier die Hinrichtung König Ludwigs XVI. dargestellt ist. Die Revolutionskriege haben bereits begonnen, dafür steht die brennende Kirche. Der Jakobiner mit blankem Hinterteil wird durch die ungepflegte, magere und irrwitzige Erscheinung als Inbegriff der aufständischen Brutalität und der Willkür dargestellt.

3. Deutung
Szenerie, Symbole und Bildtext zeigen: Gillray – als Engländer Feind des revolutionären Frankreich – kritisiert die Radikalisierung der Revolution, die er sinnbildlich durch den brutalen und unzivilisierten Jakobiner darstellt. Die Ideale und Tugenden der Revolution werden in ihr Gegenteil verkehrt; „Höhepunkt der Freiheit" ist hier das nackte Hinterteil. Denn, so will Gillray zeigen, die Morde bringen eben gerade keine Freiheit.

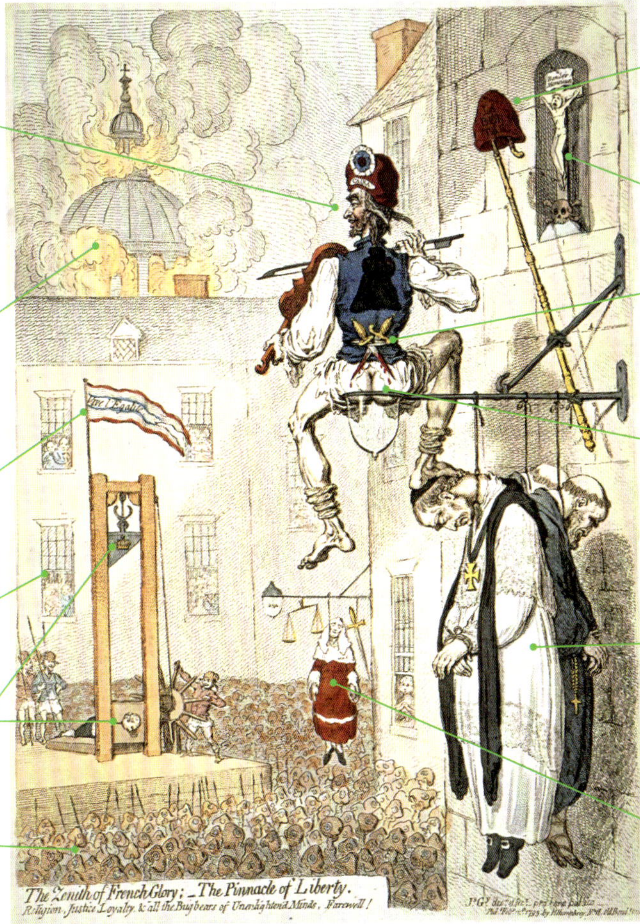

M 1 „Der Gipfel des französischen Ruhms: der Höhepunkt der Freiheit"
Englische Karikatur von James Gillray (3,5 x 2,5 cm), veröffentlicht im Februar 1793
Zweite Zeile der Bildunterschrift: „Religion, Justice, Loyality & all the Bugbears of Unenlightend Minds, Farewell!" – Religion, Gerechtigkeit, Loyalität und all ihr Gespenster unaufgeklärter Geister, lebt wohl!"

M 2 „Die Familie der Schweine wird zum Stall zurückgebracht"
Französische Karikatur vom 25. Juni 1791

Jetzt bist du dran:

Mit den Arbeitsschritten im Kasten links kannst du die Karikatur M2 nun selbst interpretieren.

1. *Beurteile, welche Bedeutung Karikaturen während der Französischen Revolution hatten – in Frankreich selbst und im Ausland. Blättere auch noch einmal zurück auf S. 42.*
2. *Bis heute werden Karikaturen beinahe in jedem Presseorgan als pointierter Bildkommentar zum politischen Geschehen eingesetzt. Suche in aktuellen Zeitungen nach einer vergleichbaren Karikatur und präsentiere sie im Unterricht.*

1787: Verfassung der USA
17.06.1789: Schwur im Ballhaus
14.07.1789: Erstürmung der Bastille; August 1789: Erklärung der Menschen- und Bürgerrechte
1791: Frankreich erhält eine Verfassung
1793/94 „Schreckensherrschaft"
1793: Hinrichtung Ludwigs XVI.
1780 1790 1800

Frauen in der Revolution

Mit der Französische Revolution wurde vieles infrage gestellt, was zuvor galt: die absolute Herrschaft eines Königs, die festgefügte Ständeordnung und die Rechtlosigkeit der Untertanen. Daher machten sich nun viele Frauen Hoffnung, dass auch die Ordnung der Geschlechter verändert wird. Die Prinzipien der Aufklärung unterstützten die Gleichberechtigung der Frauen. Daher nahmen viele Frauen aktiv an der Revolution teil, auf der Straße ebenso wie in Klubs und Parlamenten.

Vorschläge für Forschungsfragen

Thema 1: *Stelle ein Referat zum Thema „Frauen in der Französischen Revolution" zusammen.*

Thema 2: *Gnade für die Königin? Stell dir vor, du bist als Anwalt vor dem Tribunal, das über Marie Antoinette urteilen soll.*

Beschreiben

Thema 1: *Sammelt Informationen über Olympe de Gouge, Marianne und Marie Antoinette.*

Thema 2: *Beschreibt das Bild von Marie Antoinette in der Öffentlichkeit vor der Revolution.*

Untersuchen

Thema 1: *Untersucht, welche gesellschaftlichen Rollen eine Frau in der Revolution haben konnte.*

Thema 2: *Findet heraus, warum Marie Antoinette in Frankreich unbeliebt war.*

Einordnen

Thema 1: *Vergleicht die unterschiedlichen „Typen" von Frauen in der Revolution.*

Thema 2: *Überprüft, wie gerecht das Urteil der meisten Franzosen über Marie Antoinette war.*

Präsentieren

Thema 1: *Erstellt ein Schaubild, das bildliche und textliche Elemente enthält. Es soll einen Überblick über Frauenrollen in der Französischen Revolution bieten.*

Thema 2: *Teilt eure Klasse in Verteidiger und Ankläger ein. Erstellt in diesen Gruppen ein Plädoyer (= Gerichtsrede). Gerichtsverhandlung: Ein vorher bestimmter Richter muss aufgrund eurer Plädoyers ein Urteil fällen und seine Entscheidung begründen.*

M 1 Zug der Pariser Marktfrauen nach Versailles, Oktober 1789
Zeichnung von 1789, Bibliothèque nationale, Paris
Von Beginn der Revolution an waren Frauen maßgeblich an allen wichtigen Ereignissen in Paris beteiligt.

M 2 Büste der Marianne
Gips, bemalt, 2. Hälfte des 19. Jh.
Die Marianne gilt als sinnbildliche Verkörperung (Allegorie) Frankreichs. Sie begegnet als Denkmal, auf Münzen und Briefmarken und auch auf Plakaten und Karikaturen. Büsten wie diese kann man in jedem französischen Rathaus finden. Die Marianne trägt die phrygische Mütze der Jakobiner.

M 3 Frau und Bürgerin

Olympe de Gouge ist Schriftstellerin und nennt sich „Revolutionärin". 1791 veröffentlicht sie die Streitschrift „Erklärung der Rechte der Frau und Bürgerin". 1793 wird sie wegen angeblicher Unterstützung Ludwigs XVI. hingerichtet.

Art. I: Die Frau wird frei geboren und bleibt dem Manne ebenbürtig in allen Rechten. Unterschiede im Bereich der Gesellschaft können nur im Gemeinwohl begründet sein.

Art. II: Ziel und Zweck jedes politischen Zusammenschlusses ist die Wahrung der natürlichen und unverjährbaren Rechte von Mann und Frau, als da sind: Freiheit, Eigentum, Sicherheit und insbesondere das Recht auf Widerstand gegen Unterdrückung [...].

Art. X: Niemand darf wegen seiner Meinung, selbst in Fragen grundsätzlicher Natur, Nachteile erleiden. Die Frau hat das Recht, das Schafott zu besteigen, gleichermaßen muss ihr das Recht zugestanden werden, eine Rednertribüne zu besteigen.

Nach: Gerd Becher und Elmar Treptow, Die gerechte Ordnung der Gesellschaft. Texte vom Altertum bis zur Gegenwart, Frankfurt a. M. 2000, S. 169ff.

M4 Marie Antoinette, Königin von Frankreich
Gemälde (273 x 193 cm) von Louise Élisabeth Vigée le Brun, 1778

M5 „Club patriotischer Frauen in einer Kirche“
Aquarellierte Federzeichnung von M. Cherieux, 1793
Diese Karikatur eines männlichen Grafikers zeichnet politisch aktive Frauen wild, bedrohlich und zügellos.

M6 Marie Antoinette – die ungeliebte Fremde

Bis heute steht die französische Königin Marie Antoinette (1755 - 1793) sinnbildlich für Verschwendung und verantwortungslose Genusssucht. Und für diese Vorwürfe gibt es einerseits auch handfeste Gründe. Tatsächlich gab die Ehefrau Ludwigs XVI. Unsummen für Kleidung, Schmuck und Perücken aus. Zudem verlor sie oftmals viel Geld beim Kartenspiel. Im Park ihres Schlosses Trianon ließ sie künstlich verfallene Bauernhäuser aufbauen und spielte zu einer Zeit, in der die meisten Bauern Not litten, das „Landleben“ zu ihrem Vergnügen nach. Berühmt wurde der Ausspruch: „Wenn das Volk kein Brot hat, soll es eben Kuchen essen“ – den sie wahrscheinlich nie gemacht hat.
Genau dieses Beispiel zeigt andererseits das Problem, das Marie Antoinette in Frankreich von Beginn an hatte: Schon als die österreichische Prinzessin 1770 nach Frankreich kam, gab es wegen eines Unfalls bei ihrer Hochzeit 139 Tote.
„L'Autrichienne“, die Österreicherin, blieb Zeit ihres Lebens ihr Schimpfname (bei nur geringfügig anderer Betonung wird daraus „L'autre chienne“ – die andere Hündin). Und oftmals wurde sie zu Unrecht oder in übertriebener Weise kritisiert. Als sie sich zum Beispiel wegen des Vorwurfs, sie kleide sich übertrieben luxuriös, in einem einfachen Kleid malen ließ, entrüsteten sich die Seidenweber gegen sie. Lud sie nur wenige Leute zu den üppigen Hoffesten ein, machte sie sich die Nichteingeladenen zu Feinden.
Auch den Jakobinern war die Königin ein Dorn im Auge. Sie verkörperte all das, was den (nach eigener Ansicht) aufgeklärten Vertretern des Dritten Standes zuwider war. Erstaunlicherweise fand sich aber kaum ein „Verbrechen“, weswegen man sie hätte verurteilen können. Sie hatte zwar Kontakt zu den gegnerischen Armeen, vor allem derjenigen Österreichs. Aber ihr Todesurteil wurde anders begründet: Im Mittelpunkt stand ihre angebliche charakterliche Fehlerhaftigkeit. Sie sei, so begründete das Tribunal, eine schlechte Mutter und ein schlechter Mensch. Somit sei sie in jeder Hinsicht eine Gegnerin der Revolution, und deshalb verdiene die „Witwe Capet“, wie sie nun genannt wurde, den Tod. Sie wurde zehn Monate nach ihrem Mann hingerichtet.

Eigenbeitrag Markus Benzinger

Filmtipp:
Leb wohl, meine Königin (ES, F); Regie: Benoît Jacquot, 2012

Marie Antoinette * 2. November 1755 in Wien † 16. Oktober 1793 in Paris (hingerichtet)
Olympe de Gouges * 7. Mai 1748 in Montauban † 3. November 1793 in Paris (hingerichtet)
6.10.1789: Zug der Marktfrauen nach Versailles
September 1791: Erklärung der Rechte der Frau und Bürgerin veröffentlicht
1750 1760 1770 1780 1790 1800

Napoleon und das Ende der Revolution

M 1 „Napoleon überschreitet den großen St.-Bernhard-Pass"
Ölgemälde von Jacques-Louis David, 1799
Das Bild bezieht sich auf den Zeitpunkt, als Napoleon vom Direktorium zu Hilfe gerufen wird. Am linken unteren Bildrand stehen die Namen „Hannibal", „Karolus Magnus" (Karl der Große) und Bonaparte.
Übrigens: Napoleon hat den Pass in Wirklichkeit wohl zu Fuß oder auf einem Maultier überschritten.

Untersuche, wie das Ereignis auf dem Gemälde bewertet wird.

Noch eine neue „Ordnung"

Nachdem der Terror beendet worden war, erhielt Frankreich 1795 eine neue Verfassung und eine Regierung von fünf „Direktoren". Sie begünstigten vor allem die Interessen der reichen Bürger und stützten sich auf das Militär, um ihre Macht durchzusetzen. In dem sehr harten Winter 1794/95 stieg die Not der Massen. Auch der Krieg Frankreichs gegen die feindlichen Monarchien ging weiter. 1799 rief das Direktorium den im Heer sehr beliebten und erfolgreichen Offizier **Napoleon Bonaparte** als „Retter in der Not" nach Paris.

Napoleon aber übernahm mithilfe seiner Soldaten selbst die Macht und erklärte die Revolution für „beendet". Die Bevölkerung, die sich nach zehn Jahren der Revolution vor allem Ruhe und Frieden wünschte, leistete keinen Widerstand. An die Stelle der fünf Direktoren setzte Napoleon drei „Konsuln" und ließ sich selbst zum „Ersten Konsul" wählen.

Staatsumbau und Alleinherrschaft

Um seine Macht zu sichern, erhob er über 3000 Bürger in den Adelsstand, die ihm treu ergeben waren. Gleichzeitig nahm er viele Bestimmungen gegen den bisherigen Adel zurück und gewährte der katholischen Kirche Entschädigungen.

Napoleon führte ein neues Bildungssystem und eine einheitliche Währung im Lande ein, um die Wirtschaft zu verbessern. 1804 erließ er ein neues bürgerliches Gesetzbuch, den Code civil, auch Code Napoléon genannt. Die Gesetze garantierten einige Errungenschaften der Revolution wie Gleichheit vor dem Gesetz, Freiheit des Einzelnen und des Eigentums sowie Trennung von Staat und Kirche. Politische Freiheitsrechte wurden aber wieder abgeschafft: Es gab keine Versammlungsfreiheit mehr, die Sklaverei wurde wieder eingeführt und die Presse eingeschränkt.

Durch den wirtschaftlichen Aufschwung des Landes steigerte sich Napoleons Beliebtheit. Ende 1804 konnte er sich sogar zum Kaiser krönen und die Erbmonarchie wieder einführen. Seine Krönung ließ sich Napoleon durch das Volk bestätigen.

Frankreich beherrscht den Kontinent

Napoleons Ziel war es, die Vorherrschaft (Hegemonie) Frankreichs durchzusetzen. Innerhalb weniger Jahre eroberte er fast ganz Europa. 1801 verloren die deutschen Fürsten ihre linksrheinischen Gebiete an Frankreich. Dafür erhielten sie Kirchengebiete, die zuvor alle aufgelöst worden waren (**Säkularisation**), außerdem Kleinstaaten und Reichsstädte, die ebenfalls ihre Selbstständigkeit verloren.

Napoleon ließ neue Staaten nach französischem „Modell" entstehen. 1806 verbündeten sich die süd- und westdeutschen Staaten und Fürstentümer mit Napoleon, sagten sich vom Reich los und gründeten unter französischer Schutzherrschaft den „Rheinbund". Kaiser Franz II. dankte daraufhin ab und war fortan nur noch Kaiser von Österreich. Das war das Ende des Heiligen Römischen Reiches Deutscher Nation.

Erkläre, warum der Aufstieg Napoleons das Ende der Revolution bedeutete.

M2 Die Salbung Kaiser Napoleons I. und die Krönung der Kaiserin Joséphine
Ölgemälde (610 x 930 cm) von Jacques-Louis David, 1805/07 (Ausschnitt)
Napoleon hatte den Papst (rechts, mit weißer Kopfbedeckung) gebeten, an der Krönungsfeier teilzunehmen. Unter seinen Augen krönte Napoleon zuerst sich selbst und dann seine Frau. Hinterher wurde er vom Papst gesalbt und gesegnet.

M3 Der Eid des Kaisers

Der Senat beschließt am 18. Mai 1804 den Eid des Kaisers:

Ich schwöre, die Unversehrtheit der Republik zu behaupten, die [...] Freiheit des Gottesdienstes zu achten und achten zu lassen, die Gleichheit der Rechte, die politische und bürgerliche Freiheit, die Unwiderruflichkeit des Verkaufs der Nationalgüter zu achten und achten zu lassen, keine Abgaben zu erheben und keine Auflage zu errichten als in Gemäßheit des Gesetzes, und nur zum Vorteil, zum Glück und zum Ruhm des französischen Volkes zu regieren.

Nach: Gottfried Guggenbühl, Quellen zur Geschichte der Neuesten Zeit, erw. und neu bearb. von Hans C. Huber, Zürich [5]1978, S. 46

M4 „Code civil"
Erstausgabe von 1804
Das neue Gesetzeswerk schützte das Eigentum, sicherte die Freiheit der wirtschaftlichen Betätigung und regelte alle Lebensbereiche. Zugleich bestätigte es die alte rechtliche und gesellschaftliche Stellung der Frau: „Der Mann ist seiner Frau Schutz, die Frau ihrem Mann Gehorsam schuldig."

1. *Erkläre, warum Napoleon sich selbst krönte, aber vom Papst gesalbt werden wollte (M2).*
2. *Beschreibe den Aufbau des Gemäldes (M2) und die Position der Personen im Bild. Begründe, welche Wirkung der Maler erzielen wollte.*
3. *Untersuche mithilfe des Verfassertextes, inwieweit Napoleon seinen Eid (M3) gehalten hat. Prüfe, ob seine Behauptung stimmt, er habe nach den Grundsätzen der Revolution regiert.*

1792: Frankreich erklärt den europäischen Monarchen den Krieg: Beginn der Revolutionskriege
1799: Staatsstreich Napoleons, „Ende der Revolution"
1803: Säkularisation
1804: Napoleon wird Kaiser der Franzosen

1790 · 1800 · 1810

Die Revolution wird exportiert

M 1 „Freiheit, Gleichheit, Bruderliebe“
Plakat des deutschen Jakobinerklubs in Mühlhausen (Elsass), 1793

Untersuche die Abbildung: Was erfährst du über den deutschen Jakobinerclub und seine Ziele?

Den Völkern Freiheit bringen

„Eine Nation, die als erste allen Völkern der Welt das Beispiel gegeben hat, ihre Rechte zu ergreifen, bietet euch Brüderlichkeit und Freiheit."

So steht es in der Bekanntmachung, die der General der französischen Armee Adam-Philippe de Custine nach der Besetzung der Stadt Mainz am 23. Oktober 1792 aushängen ließ. Der Konvent bestätigte am 19. November 1792, dass die französische Nation allen Völkern helfen wolle, ihre Freiheit (wieder) zu gewinnen. Das konnte zweierlei bedeuten: Entweder ist Frankreich dabei behilflich, wenn Menschen in anderen Ländern einen eigenen demokratischen Staat gründen wollen, oder die betreffenden Gebiete schließen sich einfach dem französischen Staat an.

Beide Ideen wurden auch in den deutschen Staaten diskutiert. Die gebildeten, aufgeklärten Bewohner wollten die Kleinstaaterei und das eigenmächtige Verhalten der Fürsten längst abschaffen. Und so träumten vor allem im Süden und Westen des Reiches viele von der Revolution und einer Republik nach französischem Vorbild.

Die Mainzer Republik

Auch wenn der Wunsch nach einer Umgestaltung der Ordnung groß war, blieb es meist bei der Gründung von – letztlich bedeutungslosen – Jakobinerklubs in einigen Städten. Auch schrumpfte die Zahl der Revolutionsanhänger mit jeder Nachricht, die man von der Schreckensherrschaft und dem Vormarsch der Revolutionstruppen erfuhr.

Einzig in Mainz entstand, wenn auch nur für kurze Zeit, eine bürgerlich-demokratische Republik. Zwei Tage, nachdem die Franzosen Mainz besetzt hatten, gründeten Bürger der Stadt den Mainzer Jakobinerklub, die „Gesellschaft der Freunde der Freiheit und Gleichheit". Zusammen mit der französischen Besatzungsmacht förderten die deutschen Jakobiner Anfang 1793 die Wahl eines Nationalkonvents.

Doch der wenig später ausgerufene Rheinisch-Deutsche Freistaat bestand nur wenige Monate. Die Franzosen begannen das Land auszubeuten. Ihr Rückhalt in der deutschen Bevölkerung schwand. Schließlich wurden Rheinhessen und die Pfalz von Preußen zurückerobert. Weitere Versuche, auf deutschem Boden eine Republik zu errichten, misslangen, wie auch Aufstands- und Verfassungsbestrebungen in Bayern, Württemberg und am Oberrhein. Sie wurden von den Franzosen kaum unterstützt. Eine deutsche Republik lag nicht mehr in ihrem Interesse. Aber die Vorgänge hatten die Bevölkerung politisiert. Dies ließ sich nicht mehr einfach rückgängig machen.

Suche Gründe dafür, dass es keine umfassende Revolution in den deutschsprachigen Gebieten gab.

M2 Brüdertreue

Im Mainzer Jakobinerklub hält der Naturforscher Georg Forster am 15. November 1792 eine Rede zum Verhältnis der Mainzer zu den Franzosen:

Erst vier Jahre alt ist die Freiheit der Fran[zosen], und seht, schon sind sie ein neues, umgeschaffenes Volk. Sie, die Überwinder der Tyrannen, fallen als Brüder in unsere Arme. Sie schützen uns, sie geben uns den rührendsten Beweis ihrer Brüdertreue, indem sie ihre so teuer erkaufte Freiheit mit uns teilen wollen. […] Mitbürger! Brüder! Die Kraft, die uns so verwandeln konnte, kann auch Fran[zosen] und Mainzer verschmelzen zu einem Volk! Unsere Sprachen sind verschieden – müssen es darum auch unsere Begriffe sein? Sind Liberté und Egalité nicht mehr dieselben Kleinode[1] der Menschheit, wenn wir sie „Freiheit" und „Gleichheit" nennen?"

Nach: Wolfgang Lautemann (Bearb.),Geschichte in Quellen, Bd.4: Amerikanische und Französische Revolution, München 1981, S.473 (leicht gekürzt und vereinfacht)

M3 Das Bürgerlied der Mainzer

Ende 1792 / Anfang 1793 dichtet ein uns unbekannter Autor:

Auf Brüder! auf! Die Freiheit lacht,
Die Ketten sind entzwei.
Uns hat sie Custine[2] losgemacht,
O Bürger, wir sind frei!
Nun drückt uns kein Despote[3] mehr
Und raubt uns unsre Taschen leer.
Nun drückt uns kein Despote mehr!
Der Mainzer ist nun frei!
Der Mainzer ist nun frei!
[…]

Ihr Mainzerinnen freuet euch!
Ihr Schönen jubiliert!
Nun seid ihr Edeldamen gleich,
Die stolz euch sonst regiert.
Nun hat bei Ball, bei Spiel und Sang
Die Bürgerin den ersten Rang:
Der Mainzer ist nun frei!
Der Mainzer in nun frei!

O Bürger! welche Seligkeit,
Ein freier Mann zu sein,
Dem kein Despote mehr gebeut,
Nur das Gesetz allein.
Nun ist es aus, das Adelreich,
Nun sind wir Brüder, alle gleich;
Nun ist es aus, das Adelreich.
Der Mainzer ist nun frei!
Der Mainzer ist nun frei!

Nach: Hans-Werner Engels, Gedichte und Lieder deutscher Jakobiner, Stuttgart 1971, S. 53 f.

M4 Tanz um den Freiheitsbaum
Ölgemälde eines unbekannten Künstlers, um 1793
Seit etwa 1790 wurden in Frankreich zehntausende solcher Freiheitsbäume gesetzt. Mit den Revolutionsheeren kam der Brauch in die deutschen Gebiete. Die abgebildete Tanzszene fand vermutlich in Aachen statt. Die Franzosen hatten die Stadt 1792/93 besetzt.

M5 Über die „Mainzer Republik"

Der Historiker Franz Dumont schreibt:

Wenn auch widersprüchlich und letztlich ohne ausreichende Akzeptanz[4], so war die Mainzer Republik doch ein Vorgang von historischem Rang: zunächst, weil sie am Anfang des schwierigen deutschen Weges zur Demokratie steht und weil die Mainzer Jakobiner als die erste demokratische Bewegung in Deutschland anzusehen sind. Für das Reich ebenso außerordentlich war die breite Politisierung der Bürgerschaft, die hier erstmals zur Ausbildung ideologischer[5] Fronten im modernen Sinne führte. In beidem hatte Mainz 1792/93 eine Vorreiterrolle.

Franz Dumont u. a. (Hrsg.), Mainz. Die Geschichte der Stadt, Mainz 1998, S. 344

[1] Kleinod: Kostbarkeit, Schmuckstück
[2] Custine: Befehlshaber der Rheinarmee
[3] Despot: Gewaltherrscher, Tyrann
[4] Akzeptanz: Bereitschaft, etwas anzuerkennen
[5] ideologisch: weltanschaulich

1. *Verfasse eine Gegenrede zu Georg Forster (M2).*
2. *Erläutere die politischen Vorstellungen des Dichters (M3).*
3. *Untersuche die Aufgabe, die das Lied (M3) übernimmt.*
4. *Der erste Demokratieversuch in Mainz scheiterte, aber er hatte eine wichtige Vorreiterrolle (M5). Erkläre, warum.*
5. *Auf dem Bild M4 fallen zwei Teilnehmer des Reigens auf. Begründe, welche das sind. Welchen Eindruck hinterlässt dieses Bild von den französischen Soldaten und der deutschen Bevölkerung?*

1787: Verfassung der USA
1791: Frankreich erhält eine Verfassung
1792: Frankreich erklärt den europäischen Monarchen den Krieg; Eroberung von Rheinhessen und der Pfalz
1793: Ausrufung des „Rheinisch-Deutschen Freistaates" zwischen Landau und Bingen
1780 1790 1800

Eine neue „alte“ Ordnung in Europa

M 1 Europa 1812

Vergleiche die Karte M1 mit M4. In welchen Räumen fanden die stärksten territorialen Veränderungen statt?

„Revolutionen von oben“

Die Monarchen in den Rheinbundstaaten und den von Napoleon gegründeten „Modellstaaten“[1] führten freiheitlichere Rechts- und Gesellschaftsordnungen nach französischem Vorbild ein. Sie hofften, mit den Reformen einen Patriotismus zu wecken und ihre Herrschaft zu sichern.

Auch in Preußen wurden staatliche Reformen durchgeführt – aber unter anderen Voraussetzungen: Preußen hatte fast die Hälfte seines Staatsgebietes an Frankreich verloren und wollte wieder Großmacht werden. Die Reformen sollten das Land für den Kampf gegen Napoleon stärken. Die größte Wirkung hatten die „**Bauernbefreiung**“ und die **Gewerbefreiheit**: Die Bauern wurden aus ihrer Leibeigenschaft entlassen und die Zünfte mit ihren Beschränkungen für Handel und Gewerbe abgeschafft. Die Reformen bildeten wichtige Grundlagen für einen späteren wirtschaftlichen Aufschwung.[2]

Befreiungskriege

Die Menschen in den besetzten Gebieten empfanden die französische Vorherrschaft immer stärker als Unterdrückung. Der Hass wuchs durch die hohen Steuern und die vielen Soldaten, die Napoleon für seine Kriege forderte.

Napoleon wollte auch das riesige russische Reich erobern. Im Juli 1812 marschierte er mit rund 500 000 Soldaten in Russland ein. Hunderttausende seiner Soldaten erfroren im eisigen russischen Winter. Napoleon hatte seinen Ruf verloren, unbesiegbar zu sein. Unter der Führung Russlands, Österreichs und Preußens formierte sich eine europaweite Befreiungsbewegung. Getrieben von nationaler Begeisterung meldeten sich viele Freiwillige zum Militärdienst. Im Sommer 1815 wurde Napoleon endgültig besiegt. Er musste abdanken und wurde ins Exil verbannt, wo er 1821 starb.

Zurück zu alten Zuständen?

1814/15 versammelten sich die europäischen Fürsten auf dem **Wiener Kongress**. Sie wollten den Kontinent neu ordnen und für lange Zeit Frieden schaffen. Dafür war es wichtig, ein Gleichgewicht zwischen den Mächten zu schaffen und zu verhindern, dass ein Staat übermächtig wurde. Gleichzeitig wollten die Fürsten aber möglichst viel beim Alten belassen.

Die alten Fürstenhäuser wurden wieder eingesetzt und viele Veränderungen wieder rückgängig gemacht, die es nach der Französischen Revolution ab 1789 gab. Diese rückwärtsgewandte Politik wird **Restauration** genannt. Zusätzlich versprachen sich die Fürsten, gemeinsam gegen Revolutionäre vorzugehen.

Deutschlands neue Ordnung

Das Heilige Römische Reich Deutscher Nation wurde 1806 aufgelöst. An seiner Stelle schufen die Fürsten auf dem Kongress keinen deutschen Nationalstaat, sondern den Deutschen Bund – ein lockerer Staatenbund aus über 30 weiterhin souveränen Fürsten und Städten. Es gab keine zentrale Regierung oder gemeinsame Verfassung. Die beiden größten Staaten im Deutschen Bund waren Österreich und Preußen. Sie stritten in den kommenden Jahren darüber, wer innerhalb des Bundes die Führung übernehmen sollte.

1. *Stelle die Maßnahmen zusammen, die nach Napoleons Niederlage ergriffen wurden.*
2. *Begründe, warum die deutschen Fürsten die Gründung eines Nationalstaates ablehnten und einen Staatenbund bevorzugten.*

Filmtipp:
„Napoleon und die Deutschen.“ ZDF-Reihe „Die Deutschen“ von 2008, Folge 7

[1] Napoleon hatte neue Staaten nach französischem Modell gründen lassen, z. B. das 1807 aus Teilen deutscher Staaten zusammengelegte Königreich Westfalen, wo er seinen jüngsten Bruder Jerôme als König einsetzte.

[2] Gemeint ist die Industrialisierung; siehe dazu Kapitel 4 ab S. 86.

Bauernbefreiung Gewerbefreiheit Wiener Kongress Restauration

M2 Kritik an der „Bundesverfassung“

Am 7. Mai 1815 steht in dem von Joseph Görres in Koblenz herausgegebenen „Rheinischen Merkur“:

Es ist endlich bekannt geworden, welche Verfassung man dem Bunde geben will [...]. Man hat die Völker bei seiner Errichtung nicht um Rath gefragt; man scheint auf sie und ihre Stimme nicht hören zu wollen. [...] Dennoch ist es unsere Pflicht, uns zu erheben gegen das Verderbliche, damit wir ohne Schuld seyen an des Vaterlandes Unglück. [...] Man wird zur Vermuthung gezwungen, daß man Teutschland nicht als organisches Ganzes, als einen Staat betrachte, sondern nur als einen Staatenbund [...]. Aber man höre doch nur den Ruf aller deutschen Volksstämme. Einmüthig erklären sie: „Wir wollen nicht länger blos Preußen, Hannoveraner, Hessen bleiben, wir wollen Deutsche werden!“ Der künstliche Bund aber, der nicht gestützt ist auf die Liebe und den Gemeingeist des deutschen Volkes, wird bald durch seine eigene Schwäche zusammenfallen! [...]

Anmerkung: Es könnte gut seyn, wenn die teutschen Vereine und Städte Unterschriften sammelten zur einer Bittschrift um Einführung teutscher Reichsstände. Die Stimme des Volkes dringt so schwer durch zu den Ohren der Fürsten [...].

Rheinischer Merkur, Nr. 234 vom 7. Mai 1815, [S. 1f.]

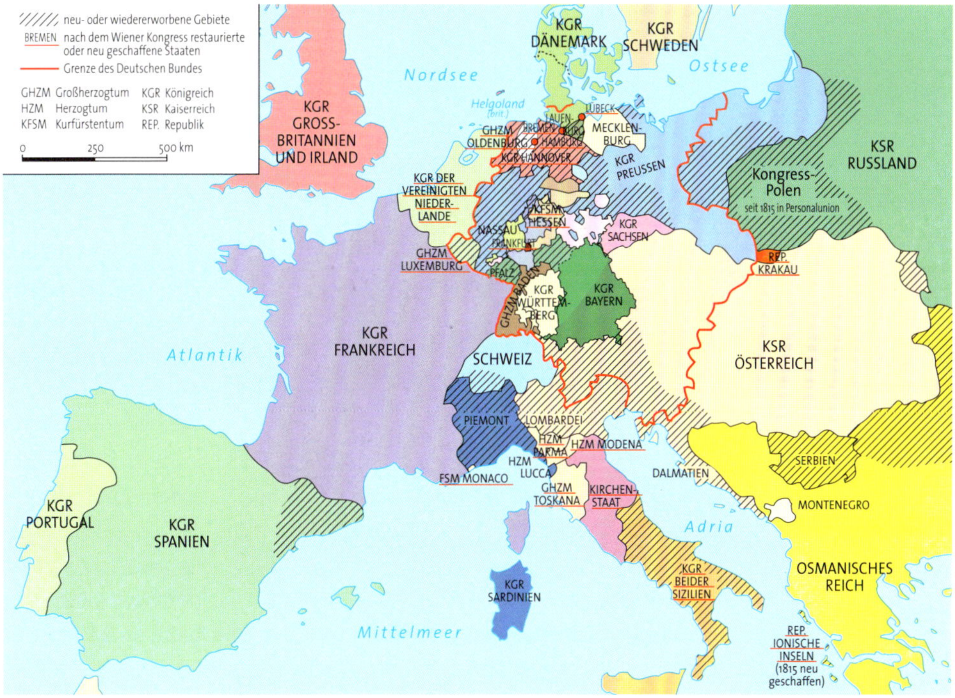

M4 Europa um 1815

M3 Rezepte für Europa

Ein Historiker beurteilt die Leistungen des Wiener Kongresses:

In einer unglaublichen Kraftanstrengung stiftete der Kongress nach mehr als zwanzig Kriegsjahren [...] eine dauerhafte Friedensordnung. Die zertrümmerte alteuropäische Staatenwelt verlangte nach Rezepten, welchen das übliche Etikett „Restauration“ nicht gerecht wird. Metternich[1] [...] hielt Wandel, auch Anpassung und Reform staatlicher Strukturen, für unvermeidlich, aber er war geprägt durch die traumatische Erfahrung der Französischen Revolution, die er als Urkatastrophe wahrnahm, als Angriff auf die gesellschaftliche Ordnung und deren elementare Rechtsprinzipien überhaupt. Europa brauchte aus seiner Sicht ein Verteidigungssystem zur Bewahrung des traditionellen monarchisch-ständischen Völkerrechts. Dieses Bollwerk musste zwei Bedingungen erfüllen: die Sicherung der monarchischen Herrschaft und der Dynastien sowie eine ausbalancierende Ordnung, die nicht nur kurzzeitig, sondern dauerhaft Frieden und eine Universalmonarchie zu verhindern vermochte.

Wolfram Siemann, Metternich. Staatsmann zwischen Restauration und Moderne, München 2010, S. 52f.

[1] Der österreichische Fürst Klemens von Metternich war Verhandlungsführer auf dem Wiener Kongress.

1. *Arbeite die nationalen Vorstellungen des Verfassers (M2) heraus. Wie begründet er sie? Wie sollen sie durchgesetzt werden?*
2. *Untersuche, wie der Historiker den Wiener Kongress bewertet (M3) und nimm Stellung.*
3. *Beurteile, was notwendig war, damit die Politik der Restauration in den Folgejahren Erfolg haben konnte.*

Eine Welle von Revolutionen

M1 Studentenversammlung im Wirtshaus zu Neuenheim bei Heidelberg
Aquarell (15,6 x 32,2 cm) von Carl Philipp Fohr, um 1814 (Ausschnitt)
Die Studenten tragen noch Uniformen und Schnürröcke aus den Befreiungskriegen.

Erkläre, warum wohl vor allem junge Menschen an der Spitze der nationalen und liberalen Bewegung standen.

Nationale und liberale Vorstellungen

Die Völker in Europa hatten sich den Ausgang des Wiener Kongresses anders vorgestellt. Sie wollten keine Untertanen mehr sein, sondern freie Staatsbürger. Wie in Frankreich Jahre zuvor forderten Liberale nun in ganz Europa von den Fürsten Verfassungen (**Liberalismus**). Diese sollten die Macht der Herrscher begrenzen, die Grundrechte und die politische Mitwirkung garantieren. Die Republikaner, auch Demokraten genannt, gingen noch weiter: Sie forderten das Ende der Monarchie.

In den deutschen Staaten war für viele Bürger noch ein weiterer Traum zerplatzt: der Traum vom einheitlichen deutschen Nationalstaat. Es entstand eine „vaterländisch-freiheitliche" Bewegung. National gesinnte Studenten schlossen sich in Burschenschaften zusammen. Erster Höhepunkt dieser Bewegung war 1817 das Wartburgfest bei Eisenach.[1] Unter schwarz-rot-goldenen Fahnen wurde ein einheitliches, freies Deutschland gefordert.

Fürsten reagieren

Die deutschen Fürsten wollten alle liberalen und nationalen Tendenzen möglichst im Keim ersticken: Burschenschaften wurden verboten, Studenten festgenommen und bestraft und die Universitäten kontrolliert. Bücher und Flugblätter durften nicht mehr ohne vorherige staatliche Überprüfung (Zensur) gedruckt werden.

Revolutionen überall

Auch in Frankreich erlebten die Menschen nach 1815 eine Zeit des politischen Rückschritts. Schlechte Ernten vergrößerten die Not der Unterschichten. Im Juli 1830 kam es in Paris zu einer neuen Revolution. Im selben Jahr erhoben sich die Polen gegen die russische Herrschaft, die Engländer reformierten ihr Parlament und die Belgier gründeten einen Staat mit einer liberalen Verfassung.

Nach der Julirevolution in Paris 1830 hatten auch in den deutschen Staaten immer weniger Menschen Angst vor der Staatsmacht. 1832 zogen 30 000 Menschen mit schwarz-rot-goldenen Fahnen vor die Hambacher Schlossruine.[2] Eine größere politische Veranstaltung wie das **Hambacher Fest** hatte es in Deutschland nie zuvor gegeben.

Nach den Missernten der Jahre 1845/46 kam es 1847 in allen deutschen Staaten zu Aufständen. Als im Februar 1848 in Frankreich die Republik ausgerufen wurde, erfasste eine Revolutionswelle fast ganz Europa. Überall fanden Demonstrationen und Versammlungen statt. Politische Vereine wurden gegründet. Flugblätter und Zeitungsartikel heizten die Stimmung an. Männer und Frauen trafen sich und verfassten Bittschriften, um die Regierenden unter Druck zu setzen.

Die Fürsten lenken ein

Von der Heftigkeit der Unruhen überrascht, machten die Herrscher Zugeständnisse. Sie gewährten Freiheitsrechte und versprachen Wahlen. In Preußen und Österreich wurden zudem Verfassungen in Aussicht gestellt. Damit nahmen die Fürsten den demonstrierenden Männern und Frauen den Wind aus den Segeln. Liberale Bürger fürchteten jedoch weitere Gewalt und weitergehende Forderungen der Unterschichten. Sie wollten eine Schreckensherrschaft wie in der Französischen Revolution vermeiden. Daher waren sie bereit, mit den alten Mächten zusammenzuarbeiten.

Erörtere, inwieweit das Geschehen in den deutschen Staaten bis 1848 mit der Französischen Revolution vergleichbar ist.

[1] Siehe dazu auch S. 76 f.
[2] Vgl. M4 auf S. 77.

M 2 „Vaterland – Freiheit – ja!“

Der Jurist und Journalist Philipp Jacob Siebenpfeiffer eröffnet am 27. Mai 1832 das Hambacher Fest und sagt:

Vaterland – Freiheit – ja! Ein freies deutsches Vaterland – dies der Sinn des heutigen Festes, dies die Worte, deren Donnerschall durch alle deutschen Gemarken drang, den Verrätern der deutschen Nationalsache die Knochen erschütternd, die Patrioten aber anfeuernd und stählend zur Ausdauer im heiligen Kampfe, „im Kampf zur Abschüttelung innerer und äußerer Gewalt.“ [...]
Und es wird kommen der Tag, [...] wo der Deutsche vom Alpengebirg und der Nordsee, vom Rhein, der Donau und der Elbe den Bruder im Bruder umarmt, wo die Zollstöcke und die Schlagbäume, wo alle Hoheitszeichen der Trennung und Hemmung und Bedrückung verschwinden [...]. [...]
Es wird kommen der Tag [...], wo das deutsche Weib, nicht mehr die dienstpflichtige Magd des herrschenden Mannes, sondern die freie Genossin des freien Bürgers [ist]. [...]
Wir selbst wollen, wir selbst müssen vollenden das Werk, und, ich ahne, bald, bald muss es geschehen, soll die deutsche, soll die europäische Freiheit nicht erdrosselt werden von den Mörderhänden der Aristokraten [...].
Es lebe das freie, das einige Deutschland!
Hoch leben die Polen, der Deutschen Verbündete![1]
Hoch leben die Franken[2], der Deutschen Brüder, die unsere Nationalität und Selbstständigkeit achten!
Hoch lebe jedes Volk, das seine Ketten bricht und mit uns den Bund der Freiheit schwört!
Vaterland – Volkshoheit – Völkerbund hoch!

Johann Georg August Wirth, Das Nationalfest der Deutschen zu Hambach, Neustadt an der Haard 1832, Nachdruck der Original-Ausgabe, Neustadt a. d. W. 1981, S. 33, 37 f. und 40 f.

M 3 „Forderungen des deutschen Volkes“

Nach Beginn der Revolution in Paris im Februar 1848 verfassen Bürger in vielen deutschen Städten Bittschriften und Flugblätter mit ihren Forderungen. In einem Flugblatt aus Mannheim von Ende Februar/Anfang März 1848 heißt es:

Allgemeine Volksbewaffnung mit freier Wahl der Offiziere.
Ein deutsches Parlament, frei gewählt durch das Volk. [...]
Unbedingte Pressefreiheit.
Vollständige Religions-, Gewissens- und Lehrfreiheit.
Volkstümliche Rechtspflege mit Schwurgerichten.
Allgemeines deutsches Staatsbürgerrecht.
Gerechte Besteuerung nach dem Einkommen.
Wohlstand, Bildung und Unterricht für alle.
Schutz und Gewährleistung der Arbeit. [...]
Volkstümliche und billige[3] Staatsverwaltung. [...]
Abschaffung aller Vorrechte.

Mannheimer Flugblatt von Ende Februar/März 1848 (leicht bearbeitet)

M 4 Kampf zwischen Bürgern und Soldaten in Berlin am 18. und 19. März 1848
Lithografie in einer Zeitung aus Neuruppin (Brandenburg), 1848
Bei den Kämpfen starben 277 Menschen, meist aus den Unterschichten.

[1] Auch dort gab es eine große Nationalbewegung.
[2] Franken: Franzosen
[3] billig: angemessen, berechtigt

1. *Fasse Siebenpfeiffers politische Forderungen zusammen (M2).*
2. *Vergleiche den Aufruf M2 mit den Vorstellungen, die im Mai 1815 im „Rheinischen Merkur“ veröffentlicht wurden (M2, S. 67).*
3. *Gestaltet in Gruppenarbeit einen Aufruf zur Beteiligung am Hambacher Fest als Plakat. Siehe auch M4 auf S. 77.*
4. *Gliedere die liberalen, nationalen und sozialen „Märzforderungen“ in einer Tabelle (M3).*
5. *Beschreibe das auf M4 abgebildete Geschehen und die Beteiligten.*

Ergebnisse der Revolutionen

M 1 Die Nationalversammlung in der Frankfurter Paulskirche
Farblithografie von C. A. Lill, 1848
Die Kirche wurde aus Platzgründen gewählt. Über dem Sitz des Präsidenten befindet sich ein großes Transparent mit der Germania (Sinnbild Deutschlands).
Der Eichenlaubkranz ist ein Symbol für Treue, der Ölzweig für Friedfertigkeit und das Reichsschwert für Wehrhaftigkeit.
Übrigens: Schon im März 1848 hatte die Bundesversammlung Schwarz-Rot-Gold zu den Farben des Deutschen Bundes erklärt.
Nimm Stellung: Ist die Darstellung der Germania ein passendes Sinnbild für Deutschland?

Das Volk soll mehr zu sagen haben

Die meisten Anführer der Unruhen wollten die Monarchie nicht abschaffen. Wer aus dem gehobenen Bürgertum kam, wollte der ärmeren Bevölkerung nicht zu viele Rechte einräumen. Im Gegensatz zu den radikalen Demokraten waren sie damit zufrieden, dass die deutschen Fürsten eine Nationalversammlung erlaubten.
Diese trat im Mai 1848 in der Paulskirche in Frankfurt am Main zusammen. Sie war das erste vom Volk gewählte gesamtdeutsche Parlament.

Das Volk bestimmt mit

Von den Wahlen zur Nationalversammlung waren Frauen ausgeschlossen. Bei den Männern über 25 Jahre waren etwa 80 Prozent wahlberechtigt. In den meisten deutschen Staaten durften ärmere Bevölkerungsgruppen nicht mitwählen. Andere, z. B. radikale Demokraten, wollten nicht mitwählen. Im Parlament saßen überwiegend Männer aus dem gehobenen Bürgertum: Beamte, Rechtsanwälte, Professoren und Lehrer, auch Kaufleute und Unternehmer, aber kaum Bauern und keine Arbeiter.

Beschlüsse der Nationalversammlung

Die Debatten und Verhandlungen in der Nationalversammlung dauerten fast ein Jahr. Einig waren sich alle Abgeordneten, dass ein deutscher Nationalstaat entstehen sollte. Beschlossen wurde:

- eine Verfassung, bei der sich der neue Kaiser der Deutschen, das Parlament und die Einzelstaaten die Macht teilen sollten (konstitutionelle Monarchie und **Föderalismus**). Eine Liste von Grundrechten sollte für alle Bürger gelten.
- Der Vielvölkerstaat Österreich sollte ausgeschlossen sein (kleindeutsche Lösung).
- Die preußischen Könige sollten auch Kaiser der Deutschen sein.

Die Fürsten wieder fest im Sattel

Die Forderungen der Nationalversammlung gingen vielen Fürsten und Königen zu weit. In Preußen erließ König Friedrich Wilhelm IV. ohne Zustimmung des Parlaments eine neue Verfassung. Als ihm 1849 die Vertreter der Nationalversammlung die Kaiserkrone anboten, lehnte dieser ab. Denn für ihn war es undenkbar, dass ihm Bürger „von unten" dieses Amt übertragen. Enttäuscht legten die Abgeordneten ihr Amt nieder, die Arbeit der Paulskirche war gescheitert. Die Anhänger der Revolution wurden verhaftet, viele hingerichtet. Tausende wanderten aus.[1] Der Deutsche Bund bestand weiter.

Gescheiterte Revolutionen?

Der Traum von Nationalstaaten auf der Grundlage freier Verfassungen war 1849 nicht nur in Deutschland gescheitert, sondern auch in Italien und Ungarn, wo die Armee den Freiheitskampf niederschlug. In den meisten deutschen Einzelstaaten nahmen die Fürsten die Verfassungsreformen von 1848 zurück und schränkten die Presse- und Versammlungsfreiheit wieder ein.
Trotzdem: Nach 1848 gab es außer Österreich keinen deutschen Staat mehr, in dem ohne eine geschriebene Verfassung regiert wurde. Überall beschränkten Parlamente oder Ständevertretungen die Macht der Fürsten. Auch einige soziale Reformen blieben bestehen, etwa die Ablösung der Grundherrschaft. Die Revolution hatte gezeigt, dass die deutsche Nationalbewegung auf Dauer nicht unterdrückt werden konnte.

[1] Lies dazu S. 110 f.

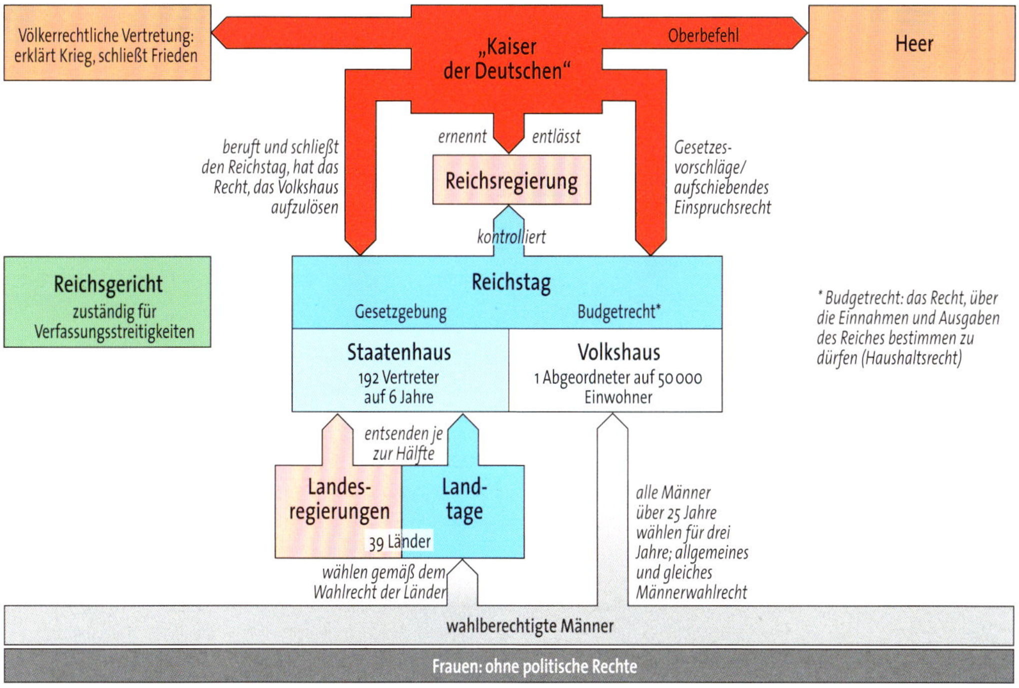

M2 Die Reichsverfassung der Paulskirche von 1849

M3 Aus den Grundrechten von 1848

Am 27. Dezember 1848 setzt die Frankfurter Nationalversammlung die Grundrechte in Kraft. Sie werden Teil der am 28. März 1849 verabschiedeten Reichsverfassung. Die Verfassung wird durch Bundesbeschluss 1851 wieder aufgehoben.

§ 137 Vor dem Gesetze gilt kein Unterschied der Stände. Der Adel als Stand ist aufgehoben. Alle Standesvorrechte sind abgeschafft. Die Deutschen sind vor dem Gesetze gleich. [...]

§ 138 Die Freiheit der Person ist unverletzlich. [...]

§ 139 Die Todesstrafe [...] sowie die Strafen des Prangers, der Brandmarkung und der körperlichen Züchtigung sind abgeschafft.

§ 140 Die Wohnung ist unverletzlich. [...]

§ 142 Das Briefgeheimnis ist gewährleistet. [...]

§ 143 Jeder Deutsche hat das Recht, durch Wort, Schrift, Druck und bildliche Darstellung seine Meinung frei zu äußern. Die Pressefreiheit darf unter keinen Umständen und in keiner Weise durch vorbeugende Maßregeln, namentlich Zensur [...] aufgehoben werden.

§ 144 Jeder Deutsche hat volle Glaubens- und Gewissensfreiheit. [...]

§ 152 Wissenschaft und Lehre sind frei. [...]

§ 161 Die Deutschen haben das Recht, sich friedlich und ohne Waffen zu versammeln; einer Erlaubnis dazu bedarf es nicht. [...]

§ 164 Das Eigentum ist unverletzlich.

Nach: Udo Sautter, Deutsche Geschichte seit 1815: Daten, Fakten, Dokumente, Bd. II: Verfassungen, Tübingen/Basel 2004, S. 68-72

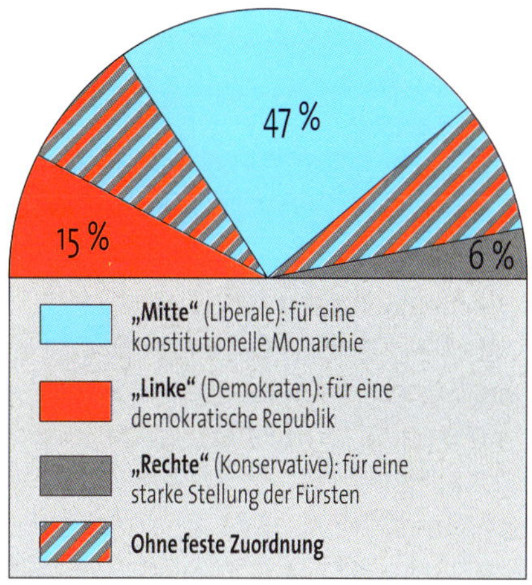

M4 Politische Richtungen in der Nationalversammlung

Aus den politischen Gruppierungen haben sich später Parteien entwickelt.

1. *Untersuche das Schaubild M2 und den Text M3. Vergleiche die Verfassung mit der französischen von 1791. Wo sind die deutschen Revolutionäre dem französischen Vorbild gefolgt, wo nicht?*
2. *Setze die in M3 aufgeführten Artikel zu den Artikeln 2, 3, 4, 5, 8, 10, 13 und 14 unseres Grundgesetzes von 1949 in Beziehung. Was fällt auf?*
3. *Verfasse ein Gespräch zwischen einem Deutschen von 1848 und einem Franzosen von 1789, die jeweils das Vorgehen innerhalb ihrer „Revolution“ befürworten.*

Das weiß ich – das kann ich!

Am Anfang dieses Kapitels steht die Leitfrage:
Wie veränderten die bürgerlichen Revolutionen die Geschichte?
Mit den Arbeitsfragen zu den fünf Kategorien auf Seite 38/39 kannst du sie nun beantworten:

Herrschaft

Im 17. und 18. Jh. herrschten in Europa Könige und Fürsten absolutistisch. In Nordamerika und Frankreich wurden die Herrschaftsverhältnisse durch Revolutionen „von unten" beseitigt. Sie stützten sich auf die Lehren der Aufklärung, die eine Festlegung, Kontrolle und Teilung der Staatsgewalt (Gewaltenteilung) forderte. Von nun an sollte die Herrschaft vom Volk bzw. von diesem gewählten Parlamenten (Nationalversammlungen) ausgehen. Ein Vorbild war England: Dort war schon Mitte des 17. Jh. kurzzeitig eine Republik entstanden. Danach legte die „Bill of Rights" die Rechte und Pflichten von Parlament und König fest. Sie bildete die Grundlage für spätere Verfassungen und machte England zur konstitutionellen Monarchie.

Auch nach der Revolution blieben in Frankreich die meisten Franzosen von der politischen Mitwirkung ausgeschlossen. Überdies verkehrte die Zeit der „Schreckensherrschaft" die Errungenschaften der Revolution in ihr Gegenteil.

Nach dem Wiener Kongress unterdrückten die Regierungen in Europa Liberalismus und nationale Bewegungen. Höhepunkt der gesamtdeutschen Oppositionsbewegung war das Hambacher Fest.

Infolge der Revolutionen von 1848 erarbeitete die Nationalversammlung eine Verfassung, nach der sich Kaiser, Parlament und Einzelstaaten (Föderalismus) die Macht teilen sollten. Sie scheiterte am Widerstand der alten Gewalten. Aber die Revolution hatte viele Fortschritte gebracht und das nationale Bewusstsein gestärkt.

Gesellschaft

Die Französische Revolution beseitigte die Ständeordnung. Die Sansculotten wurden in der Revolution politisch einflussreich, weil sie die Jakobiner unterstützten. In den Menschen- und Bürgerrechten als Teil der Verfassung sollten alle Menschen gleich an Rechten sein. Aus Untertanen wurden Staatsbürger.

Weltdeutung und Religion

Die absolutistischen Herrscher bezeichneten sich als von Gott eingesetzt. Für die Rechtfertigung (Legitimation) ihrer Herrschaft hatten also Glaube und Religion eine sehr große Bedeutung. Mit der Revolution verlor der Klerus in Frankreich Macht und Privilegien. Unter dem Einfluss der Herrschaft Napoleon Bonapartes verlor die Kirche auch in den deutschen Staaten durch die Säkularisation ihre Herrschaftsgebiete und Einkünfte und damit ihre Macht. Mit den bürgerlichen Revolutionen begann die bis heute bei uns gültige Trennung von Staat und Kirche.

Begegnung

Männer wie Thomas Paine oder der Marquis de Lafayette brachten die Ideen der Amerikanischen Revolution nach Europa.

Zunächst durch reisende Bürger, später vor allem durch die Revolutionsheere wurden danach die Ideen der Französischen Revolution in ganz Europa bekannt. Sie wurden zu Vorbildern für die Bürger zunächst während Restauration und Vormärz und später für die Revolutionen von 1848.

Begegnung und Vernetzung spielten auch für die erstarkenden Nationalbewegungen eine Rolle: im gemeinsamen Kampf gegen Napoleon erwachte bei vielen der beherrschten Völker die Idee der Nation.

Wirtschaft und Umwelt

Ein Auslöser aller bürgerlichen Revolutionen war wirtschaftliche Not. Wie wichtig wirtschaftliche und gesellschaftliche Reformen für die Stabilität der Herrschaft und die Stärke eines Landes sind, haben Napoleon und die Reformer in den Rheinbundstaaten sowie in Preußen erkannt. Bauernbefreiung und Gewerbefreiheit trugen später zu einem beispiellosen wirtschaftlichen Aufschwung bei.

1. *Finde in diesem Kapitel Belege für die Aussagen auf den Karteikarten.*
2. *Beurteile den Stellenwert der Karteikarten für dieses Kapitel. Welche Karteikarte erscheint dir am wichtigsten und warum?*

Kompetenz-Test
Einen Fragebogen, mit dem du überprüfen kannst, was du schon kannst und was du noch üben solltest, findest du unter 31053-10.

M 1 „Die Freiheit führt das Volk"
Ölgemälde (260 x 325 cm) von Eugène Delacroix 1830, heute zu sehen im Louvre in Paris

M 2 Märzrevolution 1848
Barrikadenkämpfe in der Breiten Straße in Berlin in der Nacht vom 18. zum 19. März 1848, Lithografie von 1848

1. *Erkläre in deinen eigenen Worten, weshalb mit der Französischen Revolution eine neue Zeit begann.*
2. *Ordne die beiden Bilder M1 und M2 historisch ein. Vergleiche die beiden Darstellungen: Wo liegen die Gemeinsamkeiten? Was gehört offenbar zu einem „Revolutions-Bild"?*
3. *Verfasse ein Streitgespräch zwischen einem Deutschen von 1848 und einem Franzosen von 1789, die das Vorgehen innerhalb ihrer jeweiligen „Revolution" befürworten.*
4. *Diskutiert in der Klasse: Sind die bürgerlichen Revolutionen insgesamt aus eurer Sicht ein Fortschritt oder ein Rückschritt in der Geschichte gewesen?*

3

Der deutsche Nationalstaat im 19. Jahrhundert

Fahnen für das Nationalgefühl: Seit der Fußballweltmeisterschaft 2006 in Deutschland ist die Deutschland-Flagge so beliebt wie wohl nie zuvor in der Geschichte der Bundesrepublik. Die Erfolge der deutschen Mannschaft, gepaart mit herrlichem Sommerwetter, erzeugten in großen Teilen der Bevölkerung Hochstimmung und ein nationales Zusammengehörigkeitsgefühl. Seither wehen schwarz-rot-goldene Fahnen während jedes internationalen Fußballturniers an Häusern und Autos, viele Fans malen sich die drei Farben sogar ins Gesicht. Doch woher kommen eigentlich die Farben der deutschen Flagge?

Zum ersten Mal war die Farbkombination schwarz-rot-gold auf den Uniformen des 1813 gegründeten Lützower Freikorps zu sehen. Dies war ein Heer aus Freiwilligen, die aus vielen deutschen Gebieten stammten und gemeinsam gegen Napoleon kämpften. Die Uniform bestand aus einem schwarzen Rock mit goldfarbenen Knöpfen und roten Aufschlägen. Die Farbwahl der Uniform hatte ganz praktische Gründe: Die Angehörigen des Freikorps, darunter viele Studenten, empfingen keinen Sold und mussten sich selbst versorgen – auch mit einer Uniform. So färbten sie ihre eigene Bekleidung um – das war mit Schwarz am leichtesten. Goldfarbene Messingknöpfe waren verbreitet und leicht erhältlich.

Die Farben schwarz-rot-gold wurden zum Symbol für den Kampf um nationale Befreiung und schließlich seit der Frankfurter Nationalversammlung 1848 zur offiziellen Flagge der deutschen Republik – mit Unterbrechungen bis heute.

M Fußballfans auf der Fanmeile am Brandenburger Tor in Berlin während der Europameisterschaft 2012 bei einem Deutschlandspiel
Foto vom 17. Juni 2012

Sammelt gemeinsam in der Klasse Ideen zu der Frage: Was ist eine Nation? Versucht diese am Ende des Kapitels zu beantworten.
Stellt euch vor, ihr müsstet einer Schulklasse aus einem anderen Land erklären, was ihr mit Deutschland verbindet. Was würdet ihr hervorheben?
Fallen euch außer Flaggen noch weitere Symbole für Nationalstaaten ein? Recherchiert im Internet nach nationalen Symbolen verschiedener Länder wie z. B. Frankreich, Polen oder Russland.

„Was ist des Deutschen Vaterland?"

M1 „Bücherverbrennung" am Rande des Wartburgfestes
Am Abend des 18. Oktobers 1817 verbrannten einige Teilnehmer des Wartburgfestes auf dem Wartenberg (nicht auf der Wartburg) etwa 25 bis 30 auf Pappdeckel geschriebene Titel als deutschfeindlich angesehene Schriften sowie Symbole der Adelsherrschaft und des stehenden Heeres.

Diskutiert in der Klasse: Was haltet ihr davon, Bücher mit unliebsamen Meinungen zu verbrennen?

Woher kommt die Idee der Nation?

„Was ist des Deutschen Vaterland?" Die Bundesrepublik Deutschland natürlich, wirst du sagen. Kurz nach 1800 gab es auf diese Frage aber noch keine klare Antwort. Die Menschen waren Untertanen ihrer Fürsten in mehreren hundert Einzelstaaten.

Aber seit Beginn des 19. Jh. forderten wachsende Teile der deutschen Bevölkerung immer stärker die Gründung eines Nationalstaates für das gesamte „deutsche Volk".

Die Vorstellung vom modernen Nationalstaat entwickelte sich während des 18. Jh. im Umfeld der Amerikanischen und Französischen Revolution. Immer mehr Völker stellten absolute Monarchie und Ständegesellschaft in Frage und forderten freiheitliche und demokratische Verfassungen. Leitbild für diese Verfassungsvorstellungen war der Nationalstaat – nicht nur das Volk, sondern die zusammengehörige Nation sollte politisch mitbestimmen.

Was ist die deutsche Nation?

Der Begriff der „Nation" kommt aus dem Lateinischen und meint zunächst einfach ein Volk. Die moderne Vorstellung von Nation bezeichnet eine größere Gruppe von Menschen, die sich durch gleiche Sprache, Geschichte, Kultur und gleiches Recht verbunden fühlt. Lebt diese Nation in einem Staat mit gemeinsamer Regierung und Verfassung, wird dieser als Nationalstaat angesehen.

Vor 1800 gab es kein ausgeprägtes deutsches Nationalbewusstsein. Die Menschen fühlten sich mehr als Preußen, Hannoveraner, Sachsen oder Bayern denn als Deutsche. Dies änderte sich mit dem Befreiungskampf gegen Napoleon. Junge Männer aus den verschiedenen deutschen Staaten kämpften gemeinsam gegen die französische Fremdherrschaft. Dadurch wuchs bei ihnen das Gefühl der Zusammengehörigkeit, das sie auch nach dem für sie enttäuschenden Ausgang des Wiener Kongresses bewahrten.

Eine Staatsgrenze für die deutsche Nation gab es nicht. Deshalb stützten sie ihre „nationale Idee" auf die Vorstellung einer deutschen Kulturnation: Sie waren überzeugt, dass alle Deutschen aufgrund ihrer gemeinsamen Herkunft (lat. natio), Sprache, Kunst und Literatur eine Nation bildeten. Für diese forderten sie einen gemeinsamen Nationalstaat mit einer freiheitlichen Verfassung.

Die deutsche Nationalbewegung entsteht

Könige, Fürsten und der Adel in den deutschen Staaten wussten, dass die Verbreitung von liberalen, demokratischen und nationalen Vorstellungen ihre Herrschaft gefährden würde. Deshalb unterdrückten sie die politischen Bewegungen radikal.

Dennoch wuchs die Protestbewegung in dieser Zeit der Restauration an. Vor allem Studenten, aber auch andere meist junge Männer, veranstalteten gemeinsame öffentliche politische Feiern und Feste, auf denen sie ihre Forderungen kundtaten. Das erste deutsche Nationalfest fand am 18./19. Oktober 1817 auf der Wartburg bei Eisenach (Thüringen) statt. Daran nahmen etwa 500 Studenten protestantischer Universitäten teil. Sie erinnerten an den Beginn der Reformation (1517) und an das Ende der französischen Fremdherrschaft in der entscheidenden Völkerschlacht bei Leipzig (1813).

Die wichtigste Veranstaltung der Nationalbewegung war das Hambacher Fest in der Pfalz, bei dem vom 27. Mai bis 1. Juni 1842 mehrere zehntausend Menschen über die Möglichkeit eines einigen, liberalen Deutschland diskutierten und patriotische Lieder sangen. Die Herrschenden wagten nicht, dagegen vorzugehen, aus Sorge, damit gewaltsame Proteste auszulösen.

1. *Fasse zusammen: Was ist zu Beginn des 19. Jh. „des Deutschen Vaterland"?*
2. *Erkläre, warum sich die Studenten für das erste deutsche Nationalfest die Wartburg aussuchten.*

Internettipps:
Mehr zu den Nationalbewegungen kannst du unter Mediencode 31053-11 finden.

M2 „Wer kann die Folgen berechnen …?“

Der französische Außenminister Talleyrand beobachtet die wachsende nationale Bewegung der Deutschen genau und macht sich darüber Gedanken. Am 17. Oktober 1814 schreibt er:

Die Anhänger einer deutschen Nation trachten, eine Ordnung umzustürzen, die ihren Stolz empört, und alle Regierungen dieses Landes durch eine einzige zu ersetzen […]. Mit ihnen im Bunde sind die Männer der Universitäten, die von ihren Theorien erfüllte Jugend und die, welche der Kleinstaaterei Deutschlands die Leiden zuschreiben, die sich durch so viele Kriege, deren beständiger Schauplatz es ist, über das Land ergossen haben. Die Einheit des deutschen Vaterlandes ist ihr Geschrei, ihr Glaube, ihre bis zum Fanatismus[1] erhitzte Religion […]. Wer kann die Folgen berechnen, wenn eine Masse wie die deutsche, zu einem einzigen Ganzen gemischt, aggressiv würde? Wer kann sagen, wo eine solche Bewegung haltmachen würde?

Hagen Schulze, Staat und Nation in der europäischen Geschichte, München 1994, S. 211f. (vereinfacht)

M3 „Des Deutschen Vaterland“

Der Historiker, Schriftsteller und spätere Hochschullehrer Ernst Moritz Arndt schreibt im Dienst der Befreiungskriege gegen Napoleon Freiheits- und Vaterlandslieder. Im März 1813 verfasst er das bekannteste politische Gedicht dieser Zeit. Hier die erste und die letzten vier Strophen:

Was ist des Deutschen Vaterland?
Ist's Preußenland, ist's Schwabenland?
Ist's, wo am Rhein die Rebe blüht?
Ist's, wo am Belt die Möwe zieht?
O nein! nein! nein!
Sein Vaterland muss größer sein.
[…]

Was ist des Deutschen Vaterland?
So nenne mir das große Land!
So weit die deutsche Zunge klingt,
Und Gott im Himmel Lieder singt,
Das soll es sein!
Das, wackrer Deutscher, nenne dein!

Das ist des Deutschen Vaterland,
Wo Eide schwört der Druck der Hand,
Wo Treue hell vom Auge blitzt
Und Liebe warm im Herzen sitzt –
Das soll es sein!
Das, wackrer Deutscher, nenne dein!

Das ist des Deutschen Vaterland,
Wo Zorn vertilgt den welschen[2] Tand,
Wo jeder Franzmann heißet Feind,
Wo jeder Deutsche heißet Freund –
Das soll es sein!
Das ganze Deutschland soll es sein!

Das ganze Deutschland soll es sein!
O Gott vom Himmel sieh darein
Und gib uns rechten deutschen Mut,
Dass wir es lieben treu und gut.
Das soll es sein!
Das ganze Deutschland soll es sein!

Hans-Bernd Spies (Hrsg.), Die Erhebung gegen Napoleon 1806-1814/15. Quellen zum politischen Denken der Deutschen im 19. und 20. Jahrhundert, Darmstadt 1981, S. 256f.

M4 Das Hambacher Fest am 27. Mai 1832

Gemälde von Hans Mocznay nach einem zeitgenössischen Holzstich, vermutlich 1948

Unter Glockengeläut und patriotischen Gesängen setzte sich am Morgen des 27. Mai 1848 ein langer Festzug vom Marktplatz in Neustadt zur Ruine auf dem Schlossberg in Bewegung. An dem Fest nahm auch eine polnische Delegation teil. Im Jahr zuvor war der Aufstand der polnischen Nationalbewegung gescheitert.

[1] Fanatismus: unnachgiebiges Eintreten für ein Ziel
[2] welsch: französisch

1. *Erläutere, was Talleyrand befürchtet (M2).*
2. *Arbeite aus M3 heraus, was nach Arndt die deutsche Nation ausmacht. Nimm dazu Stellung.*
3. *Beschreibe das Bild M4. Erläutere, welche Bedeutung Symbole für die politische Bewegung besaßen.*
4. *Zum Hambacher Fest entstand das „Hambacher Lied“. Suche den Text im Internet und analysiere ihn.*

1815: Wiener Kongress: Gründung des Deutschen Bundes
1817: Wartburgfest
1832: Hambacher Fest
Restauration
1810 – 1820 – 1830 – 1840

1848: Der Versuch eines ersten deutschen Nationalstaats

M 1 Frankfurter Nationalversammlung im Juni 1848
Gemälde von Ludwig von Elliott, 1848
Das Bild zeigt eine Szene während einer Rede des demokratischen Abgeordneten Robert Blum, der gerade vom Parlamentspräsidenten (links) zurechtgewiesen wird.

Die Frankfurter Paulskirche gilt heute als Nationaldenkmal und als „Wiege der Demokratie" in Deutschland. Sie ist häufig Schauplatz für Ehrungen und Festveranstaltungen, etwa für die Verleihung des Friedenspreises des Deutschen Buchhandels. Diskutiert, ob die Paulskirche heute ein gut gewählter Ort für die Verleihung des Friedenspreises ist.

Große Erwartungen, viele Vorstellungen

Nach den Revolutionen von 1848 hatten die Herrscher fast überall erlaubt, neue Regierungen zu bilden – auch in den deutschen Staaten.
Salutschüsse und Glockengeläut begrüßten die gewählten Abgeordneten des ersten gesamtdeutschen Parlaments, als sie am 18. Mai 1848 in die Frankfurter Paulskirche einzogen. Hauptaufgabe der Nationalversammlung war, einen deutschen Nationalstaat zu gründen und ihm eine Verfassung zu geben. Doch es gab verschiedene Vorstellungen zur „nationalen Frage": Welche Grenzen sollte dieser Nationalstaat haben? Was machte die deutsche Nation aus: Sprache, Herkunft, Kultur? Sollte Österreich dazugehören? Und wie wollte man mit den Einzelstaaten umgehen: sollten sie weiterbestehen oder in einem einheitlichen Zentralstaat nach französischem Vorbild aufgehen?

M 2 Die kleindeutsche Lösung

Deutschland mit welchen Grenzen ...

Die Mehrheit der Abgeordneten war anfangs für eine großdeutsche Lösung: Österreich sollte mit allen zum Deutschen Bund gehörenden Gebieten ins Reich aufgenommen werden. Allerdings bestand dann das Problem, dass auch zahlreiche nichtdeutsche Völker, etwa die Tschechen, innerhalb des deutschen Staates gelebt hätten.

Die Regierung in Wien forderte sogar eine großösterreichische Lösung und den Zusammenschluss mit dem gesamten Vielvölkerstaat. Aber das hätte den Vorstellungen eines deutschen Nationalstaates völlig widersprochen. Da sich Österreich immer feindseliger verhielt, stimmte letztlich eine Mehrheit der Nationalversammlung für die kleindeutsche Lösung in den Grenzen des Deutschen Bundes ohne die österreichischen Gebiete.

... und welcher Staatsform?

Von den Entscheidungen der Nationalversammlung waren vor allem die Demokraten enttäuscht: Ihre Vorstellungen vom republikanischen Einheitsstaat mit nur einer Machtzentrale konnte sich nicht durchsetzen.
Die Abgeordneten einigten sich darauf, dass der neue deutsche Nationalstaat aber auch kein lockerer Staatenbund sein sollte, sondern ein Bundesstaat mit einer von den 39 deutschen Landesregierungen gewählten zentralen Reichsregierung und einem „Kaiser der Deutschen" an der Spitze. Darüber hinaus verkündete die Verfassung die Aufhebung des Adels als Stand und die Befreiung der Bauern von ihren grundherrlichen Abgaben. Deutschland sollte ein Nationalstaat freier und gleicher Bürger sein.
All die langwierigen Kontroversen führten aber letztlich zu keinen umsetzbaren Ergebnissen. Den Abgeordneten blieb zu wenig Zeit – im April 1849 wurde die Versammlung von der Armee aufgelöst.

„Reichsgründung von unten"

Mit dem Scheitern der Nationalversammlung in Frankfurt scheiterte auch der Versuch einer „Reichsgründung von unten". Ziel der Revolution von 1848 war die Schaffung eines geeinten Deutschland ausgehend vom deutschen Volk, und keine Gründung „von oben" durch die Regierenden. Auch hier spielte das französische Vorbild eine große Rolle.

Fasse die verschiedenen Vorstellungen vom ersten deutschen Nationalstaat zusammen.

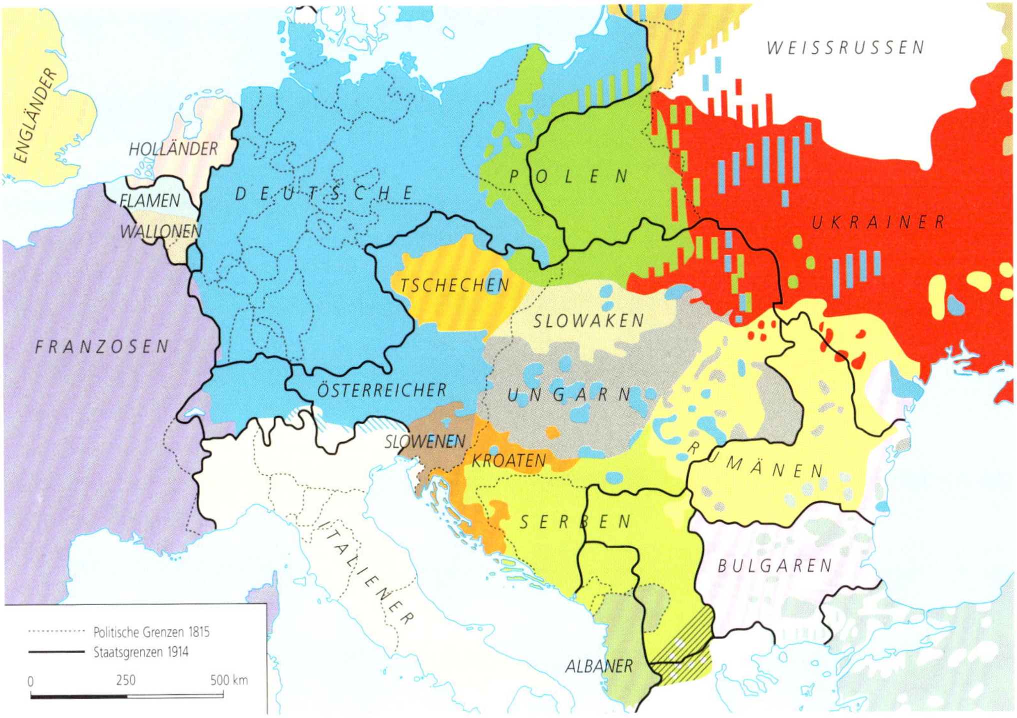

M 3 Sprachen und Staaten in Europa im 19. und beginnenden 20. Jh.

In Zahlen: Allein in der österreichischen Habsburger Monarchie, von der auch Teile zum Deutschen Bund gehörten, lebten um 1840 6400000 Deutsche, 14820000 Slawen, 4584000 Italiener, 5305000 Ungarn, 1567000 Rumänen, 623000 „Zigeuner“, außerdem tausende Griechen, Albaner, Armenier und andere Ethnien.

M 4 Deutsches Reichsgrundgesetz

Am 26. April 1848 übergeben 16 Abgeordnete der Paulskirche der Bundesversammlung den Entwurf eines deutschen Reichsgrundgesetzes:

Die zum bisherigen deutschen Bunde gehörenden Lande [...] bilden fortan ein Reich. Die Selbstständigkeit der einzelnen deutschen Staaten wird beschränkt, [indem] einzelne Staatsangelegenheiten fortan ausschließlich der Reichsgewalt anheimfallen und dem Volke gewisse Grundrechte gewährleistet werden. [...] Der Reichsgewalt steht fortan ausschließlich zu: Die völkerrechtliche Vertretung nach außen, mithin das Recht auf Verträge und den gesamten diplomatischen Verkehr. Das Recht über Krieg und Frieden. Das Heerwesen. Das Zollwesen. Das Postwesen. Gesetzgebung und Oberaufsicht über Wasserstraßen, Eisenbahnen und Telegraphen. Die Gesetzgebung im öffentlichen und im Privatrecht. Die Gerichtsbarkeit. [...] Die Fülle der Reichsgewalt ist in dem Reichsoberhaupte und dem Reichstag vereint. Die Verwaltung einzelner Zweige geschieht durch Reichsbehörden, an deren Spitze Reichsminister stehen. [...]

Die Würde des Reichsoberhaupts (deutschen Kaisers) soll um der Sicherstellung der wahren Wohlfahrt und Freiheit des deutschen Volkes erblich sein. [...]

Der Kaiser hat die vollziehende Gewalt in allen Angelegenheiten des Reiches, ernennt die Reichsbeamten und die Offiziere des Heeres. [...] Dem Kaiser steht die außerordentliche Berufung, Vertagung, Schließung und Auflösung des Reichstages zu. [...] Das Reich gewährleistet dem Volk folgende Grundrechte: Eine Volksvertretung, [...] Unabhängigkeit der Gerichte, freies Versammlungsrecht, Recht auf Eingaben bei allen Behörden, Pressefreiheit ohne jegliche Zensur, Sicherstellung der Person gegen willkürliche Verhaftung, Freiheit der Berufswahl, der Wissenschaft und des Glaubens.

Nach: http://sammlungen.ub.uni-frankfurt.de/1848/content/titleinfo/2193676 [Zugriff am: 10.08.2016]

Internettipps:
Zu Paulskirche und Verfassung siehe Mediencode 31053-12

1. *Suche mithilfe der Karte M2 die Grenzen des Deutschen Bundes in der Karte M3. Erläutere, welche Schwierigkeiten beim Versuch 1848/49 bestanden, auf der Grundlage deutscher Sprache oder deutscher Staaten einen Nationalstaat zu errichten.*
2. *Benenne die Vorstellungen von der deutschen Nation, die aus dem Entwurf des Reichsgrundgesetzes (M4) deutlich werden.*
3. *Beurteile mithilfe des Verfassertextes und S. 70f., ob der Entwurf des Reichsgrundgesetzes (M3) ein Kompromissangebot gewesen ist.*

M 1 Die Berliner Siegessäule
Foto nach 2000
Das Denkmal wurde am 2. September 1873, am dritten Jahrestag des entscheidenden Sieges über Frankreich, eingeweiht. In die Säule wurden erbeutete dänische, österreichische und französische Kanonen aus den drei Einigungskriegen eingebaut.
Charakterisiere die Geschichts- und Erinnerungskultur, die durch dieses Denkmal deutlich wird. Siehe S. 84f.

Nationenwerdung durch Krieg?

Bismarck wird preußischer Ministerpräsident

Die Gründung eines geeinten Deutschland „von unten", durch das Volk, war gescheitert. Die Hoffnung auf einen Nationalstaat blieb jedoch bestehen.
1862 ernannte der preußische König Wilhelm I. **Otto von Bismarck** zum preußischen Ministerpräsidenten. Bismarck wollte die Macht des preußischen Königs und Preußens insgesamt vergrößern, auch mit Kriegen.

Der erste Einigungskrieg gegen Dänemark

1864 fand der erste Krieg statt. Anlass waren Streitigkeiten des Deutschen Bundes mit Dänemark. Zusammen mit Österreich besiegten die Preußen Dänemark, zur Freude der Nationalisten. Doch bald kam es unter den Siegern zu Unstimmigkeiten bei der gemeinsamen Verwaltung der Gebiete Schleswig und Holstein.

Der zweite Einigungskrieg gegen Österreich

Bismarck fand einen Anlass für eine militärische Auseinandersetzung mit Österreich. Preußen entschied den Krieg 1866 durch seine starke und moderne Armee zu seinen Gunsten und gewann Gebiete wie das Königreich Hannover, das Kurfürstentum Hessen und das Herzogtum Nassau.
Österreich zog sich aus Deutschland zurück. Der Deutsche Bund wurde aufgelöst. Stattdessen gründete Preußen den **Norddeutschen Bund**, in dem es die Leitung innehatte und wodurch es zur mit Abstand stärksten Macht in Deutschland wurde.

Der dritte Einigungskrieg gegen Frankreich

Um Deutschland endgültig zu einer Einheit zu formen, musste Bismarck die noch selbstständigen süddeutschen Staaten mit dem Norddeutschen Bund vereinen. Frankreich versuchte, die nationale Einigung Deutschlands zu verhindern. Es befürchtete, dass dadurch in der Mitte Europas eine gefährliche Großmacht entstehen könnte.
Da in den süddeutschen Staaten ein Krieg gegen Frankreich und eine Reichseinigung unter preußischer Führung unpopulär war, musste Bismarck Frankreich dazu bringen, selbst den Krieg zu erklären. Ein Anlass bot sich bald: Als ein Verwandter des preußischen Königs den spanischen Thron angeboten bekam, erhob Frankreich dagegen Einspruch. Preußen lehnte die spanische Krone zwar ab. Doch Bismarck gelang es, Frankreich so zu provozieren, dass es Preußen 1870 den Krieg erklärte. Die süddeutschen Staaten kämpften nun gemeinsam mit Preußen, denn sie waren durch Bündnisse dazu verpflichtet. 1871 konnten die deutschen Truppen Frankreich besiegen. Frankreich verlor das Elsass und einen Teil Lothringens und musste hohe Kriegsentschädigungen zahlen.

Vom Nationalgefühl zum Nationalismus

Der Krieg gegen Frankreich hatte das deutsche Nationalbewusstsein wachsen lassen. Aber zunehmend verband sich das Nationalgefühl mit einem übersteigerten Nationalismus, der die eigene Nation verherrlichte und andere Nationen, seit der Mitte des 19. Jh. vor allem Frankreich, herabsetzte. Dort schürte vor allem die Niederlage von 1871 eine antideutsche Stimmung. Die Deutschen erschienen als barbarische Militaristen, die zu allen verbrecherischen Taten fähig waren.
Auf beiden Seiten verbreitete sich die Vorstellung einer französisch-deutschen „Erbfeindschaft". Vermeintliche Belege dafür wurden weit in der Vergangenheit gesucht.
Vor allem die Wortführer der Reichseinigung nutzten die nationalistische Stimmung: Sie ließen Preußen als Vorkämpfer des Widerstandes gegen den „Erbfeind" erscheinen und konnten damit nicht nur den Krieg gegen Frankreich, sondern auch eine Reichseinigung unter Führung Preußens rechtfertigen. Presse und Parlamente setzten die Fürsten und Regierungen der Einzelstaaten unter Druck, endlich die „deutsche Frage" zu lösen und einen mächtigen Nationalstaat zu bilden.

Erläutere den Zusammenhang zwischen Nationalismus und Reichsgründung.

M 2 „Kampf und Sieg“
Gemälde von Anton von Anton von Werner, 1871
Der oben in den Rahmen eingravierte Text ist eine Gedichtstrophe von Friedrich Rückert auf die Befreiungskriege 1813/14 gegen Napoleon I. Bonaparte. Unten steht: Gott der Herr wird mit unserer gerechten Sache sein.
Auf dem schwarzen Pferd dargestellt ist der preußische Kronprinz Friedrich-Wilhelm, im Krieg von 1870/71 Heerführer der preußischen Armee. Seine Ausrüstung mutet zum Teil mittelalterlich, zum Teil germanisch an. Vorne in der Mitte ein deutscher Soldat in der Ausrüstung aus dem Dreißigjährigen Krieg.
Die auf dem Boden liegende Gestalt in antikem Gewand soll den französischen Kaiser Napoleon III. darstellen. Links oben reißt der preußisch-deutsche Adler dem gallischen Hahn die Krone vom Haupt, von rechts oben prescht die preußische Borussia auf einem Streitwagen mit der Flagge des Norddeutschen Bundes heran, die ab 1871 inoffiziell auch die des Kaiserreiches war, daneben Württemberg (Hirschgeweih) und Baden (roter Schrägbalken) sowie rechts Bayern (mit Rautenschild), dahinter die an dem Trierer Kreuz zu erkennende Rheinprovinz.

M 3 Vorstellungen zur Machtpolitik

Bismarck gibt in seinen „Gedanken und Erinnerungen“ (nach 1890 verfasst) wieder, welche Grundgedanken seine Rede vor dem preußischen Parlament am 30. September 1862 gehabt hat. Kurz zuvor ist Bismarck zum preußischen Ministerpräsidenten ernannt worden:

Nicht auf Preußens Liberalismus sieht Deutschland, sondern auf seine Macht; Bayern, Württemberg, Baden mögen gegenüber dem Liberalismus Nachsicht üben, darum wird ihnen doch keiner Preußens Rolle anweisen; Preußen muss seine Kraft zusammenfassen und zusammenhalten auf den günstigen Augenblick, der schon einige Male verpasst ist; Preußens Grenzen nach den Wiener Verträgen sind zu einem gesunden Staatsleben nicht günstig; nicht durch Reden und Mehrheitsbeschlüsse werden die großen Fragen der Zeit entschieden – das ist der große Fehler von 1848 und 1849 gewesen – sondern durch Eisen und Blut.

Otto von Bismarck, Die gesammelten Werke, Bd. 10, Berlin 1928, S. 138 f.

1. *Analysiere mithilfe der Informationen die Aussage des Gemäldes M2.*
2. *Arbeite Bismarcks Position zur Paulskirche heraus (M3).*
3. *Erkläre, wie Bismarck die „deutsche Frage“ lösen will (M3).*
4. *Die Reichsgründung wurde von den europäischen Ländern kritisch verfolgt. Erörtere, warum.*

Die Reichsgründung „von oben"

M 1 Die Verfassung des Deutschen Reiches 1871

Analysiere das Verfassungsschema mithilfe des Verfassertextes und S. 50 f. Prüfe die Aussage im Verfassertext: „Der Bundesrat war das stärkste Reichsorgan".

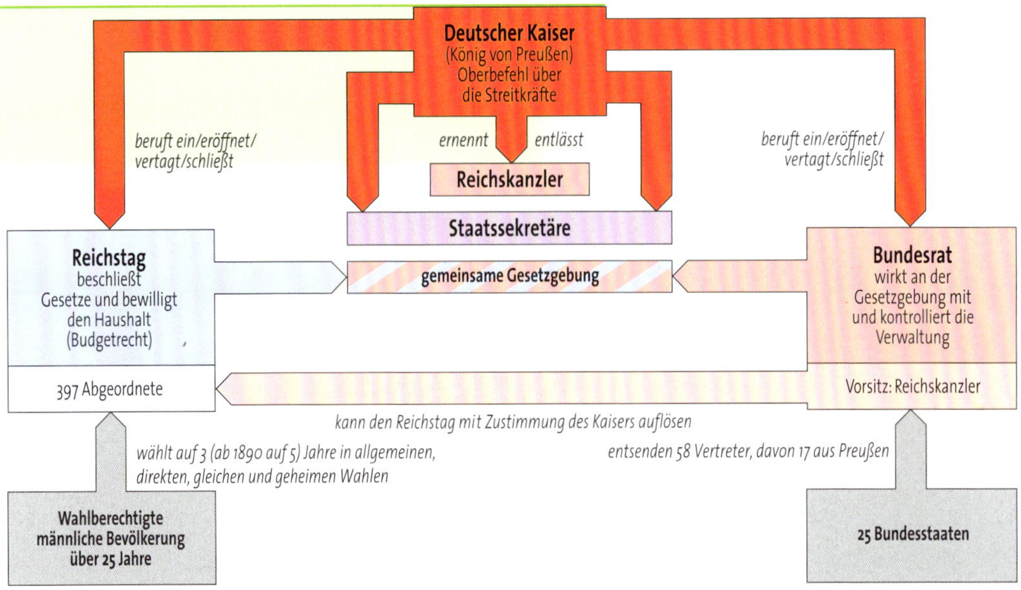

Die Gründung des Deutschen Reiches

Im November 1870 stimmten die süddeutschen Staaten zum Teil der Gründung eines deutschen Nationalstaats zu, nachdem sie große Zugeständnisse und Geldzahlungen erhalten hatten. Die Einheit Deutschlands war besiegelt.

Die Verfassung des **Deutschen Kaiserreiches** trat am 1. Januar 1871 in Kraft. Damit war die „deutsche Frage" beantwortet. Viel mehr Aufmerksamkeit erhielt die Kaiserproklamation: Am 18. Januar 1871 wurde der preußische König Wilhelm I. zum Deutschen Kaiser ausgerufen, im Schloss von Versailles bei Paris. Frankreich fühlte sich dadurch ebenso gedemütigt wie durch den Verlust von Elsass-Lothringen an Deutschland.

Ein Nationalstaat?

Im neu gegründeten Deutschen Kaiserreich gab es neben „Preußen", „Bayern" oder „Pfälzern" nun erstmals „Deutsche" im staatsrechtlichen Sinne. Doch das Kaiserreich war streng genommen kein Nationalstaat: Im Osten lebten Bürger polnischer Herkunft, im Westen gab es französischsprachige Elsässer und Lothringer und im Norden Einwohner dänischer Abstammung. Gleichzeitig lebten deutschsprachige Menschen außerhalb des Kaiserreiches.

Die Reichsverfassung

Den Vorsitz des Reiches, das Präsidium, hatte der König von Preußen. Er trug den erblichen Titel „Deutscher Kaiser". Der Bundesrat war das stärkste Reichsorgan. Er bestand aus Vertretern der 25 Einzelstaaten. In ihm konnten die Fürsten über ihre Landesvertreter die Gesetzgebung mit beeinflussen. Preußen konnte zwar rein theoretisch überstimmt werden, hatte aber immer genügend Einfluss auf die anderen Staaten. Den Vorsitz im Bundesrat hatte der Reichskanzler, der wiederum nur dem Kaiser verantwortlich war. Dieses Amt übte bis 1890 Otto von Bismarck aus. Der Reichstag wurde vom Volk direkt gewählt. Er beschloss gemeinsam mit dem Bundesrat die Gesetze. Geschwächt war er dadurch, dass er vom Reichskanzler aufgelöst werden konnte, sofern der Kaiser zustimmte.

Das allgemeine, direkte, gleiche und geheime Wahlrecht war ein Zugeständnis an die Liberalen im Reich. Da der Reichstag nur eine schwache Rolle in der Verfassung einnahm, war dies kein demokratischer Erfolg. Im größten Land Preußen blieb für den Landtag auch das Dreiklassenwahlrecht[1] bis 1918 erhalten. Und auch im Reich durften nicht alle wählen: Frauen blieben weiterhin von den Wahlen ausgeschlossen, ebenso Soldaten und Männer, die von Armenunterstützung lebten.

[1] Dreiklassenwahlrecht: Wenige Großsteuerzahler der ersten Steuerklasse konnten ebenso viele Abgeordnete wählen wie die vielen Wähler der dritten Steuerklasse.

M2 Kaiserproklamation in Versailles
Ölgemälde von Anton von Werner, 1885
Am 18. Januar 1871 wurde im Spiegelsaal des Schlosses von Versailles bei Paris der preußische König Wilhelm I. zum Kaiser des Deutschen Reiches ausgerufen. Das Bild entstand im Auftrag des Kaisers zum 70. Geburtstag Bismarcks. Im linken Teil stehen der Kaiser und der Großherzog von Baden (den Arm zur Ausrufung des Kaisers erhoben), der Kronprinz, die deutschen Fürsten und die Vertreter der Hansestädte. Vor den Stufen sind Bismarck mit weißer Uniform (eigentlich trug er eine blaue) und Generalstabschef Helmuth von Moltke zu sehen.

M3 Wem nützt die Reichsgründung?

Der Sozialdemokrat August Bebel kommentiert die Reichsgründung 1874 so:

Das durch „Blut und Eisen" mühsam zusammengeschweißte „Reich" ist kein Boden für die bürgerliche Freiheit, geschweige für die soziale Gleichheit. Staaten werden mit den Mitteln erhalten, durch die sie gegründet wurden. Der Säbel stand als Geburtshelfer dem „Reich" zur Seite, der Säbel wird es ins Grab begleiten. Toren sind, die von Schöpfungen der monarchischen Gewalt die „Freiheit" erwarten, noch größere Toren sind die, welche von der auf der Klassenherrschaft und dem Säbelregiment beruhenden Staatsgewalt die Pflege wirklicher Volkswohlfahrt erwarten. Es gibt in Deutschland nur eine Klasse, der die neue Reichsschöpfung zusagte und die sie auch mit berechtigtem Jubel begrüßte – die deutsche Bourgeoisie.

Siegfried Ziegler, Das Deutsche Kaiserreich, München 1989, S. 35

M4 Vom Deutschen Bund zum Deutschen Kaiserreich

1. *Analysiere, wie das Gemälde die „Reichgründung von oben" bildlich umsetzt.*
2. *Stelle dir vor, du bist ein preußischer Anhänger der 1848 gescheiterten Revolution. Wärst du mit der Reichsverfassung von 1871 zufrieden?*
3. *Beurteile Bebels Einstellung zur Reichsgründung.*
4. *Schreibe aus der Sicht eines von der Einigung begeisterten Bürgers eine Antwort zu Bebels Anmerkungen (M3).*
5. *Fasse mithilfe der Karten in M4 die Entwicklung vom Deutschen Bund zum Deutschen Kaiserreich zusammen.*

Denk-mal!

Hast du schon einmal darauf geachtet, welche Denkmäler in deiner näheren Umgebung zu finden sind? Statuen oder Reiterbilder erinnern an berühmte Persönlichkeiten. An vielen Orten erinnern Kriegerdenkmäler an die Opfer von Kriegen (siehe S. 138f.). Gerade im Deutschen Kaiserreich wurden zahlreiche Denkmäler errichtet. Sie sollten die Siege der Nation und die „Reichsgründer" ehren. Die vielen Standbilder, Türme, Säulen, Gedenksteine und Brunnen verraten auch etwas von dem Wunsch, ein glanzvolles, mächtiges und lange bestehendes Reich zu haben. Allein für Bismarck wurden bis 1914 etwa 700 Denkmäler errichtet.

So kannst du bei der Analyse eines Denkmals vorgehen:

1. Äußere Merkmale: Welche Ausmaße hat das Denkmal? An welchem Standort stand es bzw. steht es jetzt? (ursprünglicher Ort?) Wie lauten die Inschriften (falls vorhanden)?

2. Entstehungsgeschichte: Wer hat das Denkmal in Auftrag gegeben? Wer hat es geschaffen? Wie wurde es finanziert? Wann wurde das Denkmal aufgestellt? Aus welchem Anlass wurde es errichtet?

3. Beschreiben: Wie ist das Denkmal aufgebaut? Kann man verschiedene Teile unterscheiden? Welche Personen und Figuren sind zu sehen? Wie sind die Personen und Figuren dargestellt? Sind es „echte" oder symbolische Figuren?

4. Deuten: Welche Haltung und welchen Ausdruck haben die Figuren / Personen? Was will das Denkmal aussagen? Formuliere einen Titel, der die Bedeutung des Denkmals zusammenfasst.

5. Wirkung: Wie wirkt das Denkmal? Welche Rolle spielt der Standort für den Gesamteindruck? Warum wurde es gerade dort aufgestellt, wo es steht (oder ursprünglich stand)?

Nützliche Sätze bei der Analyse von Denkmälern:

Schritt 1: *Das Denkmal befindet sich .... – Es wurde gebaut für .... – Es stellt ... dar .... – Die Inschriften lauten ....*

Schritt 2: *Das Denkmal wurde ... von ... in Auftrag gegeben ... weil ... – Es stammt aus der Zeit .... – Entworfen/geplant/erbaut hat es .... – Eingeweiht wurde es im Jahre ... aus Anlass von ....*

Schritt 3: *Das Denkmal besteht aus .... – Es wirkt wie/erinnert an .... – Zu erkennen sind .... – Die Symbole bedeuten ...*

Schritt 4: *Die Figuren/Personen sind so dargestellt, dass .... – Aussage des Denkmals ist ....*

Schritt 5: *Die Wirkung des Denkmals wird unterstrichen durch .... – Das Denkmal wirk auf mich ...*

So könnte deine Analyse des Denkmals M1 aussehen:

1. Äußere Merkmale: Das Denkmal wurde zu Ehren Kaiser Wilhelms I. im Kyffhäusergebirge im Norden Thüringens errichtet. Das Denkmal ist 81 m hoch, 96 m breit und 131 m tief. Es steht auf dem Kyffhäuserburgberg auf ca. 420 m Höhe. Die ursprüngliche Inschrift auf dem Sockel lautete: Wilhelm I./Dem Begründer des Reiches/Die deutschen Krieger. Sie wurde 1945 bis auf den Namen entfernt.

2. Entstehungsgeschichte: Nach dem Tod Kaiser Wilhelms I. 1888 wurde das Denkmal vom Deutschen Kriegerbund in Auftrag gegeben. Der Architekt Bruno Schmitz plante die Gesamtanlage, die 1890 bis 1896 gebaut wurde. Die Kosten von fast 1,5 Millionen Reichsmark konnten durch Spenden gedeckt werden. Am 16. Juni 1896 wurde das Denkmal im Beisein Kaiser Wilhelms II. eingeweiht, zur 25-Jahr-Feier des Einzugs Wilhelms I. in Berlin 1871 nach dem Krieg gegen Frankreich.

3. Beschreiben: Das Denkmal besteht aus einem breiten Sockelbau und einem Turm. Auf dem Sockel vor dem Turm steht ein 9,7 m hohes Standbild Kaiser Wilhelms I. in preußischer Paradeuniform hoch zu Ross, ihm zu Füßen ein germanischer Krieger und eine weibliche Figur mit Schreibgerät. Im Sockelbereich sitzt unter einem Rundbogen eine zweite Herrscherfigur mit wallendem Bart. Die Turmspitze bildet die Reichskrone.

4. Deuten: Die sitzende Riesengestalt ist der mittelalterliche Kaiser Friedrich I. Barbarossa (1152 - 1190). Sein Bild knüpft an eine alte Sage an: Barbarossa (der „Rotbart") sei nicht gestorben, sondern er schliefe in einer Höhle im Kyffhäuserberg und würde wieder erwachen, wenn „des Reiches Herrlichkeit" wiederhergestellt sei. Im 19. Jh. sahen viele die Kaiser des Mittelalters, vor allem Friedrich I., als Herrscher der guten, alten Zeit, als es in Deutschland ein geeintes, mächtiges Reich gab. Kaiser Wilhelm I. konnte damit als Nachfolger der mittelalterlichen Kaiser erscheinen, denn er hatte ja Deutschland wieder zu einem Reich vereint. So ist Barbarossa im Sockel des Denkmals buchstäblich die Grundlage und Stütze des neuen Kaisers von 1871. Die Frauengestalt mit dem Schreibgriffel in der Hand verkörpert die Geschichtsschreibung.

5. Wirkung: Das Denkmal befindet sich auf dem Gelände der mittelalterlichen Reichsburg Kyffhausen. Das Denkmal ist weithin sichtbar und feiert Kaiser Wilhelm I. als stolzen Erneuerer alter Kaisermacht.

M 1 Das Kyffhäuser-Denkmal
Foto von 2012

Internettipp:
Wenn du mehr über das Kyffhäuser-Denkmal und das Hermannsdenkmal wissen willst, dann lies nach unter Mediencode 31053-13

M 2 Das Hermannsdenkmal bei Detmold
Foto von 2015
Das Denkmal wurde 1875 errichtet. Unterbau und Figur sind knapp 54 m hoch. Auf dem Schwert steht: „Deutsche Einigkeit meine Stärke, meine Stärke Deutschlands Macht."

Jetzt bist du dran:

Mit Hilfe der Arbeitsschritte links und den folgenden Arbeitsaufträgen kann du die Bedeutung und Aussage des Denkmals M2 selbst erschließen.

1. *Dort, wo das Hermannsdenkmal (M2) erbaut wurde, sollen im Jahr 9 n. Chr. Arminius, ein in römischen Diensten stehender Offizier, der später „Hermann" genannt wurde, und die vereinten germanischen Stämme das Heer des römischen Feldherrn Varus vernichtend geschlagen haben (der Ort ist heute jedoch umstritten). Informiere dich über Arminius bzw. Hermann und seine Bedeutung im 19. Jh. Erläutere, warum 1875 ein Denkmal mit seiner Figur erbaut wurde.*
2. *Am Hermannsdenkmal (M2) befindet sich unter einem Relief Wilhelms I. die Inschrift: „Der lang getrennte Stämme vereint mit starker Hand / Der welsche (französische) Macht und Tücke siegreich überwandt / Der längst verlorne Söhne heimführt zum Deutschen Reich / Armin, dem Retter ist er gleich." Erkläre, worauf die Inschrift anspielt. Lies dazu auch noch einmal die Seite 80. Finde heraus, was die Denkmäler M1 und M2 gemein haben.*

4 Industrialisierung und Soziale Frage

Mit Volldampf voraus!
Wenn der grün-rote „Adler“ heute mit Tempo 30 durch die Lande rattert, sind die Plätze in den drei kleinen, knallgelben Waggons immer ausverkauft. Nur alle zwei Jahre unternimmt Deutschlands erste Dampflok eine ihrer seltenen Ausfahrten auf jener sechs Kilometer langen Strecke von Nürnberg nach Fürth, mit der am 7. Dezember 1835 das Eisenbahnzeitalter in Deutschland begann. Zweihundert Ehrengäste staunten damals vor allem über die Geschwindigkeit des Zuges. Bis dahin fuhren sie mit der Postkutsche über Land, nun waren sie dabei, als eine neue Zeit anbrach: das Eisenbahnzeitalter, mit dem die Industrielle Revolution auch in Deutschland ins Rollen kam.
Heute ist ein Nachbau des ersten „Adlers“ von 1935 fahrbereit; das Original fuhr 20 Jahre für die „Ludwigs-Eisenbahn-Gesellschaft-Nürnberg“ und ist seither verschollen. Ein zweiter Nachbau steht im Eisenbahnmuseum in Nürnberg direkt neben einem ICE und wird ab und zu auf Messen gezeigt.

M Ausflugsfahrt mit der Rekonstruktion der ersten deutschen Dampflok „Adler“
Foto auf der Strecke von Nürnberg nach Fürth, 2008

Stellt euch vor, ihr wärt 1835 bei der ersten Fahrt des „Adler“ dabei gewesen. Erzählt von euren Erlebnissen. Entwickelt gemeinsam Ideen zur Bedeutung der Eisenbahn im 19. Jh. Überprüft eure Vermutungen am Ende des Kapitels.

Fragen an ... die Industrielle Revolution

Heute gehören Elektrizität, fließendes Wasser aus der Leitung und Zentralheizung zum Alltag wie auch der Computer, das Auto und die weltweite Vernetzung per Internet.

Noch bis zum Beginn des 19. Jh. hatten sich die Lebens- und Arbeitsverhältnisse großer Teile der Bevölkerung im Vergleich zum Mittelalter kaum verändert. Die meisten Menschen lebten noch immer auf dem Land, bestellten ihre Äcker mit dem Pflug und einem Zugtier. In den vielen kleinen Städten arbeiteten Handwerker in Zünften zusammen und stellten ihre Waren noch in Handarbeit her, auch in den von den Fürsten geförderten Manufakturen. Erste Maschinen wurden mit Wasser und Wind betrieben, manche noch mit Pferden oder Ochsen.

In der zweiten Hälfte des 19. Jh. veränderten sich die Lebens- und Arbeitsbedingungen in den meisten europäischen Ländern und in den Vereinigten Staaten grundlegend durch die Industrialisierung. Die Handarbeit wurde durch neue Techniken und Maschinen abgelöst. Der technische, wirtschaftliche und soziale Wandel verlief so schnell, dass bereits Zeitgenossen von einer Industriellen Revolution sprachen.

Leitfrage:

Wie veränderte die Industrialisierung das Leben der Menschen?

M 1 Das europäische Eisenbahnnetz um 1850

Ansicht der „Continental Caoutchouc & Gutta-Percha Compagnie AG" in Hannover, Stich von 1874

Arbeiterfamilie in einem Berliner Hinterhofzimmer, Foto von 1903

Wirtschaft und Umwelt

Technische und landwirtschaftliche Erfindungen veränderten die Arbeitswelt und das Leben der Menschen. Großbetriebe, Fabriken und Arbeitersiedlungen prägten bald vielerorts das Bild.

Wie wirkte sich die Industrialisierung auf Wirtschaft und Umwelt aus? ...

Gesellschaft

Die wirtschaftliche Entwicklung zog tief greifende gesellschaftliche Veränderungen nach sich. Das Bürgertum bekam mehr Einfluss, eine neue soziale Schicht entstand: die Industriearbeiterschaft.

Wie veränderte die Industrialisierung das Zusammenleben der Menschen? ...

Heiliges Römisches Reich Deutscher Nation | Rheinbund

1760 1770 1780 1790 1800 1810 1820 1830

Beginn der Industrialisierung in England

M2 Industrialisierung Europas im 19. Jh.

„Ferdinand Lassalle – Der Kämpfer gegen die Kapitalmacht", Farblithografie, um 1870

Adolph-Kolping-Denkmal in Köln von Johann Baptist Schreiner, 1903, Foto von 2012

Umzug einer Familie in Berlin, Foto, um 1911

Herrschaft

Die Arbeiter schlossen sich zusammen, um für bessere Lebens- und Arbeitsbedingungen zu kämpfen. Dadurch forderten sie die Herrschenden zum Handeln heraus.

Wie reagierte der Staat auf die Herausforderungen der Industrialisierung? ...

Weltdeutung / Religion

Die „Soziale Frage" war im 19. Jh. das bestimmende Problem. Die christlichen Kirchen sahen es als ihre Aufgabe an, den Arbeitern zu helfen und sie zum Glauben zurückzuführen.

Welche Rolle spielten Kirche und Religion während der Industrialisierung? ...

Begegnung

Menschen zogen in die Städte, oft sogar in andere Länder, um Arbeit und ein besseres Leben zu finden. Dort trafen dann Menschen mit unterschiedlicher Nationalität, Sprache, Religion und Lebensweise aufeinander.

Welche Folgen hatte die oftmals erzwungene Mobilität für die Menschen?...

Deutscher Bund | Norddeutscher Bund | Deutsches Kaiserreich

1840 | 1850 | 1860 | 1870 | 1880 | 1890 | 1900 | 1910

Durchbruch der Industrialisierung auf dem Kontinent | **Deutschland steigt zur Industrienation auf**

In England beginnt eine neue Zeit

M 1 Lokomotive „Rocket" von 1829
Diese von George und Robert Stephenson zwischen 1814 und 1829 entwickelte Dampfeisenbahn war der „Urahn" aller Lokomotiven. Die „Rocket" erreichte 46,5 km/h.
Überlege, worin die besondere Leistungsfähigkeit der Lokomotive bestand.

Erfindungen verändern die Wirtschaft

Bis ins 18. Jh. stand den Menschen bei der Arbeit nur die Kraft ihrer Muskeln oder die von Tieren, bestenfalls noch Wind- und Wasserkraft zur Verfügung. Dies änderte sich, als in Großbritannien einfallsreiche Männer eine Maschine entwickelten, die als neuer Antrieb diente: die **Dampfmaschine**[1]. Ab Mitte des 18. Jh. wurde die Technik der Dampfmaschine verbessert, sodass sie bald wesentlich stärker war als alle menschlichen oder tierischen Arbeitskräfte. Auch Webstühle wurden bald mit Dampfkraft betrieben.
Für den Bau von Maschinen braucht man Metall. Da für die Erzeugung der Metalle und den Betrieb der Dampfmaschinen viel Kohle nötig war, musste auch der Bergbau ausgeweitet werden. Neue Maschinen ermöglichten wiederum eine bessere Ausbeutung der Minen. Damit war die englische Textilindustrie zum Schrittmacher der **Industrialisierung** geworden.

Mit der Eisenbahn in eine neue Zeit

Rohstoffe und Fertigwaren sollten zügig von einem Ort zum anderen transportiert werden. Deshalb wurde die Dampfmaschine als Zugmaschine, nämlich als Dampflokomotive, eingesetzt. 1825 fuhr die erste Eisenbahn in England. Schon fünf Jahre später wurden in einem Jahr fast eine halbe Million Menschen und über 50 000 Tonnen Güter auf Schienen transportiert.
Die Herstellung von Eisenbahnschienen, Waggons und Lokomotiven sorgte wiederum bei der Eisenverarbeitung sowie der Kohleförderung für mehr Aufträge. Die Eisenbahn wurde dadurch zum nächsten Schrittmacher der Industrialisierung.

Warum wird England Vorreiter?

Die meisten Erfindungen wurden in Großbritannien gemacht. Dort entstanden auch die ersten **Fabriken**. Durch **Mechanisierung** und **Arbeitsteilung** wurde dort die Massenproduktion möglich; die hohen Stückzahlen ließen die Preise sinken. Handwerksbetriebe und Manufakturen konnten dieser harten Konkurrenz auf Dauer meist nicht standhalten. Englische Adlige und Bürger hatten durch die Gewinne aus dem Kolonialhandel viel Kapital angesammelt, das sie investieren wollten. Da es in Großbritannien nur wenige staatliche Vorschriften für die Wirtschaft gab, durften auch diejenigen investieren, die nicht einer Zunft angehörten oder adlig waren. Zudem gab es in Großbritannien keine Zollschranken, weil es anders als Mitteleuropa nicht in einzelne Staaten zersplittert, sondern ein Königreich war. Reiche Vorkommen von Eisenerz und Kohle lieferten die für die Herstellung und den Betrieb der Dampfmaschinen notwendigen Rohstoffe.
Nicht zuletzt wuchs in England die Bevölkerung seit 1750 wie nie zuvor. Dadurch gab es also auch genügend Arbeitskräfte. Durch Fortschritte in der Medizin lebten die Menschen länger, weniger Kinder starben. Mehr Menschen heirateten und gründeten Familien. Verbesserungen in der Landwirtschaft machten es möglich, die wachsende Bevölkerung zu ernähren.

[1] Siehe dazu S. 132 f.

M 2 Englische Baumwollspinnerei
Stich nach einer Zeichnung von Thomas Allom, um 1834
Die Spindelwagen bewegten sich auf Schienen etwa 5 000 Mal täglich hin und her. Eine Frau knüpft die gerissenen Fäden zusammen, rechts unten fegt ein Kind Baumwollreste vom Boden weg.

Fasse zusammen: Warum wurde England Vorreiter der Industrialisierung?

Dampfmaschine Industrialisierung Fabrik Mechanisierung Arbeitsteilung

M3 Die Bevölkerung in England

1751	5,8 Mio.
1801	8,7 Mio.
1851	16,7 Mio.

Nach: Toni Pierenkemper, Umstrittene Revolutionen. Die Industrialisierung im 19. Jahrhundert, Frankfurt a. M. 1996, S. 15

M4 Wachstum der städtischen Bevölkerung

Angaben in 1000	1801	1851
Birmingham	74	233
Liverpool	80	376
London	1 117	2 685
Manchester	90	303

Nach: Hugo Ott und Hermann Schäfer (Hrsg.), Wirtschafts-Ploetz, Freiburg/Würzburg 1984, S. 167

M5 Kohle und Eisen in Großbritannien

Kohleförderung (Angaben in Mio. t)		Eisenproduktion (Angaben in Mio. t)	
1770	6,2	1806	0,25
1836	30,0	1835	1,0
1850	50,0	1847	2,0
1870	112,2	1870	5,9

Nach: Michael Epkenhans und Andreas von Seggern, Leben im Kaiserreich. Deutschland um 1900, Stuttgart 2007, S. 30

M6 Einfuhr von Baumwolle und Ausfuhr von Textilprodukten

Jahr	Einfuhr von Baumwolle (Angaben in t)
1780	8 000
1801	25 000
1815	50 000
1825-1830	100 000
1849	346 000
Zeitraum	**Ausfuhr von Baumwolltextilien (Angaben in 1 000 £)**
1780-1789	756
1790-1799	2 631
1800-1809	9 995
1810-1819	18 712
1820-1829	28 000

Nach: Bernd Januschke und Karl-Friedrich Warner, Industrielle Revolution, Stuttgart / Heidelberg 1992/93, S. 68 (Einfuhr) und Hermann de Buhr und Michael Regenbrecht, Industrielle Revolution und Industriegeschichte, Frankfurt am Main, S. 22 (Ausfuhr)

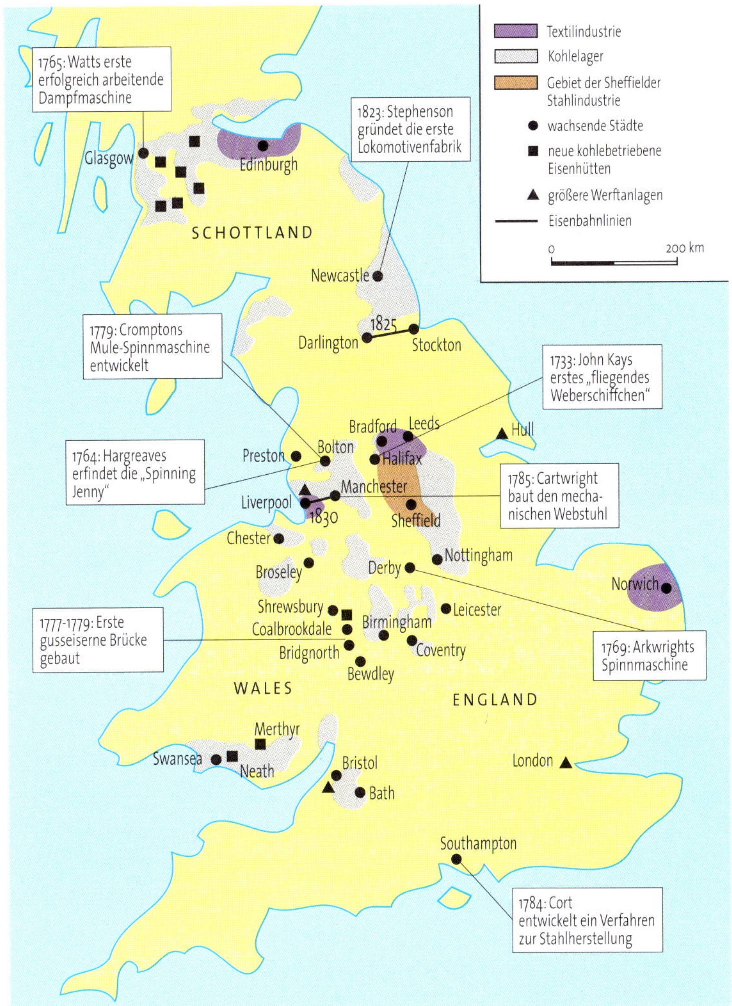

M7 Die Industrie in England, Wales und Schottland 1770-1830

M8 Beschäftigte nach Wirtschaftsbereichen

Angaben in %	um 1800	um 1850
Landwirtschaft	40	22
Industrie/Handwerk	30	48
Dienstleistungen	30	30

Nach: Christoph Buchheim, Industrielle Revolutionen, München 1994, S. 33

Internettipp:
Zur Industriegeschichte vgl. Mediencode 31053-14

1. *Beschreibe die Standorte der wachsenden Städte (M4 und M7).*
2. *Setze die Angaben in M5, M6 und M8 in Beziehung zueinander.*
3. *Gib einige Auswirkungen der Industrialisierung wieder. Beachte M3 bis M8.*

Aufbruch der Industrie in den deutschen Staaten

M 1 Hammerschmiede am Klodnitzkanal
Kolorierte Lithografie (18,4 x 24,8 cm) von Ernst Wilhelm Knippel, um 1850
An dem Fluss Klodnitz in Oberschlesien (heute polnisches Gebiet) wurde seit dem 16. Jh. Eisen erzeugt und bearbeitet.
Kläre, was ein „Hammerwerk" ist.
Was fällt dir an den Betriebsgebäuden auf?
Worauf lassen Wasserrad und Schornsteinrauch schließen?

Hindernisse

Obwohl die in Großbritannien entwickelten technischen Neuerungen auch bald in den deutschen Staaten bekannt wurden, blieb die deutsche Industrie lange hinter der britischen zurück. Warum?

- Es gab keinen großen Binnenmarkt: Der Deutsche Bund bestand aus mehr als 20 Staaten. Sie hatten unterschiedliche Maße, Gewichte und Währungen. Händler mussten zudem an allen deutschen Grenzen Zoll bezahlen. Dadurch wurden die Waren immer teurer.
- Die Verkehrswege waren schlecht.
- Im Gegensatz zu England besaßen die deutschen Staaten keine Kolonien und keine konkurrenzfähige Handelsflotte. So gab es auch keine billigen Rohstoffe, die verarbeitet werden konnten, und keine Absatzmärkte.
- Die Menschen auf dem Land waren arm, sie konnten wenig kaufen; zudem gab es wenig Kapital, um Firmen zu gründen.
- Die Führungsschichten in den deutschen Ländern waren konservativ und lehnten Neuerungen meist ab.

Reformen müssen her

Die Niederlagen gegen Napoleon[1] und die Entwicklung in England hatten den Herrschern der deutschen Einzelstaaten gezeigt, dass sie den westeuropäischen Staaten unterlegen waren. Sie führten deshalb landwirtschaftliche Neuerungen ein. Denn auch in Deutschland wuchs die Bevölkerung und damit die Nachfrage nach landwirtschaftlichen Produkten. Es wurden ertragreichere Pflanzen und der neu erfundene Dünger verwendet, die Tierzucht verbessert, die mittelalterliche Dreifelderwirtschaft abgeschafft und mehr Flächen genutzt.

Grundlegend waren auch politische Reformen: Die Leibeigenschaft und die Grundherrschaft wurden abgeschafft. Die Bauern sollten frei und eigenverantwortlich wirtschaften können. Sie durften zwar für hohe Entschädigungssummen den ehemaligen Grundherren den Grund und Boden abkaufen. Aber nur wenige konnten sich das leisten. Die anderen arbeiteten oft als Knechte und Tagelöhner auf fremden Höfen. Viele zogen auf der Suche nach Arbeit in die Städte oder wanderten aus.[2]

Ohne Zölle durch die Kleinstaaten

Benachbarte deutsche Staaten begannen, die Zollschranken abzubauen. Unter Preußens Führung gründete sich 1834 der **Deutsche Zollverein**. Ihm traten in den folgenden Jahrzehnten fast alle Staaten des Deutschen Bundes bei, sodass man bei Überschreiten der Grenzen keinen Zoll mehr zu zahlen brauchte. Der große Wirtschaftsraum beschleunigte das Wachstum von Handel, Gewerbe und Industrie. Die Steuereinnahmen der beteiligten Staaten wuchsen. Seinem Rivalen Österreich verwehrte Preußen allerdings den Beitritt, denn der Zollverein sollte auch die politische Macht Preußens im Deutschen Bund stärken.

Die Technik hält Einzug

Industrieller Fortschritt ist nicht ohne technische Entwicklungen möglich. Die preußische Regierung war die erste, die damit begann, den technischen Fortschritt zu fördern: Sie betrieb Industriespionage in England und förderte den Maschinenbau. Britische Ausfuhrverbote wurden umgangen und Ingenieure angeworben, um das Know-how zu übernehmen. Ab 1816 baute die preußische Regierung ein technisches Ausbildungswesen auf. Ihrem Vorbild folgten andere Staaten.

Erkläre, warum zuerst die landwirtschaftliche und dann die industrielle Situation verbessert wurde.

[1] Blättere noch einmal zurück auf S. 66f.
[2] Zur Auswanderung siehe S. 110f.

M 2 Die Harkort'sche Fabrik auf Burg Wetter an der Ruhr

Ölgemälde (43,5 x 57,5 cm) von Alfred Rethel, 1834

Die Burg Wetter aus dem 13. Jh. befand sich seit 1819 im Besitz von Friedrich Harkort und Heinrich Kamp, die dort die Mechanische Werkstätte Harkort & Co. einrichteten. Im oberen Teil, dem ehemaligen Burghof, war links das Eisenhüttenwerk, im weißen Gebäude vermutlich der Sitz der Verwaltung und unten rechts das Walzwerk.

M 3 Staatliche Impulse

1822 gründet Peter Beuth, ein Beamter des preußischen Finanzministeriums, in Berlin den „Verein zur Beförderung des Gewerbefleißes in Preußen" nach dem Vorbild der englischen „Society of Arts". Auf der Eröffnungsveranstaltung sagt er:

Der Gewerbefleiß, welchen zu befördern wir beabsichtigen, ist die Grundlage des Reichtums einer Nation […].

Wer in einem Lebensverhältnisse, welches es sei, stillsteht, der steht nur scheinbar still, die Wahrheit ist, er geht zurück; es gibt nur Vorschreiten und Rückschreiten im Leben. – Diese Wahrheit ist nirgends sichtbarer als beim Betriebe der Gewerbe. – Der Gewerbetreibende lebt im Wettstreit mit seinen nächsten Gewerbsgenossen, mit den Gewerbsgenossen desselben Landes, mit denen der übrigen Welt; alle suchen […] ihm den Rang abzugewinnen.

Nach: Wilhelm Treue und Karl-Heinz Manegold, Quellen zur Geschichte der industriellen Revolution, Göttingen [2]1979, S. 110

M 4 Mitteilung

1827 wird der Firma Harkort in Wetter an der Ruhr mitgeteilt:

Das Ministerium des Innern hat die neue amerikanische Scheer-Maschine von Swift nebst Schleifbank für Sie hier nachbauen und sorgfältig verpackt […] abgehen lassen.

Diese Maschine wird Ihnen als eine Auszeichnung bewilligt, jedoch unter der Bedingung, solchen Fabrikanten des Inlandes, welche sich bei Ihnen melden und dergleichen Maschinen bei sich einzuführen wünschen, davon Kenntnis nehmen zu lassen und sie ihnen zu einem angemessenen Preise zu bauen.

Preußen. Zur Sozialgeschichte eines Staates. Eine Darstellung in Quellen. Bearbeitet von Peter Brandt. Reinbek 1981, S. 226

M 5 Der Deutsche Zollverein

1. *Eine alte Burg wird zur Fabrik (M2). Nenne die Anreize für die Fabrikanten, sich dort anzusiedeln.*
2. *Erläutere, wie der preußische Staat versuchte, den „Gewerbefleiß" zu fördern (M3 und M4).*
3. *Beschreibe anhand der Karte M5 die Entwicklung des Zollvereins. Begründe, welche Vorteile ein großer Binnenmarkt a) für die Industrie und den Handel und b) für die Bevölkerung eines Landes bietet.*

Die Eisenbahn stellt Weichen

M1 Eisenbahn gegen Postkutsche
Karikatur von 1835
Arbeite die Aussage der Karikatur heraus. Erkläre die Zielsetzung des Zeichners.

Die erste Eisenbahn

In den deutschen Staaten begann die Industrialisierung in großem Umfang um 1840. Das Startzeichen dafür gab die Eröffnung der ersten deutschen Eisenbahnstrecke zwischen Nürnberg und Fürth: Am 7. Dezember 1835 legte die Dampflokomotive – der „Adler" – erstmals offiziell die Strecke von sechs Kilometern in neun Minuten zurück. Die Lokomotive stammte aus der Fabrik der englischen Eisenbahnpioniere George und Robert Stephenson[1] und wurde von einem Briten gefahren, die Schienen kamen aus einem deutschen Eisenwerk in Neuwied, die Wagen waren von fränkischen Handwerkern hergestellt, und finanziert hatten das Unternehmen mehrere Geldgeber.

Das Netz wächst schnell

Da sich die **Eisenbahn** schnell als lohnend erwies, setzte quer durch die Staaten des Deutschen Bundes ein rasanter Eisenbahnbau ein. Zunächst wurden die Handelsstädte mit den alten Gewerberegionen verbunden. Von 1838 bis 1860 wuchs so das deutsche Streckennetz von 240 auf rund 12 000 Kilometer. Nur das britische und belgische Eisenbahnnetz waren dichter als das deutsche.

Die Regierungen in den deutschen Staaten hatten ein unterschiedliches Interesse an den Eisenbahnen. Von Anfang an bestanden Staats- und Privatbahnen nebeneinander. Eine gemeinsame Planung fand erst nach der Gründung des Deutschen Reiches 1871 statt.

Deutschland als Drehscheibe

Auch wenn die Regierungen durch Genehmigungen oder Übernahme der Finanzierung die Rahmenbedingungen schufen, so waren es besonders in der Anfangsphase Unternehmer und Bankiers, die den Eisenbahnbau vorantrieben. Ihnen gelang es auch, die Bedenken gegen das neue Transportmittel zu zerstreuen. Denn anfangs warnten Ärzte vor der hohen Geschwindigkeit und viele Menschen fürchteten sich vor dem Qualm und dem Gestank.

Doch die Vorteile überwogen: Die Eisenbahn erschloss neue Absatzgebiete für deutsche Waren und band marktferne Orte in den Handel ein. Tausende fanden bei den Eisenbahngesellschaften Arbeit. Zudem wurden große Mengen von Werkzeugen und Maschinen benötigt.

Das Eisenbahnnetz wuchs schnell und der Bedarf an Lokomotiven und Schienen damit auch. Dadurch wurde in Deutschland der Eisenbahnbau zum Schrittmacher der Industrialisierung. In Regionen mit Kohle und Eisenerzvorkommen (im Ruhrgebiet, im Saarland, in Oberschlesien, in der Oberpfalz) entstanden Zentren der Industrialisierung mit Zechen, Walzwerken und Gießereien.

Langfristig macht die Eisenbahn Deutschland zur Drehscheibe des europäischen Warenverkehrs.

1. *Blättere noch einmal zurück auf S. 89. Erläutere mithilfe der Karte M2 den Ausdruck „Deutschland als Drehscheibe".*
2. *Erkläre die Werbung in den „Hannover'schen Anzeigen".*

[1] Siehe S. 132.

M2 Werbung in den „Hannover'schen Anzeigen" vom 10. Mai 1843
Licitation bedeutet Auktion, Angebot, Versteigerung.

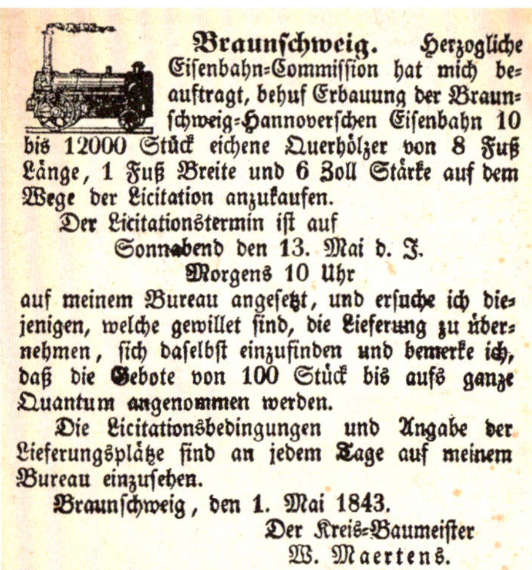

Braunschweig. Herzogliche Eisenbahn-Commission hat mich beauftragt, behuf Erbauung der Braunschweig-Hannoverschen Eisenbahn 10 bis 12000 Stück eichene Querhölzer von 8 Fuß Länge, 1 Fuß Breite und 6 Zoll Stärke auf dem Wege der Licitation anzukaufen.

Der Licitationstermin ist auf
Sonnabend den 13. Mai d. J.
Morgens 10 Uhr
auf meinem Bureau angesetzt, und ersuche ich diejenigen, welche gewillet sind, die Lieferung zu übernehmen, sich daselbst einzufinden und bemerke ich, daß die Gebote von 100 Stück bis aufs ganze Quantum angenommen werden.

Die Licitationsbedingungen und Angabe der Lieferungsplätze sind an jedem Tage auf meinem Bureau einzusehen.

Braunschweig, den 1. Mai 1843.
Der Kreis-Baumeister
W. Maertens.

M3 Vor- und Nachteile der Eisenbahn

a) 1825 schreibt der rheinische Unternehmer Friedrich Harkort in einer Zeitung:

Durch die rasche und billige Fortschaffung der Güter wird der Wohlstand eines Landes bedeutend vermehrt, welches Kanäle, schiffbare Ströme und gute Landstraßen hinlänglich beweisen […]. Größere Vorteile als die bisherigen Mittel scheinen Eisenbahnen zu bieten […]. Alle Zechen an der Ruhr erhielten durch eine Eisenbahn den unschätzbaren Vorteil eines raschen, regelmäßigen Absatzes unter großen Frachtersparungen. Innerhalb zehn Stunden könnten 1000 Zentner von Duisburg nach Arnheim geschafft werden; die Lastkähne liegen allein acht Tage in Ladung […]. Die Eisenbahnen werden manche Revolutionen in der Handelswelt hervorbringen. Man verbinde Elberfeld, Köln und Duisburg mit Bremen oder Emden, und Hollands Zölle sind nicht mehr!

b) Der württembergische Staatsrechtler und Politiker Robert von Mohl meint in den 1840er-Jahren:

Es entstehen neue Verhältnisse aller Art, deren allseitige Entwicklung noch völlig unabsehbar ist […]. Die arbeitende Klasse vermag ihre Dienste in weit größeren Kreisen anzubieten […]. Die Versetzung großer Truppenmassen an bedrohte Punkte ist in wenigen Stunden möglich […]. Die Märkte der großen Städte können aus großer Entfernung mit allen Lebensmitteln, namentlich auch mit Vieh, im besten Zustande versehen, leicht verderbliche Erzeugnisse an früher ganz unzugängliche Absatzorte befördert, mangelnde Waren in kürzester Zeit erlangt, somit die Zinsen großer Vorräte erspart werden. Es werden Kulturen und Gewerbe […] auch an entfernten Plätzen bei billigen Arbeitslöhnen, Rohstoffen und bewegenden Kräften ausführbar.

Nach: Wilhelm Treue und Karl Heinz Manegold, Quellen zur Geschichte der industriellen Revolution, a. a. O., S. 69, 84 und 86ff. (zum Teil vereinfacht)

M4 Eröffnung der ersten deutschen Eisenbahnstrecke von Nürnberg nach Fürth am 7. Dezember 1835
Gemälde von 1935 nach einer zeitgenössischen Lithografie (Ausschnitt)
Die Eröffnung der Bahnstrecke wurde als Volksfest gefeiert.

M5 Fahrtzeiten

km	Strecke	Reisedauer in Stunden	
		Schnellpost (1841)	Eisenbahn (1851)
290	Berlin-Hamburg	31 ½	8
320	Berlin-Hannover	32	6
174	Berlin-Dresden	17	5 ½
215	Berlin-Leipzig	17 ¼	7
85	Halle-Magdeburg	6	2 ½
35	Halle-Leipzig	2 ½	1
175	Frankfurt-Kassel	20 (1845)	7 (1845)
75	Augsburg-München	6 ½ (1845)	2 ½ (1845)
26	Düsseldorf-Elberfeld	3 ½ (1845)	1 ⅛ (1845)

Nach: Klaus Hermann, Die Personenbeförderung bei Post und Eisenbahn …, in: Scripta Mercatura, 2/1977, S. 10 (ergänzt)

1. *In M3 werden politische, wirtschaftliche und soziale Argumente für den Ausbau der Eisenbahn genannt. Stelle sie in einer dreispaltigen Tabelle zusammen.*
2. *Erläutere anhand von M2 und M5 die wirtschaftliche Bedeutung der Eisenbahn.*
3. *Vergleiche die Reisedauer Berlin-Hamburg mit der Schnellpost und der Eisenbahn (siehe M5) sowie dem ICE von heute. Bestimme die ungefähre Zeitersparnis.*
4. *Recherchiere, ob und wann dein Heimat- oder Schulort an das Eisenbahnnetz angeschlossen wurde. Welche Motive waren vorrangig?*

1764: „Spinning Jenny"
1762 - 1782: James Watt verbessert die Dampfmaschine
1829: Lokomotive „Rocket"
Industrialisierung in England
Bevölkerungswachstum in Europa
1834: Deutscher Zollverein
1835: Eisenbahn zwischen Nürnberg und Fürth
Industrialisierung in den dt. Staaten / im Deutschen Kaiserreich
1750 1800 1850 1900

Die zweite Welle der Industrialisierung

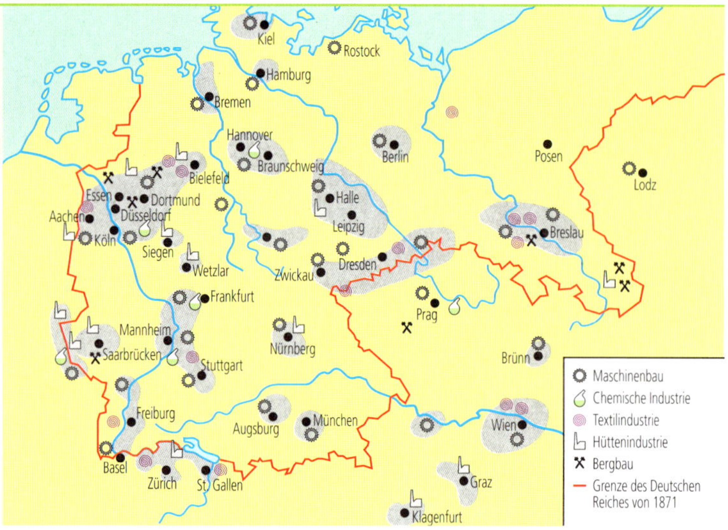

M1 Industriegebiete um 1900
Untersuche die Karte. Was fällt bei den Standorten der Industriegebiete auf?

Lesetipp:
Bernd Schuh, 50 Klassiker – Erfindungen. Vom Faustkeil zum Internet, Hildesheim 2008

Großbetriebe setzen sich durch

Im Jahr 1870 belegte die deutsche Eisenindustrie nach Großbritannien den zweiten Platz in Europa. Der Aufstieg war verbunden mit Großunternehmern wie Alfred Krupp in Essen, Karl Anton Henschel in Kassel oder Georg Egestorff in Linden bei Hannover. Große Firmen vereinigten bald alle Stufen der Produktion: Erz- und Kohlezeche, Kokerei, Verhüttung, Stahl- und Walzwerk sowie Großmaschinenbau. Weil solche Unternehmen viel Kapital verlangten, schlossen sich mehrere Unternehmer zu **Aktiengesellschaften** zusammen. Alle Teileigentümer waren durch ihre Anteile, die **Aktien**, am Unternehmen beteiligt. Seit Mitte des 19. Jh. wurden viele Banken gegründet, die durch Kredite das Wachstum der Unternehmen förderten.

Neue Industrien durch Wissenschaft

Zu den bisherigen Industriebereichen kamen zwei neue hinzu, in denen das Deutsche Reich bald weltweit führend war: die Chemie und die Elektrotechnik. Der Aufstieg dieser Zweige gründete vor allem auf wissenschaftlicher Forschung. Um den Vorsprung Großbritanniens einzuholen, waren technische Hochschulen entstanden, z. B. 1831 in Hannover und 1877 in Braunschweig. Sie arbeiteten mit den Unternehmen zusammen. So konnten die Forschungsergebnisse schnell industriell genutzt werden.

Kraft ohne Dampf

Der „Vater der deutschen Elektroindustrie" war Werner von Siemens. Der 1806 in Lenthe bei Hannover geborene Erfinder entwickelte unter anderem Stromkabel und konstruierte 1866 die Dynamomaschine (auch Generator genannt). Mit ihr konnte mechanische in elektrische Energie, also Strom, umgewandelt werden. Dadurch wurde es technisch möglich, Elektrizität in großen Mengen zu nutzen.

Bald löste die Elektrizität das Gas bei der Straßenbeleuchtung ab, auch Straßen- und U-Bahnen fuhren mit Strom. Die Nutzung des Stroms im Haushalt setzte sich erst im 20. Jh. durch.

Die Elektrizität beeinflusste auch die Übermittlung von Nachrichten. Elektrische Telegrafen erlaubten eine schnelle Versendung über große Entfernungen. Noch bedeutender wurde das Telefon, da es Schallwellen elektrisch übertragen konnte. Der Hörer mit Mikrofon und Ohrmuschel wurde bereits 1860 erfunden.

Aufschwung der Chemie

Ab den 1890er-Jahren entwickelte sich die chemische Industrie rasant. Dünger für die Landwirtschaft[1], Arzneien und künstliche Farbstoffe brachten den Firmen riesige Gewinne.

Farben wurden in vielen Bereichen gebraucht, vor allem aber in der Textilindustrie. Die ersten künstlich hergestellten Teerstoff-Farben verblassten noch beim Waschen und durchs Sonnenlicht. Erst die intensive chemische Forschung konnte das Problem lösen. Aus einem Abfallprodukt der Steinkohle entwickelte sie die künstlichen Farbstoffe (z. B. „Mauvein", „Fuchsin").

Wie in keinem anderen Land arbeiteten in der chemischen Industrie Ingenieure auch als Unternehmer. Einige der damals gegründeten Fabriken bestehen bis in die Gegenwart.

- *Wissenschaftler bezeichnen die wirtschaftliche Entwicklung ab 1870 auch als „Zweite Industrielle Revolution". Arbeite Unterschiede zur ersten heraus.*

[1] Lies dazu mehr auf S. 102 f.

M 2 Wandtelefon aus Holz
Gerät um 1905
Durch das Drehen der Kurbel wurde im Postamt eine Meldeklappe betätigt. Gleich darauf meldete sich eine Telefonistin und stellte die Verbindung mit dem gewünschten Gesprächspartner her.

M 4 Die elektrische Küche
Um die Kochtöpfe, Pfannen und Wasserkessel zu beheizen, wurden sie einzeln an das Stromnetz angeschlossen.

M 5 Elektrische Tischbeleuchtung, um 1895
Die ersten Glühlampen bestanden aus einem luftleer gepumpten Glaskolben, in dem ein Glühfaden aus verkohlten Bambusfasern durch Strom zum Glühen gebracht wurde. Anfang des 20. Jh. kamen Glühlampen mit Metallfäden auf den Markt. Bis heute haben Glühlampen einen Schraubsockel mit dem sogenannten Edison-Gewinde.

M 3 Die „elektrische Revolution“

1849	Die erste elektrische Beleuchtung mit Bogenlampen: die Pariser Oper
1854	Der nach New York ausgewanderte Uhrmacher Heinrich Goebel aus Springe bei Hannover baut die erste brauchbare Glühlampe. Seine Erfindung geriet in Vergessenheit, da die Stromversorgung noch unzureichend entwickelt war.
1860	Der Belgier Zénobe-Theophile entwickelt eine Maschine zur Stromgewinnung.
1867	Werner Siemens erfindet den Dynamo.
1878/79	Unabhängig voneinander bauen der Amerikaner Thomas A. Edison und der Brite Joseph W. Swan elektrische Glühbirnen. Edisons Erfindung setzt sich durch, da er für den Verkauf seiner Glühlampen sorgt. 1882 nimmt er das erste öffentliche Elektrizitätswerk in New York in Betrieb.
1879	Auf der Berliner Gewerbeausstellung fährt die erste Elektrolokomotive.
1881	Siemens & Halske erreichen in Berlin mit einer elektrischen Versuchsbahn eine Geschwindigkeit von 30 km/h.
1882	Die erste Glühlampenfabrik in Berlin
1883	Das erste elektrische Haushaltsgerät: das Bügeleisen
1883	Der Transformator ermöglicht es, Strom über weite Strecken zu transportieren.
1884	In Berlin wird das erste deutsche Kraftwerk gebaut. In zahlreichen deutschen Großstädten entstehen „Lichtzentralen“.
1888	Galileo Ferraris entwickelt den Drehstrommotor.

1. *Die Elektrifizierung beeinflusste auch das Leben und Arbeiten im Privathaushalt (M2 - M5). Beschreibe, was geschehen würde, wenn heutzutage der Strom ausfiele.*
2. *Nimm Stellung zu der Frage, warum sich die elektrische Küche (M4) nicht durchgesetzt hat.*
3. *Beurteile Vor- und Nachteile der heutigen elektronischen Datenübertragung gegenüber der Nachrichtenübertragung mithilfe von Telegraf und Telefon.*
4. *Erkläre, welche Erfindung Voraussetzung für weitere Erfindungen war.*

Entdeckungen und Erfindungen

M1 Marie und Pierre Curie
Foto, um 1900
1903 erhielt das französische Forscherpaar zusammen mit Henri A. Becquerel den Physik-Nobelpreis für die Erforschung der Radioaktivität.

M2 „Gewinnung von Tuberkulose-Präparaten und Heilserum im Behringwerk zu Marburg"
Zeichnung von Fritz Gehrke, 1906 (Ausschnitt)
Die Abbildung zeigt einen Mitarbeiter an einer Zentrifuge, die zum Ausschleudern von Serumspuren eingesetzt wurde.

M3 Fortschritte in Physik und Medizin

- **1886** Entdeckung elektrischer Funk- und Radiowellen (Heinrich Hertz, Deutsches Reich)
- **1890** Erstmals maschinelle Datenverarbeitung mit Lochkartenmaschine (Herman Hollerith, USA)
- **1895** Psychoanalyse: neues Konzept zur Aufdeckung und Heilung unbewusster psychischer Vorgänge/Konflikte (Sigmund Freud, Österreich)
- **1895** Röntgenstrahlen (Wilhelm C. Röntgen, Deutsches Reich)
- **1896** Entdeckung der natürlichen Radioaktivität des Urans (Henri Becquerel, Frankreich)
- **1896** Erfindung der drahtlosen Telegrafie (Guglielmo Marconi, Italien); 1901 erste Signale über den Atlantik
- **1898** Entdeckung der Elemente Polonium und Radium und deren radioaktiver Strahlung (Marie und Pierre Curie, Frankreich)
- **1900** Erkenntnis, dass Atome ihre strahlende Energie nur stoßweise in bestimmten Portionen (Quanten) abgeben; Quantentheorie (Max Planck, Deutsches Reich)
- **1901** Entdeckung der Blutgruppen (Karl Landsteiner, Österreich)
- **1902** Elektrische Aufzeichnung der Herztöne (Willem Einthoven, Niederlande); das Elektrokardiogramm (Abk. EKG) zeigt die Aktionsströme des arbeitenden Herzens
- **1903** Operation im Brustkorb und am freiliegenden Herzen (Ferdinand Sauerbruch, Deutsches Reich)
- **1904** Chromosomen als Träger von Erbanlagen erkannt; Hormone entdeckt
- **1905/15** Bisherige Annahmen über Zeit und Raum, Masse und Energie werden „relativiert"; Relativitätstheorien (Albert Einstein, Deutsches Reich)
- **1906** Vitamine entdeckt (Begriff 1912 geprägt); Behandlung von Mangelkrankheiten wird möglich
- **1907** Anfänge der Chemotherapie zur Krebsbekämpfung
- **1910** Entwurf eines Atommodells, das von einem positiven Bereich (Protonen) im Atomkern ausgeht (Ernest Rutherford, Großbritannien)
- **1910** Erstes Medikament gegen eine Geschlechtskrankheit (Paul Ehrlich, Deutsches Reich)
- **1913** Reihenimpfung gegen Diphtherie auf der Grundlage der Entdeckung von Impfstoffen (Emil von Behring, Deutsches Reich)

M4 Wandel des Verkehrs

1876 Erfindung des ersten Benzinmotors (Nikolaus Otto)

1890 Erste elektrische Untergrundbahn in London

1892 Die ersten von Benzinmotoren betriebenen Automobile fahren (Carl Friedrich Benz, Gottlieb Daimler und Wilhelm Maybach, Deutsches Reich).

1897 Erfindung des Diesel-Motors (Rudolf Diesel, Deutsches Reich)

1900 Erste Flüge mit einem Starrluftschiff über den Bodensee (Ferdinand von Zeppelin, Deutsches Reich)

1901 Dem Amerikaner Gustav Whitehead und dem Deutschen Karl Jatho gelingt der erste Motorflug noch vor den Amerikanern Orville und Wilbur Wright (1903).

1906 Motorbetriebene Omnibusse werden in Großstädten eingesetzt (z. B. in Berlin und Paris).

1907 10 000 Automobile im Deutschen Reich

1909 Flugzeuge starten in Europa.

M6 Der „Motorwagen System Lutzmann“ von 1899

Dieses erste Auto aus Rüsselsheim erreichte eine Höchstgeschwindigkeit von 20 km/h.

M5 „Die Zeit ist aus den Fugen“

In einem Artikel des Theater- und Musikkritikers Alfred Kerr vom 31. Dezember 1899 heißt es:

Unsere Zukunft liegt im Dunkeln, wüste Worte hört man munkeln […]. Dazu kommt, dass man von einem Weltteil zum andern Nachrichten blitzen kann; dass man von einem Land zum andern eigenstimmig plaudern kann; dass man Geldschränke von außen durchleuchten kann und in menschliche Leiber hineinsehen; dass man in sechs Tagen von Europa nach Amerika jagt; dass man Leute in Schlummer versenkt und ihnen Aufträge gibt, die sie vollführen; dass man Eisenbahnzüge in allen Stadien der Bewegung fixiert und die Bewegung in Bildern wieder erstehen lässt […]. Kurzum: Die Zeit ist aus den Fugen.

Alfred Kerr, Wo liegt Berlin? Briefe aus der Reichshauptstadt 1896-1900, hrsg. von Günther Rühle, Berlin 1997, S. 545 f.

M7 Louis Blériot

Sammelbild, um 1910

Am 25. Juli 1909 überquerte der französische Flugpionier Louis Blériot erstmals den Ärmelkanal mit einem Eindecker.

1. *Erkläre die medizinischen und physikalischen Fachbegriffe in M3.*
2. *Schreibe die Entwicklung der Verkehrsmittel bis in die Gegenwart fort (M4).*
3. *Erläutere die Aussage „Die Zeit ist aus den Fugen“ (M5). Berücksichtige dabei M4 bis M7.*

Industriedenkmäler – Quellen der Industriekultur

Du hast im vorigen Kapitel bereits Denkmäler als Zeitzeugnisse kennengelernt. Diese wurden meist schon als Erinnerungsstätten geplant. Das ist bei Industriedenkmälern anders. Sie entstanden und entstehen dort, wo Fabriken und Maschinen, Hochöfen und Fördertürme Orte und auch das Leben der Menschen prägten. Sie gelten als technische Denkmäler; oftmals sollen sie auch die Erinnerung an die Geschichte der Industrialisierung wachhalten. Natürlich kannst du ein Industriedenkmal in der Schule nur mittels Internet besuchen und so deine Recherchen anstellen. Aber vielleicht gibt es ja auch die Möglichkeit, mit deiner Klasse eine Exkursion zu unternehmen.

Du kannst die folgenden Schritte nutzen, um ein Industriedenkmal zu erschließen:

- Als erstes solltest du **allgemeine Informationen** einholen: Wo steht das Industriedenkmal? – Welche Funktion hatte das Gebäude/Gelände ursprünglich, was wurde dort hergestellt? – Wann ist es entstanden, wer hat es gegründet? – Warum wurde der Standort gewählt? – Wie verlief die historische Entwicklung? – Wann, warum und auf wessen Initiative hin wurde das Gebäude/Gelände zum Industriedenkmal? – Wie wird es heute genutzt?
- Dann solltest du dich auf Spurensuche begeben und die **Besonderheiten des Geländes und der Bebauung** erkunden. Suche im Internet oder vor Ort einen Grundriss oder Fotografien, aus denen du die Informationen gewinnen kannst.
  Tipps für Fragen: Wie groß war das Werksgelände? – Welche Gebäude gab es und welche Funktion hatten sie? – Welche Besonderheiten zeichnen sie aus (z. B. Baustil)? – Gab es Werkswohnungen auf dem Gelände? – Wo wohnte der Unternehmer? – Wie wirkte sich der Industriestandort auf die Umgebung aus?
- Nun folgt der zweite Schritt der Spurensuche: Was lässt sich über **die Produktion und die Arbeitsbedingungen** herausfinden?
  Tipps für Fragen: Welche Technik und welche Maschinen wurden verwendet? – Welche Arbeitsschritte gab es? – Wer arbeitet dort und unter welchen Bedingungen? – Wie groß war die Belegschaft? – Wie hat sich die Produktion im Laufe der Zeit verändert?
- Zuletzt musst du deine **Spurensuche auswerten**.
  Was sagen all diese Spuren über die damalige Bedeutung des Industriedenkmals aus? – Welche Bedeutung hat das Industriedenkmal heute als Erinnerungs- und Gedenkort? – Wie bewertest du die heutige Gestaltung und Nutzung, wie die Möglichkeiten der Informationsbeschaffung und des Lernens am Denkmal?

M1 Stich mit dem Gelände der „Nordwolle" in Delmenhorst, um 1893

Stichpunkte zur Erschließung am Beispiel der Norddeutschen Wollkämmerei & Kammgarnspinnerei (kurz Nordwolle) in Delmenhorst:

- Der Bremer Fabrikant Martin Christian Lahusen gründete die Fabrik für die Verarbeitung von Wolle und Kammgarn 1884 am Rand von Delmenhorst zwischen Bahnlinie und dem Fluss Delme, also günstig für Verkehr und Wasserversorgung (M1). Das Unternehmen wuchs zu einem Weltkonzern, ging jedoch 1931 Konkurs. Der Nachfolgebetrieb bestand bis 1981.
- Durch die massenhafte Zuwanderung von Arbeitskräften verdreifachte sich die Einwohnerzahl von Delmenhorst von 6600 (1885) auf 18000 (1913). Um 1911 hatte die „Nordwolle" 3000 Beschäftigte, davon waren zwei Drittel Frauen, 60 bis 70 Prozent Zuwanderer aus Osteuropa, das entsprach knapp einem Viertel der städtischen Bevölkerung. Delmenhorst wurde von einer Ackerbürgerstadt zum bedeutendsten Industriezentrum in Nordwestdeutschland.
- Die Gebäude des über 13 Hektar großen Geländes bestehen einheitlich aus rotem Backstein, wirken sachlich-repräsentativ (M3 - M5). Die Unternehmerfamilie wohnte in einer Villa auf dem Gelände. Für die Arbeiter, die Beamten und Angestellten ließ Lahusen Werkswohnungen und soziale Einrichtungen bauen (M3 - M5).
- Besucher können die Geschichte der „Nordwolle" in zwei Museen, in der Unternehmervilla, den Arbeiterhäusern und Produktionshallen erfahren (M2). Historische und moderne Nutzung werden durch Rundgänge mit Informationstafeln anschaulich gemacht.

M 2 Innenansicht der Turbinenhalle der „Nordwolle“
Foto von 2008
Das Maschinenhaus wurde früher auch „Kathedrale der Technik“ genannt. In dem 1902 errichteten Backsteingebäude stand bis 1929 eine 2 500 PS starke Dampfmaschine (im Foto hinten Mitte), die später durch Turbinen und Generatoren abgelöst wurde.

M 5 Die Backsteinfront des „Nordwolle“-Komplexes
Foto von 2014
Etwas abseits vom eigentlichen Delmenhorster Stadtkern bildete sich hinter der einheitlichen roten Klinkerfront des Werkgeländes ein eigenes Stadtviertel, eine „Stadt in der Stadt“. Dort gab es betriebliche „Wohlfahrtseinrichtungen“ wie etwa eine Badeanstalt, ein Krankenhaus mit Werksarzt, einen Kinderhort, eine Spielschule, Einkaufsmöglichkeiten und eine Kantine, außerdem diverse Arbeiter- und Beamtenhäuser sowie die Villa der Fabrikantenfamilie mit einem weitläufigen Park.

M 3 Ehemalige Beamtenhäuser der „Nordwolle“
Foto von 2014

M 4 Blick auf das ehemalige Nordwolle-Gelände
Foto von 2008
Heute sind die erhaltenen Werksbauten eines der größten Industriedenkmäler Europas und ein bedeutendes Zeugnis der Fabrikarchitektur des 19. Jh. Die Gebäude stehen unter Denkmalschutz. Das brachliegende Gelände wurde wieder nutzbar gemacht. Es war Außenstandort der Weltausstellung EXPO 2000. Heute beherbergt es das Stadtmuseum Delmenhorst und das Fabrikmuseum Nordwolle, kleine Handwerksbetriebe und Werbeagenturen, moderne Häuser für Familien, Cafés und Restaurants. Das ehemalige Turbinenhaus und das frühere Rohwollelager werden für Veranstaltungen genutzt.

Jetzt bist du dran! Erkunde ein Industriedenkmal aus deiner Region:
Mit den Arbeitsschritten im Kasten links und den angegebenen Informationen kannst du Industriedenkmäler nun selbst interpretieren. Vorschläge: Industriedenkmal Döhrener Wollwäscherei und -kämmerei (W W & K), Hannover; Industriedenkmal Eulenburg, Osterode; Industriedenkmal Gießerei Königshütte Bad Lauterberg; Industriedenkmal Leuchtturm Roter Sand

Fortschritte in der Landwirtschaft

M1 Wachstum
Postkarte von 1912
Die Karte wurde vor den Reichstagswahlen vom „Bund der Landwirte" herausgegeben, in dem vor allem Gutsbesitzer und reiche Bauern vertreten waren.

Beschreibe die Postkarte. Überlege, was mit ihr erreicht werden sollte. Beachte, wer sie herausgebracht hat.

Veränderungen auf dem Land

Der wichtigste Wirtschaftsbereich in den deutschen Ländern war bis weit ins 19. Jh. hinein die Land- und Forstwirtschaft. Um 1800 lebten von ihr etwa 80 Prozent der Deutschen, um 1900 immerhin noch 40 Prozent. Ihre Arbeit ernährte auch jene, die nicht in der Landwirtschaft arbeiteten. Da es vor allem in den Städten immer mehr Menschen gab[1], mussten die Äcker stark vergrößert werden, um genug zu ernten. Parallel zur Industrie gab es daher auch in der Landwirtschaft revolutionäre Umbrüche:

Zwischen 1800 und 1850 verdoppelte sich die Anbaufläche, weil Wälder gerodet, Moore trocken gelegt und bisher verwilderte Flächen von den Bauern genutzt wurden. Die Eisenbahn half dabei, die Ernteerträge in die Städte zu bringen. Neben Getreide waren das vor allem Kartoffeln und Zuckerrüben. Ertragreichere Pflanzen wurden verwendet und die Tierzucht verbessert. Je mehr Tiere es gab, desto mehr Futterpflanzen mussten angebaut werden. Die Preise für Getreide und Vieh stiegen mit der Nachfrage an, sodass auch kleinere Höfe gut verdienten.

Durch Maschinen zu mehr Ertrag

Gearbeitet wurde noch überall mit der Hand und dem Pferd. Selbst einfache Maschinen waren teuer und daher selten. Als aus den USA billiges Getreide in großen Mengen nach Deutschland eingeführt wurde, bedrohte das die Einkommen der Bauern und damit ihre Existenz. Ab Mitte der 1870er-Jahre lohnte sich der Getreideanbau in Deutschland nicht mehr. Grundlegende Veränderungen waren nötig. Große landwirtschaftliche Güter mit viel Kapital und großen Anbauflächen vor allem östlich der Elbe ersetzten die Landarbeiter zunehmend durch Maschinen. Pflüge oder Dreschmaschinen wurden mit Dampfkraft angetrieben. Die Zahl der Dreschmaschinen stieg von 334 000 im Jahr 1882 auf 1,44 Millionen 1907.

Wissenschaftler helfen Bauern

Neben der Mechanisierung veränderte die Wissenschaft die Landwirtschaft nachhaltig. Bereits Anfang des 19. Jh. setzte sich der Arzt Albrecht Thaer aus Celle dafür ein, Erkenntnisse der Naturwissenschaften, der Mathematik, der Rechtskunde und der Volkswirtschaftslehre für die Landwirtschaft zu nutzen. Er gilt damit als Begründer der Agrarwissenschaft. 1802 gründete er in Celle die erste landwirtschaftliche Lehranstalt, vier Jahre später auf einem Gut im Oderbruch eine landwirtschaftliche Akademie. Dort lehrte er, später auch als Professor in Berlin.

Der deutsche Chemiker Justus von Liebig hatte Mitte des 19. Jh. entdeckt, dass Pflanzen dem Boden chemische Stoffe entziehen. Dies veranlasste ihn, Kunstdünger zu entwickeln. Seit den 1880er-Jahren verdoppelten sich die Ernten durch Kunstdünger der deutschen Chemieindustrie.

Fasse zusammen, welche Faktoren für die Veränderungen in der Landwirtschaft eine Rolle spielten.

[1] Siehe dazu S. 104 f.

M 2 Dampflokomobil zum Antrieb der Flachsschwinge und der Dreschmaschine
Foto aus Melle, 1885

M 3 Hektarerträge in den deutschen Staaten

	Weizen		Roggen		Hafer	
	dz	*%*	*dz*	*%*	*dz*	*%*
um 1800	10,3	100	9,0	100	6,8	100
1858-62	13,0	126	11,2	124	10,9	160
1893-97	16,9	164	13,9	154	14,5	213
1908-12	20,7	201	17,8	198	19,0	279

Nach: Günther Franz, Deutsche Agrargeschichte von den Anfängen bis zur Gegenwart, Stuttgart o.J., S. 36

M 4 Neue Landmaschinen

1862 schreibt der Statistiker Georg von Viebahn:

[...] [G]egenwärtig sind die mannigfachsten landwirtschaftlichen Maschinen in den meisten Ländern[1] in Anwendung [...]. Allerdings beschränkt sich die Einführung landwirtschaftlicher Maschinen, schon der nicht unbeträchtlichen Kosten wegen, zurzeit noch auf die größeren Güter; allein in einzelnen Fällen hat man den empfehlenswerten Ausweg getroffen, dass eine ganze Gemeinde oder wenigstens mehrere Wirte sich zur gemeinschaftlichen Anschaffung einzelner Maschinen vereinigt haben [...].
Die am meisten üblichen Arbeitsmaschinen sind zunächst die Dreschmaschinen [...]. Durch den Gebrauch besserer Pflüge kann ein Drittel der Zugkraft entbehrt, durch die Sämaschine ein Drittel des Samens, durch die Dreschmaschine ein Drittel der Dreschkosten erspart, durch zweckmäßige Futterschneider die Wirksamkeit des Futters bedeutend erhöht werden.

Jürgen Sandweg und Michael Stürmer, Industrialisierung und Soziale Frage in Deutschland im 19. Jh., München 1979, S. 46

M 5 Chemie und Landwirtschaft

In einem Aufsatz fasst Justus von Liebig 1859 seine Erkenntnisse knapp zusammen:

Die Wissenschaft [...] hat den Boden, die Luft, die Tier- und Menschenexkremente, jede Wurzel, die Blätter, Halme, die Samen, Früchte und Knollen, das Blut und Fleisch der Tiere, kurz alles untersucht, was die Organismen an [...] Bestandteilen enthalten und was bei ihrer Erzeugung in Betracht kommen kann; sie hat die Ergebnisse ihrer Analysen den Landwirten vorgelegt und gezeigt, dass die Pflanzen, der Dünger und der Boden gewisse Bestandteile gemein haben. Aus dem konstanten[2] Vorkommen dieser Bestandteile in den Pflanzen hat sie geschlossen, dass sie zur Bildung der Pflanze und ihrer Teile notwendig seien, woraus sich von selbst ergibt, dass sie auch notwendig für einen Boden sind, auf welchem sich die Pflanzen entwickeln sollen, und auch notwendig im Dünger, wenn er zu ihrer Erzeugung beitragen solle.

Günther Franz, Deutsche Agrargeschichte, a. a.O., S. 35

[1] Länder des Deutschen Bundes
[2] konstant: gleichbleibend

1. *Erstelle anhand der Tabelle (M3) eine Grafik, die die Veränderungen der Ernteerträge veranschaulicht. Siehe dazu S. 106 f.*
2. *Erläutere die Entwicklung der Ernteerträge in M3 mithilfe der anderen Materialien.*
3. *Stelle in einer Tabelle Vor- und Nachteile der neuen Landmaschinen gegenüber (M4). Entwickelt in Gruppenarbeit ein Streitgespräch über den Kauf einer Landmaschine zwischen einem Vater und seinem Sohn, der den elterlichen Hof erben wird.*

Die Städte wachsen schnell

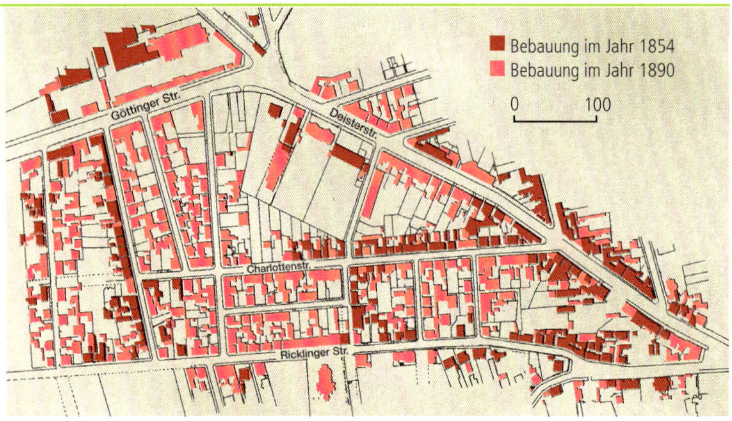

M1 Bauliche Entwicklung in Linden-Süd
1835 gründete Georg Egestorff an der Göttinger Straße in Linden eine Maschinenfabrik (ab 1871 Hanomag). Das ehemalige Dorf Linden am Stadtrand von Hannover zählte 1855 mehr als 6000 Einwohner, 1890 waren es schon 28000.
Beschreibe, wie sich Linden veränderte. Nenne die Gründe dafür.

Rund um Fabriken entstehen Großstädte

Weil es in den Fabriken und Bergwerken Arbeitsplätze gab, verließen viele Menschen ihre Dörfer. Noch bis zum Beginn des 19. Jh. durften die meisten Bauern das Land nicht verlassen und mussten für ihren Grundherrn arbeiten. Erst die sogenannte Bauernbefreiung änderte das. Bei den meisten Bauern reichte das Geld aber bei Weitem nicht, um dem Grundherrn Haus, Ackerland und Vieh zur eigenen Bewirtschaftung abzukaufen. Deshalb mussten sie sich eine neue Arbeit in der Stadt suchen, wenn sie freier leben wollten.
Zwischen 1860 und 1914 zogen 16 Millionen Menschen vom Osten in die Industriestädte im Westen. Diese Land-Stadt-Wanderung gilt als die größte Massenbewegung der deutschen Geschichte. Einige schon bestehende Städte wuchsen auf diese Weise enorm. Sogar aus manchen Bauerndörfern entwickelten sich Industriestädte mit großen Arbeitersiedlungen. Die Industrialisierung und die Verstädterung (**Urbanisierung**) gehören deshalb eng zusammen. Der größte industrielle Ballungsraum Europas entstand im Ruhrgebiet. Große Kohle- und Eisenerzvorkommen boten hier ideale Bedingungen für die Industrie.

M2 Arbeitersiedlung „Klein Rumänien"
Foto von 1920 (Ausschnitt)
Ab 1869 ließ die Firma Egestorff in Linden eine Siedlung aus 144 Häusern mit 228 Wohnungen für ihre aus ganz Deutschland zugewanderten Arbeiter errichten, die am Bau von Eisenbahnen für Rumänien beteiligt waren. Sie konnten dort für ein Sechstel ihres Jahreslohns zur Miete wohnen.

Wohnungselend

Die Städte waren auf einen so raschen Zuzug von vielen Menschen nicht eingestellt. Es gab nicht genügend Wohnungen, die Wasserversorgung war überlastet und auch Lebensmittel waren knapp. Viele Menschen hausten in notdürftigen Baracken, feuchten Kellern oder „Mietskasernen" mit dunklen Hinterhöfen und schlechten sanitären Verhältnissen. Mehrere Familien teilten sich eine Toilette und einen Wasserhahn auf dem Flur.
Spekulanten nutzten die Wohnungsnot aus und verlangten hohe Mieten. In Berlin wohnten um 1910 etwa 600000 Menschen in Wohnungen, in denen jedes Zimmer mit fünf und mehr Personen belegt war. Dazu kamen die Schlafgänger: Junge Arbeiter und Arbeiterinnen, die sich keine eigene Wohnung leisten konnten, mieteten sich eine Schlafstelle bei einer Familie.
Die Wohnungsnot wurde zum sozialen Problem. Viele Unternehmer begannen daher mit dem Bau von günstigen Werkswohnungen für die Arbeiter. Seit Beginn des 20. Jh. wurden zudem sogenannte „Gartenstädte" gebaut. In diesen grünen Siedlungen am Stadtrand sollte auch die einfache Bevölkerung gesund wohnen können. Als Antwort auf die Probleme und Nöte der Arbeiter beeinflusste die Gartenstadt-Idee die Stadtplanung vor allem in Westeuropa.

1. *Bildet kleine Arbeitsgruppen und entwickelt ein Schaubild über Probleme, die sich bei einem schnellen Anstieg der Einwohnerzahl in einer Stadt ergeben können.*
2. *Informiert euch über innerdeutsche Wanderungen heute. Beschreibt an Beispielen die Folgen für betroffene Regionen und Städte.*

M 3 Bevölkerung nach Ortsgrößen (in Prozent)

	-2000	2000-100000	100000-
1816	74	24	2
1834	74	24	2
1852	73	24	3
1871	64	31	5
1890	53	35	12
1910	40	39	21

1816-1852: Preußen; 1871-1910: Deutsches Reich

Josef Ehmer, Bevölkerungsgeschichte und Historische Demographie 1800-2010, München 2013, S. 24

M 4 Städte wachsen

Einwohnerzahl in Tausend	1800	1875	1910
Berlin	172	967	2071
Breslau	60	239	512
Dortmund	4	58	214
Dresden	60	197	548
Duisburg	4	37	229
Erfurt	17	48	124
Frankfurt am Main	48	103	415
Hamburg	130	324	931
Hannover	18	107	302
Kiel	7	37	211
Leipzig	30	127	590
München	40	193	596
Nürnberg	30	91	333
Stuttgart	18	107	286

Nach: Wilhelm Treue und Karl-Heinz Manegold, Quellen zur Geschichte der industriellen Revolution, Göttingen [2]1979, S. 142f. und Hubert Kiesewetter, Industrielle Revolution in Deutschland 1815-1914, Frankfurt am Main 1989, S. 135

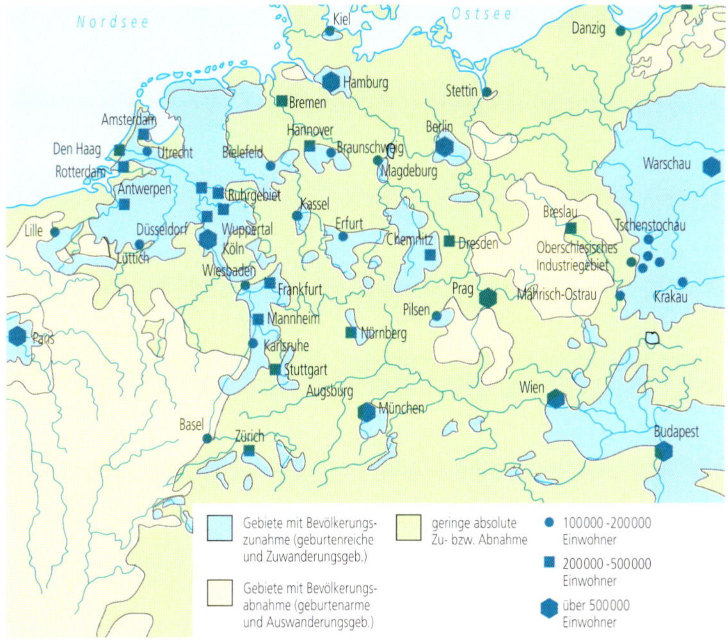

M 5 Binnenwanderung in Deutschland während des 19. Jh.

M 6 Die Baracken der Obdachlosen in Berlin
Nachträglich kolorierter Holzstich von 1872 nach einer Zeichnung von Georg Koch

1. *Erläutere die Tabelle M3. Welche Faktoren spielten eine Rolle?*
2. *Stelle die Bevölkerungsentwicklung zweier Städte in Deutschland (M4) in einem Liniendiagramm dar (siehe S. 106 f.).*
3. *Arbeite heraus, welche Städte am stärksten wuchsen (M4). Fasse mithilfe von M5 und M1 auf S. 96 die Gründe dafür zusammen.*
4. *Du bist Anfang der 1870er-Jahre Reporter einer Zeitung und sollst einen Artikel über die Wohnungsnot in Berlin schreiben. Darin baust du auch Aussagen von Obdachlosen ein, die du für deine Recherche befragt hast (Verfassertext, M3-M6).*

• 25 Mio. Einwohner in den Grenzen des späteren Deutschen Reiches
• Gründung Maschinenfabrik Egestorff
16 Mio. Menschen ziehen aus dem Osten in den industrialisierten Westen
Verstädterung (Urbanisierung)
In Europa entstehen industrielle Ballungsräume (v. a. Ruhrgebiet)
• 65 Mio. Einwohner in den Grenzen des späteren Deutschen Reiches

1810 1820 1830 1840 1850 1860 1870 1880 1890 1900 1910 1920 1930

Mit Diagrammen historische Daten anschaulich machen

In deinem Geschichtsbuch findest du neben zahlreichen Schrift- und Bildquellen immer wieder auch Zahlenmaterial, das in Tabellen oder Diagrammen, also grafischen Darstellungen von Daten, dargestellt ist. Dieses brauchen wir, wenn es etwa um die Bevölkerungs- oder Wirtschaftsentwicklung oder die Ergebnisse von Wahlen geht. Werden Daten systematisch gesammelt, sprechen wir von einer Statistik.

Preußen begann bereits Ende des 17. Jh. damit, Daten im staatlichen Auftrag zu erheben, um verlässliche Angaben über den Zustand und die Entwicklung des eigenen Landes zu haben. Bis ins 20. Jahrhundert wurden Daten aber noch nicht systematisch und flächendeckend gesammelt. Das lag auch daran, dass es von Land zu Land, oft sogar auch innerhalb eines Staates, unterschiedliche Gewichte, Maße oder Währungen gab oder sich die Räume (Grenzen) immer wieder – etwa durch Kriege – veränderten. Das erschwerte die Vergleichbarkeit.

Diagramme helfen dir dabei, komplexe Informationen und Zusammenhängen anschaulich zu machen. Damit kannst du schnell und strukturiert Entwicklungen und Veränderungen sowie Verhältnisse erfassen und vergleichen.

Bei der Erstellung eines Diagramms solltest du wie folgt vorgehen:

1. **Bestimme das Thema** der vorliegenden Datensammlung.
2. Überlege dir, was du darstellen willst und entscheide dich auf dieser Grundlage für eine **geeignete Diagrammform**.
3. **Wähle** einen geeigneten **Maßstab oder Durchmesser** für dein Diagramm.
4. **Übertrage die vorliegenden Werte** genau und stelle die unterschiedlichen Aspekte verschiedenfarbig dar.
5. **Beschrifte das Diagramm** verständlich. Mache deutlich, worum es geht und was wo dargestellt ist.

Tipp: Mithilfe eines Tabellenkalkulationprogramms kannst du **Diagramme am Computer erstellen**. Achte auch hier darauf, dass die Darstellungsform zum Inhalt passt. Um dein Diagramm noch übersichtlicher und besser lesbar zu machen kannst du z. B. noch die Farben verändern oder Beschriftungen hinzufügen.

Kreis- oder Halbkreisdiagramme

zeigen prozentuale Verhältnisse, das heißt Anteile an etwas. Hierbei musst du absolute Zahlen, die du aus einer Tabelle oder einem Text entnimmst, zunächst addieren und in Prozente (%) umrechnen. Anschließend trägst du deine Ergebnisse in einem Kreis ab. 1% entspricht dabei 3,6 Grad (°).

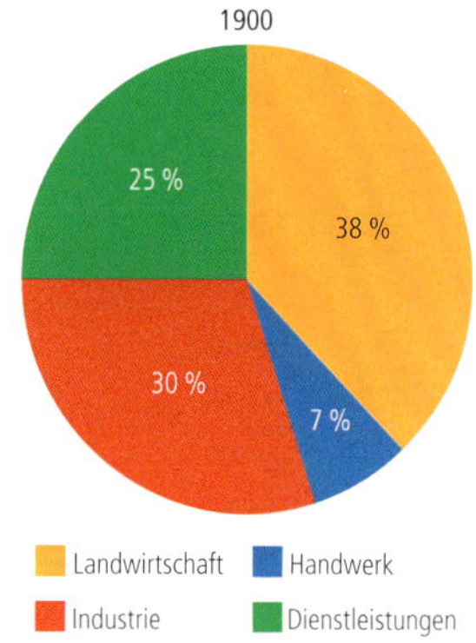

Kreisdiagramme eignen sich zum Beispiel dazu, Anteile bestimmter Gruppen in der Gesellschaft oder die Zusammensetzung von Parlamenten darzustellen.

Linien- und Kurvendiagramme

hingegen stellen längerfristige Entwicklungen dar, z. B. Bevölkerungswachstum oder den Ausbau des Schienennetzes. Die Abstände auf der x-Achse müssen gleichmäßig sein, auch wenn die vorliegenden Daten in unregelmäßigen Abständen erfasst wurden. Achte zudem auf den Maßstab der y-Achse. Er sollte nicht zu klein gewählt sein, so dass man Veränderungen erkennen kann. Er sollte aber auch nicht zu groß sein, damit Veränderungen nicht größer und dramatischer erscheinen, als sie tatsächlich sind.

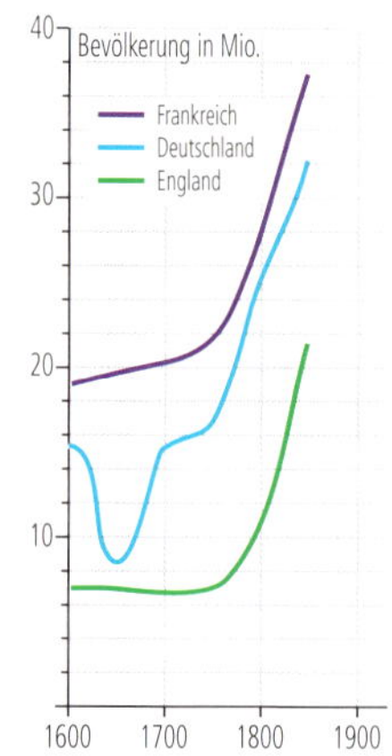

Säulen- und Balkendiagramme

schließlich bieten sich an, wenn du Verhältnisse zueinander zu einem bestimmten Zeitpunkt deutlich machen möchtest, das heißt, eine Reihenfolge aufzeigen willst. Auch hier solltest du darauf achten, dass du den Maßstab der x-Achse (Säulendiagramm) bzw. der y-Achse (Balkendiagramm) sinnvoll wählst. Diese Diagrammform kannst du z. B. für die Darstellung von Wahlergebnissen verwenden.

Beispiel für ein Balkendiagramm:

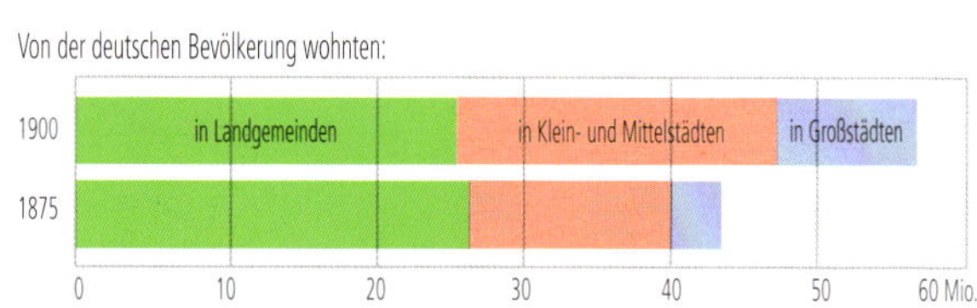

M1 Die Entwicklung der Zahl der Erwerbstätigen nach Wirtschaftsbereichen in den deutschen Ländern 1800 bis 1900 (Angaben in Prozent) ①

Jahr ②	Landwirtschaft (in %) ③	Industrie und Handwerk (in %)	Dienstleistungen (in %)	Erwerbstätige ⑤ (in Mio.)
1800	62	21	17	10,5
1825	59	22	19	12,6
1850	55	24	21	15,8
1875	49	30	21	18,6
1900	38 ④	37	25	25,5

Nach: Friedrich Wilhelm Henning, Deutsche Wirtschafts- und Sozialgeschichte im 19. Jahrhundert, Paderborn u. a. 1996, S. 885

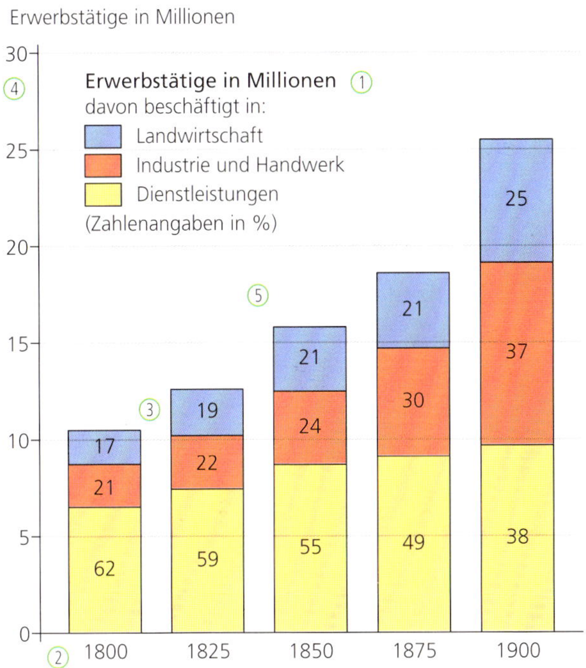

① Thema: Die Statistik will darüber Auskunft geben, wie sich der Anteil der deutschen Erwerbstätigen in den drei Wirtschaftsbereichen Landwirtschaft, Industrie und Handwerk sowie im Dienstleistungsgewerbe zwischen 1800 und 1900 verändert hat.

② Zeitleiste: Hier werden die Jahre zum Zeitpunkt der Erhebung der Daten angegeben. Die Jahresdaten haben einen regelmäßigen Abstand von 25 Jahren und sind für alle Wirtschaftsbereiche gleich, so dass ein direkter Vergleich möglich ist.

③ Messgröße Prozent: Die Messgröße zeigt, wieviel Prozent der Erwerbstätigen von den hundert Prozent der insgesamt Erwerbstätigen der deutschen Länder in einem Wirtschaftsbereich arbeiteten.

④ Vergleich: Die Veränderungen zwischen den Wirtschaftsbereichen in den verschiedenen Jahren sind lediglich durch den direkten Vergleich der Zahlenangaben möglich und daher wenig anschaulich.

⑤ Messgröße absolute Zahlen in Millionen: Die Tabellenspalte zeigt, wie viele Menschen in dem Jahr überhaupt gearbeitet haben. Absolute Zahlen werden im Millionenbereich meist abgekürzt, weil sie sonst zu unübersichtlich sind und viel Platz brauchen.

Deine Umwandlung in ein Säulendiagramm könnte wie folgt aussehen:

① Thema: Die Legende nennt das Thema und erläutert die einzelnen Bereiche.

② x-Achse: Die Jahresangaben sind auf der horizontalen x-Achse fortlaufend nach rechts angeordnet.

③ Balken: Sie zeigen die prozentuale Verteilung der Wirtschaftsbereiche von allen Beschäftigten in einem Jahr. Besonders anschaulich wird es durch die farbige Kennzeichnung der einzelnen Wirtschaftsbereiche.

④ y-Achse: Die Achse mit der absoluten Angabe der Millionen in Fünferschritten zeigt die Anzahl der gesamt Erwerbstätigen und gibt die Höhe der Säulen vor.

⑤ angedeutete Kurve durch y-Achse: Das Balkendiagramm macht durch die angedeutete Kurve zusätzlich den Anstieg der insgesamt Beschäftigten in der deutschen Wirtschaft deutlich.

M2 Bevölkerung im Deutschen Reich 1870 bis 1900

Jahr	*in Mio.*	*Menschen pro km²*
1780	21,0	38
1800	23,0	43
1820	26,1	47
1850	35,3	64
1900	56,0	102

Nach: Friedrich Wilhelm Henning, Handbuch der Wirtschafts- und Sozialgeschichte Deutschlands, Bd. 2, Paderborn 1996, S. 772

Jetzt bist du dran!

1. *Erstelle aus M2 ein geeignetes Diagramm.*
2. *Erläutere den Zusammenhang zwischen der Bevölkerungsentwicklung (M2) und den Veränderungen der Erwerbstätigen in den einzelnen Wirtschaftsbereichen (M1).*

Die Umwelt leidet

M 1 „Pfui Deifel"
Skizze von Heinrich Kley, um 1905
Analysiere die Aussage der Skizze.

Probleme für Mensch und Umwelt

Mit dem schnellen Wachstum der Städte lebten immer mehr Menschen dicht nebeneinander. Deshalb konnten sich Krankheiten schnell ausbreiten. Ihren Abfall entsorgten die Menschen in der Natur. Der Regen spülte den Kunstdünger von den Feldern in Bäche und Flüsse. Auch die giftigen Abwässer, die die Fabriken einfach in die nächstgelegenen Flüsse ableiteten, schädigten die Tier- und Pflanzenwelt. Das Wasser wurde ungenießbar, die Fische starben.

Immer mehr mit Kohle befeuerte Dampfmaschinen bliesen ihren Qualm und Ruß in die Luft. Das führte zu Smog und saurem Regen. Vor allem machte es die Menschen krank, die die verschmutzte Luft einatmeten.

Hilflose Reaktionen

Von Anfang an gab es in den Industrieregionen Klagen von Anwohnern über die Belästigung durch Dämpfe, Gerüche, Rauch, Ruß, Wärme, Geräusche und giftige Abwässer.

Die Unternehmen und Behörden kümmerten sich nur wenig darum. Es war den Verantwortlichen oft unklar, ob größere Gefährdungen bestanden. Außerdem fehlte das Bewusstsein, die Umwelt und die Menschen zu schützen. Für viele waren Rauch und Gestank unvermeidbar mit dem industriellen Fortschritt verbunden. Zugleich wussten die Menschen oft gar nicht, welche Maßnahmen dagegen ergriffen werden sollten. Der Versuch, durch höhere Schornsteine die Abgase zu mindern, half nur wenig: Die Schadstoffe wurden dadurch nur über ein größeres Gebiet verteilt.

Eine Verordnung im damaligen Herzogtum Oldenburg gestand 1868 den Fabriken und Werkstätten zu, ihre Abwässer in Flüsse und Seen zu leiten. Allerdings sollten sie Fischerei und Landwirtschaft nicht zu stark schädigen. Die Behörden erlaubten den Fabriken bei ihrer Produktion fast alles, damit sie nicht in eine andere Stadt abwanderten. Denn letztlich standen wirtschaftliche Interessen im Vordergrund: Die Industrie schuf Arbeitsplätze und sorgte so für Steuereinnahmen des Staates.

M 2 Der Duisburger Beeckbach als Kloake
Foto, um 1910
Als im 19. Jh. die Einwohnerzahl im Ruhrgebiet immer mehr anstieg, wurde auch immer mehr Abwasser der Bevölkerung, der Fabriken und Bergwerke in die Flüsse geleitet – mit dramatischen Folgen: Der Boden sank ab, Abwässer stauten sich und begannen zu faulen, ganze Stadtteile wurden zu stinkenden Kloaken, Krankheiten breiteten sich aus.

M3 Beschwerden über eine Fabrik

1828 beschweren sich Bürger einer preußischen Stadt beim Polizeipräsidenten über eine Fabrik:

Der Gestank und Qualm ist sehr häufig so stark, dass er nicht allein die Straßen und unsere Gärten erfüllt und uns aus den letzteren verscheucht, wenn wir Erholung in freier Luft suchen, sondern uns auch in unsere Wohnungen verfolgt. Selbst bei der sorgfältigsten Verschließung der Türen und Fenster dringt er dann in unsere Wohn- und Schlafräume, verursacht besonders des Nachts beschwerliches Atemholen, Trockenheit im Schlunde mit zusammenschnürendem, brennendem Schmerz, Kopfweh, Herzklopfen, Andrang des Blutes nach dem Kopf. Die dadurch verursachte Schlaflosigkeit und manches andere Ungemach müssen bei ständiger Wiederkehr der Belastungen, selbst bei der stärksten Natur, unausbleiblich zu einer Verkürzung des Lebens hinwirken.

Nach: Franz-Josef Brüggemeier und Michael Toyka-Seid (Hrsg.), Industrie-Natur. Lesebuch zur Geschichte der Umwelt im 19. Jahrhundert, Frankfurt a. M. 1995, S.65 (Satzbau leicht verändert)

M5 „Die Henrichshütte bei Hattingen am Abend“
Ölgemälde von Eugen Bracht, 1912

M4 Anfänge der Umweltschutzgesetzgebung

Aus der „Allgemeinen Gewerbeordnung für Preußen“ von 1845:

§ 26. Eine besondere polizeiliche Genehmigung ist nur erforderlich [...] zur Errichtung gewerblicher Anlagen, welche durch die örtliche Lage oder die Beschaffenheit der Betriebsstätte für die Besitzer oder Bewohner der benachbarten Grundstücke oder für das Publikum überhaupt erhebliche Nachteile, Gefahren oder Belästigungen herbeiführen können [...].

§ 27. Zu den gewerblichen Anlagen, welche einer besonderen polizeilichen Genehmigung bedürfen, sollen für jetzt gerechnet werden: Schießpulverfabriken, Anlagen zur Feuerwerkerei und zur Bereitung von Zündstoffen aller Art, Gasbereitungsanstalten, Zuckersiedereien, Hammerwerke, chemische Fabriken aller Art, Schnellbleichen, Schlachthäuser und Gerbereien; es gehören dahin ferner: alle Betriebe mit Dampfmaschinen oder Dampfkesseln und Dampfentwickler, durch Wasser oder Wind bewegte Triebwerke (Mühlen usw.) jeder Art, sowie Branntweinbrennereien und Bierbrauereien.

Nach: Ilja Mieck, „Aerem corrumpere non licet“. Luftverunreinigung und Immissionsschutz in Preußen bis zur Gewerbeordnung 1869, in: Technikgeschichte, Bd. 34 (1967), S. 70 (es wurden hier nicht alle in § 27 genannten Gewerbe aufgeführt)

1. *Beschreibe, wie sich die Nähe der Wohnungen zur Fabrik auf das Leben der Menschen auswirkte (M3).*
2. *Arbeite aus der Gewerbeordnung heraus, gegen welche Umweltschäden oder -belästigungen die preußische Verwaltung vorgehen konnte (M4).*
3. *Nimm Stellung zur Beschwerde der Bürger (M3). Schreibe eine Antwort aus der Sicht des Polizeipräsidenten. Berücksichtige hierbei auch M4.*
4. *Gemälde mit qualmenden Schloten waren aus damaliger Sicht keine Anklage gegen die Umweltverschmutzung (M5). Erkläre, was sie stattdessen zeigen sollten.*

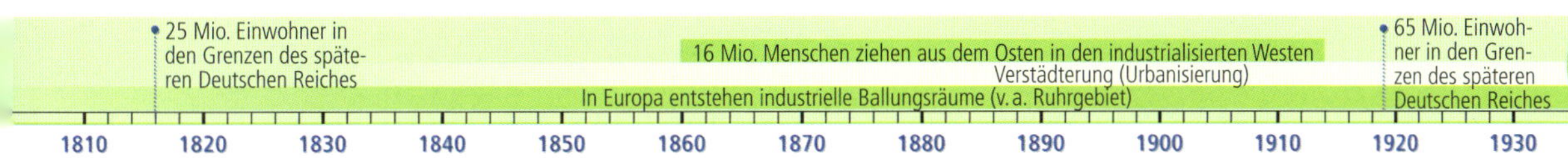

Nach Amerika!

M 1 Auswandererdenkmal in Bremerhaven
Foto, um 1990
Die Skulptur der Auswandererfamilie hat der Bildhauer Frank Varga aus Detroit 1986 geschaffen.
Beschreibe die Figuren. Achte auf ihre Haltung. Was denken sie wohl? Warum verlassen sie ihre Heimat?

Internettipp:
Weiterführende Informationen zum Thema deutsche Auswanderung findest du unter Mediencode 31053-15.

Warum auswandern?

Das 19. Jh. war nicht nur die Zeitalter der Industrialisierung, sondern auch der europäischen Massenauswanderung. Millionen Menschen – auch Hunderttausende aus den Gebieten des heutigen Niedersachsen – verließen dauerhaft ihre Heimat, die meisten gingen nach Nordamerika. Sie flohen vor wirtschaftlicher Not und suchten ein besseres Leben mit neuer Arbeit, aber auch politische und religiöse Freiheiten – vor allem seitdem mit den Vereinigten Staaten 1776 in Nordamerika eine demokratische Republik entstanden war.[1]
Seit den 1830er-Jahren kam es in den deutschen Staaten zu regelrechten Auswandererwellen. Zu Beginn der Industrialisierung gab es längst nicht für alle genügend Arbeit. Weil die Fabriken schneller und günstiger produzierten, waren viele Handwerksbetriebe nicht mehr konkurrenzfähig. Neben Handwerkern waren auch viele Bauern unter den Auswanderern, deren kleine Höfe nicht mehr genügend einbrachten. Missernten und schlimme Hungersnöte verschärften die ohnehin schwierige Lage.

Verlockendes Land

In Nordamerika waren Arbeitskräfte gesucht, es gab viel Siedlungsland und günstige Einwanderungsbestimmungen. Aber auch politische Motive trugen zur Auswanderung bei, so etwa vor allem vor und nach der Revolution von 1848 sowie nach der Reichsgründung 1871, als viele Liberale, Republikaner und Sozialdemokraten das Land verließen.[2]
Die Auswanderer schrieben ihren daheimgebliebenen Verwandten und Freunden Briefe, in denen sie von ihrer neuen Heimat erzählten. Manche entschlossen sich daraufhin, ebenfalls auszuwandern.

Wie die Deutschen auswandern

Bremen mit Bremerhaven und Hamburg entwickelten sich zu den größten Auswandererhäfen. Die Reisen auf den meist überfüllten Segelschiffen waren teuer, voller Gefahren und dauerten sieben bis zwölf Wochen. Die einfachen Passagiere wurden unter menschenunwürdigen Zuständen zusammengepfercht – je mehr, desto besser. Krankheiten breiteten sich in Windeseile aus. Viele erreichten ihr Ziel nicht. Erst in den 1880er-Jahren machten die großen Dampfschiffe die Fahrt über den Atlantik preiswerter und schneller (acht bis neun Tage), aber nicht unbedingt bequemer. Familien, vor allem aber junge, unverheiratete Männer sparten ihr ganzes Geld für eine Schiffsfahrkarte. Manchmal verließen ganze Gemeinden ihre Dörfer.
Einige Regierungen der deutschen Staaten waren meist froh, wenn von Armut bedrohte Menschen auswanderten, andere wollten ihre Einwohner ungern gehen lassen. Sie warnten sie vor falschen Versprechungen, die Werber bei ihren Zügen durch die Dörfer machten und dabei die Kosten und Gefahren der Seereise kleinredeten. In der Regel erlaubten die Staaten die Auswanderung nur den Menschen, die keine Schulden hinterließen und ihren Militärdienst abgeleistet hatten.

- *Zwei Niedersachsen werden im Zusammenhang mit der Auswanderungsbewegung genannt: Hermann Blumenau aus Hasselfelde und Friedrich Gerstäcker aus Braunschweig. Informiere dich über sie. Verfasse kurze Lebensläufe, in denen du ihre Bedeutung für die Auswanderungsbewegung vermerkst.*

[1] Blättere noch einmal zurück auf S. 54.
[2] Vgl. dazu S. 68 ff. und 82 f.

M2 Deutsche Auswanderer

1820-1829	50000
1830-1839	210000
1840-1849	480000
1850-1859	1161000
1861-1870	782000
1871-1880	626000
1881-1890	1343000
1891-1900	529000
1901-1910	280000
1911-1913	69000

Nach: Hagen Schulze, Kleine deutsche Geschichte, München [5]2007, S. 112

M3 „Grundursachen für die Auswanderung“

Am 10. April 1852 berichtet der Trierer Landrat an seine vorgesetzte Behörde:

Abgesehen von der allgemeinen [...] Wanderungslust lassen sich als äußere Grundursachen für die Auswanderungen folgende hervorheben:

1. Die rückgängigen Vermögensverhältnisse der auswandernden Personen [...].
2. Eine 2. Ursache für die Auswanderung ist in den günstigen Nachrichten zu suchen, welche von den Verwandten und Bekannten in Amerika [...] hierher gelangen [...].
3. [...] Namentlich sind es die Gesetze zum Schutze der Forsten, der Wald- und Feldprodukte, welche dem weniger ordentlichen Landmanne über die Maaßen beengend erscheinen und ihn bestimmen, dorthin zu gehen, wo Holz, Streu und Gras nach seiner Ansicht von Jedem in Besitz genommen werden kann [...].
4. Die Abgaben, welche für Staat, Kirche, Schule und Gemeinde zu zahlen sind [...].
5. Endlich mag auch mancher unruhige Kopf mit geordneten und gesicherten Zuständen im Staat nicht ganz zufrieden sein und in der Erkenntnis, daß seine Revolutionsideen hier keinen Anklang mehr finden, sich eine andere Heimat suchen.

Nach: Wolfgang J. Helbich, „Alle Menschen sind dort gleich ...“ Die deutsche Amerika-Auswanderung im 19. und 20. Jahrhundert, Düsseldorf 1988, S. 85 f. (Auszug)

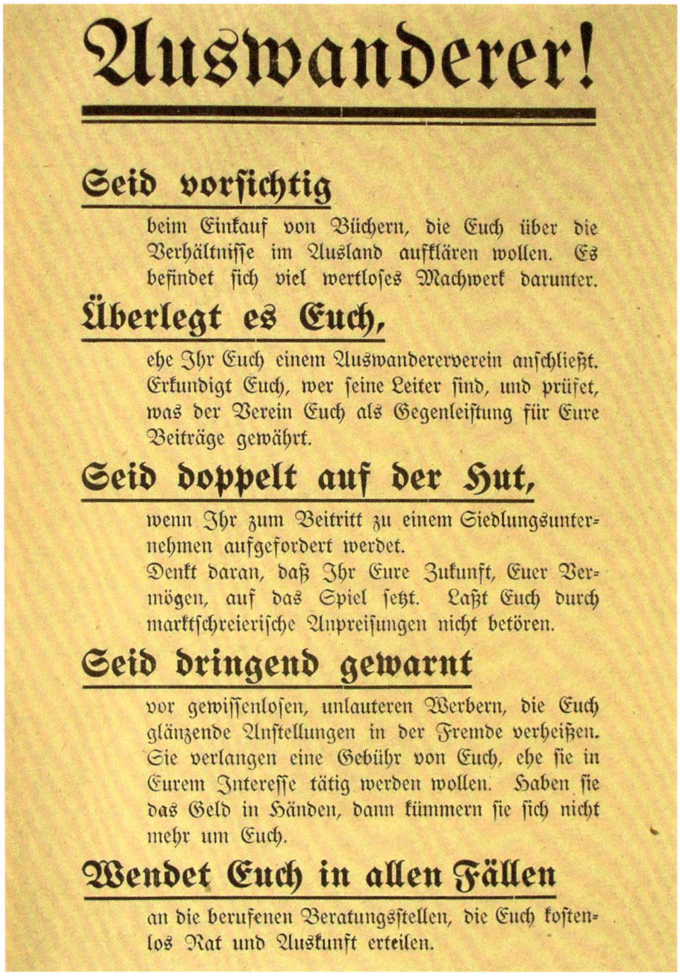

Auswanderer!

Seid vorsichtig

beim Einkauf von Büchern, die Euch über die Verhältnisse im Ausland aufklären wollen. Es befindet sich viel wertloses Machwerk darunter.

Überlegt es Euch,

ehe Ihr Euch einem Auswandererverein anschließt. Erkundigt Euch, wer seine Leiter sind, und prüfet, was der Verein Euch als Gegenleistung für Eure Beiträge gewährt.

Seid doppelt auf der Hut,

wenn Ihr zum Beitritt zu einem Siedlungsunternehmen aufgefordert werdet.
Denkt daran, daß Ihr Eure Zukunft, Euer Vermögen, auf das Spiel setzt. Laßt Euch durch marktschreierische Anpreisungen nicht betören.

Seid dringend gewarnt

vor gewissenlosen, unlauteren Werbern, die Euch glänzende Anstellungen in der Fremde verheißen. Sie verlangen eine Gebühr von Euch, ehe sie in Eurem Interesse tätig werden wollen. Haben sie das Geld in Händen, dann kümmern sie sich nicht mehr um Euch.

Wendet Euch in allen Fällen

an die berufenen Beratungsstellen, die Euch kostenlos Rat und Auskunft erteilen.

M4 Informationsblatt für Auswanderungswillige, gedruckt in Berlin um 1900

1. *Wandle die Tabelle M2 in ein Diagramm um. Siehe dazu S. 106 f.*
2. *Erkläre die Gründe für die Höhepunkte der Auswanderung zwischen 1820 und 1913 (M2).*
3. *Fasse die Motive für die Auswanderung zusammen (M3). Überlege, ob der Landrat wichtige Gründe vergessen hat.*
4. *Arbeite heraus, wovor das Informationsblatt warnt (M4).*
5. *Führt jeweils in Gruppen von 4-6 Mitschülern ein Rollenspiel durch: Stellt euch vor, ihr seid eine Familie aus einem kleinen Dorf und habt euch entschieden, nach Amerika auszuwandern. Bestimmt gemeinsam die Familienmitglieder und ihre Haltung zur Auswanderung, das Jahr, euren Wohnort und eure Lebensumstände sowie die Gründe für die Auswanderung. Kurz vor der Abreise lest ihr das Informationsblatt (M4). Bleibt ihr bei eurem Entschluss oder hält es euch davon ab? Diskutiert darüber. Legt vorher fest, wer für und wer gegen die Auswanderung argumentiert. Bezieht auch den Verfassertext und die übrigen Materialien mit ein.*

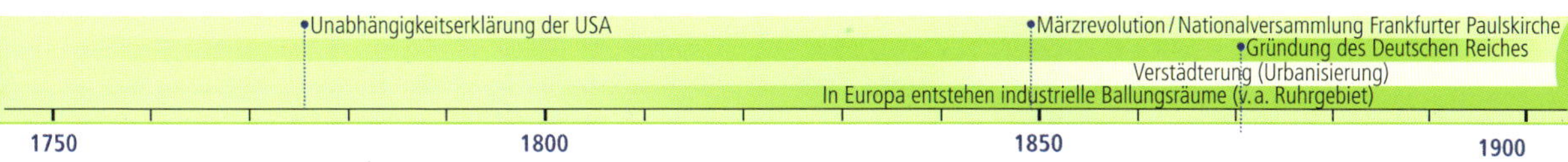

Leben und Arbeiten im Industriezeitalter

M 1 Kontrolluhr für Arbeiter
Foto um 1900
Kontrolluhren stempelten auf Karten die Arbeitszeiten ab.

Ab 1900 setzten Unternehmer in ihren Fabriken immer häufiger Kontrolluhren und Aufsichtspersonal ein. Finde Erklärungen dafür.

In Fabriken und an Maschinen

Für die Menschen, die in die Industriegebiete zogen, veränderten sich Arbeit und Alltag grundlegend. Vor der Industrialisierung hatte sich die Arbeit flexibel an den Jahres- und Tageszeiten, dem Wetter und den privaten Bedürfnissen im Haus oder auf dem Hof orientiert. Jetzt gaben Fabrik und Maschine Arbeitszeit und Tempo vor. Die Arbeiter und Arbeiterinnen mussten pünktlich an ihrem Arbeitsplatz sein.

Die tägliche Arbeitszeit in der Fabrik betrug zehn bis zwölf Stunden. Dazu gab es Nachtschichten. Lärm, giftige Abgase, schlechte Belüftung, besonders im Bergbau, waren unerträgliche Belastungen und machten viele Arbeiter krank.

Vorgesetzte kontrollierten das Verhalten am Arbeitsplatz und Unternehmer zwangen Arbeiter und Arbeiterinnen mit Fabrikordnungen zu Pünktlichkeit und Disziplin. Viele Arbeiter und Arbeiterinnen gewöhnten sich nur schwer an diese Arbeitsbedingungen. Aufseher und Vorarbeiter konnten Entlassungen verfügen, Geldstrafen verhängen, aber auch Prämien bei Pünktlichkeit zahlen.

M 2 Telefonzentrale eines Industriebetriebes
Foto von 1921
Mithilfe sogenannter „Stöpselverbindungen" vermittelten Telefonistinnen die Anrufer weiter. Das Aufsichtspersonal achtete darauf, dass die Frauen zügig und ausdauernd arbeiteten und freundlich blieben.

Arbeitsteilung wird wichtiger

Je mehr die Industriebetriebe wuchsen, desto mehr Aufgabenbereiche gab es. Neben der industriellen Produktion fielen auch andere Arbeiten an: Einkauf von Rohstoffen, Werbung, Verkauf der Fertigware, Buchhaltung, Archivwesen, Gütertransport und zahlreiche weitere Organisationsaufgaben. Diese Aufgaben übernahmen Angestellte.

Für die vielfältigen Büroarbeiten setzten die Unternehmer auch gern Frauen ein. Bald galt Schreibmaschineschreiben als reiner Frauenberuf.

Alle müssen mitarbeiten

Gewinnstreben und Wettbewerb, aber auch das Überangebot an Arbeitskräften hielten den Lohn der Fabrikarbeiter niedrig. Kinder und Frauen mussten mitarbeiten, weil das Einkommen des Familienvaters für Ernährung, Miete und Kleidung nicht reichte. Doch Frauen verdienten durchschnittlich nur zwischen einem und zwei Drittel der Männerlöhne, Kinder wurden noch weitaus schlechter bezahlt. Das galt aber auch für die Landwirtschaft und das Heimgewerbe. Erst gegen Ende des 19. Jh. erhöhten sich die Löhne und damit auch der Lebensstandard der Arbeiter etwas.

Kinderarbeit war im 19. Jh. weit verbreitet und wurde von einem Großteil sogar befürwortet. Anfangs mussten sogar Kinder unter neun Jahren in Bergwerken arbeiten. Sie waren als Arbeitskräfte begehrt, weil sie durch sehr enge Stollen schlüpfen konnten.

Seit den 1840er-Jahren schränkte der Staat die Kinderarbeit allmählich ein und kontrollierte die Einhaltung der Gesetze. Nach dem Kinderschutzgesetz von 1903 mussten arbeitende Kinder in Industriebetrieben mindestens 14 Jahre alt sein; Kinderarbeit im Handwerk, in Handelsbetrieben und Schankwirtschaften wurde verboten.

Ein junger Handwerker vom Dorf ist seit drei Wochen Fabrikarbeiter und bereits drei Mal unpünktlich gewesen, was zu Geldstrafen geführt hat. Nun ist er wieder zu spät. Der Aufseher stellt ihn zur Rede. Entwickelt in Partnerarbeit einen Dialog zwischen Aufseher und Handwerker.

M3 Für Frauen- und Kinderarbeit

Auszug aus einer Bittschrift von Kaufleuten, Gewerbetreibenden und Unternehmern aus Wiesbaden an den Reichstag in Berlin im Jahr 1885:

Das Verbot der Arbeit an Sonn- und Feiertagen, die weitere Einschränkung der Frauen- und Kinderarbeit, das Verbot der Beschäftigung weiblicher Personen an Sonn- und Feiertagen und zur Nachtzeit sowie die Einführung einer Maximalarbeitszeit würden unsere Exportindustrie stark einschränken.

Es ist eine alte Erfahrung, dass die weibliche Arbeit in einzelnen Industriezweigen derjenigen der Männer weit überlegen und geradezu unentbehrlich ist. Selbst bei einer großen Familie trägt die Frau durch Arbeit zum Verdienst bei. Ihr bleibt dabei trotzdem die erforderliche Zeit, sich ihren häuslichen Verpflichtungen in ausreichendem Maße zu widmen.

Die Bestimmung, dass Kinder unter 12 Jahren überhaupt in Fabriken nicht beschäftigt werden dürfen, sowie die weitere, dass die Beschäftigung von Kindern unter 14 Jahren die Dauer von 6 Stunden täglich nicht überschreiten darf, belastet einzelne Industriezweige stark.

Die Kinder werden namentlich auf dem Lande schon mit 13 oder 13 ½ Jahren aus der Schule entlassen. Es kann wohl nicht bestritten werden, dass beschäftigungsloses Herumtreiben solcher Kinder in der Zwischenzeit – von der Entlassung aus der Schule bis zur Erreichung des 14. Jahres – zu nichts Gutem führen kann, zumal bei der meist mangelnden elterlichen Aufsicht. Vielmehr entstehen in dieser Zeit der Beschäftigungslosigkeit oft schlimme Neigungen und böse Gewohnheiten. Dagegen werden die jungen Menschen bei regelmäßiger Beschäftigung nach der Entlassung aus der Schule an Zucht und Ordnung gewöhnt. Sie erlernen dadurch auch die Arbeit williger und frühzeitiger.

Nach: Jahresbericht der Handelskammer Wiesbaden für 1884, Wiesbaden 1885, S. 13-20, zit. nach: Alltag, Kultur und große Politik. Wiesbadener Stadtgeschichte in Quellen und Kommentaren, Heft 1, hrsg. v. Hess. Institut für Lehrerfortbildung Außenstelle Wiesbaden, Fuldatal / Wiesbaden April 1996, S. 120 f.

M4 Schutz von Kindern

Aus der Urteilsbegründung des Amtsgerichtes Wiesbaden gegen den Glasfabrikinspektor Josef Fritz zu Biebrich vom 23. Juni 1877 wegen Verstoßes gegen die Gewerbeordnung durch Beschäftigung jugendlicher Arbeiter:

Nach den fast übereinstimmenden Angaben dieser Kinder hatten dieselben, einschließlich der unter 12 Jahren, damals im Allgemeinen täglich im Durchschnitt eine Arbeitszeit von 12 Stunden, und zwar 10 Stunden zum Abtragen der noch glühenden Flaschen zum Kühlofen und 2 Stunden zum Ausleeren der Kühlöfen, welche letztere dann noch eine Temperatur von 40 Grad haben. Von den sechs Kindern unter 12 Jahren schienen vier fast täglich ihre 12-stündige Schicht gearbeitet zu haben, wobei drei die Schule wenig oder nicht besuchten. Die Arbeitspausen betrugen für sie eine Viertelstunde für Frühstück und je eine halbe Stunde für Mittagessen.

Nur acht von den einundzwanzig Kindern hätten ein gesundes, ziemlich kräftiges Aussehen gehabt, die übrigen dreizehn hätten einen schwächlichen Körperbau und ein blutarmes, unterernährtes Äußeres gezeigt, einzelne mit den typischen Anzeichen von Brustleiden.

Nach: HStAW 405/3655, fol. 49-53, zit. nach: Klaus Eiler (Hrsg.), Hessen im Zeitalter der Industriellen Revolution, Frankfurt am Main 1984, S. 292 f.

M5 Mädchen in einer Spinnerei
Foto von Lewis Hine aus Newberry, South Carolina, Dezember 1908

Internettipps:

Zur Kinderarbeit damals und heute siehe Mediencode 31053-16

Zum heutigen Arbeitszeitgesetz und zur regelmäßigen „werktäglichen Arbeitszeit der Arbeitnehmer" siehe Mediencode 31053-17

1. *Fasse alle Begründungen zusammen, die die Verfasser für Frauen- und Kinderarbeit anführen (M3).*
2. *Nimm Stellung zu den Argumenten der Unternehmer in M3. Arbeite dabei die Sichtweise auf die Arbeiterschaft, die Frauen und Kinder heraus.*
3. *Nimm die Perspektive eines Reichstagsabgeordneten ein. Verfasse ein Antwortschreiben an die Wiesbadener Unternehmer, in dem du dich für die Einschränkung der Kinder- und Frauenarbeit einsetzt (M3, M4).*
4. *Kinderarbeit heute. Sucht Beispiele (siehe Internettipps) und stellt sie euch gegenseitig vor. Diskutiert in Kleingruppen oder in der Klasse die Aufforderung, keine Produkte zu kaufen, die von Kindern hergestellt wurden.*

Die Gesellschaft wandelt sich

M 1 Arbeiterwohnung im Berliner Südwesten
Foto vom 27. Juli 1910
Das Foto gehört zu einer Bilddokumentation, die im Auftrag der Berliner Ortskrankenkasse der Kaufleute, Handelsleute und Apotheker von einem Fotografen gemacht wurde. Die Originalunterschrift lautet: „B.-SW, Kreuzbergstraße 49. Küche und gleichzeitig Arbeitsraum zur Anfertigung von Cigarren. Auch die Kinder arbeiten mit, die Ehefrau ist augenblicklich krank. Raummaße: 3,70 m lang, 2,60 m breit, 3,00 m hoch."

Untersuche das Foto. Welche Informationen geben Bild und Bildunterschrift? Welche Fragen bleiben offen? Finde eine Erklärung dafür, weshalb eine Krankenkasse Wohnungen wie diese fotografieren ließ.

Immer mehr Menschen

Im 19. Jh. veränderte eine „Bevölkerungsexplosion" das Zusammenleben. Die deutsche Bevölkerung stieg von 25 (1816) auf 65 Millionen (1919). Durch bessere Ernährung, Fortschritte in der Medizin und der Hygiene – etwa durch den Ausbau der Kanalisation und sauberes Trinkwasser – starben weniger Menschen, vor allem weniger Kinder.

Der gewaltige Zuzug vom Land in die Städte sowie von Zuwanderern aus Ost- und Mitteleuropa führte dazu, dass mehr als je zuvor Menschen unterschiedlicher Herkunft unter neuen Bedingungen auf engem Raum zusammenlebten.

Soziale Umbrüche

Über viele Jahrhunderte hatte die Ständeordnung (Adel, Klerus, Bürger/Bauern) die gesellschaftliche und rechtliche Stellung festgelegt. Durch das schnelle Wachstum von Industrie und Wirtschaft änderte sich der Aufbau der Gesellschaft. Es entstanden neue Klassen, also Gruppen, die eine ähnliche Stellung im Wirtschaftsleben hatten, etwa die der Arbeiter und der Unternehmer. Aus der Ständegesellschaft wurde eine **Klassengesellschaft**.

Statt der Geburt entschieden zunehmend Vermögen, Einkommen, Leistung und Bildung über das gesellschaftliche Ansehen und den Aufstieg. Die Grenzen zwischen den Schichten wurden durchlässiger: Wer sein Geld oder seine Arbeitskraft gewinnbringend einsetzte und sich gegen Konkurrenten behauptete, konnte gesellschaftlich aufsteigen. Wer sich andererseits als Unternehmer oder adliger Grundbesitzer verspekulierte, konnte verarmen und somit gesellschaftlich absteigen.

Oben und unten

Zur Oberschicht gehörten neben dem Adel die Großbürger (z. B. Ärzte, Rechtsanwälte, höhere Beamte, Professoren), die durch die Gewinne ihrer Betriebe, ihre Bildung und angesehenen Berufe zu Reichtum und immer mehr Einfluss kamen. Den Mittelstand bildeten Handwerker, kleine Kaufleute, mittlere Beamte und Angestellte. Eltern versuchten, ihren Kindern den „Durchbruch nach oben" zu ermöglichen: den Jungen durch eine gute Ausbildung, den Mädchen, indem man sie mit einer „guten Partie" verheiratete.

Drei Viertel der Menschen gehörten zur Unterschicht. Für die Gruppe der Industriearbeiter und Lohnarbeiter in der Landwirtschaft, die zur Sicherung ihres Lebensunterhalts nur ihre Arbeitskraft verkaufen konnten, bürgerte sich der Begriff **Proletariat** ein. Das Elend dieser rasch zunehmenden Schicht verschärfte sich zur **Sozialen Frage**.

Leben der Unterschichten

Unsicherheit prägte das Leben der Unterschichten. Da es weder Kündigungsschutz noch Versicherungen gab, war das Risiko, arbeitslos zu werden oder durch Krankheit oder einen Unfall nicht mehr arbeiten zu können, hoch.

Frauen aus den Unterschichten mussten arbeiten, um das Überleben der Familie zu sichern. Viele Frauen mit kleinen Kindern versuchten, als Putz-, Wasch- oder Nähhilfen oder durch Heimarbeit hinzuzuverdienen.

Arbeiter hatten durchschnittlich nur eine geringe Lebenserwartung. Dafür waren die karge Ernährung, die harten Arbeitsbedingungen, aber auch die schlechten Wohnverhältnisse verantwortlich. Die Ausweglosigkeit führte nicht selten zu Alkoholmissbrauch und Gewalt gegen Frauen und Kinder. Nicht selten suchten Jugendliche aus den Unterschichten in der Kriminalität oder in der Prostitution einen Ausweg aus diesem hoffnungslosen Leben. Manche endeten im Erziehungsheim, im Arbeitshaus oder im Gefängnis.

Stelle in einer Tabelle die positiven und negativen Folgen des gesellschaftlichen Wandels gegenüber.

M2 Wie die Oberschicht lebt

Wie das Leben in einem bürgerlichen Haushalt Ende des 19. und Anfang des 20. Jh. aussieht, beschreiben die Sozialpolitikerinnen Marie Baum und Alix Westerkamp Ende der 1920er-Jahre:

Der Hausherr ist Ingenieur bei einem Großbetrieb der Nachbarstadt. Er fährt täglich um 7 Uhr im eigenen Kleinauto fort und kommt abends frühestens ½ 6 Uhr, oft später heim. […]
Die Hausfrau, vor ihrer Heirat Sozialbeamtin, ist seither berufslos. Sie betätigt sich im Haushalt anordnend, einteilend und rechnend, hilft gelegentlich in der Küche, besorgt im Sommer das Einmachen und zusammen mit dem Hausherrn die Gartenarbeit, führt alle Besorgungen aus und beschäftigt sich sehr intensiv mit den Kindern. Geistig rege nimmt sie an Vorträgen außerhalb des Hauses teil und pflegt religionswissenschaftliche Studien.
Die Stütze, die das Familienleben teilt, versorgt die Kinder, näht, hilft bei der Hausarbeit und bei der […] Wäsche und vertritt die Hausfrau, wenn diese, was häufig vorkommt, den Hausherrn auf Dienstreisen begleitet. […]
Das Eigenhaus umfasst 6 kleine Zimmer, zwei Wohnräume, zwei Schlaf-, ein Kinder-, ein Gastzimmer, welches zurzeit von der Stütze bewohnt wird, und eine Mädchenkammer. Dazu Bad, Küche und Diele. Der 500 qm große Garten wird vom Hausherrn und der Hausfrau versorgt […].

Nach: William H. Hubbard, Familiengeschichte. Materialien zur deutschen Familie seit dem Ende des 18. Jahrhunderts, München 1983, S. 238 f.

M3 Wie die Unterschicht lebt

Die Soziologin Margarete Freudenthal nennt die Merkmale der Lebensverhältnisse von Arbeitern zwischen 1880 und 1900:

1. Fast alle Arbeiter, die uns begegnet sind, stammen von Vätern ab, die Handwerker waren. Sie selbst sind zum Teil auch noch durch eine Lehre gegangen, mussten aber den Handwerkerberuf mit einem abhängigen Lohnarbeiter- oder Tagelöhnerberuf vertauschen.
2. Die Unsicherheit begleitet das Leben des Arbeiters. Sobald Arbeitslosigkeit eintritt, erfolgt stets das gleiche stufenweise Herabsinken. Es fängt an mit den Mietrückständen, die zu Wohnungswechsel und Pfändung durch den Hauswirt führen; die Armenfürsorge greift ein. […]
3. In den meisten Fällen werden mittellose Frauen geheiratet (Arbeiterinnen, Hausangestellte). Viele Schwangerschaften machen es der Frau in zahlreichen Fällen unmöglich, zum Verdienst beizutragen. Viele der geborenen Kinder sterben wieder. […]
4. Selbst bei einer geordneten Stellung des Ehemannes ist die Bezahlungsart in den seltensten Fällen eine ganz regelmäßige. […] Dadurch sind zwischenzeitliche Schulden […] häufig unabwendbar. […]
7. Eine Verbesserung der Stellung ist in den wenigsten Fällen möglich; die Familien sind sich der Aussichtslosigkeit eines Aufstiegs meist bewusst. […]
11. Die Wohnungen zeigen fast alle ein außerordentlich ärmliches, unhygienisches und unpraktisches Gepräge. […] Dazu sind die Preise dieser Wohnungen außerordentlich hoch.
12. Untervermietung, Schlafgänger und Kostgänger sollen den Verdienst erhöhen. Es ist aber ein sehr unsicherer Verdienst.

Nach: Heidi Rosenbaum (Hrsg.), Seminar: Familie und Gesellschaftsstruktur. Materialien zu den sozioökonomischen Bedingungen von Familienformen, Frankfurt a. M. ⁴1988, S. 342 f.

M4 Bürgerliche Weihnachtsfeier in Steinheim
Foto von 1912

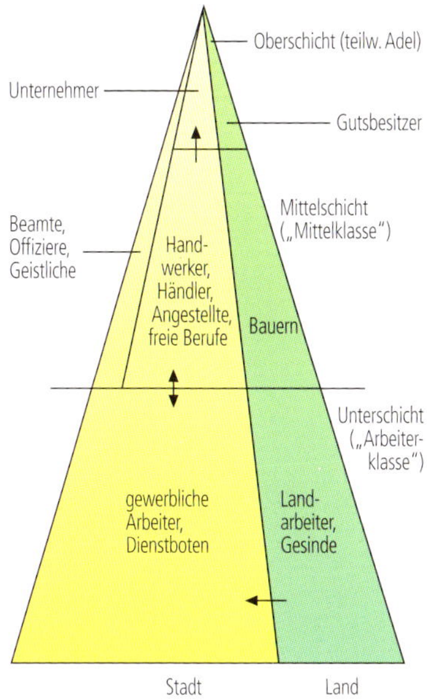

M5 Soziale Schichtung im Deutschen Reich um 1900

1. *Vergleiche M2 und M3. Lege eine Tabelle an und unterscheide dabei verschiedene Bereiche.*
2. *Erläutere mögliche Ansätze, das Leben der Arbeiterfamilien zu verbessern.*
3. *Arbeite aus der Fotografie (M4) Merkmale eines gutbürgerlichen Familienlebens heraus. Stelle sie M1 gegenüber und vergleiche.*
4. *Beschreibe die Grafik M5. Wer gehört heute zur Ober-, Mittel- und Unterschicht?*

Karl Marx fordert die Revolution

M1 Karl Marx und Friedrich Engels
Überlebensgroßes Bronzedenkmal (Höhe Engels: 3,85 m) von Ludwig Engelhardt von 1986 in Berlin, Foto von 2014

Bildet Zweiergruppen und informiert euch jeweils über Leben und Wirkung von Friedrich Engels und Karl Marx. Präsentiert eure Ergebnisse in selbstgewählter Form (Plakat, Power-Point-Präsentation, Aufsatz, fiktives Interview etc.) der Klasse.

Klassenkampf

Bevölkerungsexplosion, Massenarmut und Massenarbeitslosigkeit waren große Probleme während der Industrialisierung. Gelehrte und Politiker hatten unterschiedliche Ideen, um die elende Lage der Arbeiterinnen und Arbeiter zu verbessern.

Den Versuch einer wissenschaftlich fundierten Antwort gab in der Mitte des 19. Jh. **Karl Marx**. Er nannte die Wirtschaftsordnung seiner Zeit **Kapitalismus**, weil die Besitzer von Kapital (Geld), die **Kapitalisten**, nach seiner Ansicht die größte Macht hatten. Insbesondere besaßen die Kapitalisten, die Marx auch Bourgeoisie nannte, alle wichtigen Produktionsmittel (z. B. Fabriken). Nach Marx beutet die Bourgeoisie das Proletariat[1], also die besitzlose Masse der Arbeiter, aus. Die von den Arbeitern produzierten Waren seien nämlich viel mehr wert als der Lohn, den sie bekämen.

Nach Marx waren die Reichen und Mächtigen aber noch nie bereit, Macht und Besitz zu teilen. Deshalb sei ein Kampf zwischen den Klassen[2] der Bourgeoisie und der Arbeiter unvermeidbar. Die Proletarier sollten der Bourgeoisie in einer Revolution alle Produktionsmittel mit Gewalt wegnehmen. Vom Staat könnten die Arbeiter keine Hilfe erwarten, da er nach Marx von den Kapitalisten kontrolliert werde.

Auf dem Weg zur klassenlosen Gesellschaft

Nach der Revolution sollte es nach Marx kein Privateigentum von Produktionsmitteln mehr geben. Alle Fabriken wären nach seinen Vorstellungen dann gemeinsamer Besitz der Menschen. Zunächst sollte der Staat die Produktionsmittel verwalten. Diese Besitzverhältnisse nennt Marx in seinen Schriften **Sozialismus**.

Wenn sich die Menschen an die neuen Eigentumsverhältnisse gewöhnt hätten, so Marx, bräuchten sie den Staat nicht mehr, weil alle friedlich und frei zusammenlebten. Diesen Zustand nennt Marx **Kommunismus** (lat. communis: gemeinsam).

Sozialismus in der Praxis

Friedrich Engels, ein Freund von Marx, teilte dessen Weltanschauung (**Ideologie**). Gemeinsam entwickelten sie den **Marxismus** weiter und veröffentlichten die Ideen 1848 im „Manifest der Kommunistischen Partei". Sie hofften, mit der Revolution von 1848/49 ihre Ziele erreichen zu können. Nach deren Scheitern flohen Marx und Engels ins Ausland.

Nach dem Tod von Marx wurde Engels Herausgeber und Interpret der Marx'schen Schriften. Später haben andere Philosophen und Politiker die Ideen von Marx und Engels vielfach umgeschrieben. Es sind sogar sozialistische Staaten errichtet worden. China hat noch heute eine sozialistische Verfassung. Ob die Nachfolger allerdings immer die Zustimmung von Marx und Engels bekommen hätten, ist sehr umstritten.

1. *Gib mit eigenen Worten wieder, warum Marx einen „Klassenkampf" als unvermeidbar ansah und welches Ziel dieser haben sollte. Verwende dazu die im Text hervorgehobenen Begriffe.*
2. *Erkläre, warum die Idee des Kommunismus gerade zu dieser Zeit entstand.*

[1] Vgl. dazu S. 114.
[2] Siehe S. 114.

Karl Marx | Kapitalismus/Kapitalisten | Sozialismus | Kommunismus | Friedrich Engels | Ideologie | Marxismus

M2 „Ein Gespenst geht um …“

Aus dem „Manifest der Kommunistischen Partei“ von 1848. Es wird erst in den 1870er-Jahren einer größeren Leserschaft bekannt:

Ein Gespenst geht um in Europa – das Gespenst des Kommunismus […].

Unsere Epoche, die Epoche der Bourgeoisie, zeichnet sich […] dadurch aus, dass sie die Klassengegensätze vereinfacht hat. Die ganze Gesellschaft spaltet sich mehr und mehr in zwei große feindliche Lager […]: Bourgeoisie und Proletariat […]. Die Arbeiter beginnen damit, Koalitionen[1] gegen die Bourgeoisie zu bilden; sie treten zusammen zur Behauptung ihres Arbeitslohns. […]

[Der] erste Schritt in der Arbeiterrevolution [ist] die Erhebung des Proletariats zur herrschenden Klasse, die Erkämpfung der Demokratie […]. Das Proletariat wird seine politische Herrschaft dazu benutzen, der Bourgeoisie nach und nach alles Kapital zu entreißen […]. Es kann dies natürlich zunächst nur geschehen vermittels despotischer[2] Eingriffe in das Eigentumsrecht und in die bürgerlichen Produktionsverhältnisse […].

Mögen die herrschenden Klassen vor einer kommunistischen Revolution zittern. Die Proletarier haben nichts in ihr zu verlieren als ihre Ketten. Sie haben eine Welt zu gewinnen. Proletarier aller Länder, vereinigt euch!

Nach: Theo Stammen und Alexander Classen (Hrsg.), Karl Marx: Das Manifest der kommunistischen Partei, Paderborn 2009, S. 66 f., 74, 84 und 96

M4 Freiheit und Recht
Stickbild aus Berlin, 1910

[1] Koalition: Vereinigung, Bündnis
[2] despotisch: rücksichtslos

M3 Was wohin?

Begriffe	Theorie von Marx
Sozialismus	Soll besser leben.
Kommunismus	Marx nennt sie Bourgeoisie.
Produktionsmittel	Es gibt keinen Staat mehr.
Arbeiterklasse	Handtücher gehören nicht dazu.
Unternehmer	Fabriken in der Hand des Staates.
	Arbeiter, die in der Schule sind.
	Alle haben das gleiche Einkommen.

1. *Erläutere, warum nach Marx die Proletarier nur Ketten verlieren, aber eine Welt gewinnen können (M2).*
2. *Ordne jedem Aspekt aus Spalte 1 (Begriffe) einen Satz aus Spalte 2 (Theorie von Marx) zu (M3). Zwei Sätze sind falsch und müssen übrig bleiben.*
3. *Das Stickbild (M4) wurde erst nach dem Tod von Marx (1883) angefertigt. Beurteile, ob es Karl Marx gefallen haben könnte.*

Sozialdemokratie und Gewerkschaften

M1 Fahne der Sozialdemokratie
Sie entstand um 1870.
Weise begründet nach, worauf der Spruch auf der Fahne anspielt.

M2 Postkarte der Gewerkschaften von 1908
Der Text lautet: „Mann der Arbeit, aufgewacht! Und erkenne deine Macht! Alle Räder stehen still, Wenn dein starker Arm es will."

Arbeiterbewegung

Um sich an ihrem Wohnort oder in der Fabrik gegenseitig zu unterstützen, schlossen sich Arbeiter in Vereinen zusammen. Mithilfe der Vereine strebten einige Arbeiter auch eine Verbesserung ihrer Bildung an. Revolutionäre Ziele, wie sie Karl Marx für sinnvoll hielt, hatten die ersten Arbeitervereine aber nicht.

Mitte des 19. Jh. bildete sich die sozialistische **Arbeiterbewegung**. Nun wurden auch überregionale Zusammenschlüsse ins Leben gerufen, die sich an den Ideen von Marx orientierten. 1863 gründete der Journalist **Ferdinand Lasalle** den Allgemeinen Deutschen Arbeiterverein. Das war ein wichtiger Schritt zur Gründung von Arbeiterparteien. Die 1875 gegründete Sozialistische Arbeiterpartei Deutschlands entwickelte sich zur größten Arbeiterpartei und nennt sich seit 1890 Sozialdemokratische Partei Deutschlands (SPD). Bis Ende des 19. Jh. waren die meisten Arbeiterinnen und Arbeiter im Deutschen Kaiserreich Anhänger der SPD.

Revolution oder Reform?

Innerhalb der **Sozialdemokratie** gab es zwei Strömungen. Die eine wollte im Sinne des Marxismus durch eine Revolution den Staat und die Gesellschaft grundlegend ändern. Für die andere war zunächst wichtiger, dass im bestehenden Staat die Arbeiter mehr Rechte und bessere Lebens- und Arbeitsbedingungen erhalten.

Für die Radikalen waren derartige Vorstellungen zu wenig kämpferisch. Weil der Staat und andere Parteien die sozialistische Arbeiterbewegung massiv bekämpften, gewannen die Radikalen viele Anhänger.

Die Gewerkschaften

Nach britischem Vorbild entstanden im Deutschen Reich einzelne Berufsverbände der Drucker, Zigarrenarbeiter oder Metall-, Holz- und Bergarbeiter. Sie verfolgten dieselben politischen Ziele wie die Arbeiterpartei und versuchten vor allem, bessere Arbeitsbedingungen zu erreichen. Dazu gehörten gerechte Löhne, kürzere Arbeitszeiten und ein Verbot von Sonntags- und Kinderarbeit. Daraus entstanden die **Gewerkschaften**. Die sozialistischen Gewerkschaften hatten die weitaus meisten Mitglieder.

Im Gegensatz zu den christlichen und liberalen Gewerkschaften, die harte Konflikte mit den Arbeitgebern vermeiden wollten, gingen die sozialistischen Gewerkschaften auch auf Konfrontationskurs mit den Unternehmern und dem Staat. Dabei waren Streiks (Arbeitsniederlegungen) ein wichtiges Mittel.

Da Streikende keinen Lohn von den Unternehmern erhielten, wurden sie von den Gewerkschaften bezahlt. Dafür mussten die Gewerkschaftsmitglieder regelmäßige Beiträge zahlen. Das meiste Geld gaben die Gewerkschaften allerdings aus, um kranke, arbeitslose und andere hilfsbedürftige Arbeiter zu unterstützen.

Erfolge

Gegen Ende des 19. Jh. wuchs die Zahl der Streiks und immer mehr Arbeiter beteiligten sich an den Arbeitsniederlegungen. Die Arbeiter konnten ihre Forderungen zwar meist nicht direkt durchsetzen. Insgesamt verbesserten sich jedoch die Lebensbedingungen der Arbeiter, da die Arbeitgeber Streiks möglichst vermeiden wollten.

Der Text auf der Bildpostkarte (M2) stammt aus dem „Bundeslied" (1864) des Allgemeinen Deutschen Arbeitervereins. Erläutere die soziale und politische Bedeutung der Zeilen.

M3 „Der Streik"
Gemälde von Robert Koehler, von 1886 (Ausschnitt)
Für viele war ein Streik die letzte Möglichkeit, um Forderungen durchzusetzen.

M4 Aus einem Wahlprogramm

Die Sozialistische Arbeiterpartei, die spätere SPD, fordert in ihrem Wahlprogramm von 1875 unter anderem Folgendes:

1. Allgemeines, gleiches, direktes Wahlrecht, mit geheimer und obligatorischer Stimmabgabe aller Staatsangehörigen vom zwanzigsten Lebensjahr an. Der Wahltag muss ein Sonntag oder Feiertag sein.
2. Direkte Gesetzgebung durch das Volk. Entscheidung über Krieg und Frieden durch das Volk.
3. Volkswehr anstelle der stehenden Heere.
4. Abschaffung aller Ausnahmegesetze; überhaupt aller Gesetze, welche die freie Meinungsäußerung, das freie Forschen und Denken beschränken.
5. Rechtsprechung durch das Volk.
6. Allgemeine Schulpflicht. Unentgeltlicher Unterricht in allen Bildungsanstalten. Erklärung der Religion zur Privatsache.
7. Unbeschränktes Koalitionsrecht[1].
8. Einen den gesellschaftlichen Bedürfnissen entsprechenden Normalarbeitstag. Verbot der Sonntagsarbeit.
9. Verbot der Kinderarbeit.
10. Schutzgesetze für Leben und Gesundheit der Arbeiter.

Nach: Günter Schönbrunn (Bearb.), Das bürgerliche Zeitalter 1815-1914. Geschichte in Quellen, München 1980, S. 878 f.

M5 Revolution?

Auf einem Parteitag der Sozialdemokratischen Partei sagt August Bebel 1891:

Was aber im Zeitalter der Repetiergewehre und der Maximgeschütze in einer Revolution, die höchstens ein paar Hunderttausend Köpfe machten, geschehen würde, das habe ich schon neulich in Dresden ausgesprochen: Wir würden wie die Spatzen jämmerlich zusammengeschossen. Wir sind in der Erringung des letzten Ziels auf ganz neue Wege und neue Mittel angewiesen. Die bürgerliche Gesellschaft arbeitet so kräftig auf ihren eigenen Untergang los, dass wir nur den Moment abzuwarten brauchen, in dem wir die ihren Händen entfallende Gewalt aufzunehmen haben.

Nach: Ilse Fischer und Werner Krause, August Bebel 1840-1913. Ein Großer der deutschen Arbeiterbewegung (Ausstellungskatalog), Köln 1988, S. 213 f.

[1] Koalitionsrecht: Recht zur Gründung von Gewerkschaften und Berufsvereinen

1. *Arbeite die Forderungen der Sozialistischen Arbeiterpartei heraus (M4). Ordne sie den Bereichen Politik, Arbeit, Bildung zu.*
2. *Verfasse einen Brief, in dem ein radikales Mitglied der Partei August Bebel (M5) widerspricht. Nutze dafür auch S. 116 f.*
3. *Bildet Gruppen von etwa vier Mitschülern. Sucht euch aus dem Bild M3 entsprechend eurer Gruppengröße für jeden eine Person aus. Schreibt Sprech- bzw. Gedankenblasen zu jeder der ausgewählten Personen. Diskutiert eure Ergebnisse zunächst untereinander und dann in der Klasse.*
4. *Informiere dich, welche Punkte des Wahlprogramms M4 heute verwirklicht sind bzw. welche nicht.*

1875: Gründung der Sozialistischen Arbeiterpartei Deutschlands (1890: SPD)
Entstehung der Sozialen Frage
1848: Märzrevolution
1848: Manifest der Kommunistischen Partei (Karl Marx, Friedrich Engels)
Verstädterung (Urbanisierung)
In Europa entstehen industrielle Ballungsräume (v.a. Ruhrgebiet)
1800 1850 1900

Unternehmer, Kirchen und die Soziale Frage

M 1 Am Eingang einer Berliner Suppenküche
Holzstich von I. G. Füllhaus, um 1860
Viele Menschen in den Städten konnten sich nur mithilfe der Suppenküchen ernähren. Sie wurden meist von kirchlichen Organisationen oder sozialen Stiftungen betrieben.
Informiere dich, ob es heute noch vergleichbare Einrichtungen gibt.

Unternehmer

Die meisten Unternehmer hielten es nicht für nötig, die Lage ihrer Arbeiter zu verbessern. Höhere Löhne, niedrigere Arbeitszeiten und Ausgaben für bessere Lebensbedingungen hätten kleinere Gewinne bedeutet. Dass sich trotzdem einige wenige Unternehmer für ihre Arbeiter einsetzten, hatte vor allem folgende Gründe:

- Belastende Arbeitsbedingungen führten zu Arbeitsniederlegungen und zu teilweise gewalttätigen Auseinandersetzungen.
- Die Unternehmer wollten verhindern, dass gut ausgebildete Arbeiter zu anderen Betrieben wechseln.
- Viele Unternehmer hielten sich für Patriarchen (lat. pater: Vater), die sich „väterlich" um ihre Arbeiter kümmern und besser als die Arbeiter selbst wussten, was für diese gut und verträglich war.
- christliche Nächstenliebe

Maßnahmen von Unternehmern

Alfred Krupp schuf in Essen ein großes Stahlwerk, das ihm große Gewinne einbrachte. Er betrachtete die Arbeiter als sein Eigentum, unterstützte sie aber gleichzeitig:

- Betriebliche Altersvorsorge: Dabei zahlen die Beschäftigten und der Unternehmer regelmäßig Beträge ein. Dafür erhalten Arbeiterinnen und Arbeiter im Ruhestand eine Rente.
- In Werkswohnungen konnten Arbeiter günstiger wohnen.
- Unterstützungskassen helfen bei Krankheit, Invalidität und im Todesfall den Hinterbliebenen.

Weitere Maßnahmen von Unternehmern waren:

- Der Unternehmer Ernst Abbe beteiligte Arbeiter und Angestellte sogar am Gewinn. Neu war auch, dass er bezahlten Urlaub gewährte.
- In sogenannten Genossenschaften konnten Arbeiter günstig Lebensmittel und andere Alltagsgegenstände kaufen.

Kirchen

Die Kirchen kümmerten sich nicht nur aus christlicher Nächstenliebe um das Elend der Arbeiter. Sie befürchteten, dass sich immer mehr Arbeiter vom christlichen Glauben abwenden. Darin sahen sie eine Ursache für die Armut, die sie bekämpfen wollten. Beispiele sind:

- Der evangelische Pastor Johann Hinrich Wichern gründete 1833 das „Rauhe Haus". Dort wurden Waisenkinder erzogen und ausgebildet.
- Der katholische Priester Adolph Kolping[1] gründete Gesellenvereine, die sich um wandernde Gesellen kümmerten und Freizeit- und Weiterbildungsangebote machten.
- Wilhelm Emmanuel Freiherr von Ketteler, der Bischof von Mainz, förderte nicht nur die katholischen Arbeitervereine. Er war der Meinung, dass einzelne Maßnahmen nicht ausreichten. Er verurteilte das Gewinnstreben der Arbeitergeber und hielt Streiks für ein erlaubtes Mittel.
- 1891 forderte auch der Papst Staat und Unternehmer auf, die soziale Lage der Arbeiter zu verbessern.

1. *Arbeite die Notlagen heraus, die die Unternehmer und die Kirchen mit ihren Maßnahmen lindern wollten. Welche Bereiche werden nicht erfasst?*
2. *Vergleiche die Maßnahmen mit den Vorstellungen der sozialistischen Arbeiterbewegung.*

[1] Siehe das Bild auf S. 89.

M2 „An die Angehörigen meiner gewerblichen Anlagen“

In einer Wirtschaftskrise sinken die Löhne der Arbeiter. Es kommt zu einer großen Streikwelle. Der Unternehmer Alfred Krupp richtet 1877 folgenden Aufruf an seine Arbeiter:

Trotz wiederholter Warnung scheint sich unter einem Teile von Euch der Geist der Sozialdemokratie einschleichen zu wollen. Dieser Geist aber ist verderblich.

Um die Lage meiner Arbeiter zu verbessern, wollte ich ihnen ein möglichst sorgenfreies Dasein für die Zeiten verschaffen, in denen sie selbst nicht mehr arbeiten könnten. [...] Ich habe dadurch hohe Schulden aufgehäuft, die abgetragen werden müssen. Damit dies geschehen kann, muss jeder seine Schuldigkeit tun in Frieden und Eintracht und in Übereinstimmung mit unseren Vorschriften. Unter den schwierigsten Umständen habe ich den Mut gehabt, für meine Leute einzutreten, und behalte ihn auch in der jetzigen schweren Zeit.

Ich gebe Euch nun diesen Rat: Lasst Euch nicht blenden durch schöne Worte und erwartet das Heil nicht von solchen, die einen neuen mühelosen Weg zur Volksbeglückung gefunden haben wollen. Das Schwatzen über politische Angelegenheiten, das ist nur den Aufwieglern willkommen und stört die Pflichterfüllung. Eine ernste Beschäftigung mit der Landespolitik erfordert mehr Zeit und tiefere Einsicht in schwierige Verhältnisse, als Euch zu Gebote steht.

Nach: Gerhard Adelmann u. a. (Hrsg.), Quellensammlung zur Geschichte der sozialen Betriebsverfassung, Bd. 2, Bonn 1965, S. 295

M3 Forderungen des Papstes

In seiner Schrift (Enzyklika genannt) von 1891 schreibt Papst Leo XIII. über die Pflichten von Arbeitern und Arbeitgebern:

Zunächst kann die religiöse Lebensauffassung Besitzende und Nichtbesitzende miteinander versöhnen, indem sie beide Teile zu ihren Pflichten zurückruft.

[Pflichten des Lohnarbeiters:]

Er soll zu dem, was in seinem Arbeitsvertrage mit Freiheit und Gerechtigkeit abgemacht ist, voll und ganz stehen; er soll sich jeder Sachbeschädigung und auch persönlichen Verletzung des Arbeitgebers enthalten; [...] er soll nicht gemeinsame Sache machen mit verbrecherischen Menschen, die in wohlgesetzten Reden das Blaue vom Himmel versprechen.

[Pflichten für Besitzende und Arbeitgeber:]

Man soll den Arbeiter nicht wie einen Hörigen ansehen; man soll in ihm jene persönliche Würde achten, die er als Christ hat. Es ist eine Ehre für den Menschen, durch einen Beruf den Lebensunterhalt zu sichern. Es ist aber schändlich, wenn man den Menschen im Erwerbsbetrieb verbraucht.

Zu den wichtigsten Verpflichtungen des Arbeitgebers gehört es aber, jedem ein gerechtes Entgelt zu geben. Jemand um den geschuldeten Lohn zu bringen, ist eine schwere Sünde, die laut zum Himmel um Rache ruft.

Nach: Gustav Gundlach (Hrsg.), Die sozialen Rundschreiben

M4 Das „Rauhe Haus“

Holzstich, 1855

Das „Rauhe Haus“ hieß wegen seiner roten Backsteinziegel ursprünglich „Ruges Hus“ und müsste damit eigentlich als „Rotes Haus“ übersetzt werden. In dieser Fürsorge- und Erziehungseinrichtung wohnten Jugendliche mit ihrem Betreuer zusammen und erhielten eine Ausbildung. Das Haus stand im Armenviertel der Hamburger Vorstadt St. Georg, wo besonders die Kinder unter schlimmen Bedingungen lebten.

1. *Die Unternehmer verstanden sich oft als „Patriarchen“. Prüfe, ob das auch bei Krupp galt (M2).*
2. *Bereitet ein Rollenspiel vor: Notiert in Zweiergruppen jeweils die Standpunkte Krupps (M2) und eines Sozialdemokraten, der dessen Haltung kritisiert. Führt dann vor der Klasse ein Streitgespräch.*
3. *Vergleiche Krupps Vorstellung mit der des Papstes (M2, M3).*
4. *Begründe, welche Forderungen des Papstes schwer zu erfüllen sind (M3).*
5. *Erörtere die Wirksamkeit der Maßnahmen von Unternehmern und Kirchen.*

Der Staat greift ein

M1 Unfall in einer Maschinenfabrik
Holzstich von Johann Bahr, 1889
Das Bild wurde auf einer Unfallverhütungsausstellung in Berlin gezeigt.
Beschreibe das Bild. Stelle Vermutungen an, welche Folgen ein solcher Arbeitsunfall für einen Arbeiter ohne Versicherungsschutz haben konnte.

Die Bundesrepublik – ein Sozialstaat

In der Verfassung der Bundesrepublik ist das Sozialstaatsgebot festgeschrieben. Deshalb muss der Staat dafür sorgen, dass jeder Bürger das Notwendige zum Leben bekommt. Außerdem soll es einen gerechten Ausgleich zwischen Reichen und Armen geben.
Der Gedanke, dass der Staat diese Aufgaben übernehmen sollte, hat sich erst im 19. Jh. und besonders im Kaiserreich entwickelt.

Wachsender Druck

Der Staat überließ es zunächst vor allem den Kirchen und den Städten und Gemeinden, sich um (Hilfs-)Bedürftige zu kümmern. Außerdem wollte er auch nicht die Unternehmen einschränken. Die meisten Politiker und Beamten hatten dieselbe Einstellung wie die Unternehmer. So sollten beispielsweise Arbeiter kein Recht zu streiken haben. Außerdem profitierte der Staat von den Steuern der Betriebe.
Schließlich war aber auch der Staat zu Sozialmaßnahmen gezwungen: Denn die Zahl der Arbeiter wuchs schnell an, ihr Elend war unübersehbar. Außerdem bekam die sozialistische Arbeiterbewegung immer stärkeren Zulauf und stellte für die Eliten im Kaiserreich eine ernste Bedrohung dar.

Sozialistengesetz

Reichskanzler Bismarck ging gegen die Sozialisten, die für ihn „Reichsfeinde" waren, gesetzlich vor. Das Sozialistengesetz (1878-1890) verbot sozialistische Parteien, Vereine, Gewerkschaften, Schriften und Zeitungen. Sozialistische Reichstagsabgeordnete durften aber ihr Amt behalten und weiterhin gewählt werden. Obwohl hunderte Sozialdemokraten verhaftet wurden, konnte die Arbeiterbewegung aber nicht zerschlagen werden.

Sozialversicherung

Daneben wollte Bismarck die Arbeiterschaft durch eine Sozialgesetzgebung für den Staat gewinnen und dadurch den Sozialisten Anhänger entziehen. Nicht nur die Arbeiter, sondern auch die Unternehmer waren dabei verpflichtet, regelmäßig Beiträge in die Sozialkassen zu zahlen. Von 1883 bis 1889 wurden nacheinander eine Krankenversicherung, eine Unfallversicherung und schließlich eine Alters- und Invaliditätsversicherung eingeführt.
Die Auszahlungen an die Arbeiterinnen und Arbeiter waren gering und konnten die Not nur lindern. Deshalb lehnten SPD und Gewerkschaften die Sozialversicherungen als unzureichend ab.
Dennoch wurde das Sozialsystem vorbildlich für andere Länder. Es wurde weiterentwickelt und besteht auch heute noch in der Bundesrepublik.

1. *Fasse zusammen, warum der Staat schließlich Sozialmaßnahmen durchführte.*
2. *Die Bismarck'schen Sozialgesetze wurden Ausgangspunkt für unsere Kranken-, Unfall- und Rentenversicherung. Informiere dich, welche gesetzlichen Versicherungen für Arbeitnehmer bis heute dazugekommen sind.*

M2 Wer sorgt für die Invaliden?

Über die Unfallgefahren und den fehlenden Versicherungsschutz berichtet folgender Artikel des „Boten vom Niederrhein" vom 12. Januar 1866:

Gestern wurde uns ein Schreiben eines Arbeiters überbracht, in welchem mehrere Fälle zusammengestellt sind, die beweisen, wie schlecht bis jetzt für die Invaliden der Arbeit gesorgt wird.

1. Ein Arbeiter, welcher in einer Fabrik eine Reihe von Jahren gearbeitet hat, ist jetzt über ein halbes Jahr krank. Dieser Mann erhält aus der städtischen Lade[1] kein Geld mehr, Doktor und Apotheker sind ihm von der Fabrik verweigert und seine Kameraden legen wöchentlich einen Betrag zusammen, damit er nicht vor Hunger und Elend umkommt.

2. In einer Fabrik befinden sich Kessel mit einer Lauge von 80 Grad Hitze, über welche ein Gangbrett geht. Ein Arbeiter, der über dieses Brett muss, gleitet aus und fällt mit einem Bein in die heiße Lauge. Er kommt ins Krankenhaus, und die Kosten, welche dadurch erwachsen, werden ihm später mit monatlich 5 Silbergroschen von seinem verdienten Lohne abgehalten.

Es ist in neuerer Zeit mehrfach ausgesprochen worden, dass die Fabrikanten durch ein Gesetz gezwungen werden müssten, für ihre Invaliden ausreichend zu sorgen. Andere haben gemeint, der Staat müsste dies tun.

Nach: Hartmut Pietsch, Industrialisierung und soziale Frage in Duisburg. Quellen und Materialien zur Geschichte und Entwicklung der Stadt Duisburg, Bd. 1, Duisburg 1982, S. 63

M3 Das Reich als wohltätige Institution

In der Reichstagsrede vom 18. Mai 1889 äußert sich Bismarck folgendermaßen:

Wenn wir 700 000 kleine Rentner, die vom Reich ihre Renten beziehen, haben, gerade in diesen Klassen, die sonst nicht viel zu verlieren haben und bei einer Veränderung irrtümlich glauben, dass sie viel gewinnen können, so halte ich das für einen außerordentlichen Vorteil; wenn sie auch nur 115 - 200 Mark zu verlieren haben, so erhält sie doch das Metall in ihrer Schwimmkraft; es mag noch so gering sein, es hält sie aufrecht. Sie werden das nicht leugnen, und ich glaube, dass, wenn Sie uns diese Wohltat von mehr als einer halben Million kleinen Rentnern im Reich schaffen können, Sie sowohl der Regierung, aber auch dem gemeinen Mann zeigen würden, dass das Reich eine wohltätige Institution ist.

Nach: Hans Rothfels (Hrsg.), Bismarck und der Staat. Ausgewählte Dokumente, Darmstadt 1958, S. 382f.

M4 Die Sozialversicherung im Kaiserreich

Versicherungsart	Beiträge	Leistungen
Krankenversicherung für gewerbliche Arbeiter und (freiwillig ab 1892) Angehörige	2-3 % des Lohns, davon 2/3 vom Versicherten, 1/3 vom Arbeitgeber	ärztliche Behandlung und Medizin, Krankenhauskosten; nach zweitägiger Wartezeit Krankengeld (50 % des Durchschnittslohns, max. 2 Mark/Tag)
Unfallversicherung für gewerbliche Arbeiter	vom Arbeitgeber zu zahlen	Heilungskosten; bei Erwerbsunfähigkeit 2/3 des Einkommens, 20 % für Witwen
Invaliden- und Altersversicherung für gewerbliche Arbeiter und Landarbeiter (ab 1911 auch für Familienangehörige)	1 % (ab 1900 1,5 - 3 %) des Lohns; je zur Hälfte von Arbeitnehmer und Arbeitgeber	Invalidenrente bei Erwerbsunfähigkeit; Altersrente ab dem 70. Lebensjahr und nach 30 (ab 1900: 24) Beitragsjahren

Nach: Rainer Bölling und Johann Henseler (Hrsg.), Das deutsche Kaiserreich 1871-1918, Freiburg 1986, S. 47f.

[1] Lade: Unterstützungskasse

1. *Erläutere, mit welchen Mitteln der Artikel M2 auf die Situation der Arbeiter aufmerksam macht und welche Forderung deutlich wird. Vergleiche mit M1.*
2. *Erkläre Bismarcks Formulierung „das Metall [erhält die kleinen Rentner] in ihrer Schwimmkraft" (M3).*
3. *Nenne Einwände, die ein Politiker der Arbeiterpartei Bismarck hätte entgegnen können (M3).*
4. *Begründe, warum für Krankheit, Unfall und Rente der Arbeitnehmer keine freiwillige, sondern eine gesetzliche Lösung gesucht wurde (M3, M4).*

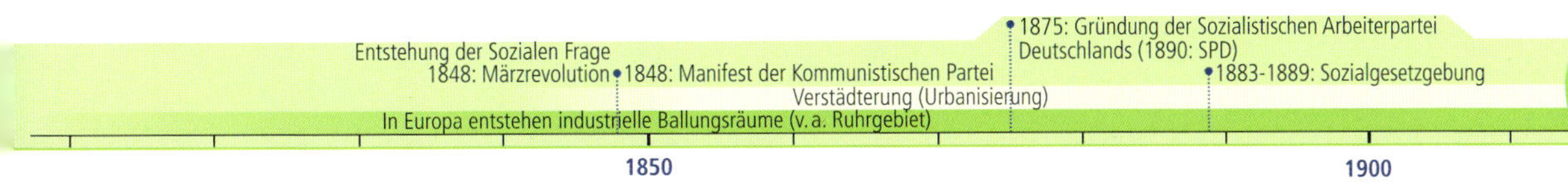

Die Frauenbewegung beginnt

Der gesellschaftliche Wandel während der Industrialisierung warf neben der Sozialen Frage auch die „Frauenfrage" auf. Unverheiratete Frauen und Witwen mussten immer häufiger selbst für ihren Lebensunterhalt sorgen. Aber die Ausbildungsmöglichkeiten waren beschränkt. Bis zu Beginn des 20. Jh. durften Frauen nicht an Universitäten studieren. Es gab nur wenige qualifizierte Berufe, in denen Frauen arbeiten konnten. Zudem bekamen sie grundsätzlich niedrigere Löhne als die Männer. Laut Gesetz waren Frauen den Männern untergeordnet. Politisch mitbestimmen durften Frauen grundsätzlich nicht.
In den deutschen Staaten hatten sich Frauen bereits seit dem Vormärz, vor allem aber während der Revolution von 1848 zu Vereinen zusammengeschlossen und drängten auf mehr Rechte und Freiheiten. Dies war der Beginn der Frauenbewegung.

Vorschläge für Forschungsfragen

Thema 1: *Ungleiche Verhältnisse: die gesellschaftliche und rechtliche Stellung der Frau im 19. Jh.*

Thema 2: *Wir wollen mehr! Die Forderungen der Frauenbewegung um 1900.*

Beschreiben

Thema 1: *Notiert in Stichworten, inwiefern die Frau um 1900 vom Mann abhängig war.*

Thema 2: *Nennt die Rechte, die den Frauen für eine gleichberechtigte Stellung fehlten.*

Untersuchen

Thema 1: *Arbeitet heraus, welche Einstellungen von Männern zur Rolle der Frau und zur Frauenbewegung deutlich werden.*

Thema 2: *Untersucht, welche Auffassung in M4 von der Berufstätigkeit der Frau vertreten wird.*

Einordnen

Thema 1: *Leitet aus den Aussagen der bürgerlichen Frauenbewegung (M3, M4) politische Forderungen ab.*

Thema 2: *Begründet, worin sich die bürgerliche und die sozialistische Frauenbewegung (M6, M7) unterschieden.*

Präsentieren

Thema 1: *Präsentiert auf einem Plakat, was sich bei der Rolle der Frau bis heute geändert hat. Berücksichtigt die Bereiche Familie, Beruf, Alltag, Freizeit.*

Thema 2: *Ihr seid als Gastredner im preußischen Landtag: Entwerft eine Rede, in der ihr vor den Abgeordneten die Forderungen der Frauenbewegung begründet.*

M1 Rechtsstellung der Frau um 1900

Im Bürgerlichen Gesetzbuch von 1900 heißt es:

§ 1354 Dem Manne steht die Entscheidung in allen das gemeinschaftliche Eheleben betreffenden Angelegenheiten zu; er bestimmt insbesondere Wohnort und Wohnung. Die Frau ist nicht verpflichtet, der Entscheidung des Mannes Folge zu leisten, wenn sich die Entscheidung als Missbrauch seines Rechtes darstellt. [...]
§ 1356 Die Frau ist, unbeschadet der Vorschriften des § 1354, berechtigt und verpflichtet, das gemeinschaftliche Hauswesen zu leiten. [...]
§ 1357 Die Frau ist berechtigt, innerhalb ihres häuslichen Wirkungskreises die Geschäfte des Mannes für ihn zu besorgen und ihn zu vertreten. Rechtsgeschäfte, die sie innerhalb dieses Wirkungskreises vornimmt, gelten als im Namen des Mannes vorgenommen [...].
Der Mann kann das Recht der Frau beschränken oder ausschließen. Stellt sich die Beschränkung oder die Ausschließung als Missbrauch des Rechtes des Mannes dar, so kann sie auf Antrag der Frau durch das Vormundschaftsgericht aufgehoben werden. [...]
[...] § 1363 Das Vermögen der Frau wird durch die Eheschließung der Verwaltung und Nutznießung des Mannes unterworfen (eingebrachtes Gut). [...]

Nach: Anne Conrad und Kerstin Michalik (Hrsg.), Quellen zur Geschichte der Frauen, Bd. 3: Neuzeit, Stuttgart 1999, S. 136-140

M2 Gegen das Frauenstudium

1895 werden über 100 deutsche Professoren gefragt, was sie von einem Frauenstudium halten. Auszüge aus den Zuschriften:

Unsere Universitäten sind Männeruniversitäten und in ihrem ganzen inneren Leben dem männlichen Geiste angepasst. *Otto Gierke, Jurist*

Der Frauen höchstes Ziel muss der häusliche Herd, das Familienheim bleiben, soll anders die Weltordnung nicht verdorben werden. *Franz Reigel, Mediziner*

Dass das weibliche Geschlecht in Bezug auf geistige Produktivität durchschnittlich weniger gut veranlagt ist als das männliche, darüber kann kaum ein Zweifel bestehen. *Emmanuel Mendel, Psychiater*

Frauenstudium auf den Universitäten scheint mir ein entbehrlicher Luxus von fraglichem Wert zu sein. *Georg Busolt, Historiker*

Nach: Brigitte Löhr (Hrsg.), Frauen in der Geschichte. Grundlagen – Anregungen – Materialien für den Unterricht, Bd. 1, Tübingen 1993, S. 158 ff.

M 3 Bildung und Beruf für Frauen

Helene Lange prägt die bürgerliche Frauenbewegung; sie schreibt 1887:

Solange die Frau nicht um ihrer selbst willen, als Mensch und zum Menschen schlechtweg gebildet wird, solange sie [...] in Deutschland nur des Mannes wegen erzogen werden soll, solange konsequenterweise die geistig unselbstständigste Frau die beste ist [...], so lange wird es mit der deutschen Frauenbildung nicht anders werden. [...] Nicht Männer, sondern Frauen sind in erster Stelle zur Bildung und Erziehung von Mädchen berufen; taugen die Frauen dazu noch nicht, so mache man sie tauglich.

In dem Programm des „Allgemeinen Deutschen Frauenvereins" von 1905 heißt es:

I. Bildung. [...] Im Einzelnen stellt sie [die Frauenbewegung] folgende Forderungen:
a) obligatorische[1] Fortbildungsschulen für alle aus der Volksschule entlassenen Mädchen;
b) eine Reorganisation der höheren Mädchenschule, durch welche diese [...] den höheren Knabenschulen gleichwertig wird [...];
c) unbeschränkte Zulassung ordnungsgemäß vorgebildeter Frauen zu allen wissenschaftlichen, technischen und künstlerischen Hochschulen.

II. Berufstätigkeit. [...] In Anbetracht der großen Zahl von Frauen, die unverheiratet bleiben, und der weiteren Zahl derer, die in der Ehe keine ausreichende wirtschaftliche Versorgung finden können, ist die Berufsarbeit der Frau eine wirtschaftliche und sittliche Notwendigkeit. Die Frauenbewegung betrachtet die berufliche Frauenarbeit aber auch [...] als Kulturwert, da auch die Frau Träger hervorragender spezifischer Begabung sein kann [...]. In Bezug auf die wirtschaftliche Bewertung vertritt die Frauenbewegung den Grundsatz: Gleicher Lohn für gleiche Leistung.

Erster Text: Elke Frederiksen (Hrsg.), Die Frauenfrage in Deutschland 1865-1915. Texte und Dokumente, Stuttgart 1981, S. 212 und 222
Zweiter Text: Gerhard A. Ritter und Jürgen Kocka (Hrsg.), Deutsche Sozialgeschichte. Dokumente und Skizzen, Bd. 2: 1870-1914, München ³1982, S. 422 f.

M 4 „Zur Frauenbewegung"
Postkarte, um 1910

M 5 Frauenrechte und Arbeiterbewegung

Die sozialdemokratische Politikerin Clara Zetkin führt die sozialistische Frauenbewegung an. 1894 erklärt sie in der von ihr herausgegebenen Zeitschrift „Die Gleichheit":

[D]ie bürgerlichen Frauenrechtlerinnen erstreben nur durch einen Kampf von Geschlecht zu Geschlecht, im Gegensatz zu den Männern ihrer eigenen Klasse, Reformen zugunsten des weiblichen Geschlechts innerhalb des Rahmens der bürgerlichen Gesellschaft, sie tasten den Bestand dieser Gesellschaft selbst nicht an. Die proletarischen Frauen dagegen erstreben durch einen Kampf von Klasse zu Klasse, in enger Ideen- und Waffengemeinschaft mit den Männern ihrer Klasse, die ihre Gleichberechtigung voll und ganz anerkennen, zugunsten des gesamten Proletariats die Beseitigung der bürgerlichen Gesellschaft. Reformen zugunsten des weiblichen Geschlechts, zugunsten der Arbeiterklasse sind ihnen nur Mittel zum Zweck, den bürgerlichen Frauen sind Reformen der ersteren Art Endziel. Die bürgerliche Frauenrechtelei ist nicht mehr als Reformbewegung, die proletarische Frauenbewegung ist revolutionär [...].

Ute Gerhard, Unerhört. Die Geschichte der deutschen Frauenbewegung, Reinbek 1996, S. 180

[1] obligatorisch: verpflichtend

M 6 „Heraus mit dem Frauenwahlrecht!"
Plakat (83 x 60 cm) der sozialistischen Frauenbewegung, 1914

Das weiß ich – das kann ich!

Am Anfang dieses Kapitels steht die Leitfrage:
Wie veränderte die Industrialisierung das Leben der Menschen?
Mit den Arbeitsfragen zu den fünf Kategorien auf S. 88/89 kannst du sie nun beantworten:

Wirtschaft und Umwelt

Die von England ausgehende Industrialisierung veränderte Wirtschaft und Umwelt stark. In den deutschen Staaten begann sie um 1840 zunächst in wenigen Regionen. Mit dem Deutschen Zollverein entstand ab 1834 ein einheitlicher Wirtschaftsraum. Entscheidend war die Erfindung und Weiterentwicklung der Dampfmaschine; sie verhalf der Eisenbahn zum Durchbruch. Großbetriebe, Fabriken und Arbeitersiedlungen prägten bald vielerorts das Bild. Um genug Geld für den Aus- und Aufbau von Unternehmen zusammenzubekommen, wurden Aktiengesellschaften gegründet.
Seit den 1870er-Jahren wurden Eisen- und Stahlproduktion sowie die Chemie- und Elektroindustrie zu führenden Wirtschaftszweigen. Wissenschaftler und Forscher fanden immer neue technische Prozesse. Kehrseite des Fortschritts war die enorme Belastung von Mensch und Umwelt.

Herrschaft

Proteste und Aufstände gegen das Elend der Unterschichten machten auf die Soziale Frage aufmerksam. Der Staat half lange nicht. Die Arbeiter schlossen sich zu Gewerkschaften und Arbeiterparteien zusammen, um für bessere Lebensbedingungen und einen gerechteren Staat zu kämpfen (Arbeiterbewegung). Große Teile der Arbeiterbewegung begannen, sich an der Ideologie von Karl Marx und Friedrich Engels zu orientieren (Marxismus). Diese sagten die zwangsläufige Ablösung des Kapitalismus durch den Sozialismus und Kommunismus nach einer Revolution des Proletariats voraus.
Die Arbeiterbewegung auf der einen Seite und Unternehmer und Regierungen auf der anderen Seite standen sich lange feindlich gegenüber. Bismarcks Sozialgesetzgebung sollte nicht nur Fürsorge gegenüber den Arbeitern sein, sondern auch ein Mittel gegen die Sozialdemokratie.

Gesellschaft

Fortschritte in der Hygiene und Medizin ließen die Lebenserwartung steigen und die Bevölkerung sehr stark anwachsen. Das Bürgertum bekam immer größeren Einfluss. Gleichzeitig entstand eine neue soziale Schicht: die Industriearbeiterschaft. Aus der Ständegesellschaft wurde eine Klassengesellschaft.
Durch die Industrielle Revolution veränderten sich Leben und Arbeit der Menschen einschneidend. Durch die zunehmende Mechanisierung und Arbeitsteilung waren für die Produktion immer weniger Menschen nötig. Hunderttausende verloren ihre Arbeit. Sie wanderten in die neu entstehenden Industriegebiete und wachsenden Städte (Urbanisierung) ab und lebten dort zum größten Teil unter menschenunwürdigen Bedingungen. Es entstand ein Massenelend: die Soziale Frage.

Weltdeutung und Religion

Neben wenigen Unternehmern setzten sich zunächst vor allem die christlichen Kirchen mit sozialem Engagement für die Arbeiter ein. Für sie war die Soziale Frage auch ein religiöses und sittliches Problem. Sie richteten Waisen- und Armenhäuser ein und setzten sich vor allem für die Bildung der unteren Schichten ein.
Bischöfe und sogar der Papst verurteilten das unchristliche Gewinnstreben und riefen Unternehmer und Staat zu sozialen Hilfsmaßnahmen auf.

Begegnung

Menschen zogen vom Land in die industrialisierten Regionen und Städte, oft sogar in andere Länder wie vor allem die USA, weil sie sich dort Arbeit und ein besseres Leben erhofften. Dort trafen dann Menschen mit unterschiedlicher Nationalität, Sprache, Religion und Lebensweise aufeinander.

Kompetenz-Test
Einen Fragebogen, mit dem du überprüfen kannst, was du schon kannst und was du noch üben solltest, findest du unter 31053-18.

Einige Wissenschaftler sagen, dass wir heute mit der Digitalisierung vergleichbar tiefgreifende Veränderungen in Gesellschaft, Wirtschaft und Herrschaft erleben. Nimm dazu Stellung.

M1 1845 - 1945
Holzschnitt aus den in München erscheinenden „Fliegenden Blättern", 1. Jg. (1845), Nr. 19, S. 149

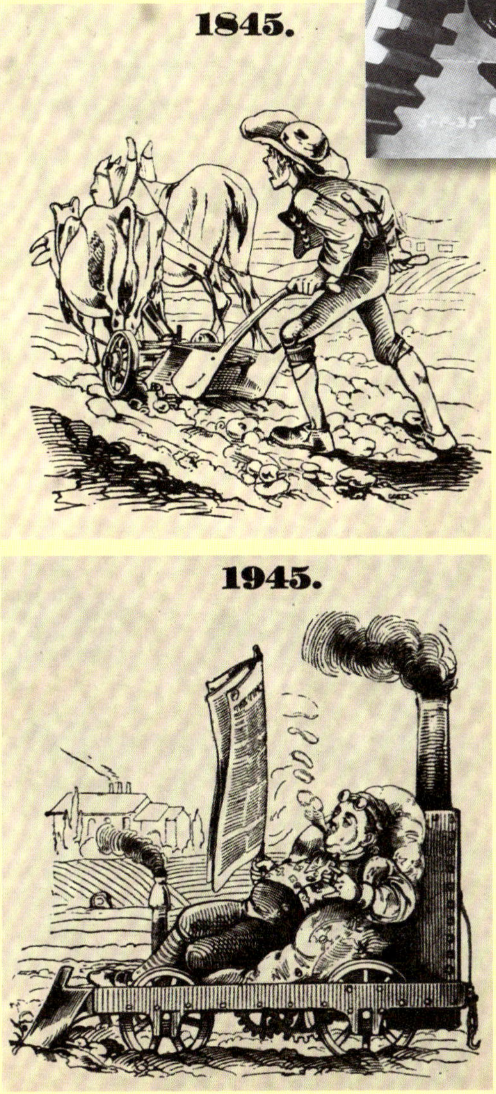

M2 Charlie Chaplin im Film „Modern Times"
Nachkoloriertes Szenenfoto (Ausschnitt), 1936
Als der US-amerikanische Film in die Kinos kam, waren mehr als 100 Jahre vergangen, seit die Maschinen in Europa und den USA den Siegeszug der Industrialisierung einläuteten.

1. *Du arbeitest für die Zeitung „Fliegende Blätter". Der Herausgeber bittet dich, einen Text zu der Karikatur M1 zu verfassen, in der du die dargestellten Folgen der Industrialisierung beschreibst. Verfasse zwei Artikel: einen der a) die Situation humoristisch beschreibt und einen, der b) einen kritischen Blick in die Zukunft wirft.*
2. *Beurteile, was sich aus der Zeichnung über die Einstellung des Zeichners zur Industrialisierung ablesen lässt und ob er seine Zukunftsvorstellung ernst gemeint haben kann.*
3. *Beschreibe das Bild und den Eindruck, den es beim Betrachter hervorruft. Welche „Botschaft" vermittelt das Bild (bzw. der Film). Überlege, wie das Verhältnis „Mensch und Maschine" heute dargestellt werden könnte.*
4. *Diskutiert gemeinsam in der Klasse: Die Industrialisierung – Vorteile für wenige, Nachteile für viele? Stellt dazu auf der Tafel Vorteile und Nachteile in einer Tabelle gegenüber und ordnet dann zu, für wen sie positiv und für wen sie negativ waren. Berücksichtigt auch die langfristigen und weltweiten Folgen der Industrialisierung und ihre Wirkung auf unser Leben heute.*

5

Energie und ihre Nutzung

Der Wind kann säuseln oder mit brutaler Gewalt über das Land fegen. Schon die Menschen früherer Jahrhunderte haben sich bemüht, die Naturkraft „Wind" zu nutzen, um sich ihre Arbeit zu erleichtern. Heute greifen wir wieder auf den Wind zurück, um Energie für unser tägliches Leben zu gewinnen. Zwischen den beiden Arten von Windanlagen liegt eine spannende Zeit, in der die Menschen lernten, sich ganz unterschiedliche Quellen von Energie für ihre Zwecke zunutze zu machen.

M Energiequelle Wind
Foto aus den Niederlanden, 2014
Die Windmühle im Vordergrund stammt von etwa 1750, die Windräder sind von heute.
Diskutiert Gemeinsamkeiten und Unterschiede der beiden Arten von Energienutzung. Nennt Gründe, warum die Windenergie heute wieder aktuell ist.

„Urkräfte“: Wind, Wasser, Muskelkraft

M 1 Windkraft
Miniatur in einer englischen Handschrift, 1320-1340
Dies ist die älteste Abbildung einer Windmühle im Mittelalter.
Arbeite heraus, wozu eine solche Windmühle genutzt wurde.

Energie – was ist das eigentlich?

„Am Ende der Wanderung war ich so schlapp, ich hatte gar keine Energie mehr weiterzugehen!“ Das kennst du vielleicht. Ein Physiker würde dir recht geben, denn in der Physik gilt: Energie ist die Fähigkeit, Arbeit zu verrichten.
Welche Energiequellen nutzten die Menschen in der Vergangenheit, um sich die Arbeit zu erleichtern?

Muskelkraft und Lagerfeuer

Die Jäger der Altsteinzeit brauchten ihre Muskelkraft, um Wild mit Speeren oder Pfeil und Bogen zu erlegen. Sie nutzten bereits eine äußere Energiequelle: Sie zündeten brennbare Stoffe an, wärmten sich an dem Feuer und beleuchteten mit ihm ihr Lager. Und sie fanden heraus, dass man rohe Nahrung durch Erhitzen schmackhafter und bekömmlicher machen kann.
Als die Menschen in der Jungsteinzeit sesshaft geworden waren und Vieh hielten, fanden sie eine neue Möglichkeit zur Energienutzung: Wenn Rinder den Pflug ziehen, können die Bauern Kraft sparen. Als der Wagen erfunden war, erhöhte die Kraft der **Zugtiere** auch die Mobilität der Menschen.

Energiequellen und ihre Nutzung

Die Körperkraft von Mensch und Tier sowie Brennstoffe (Kohle, Erdöl, Erdgas)[1] blieben Jahrtausende lang die einzigen Energiequellen. In den arbeitsteiligen Hochkulturen wurden Methoden erdacht, Energie besser auszunutzen (Schöpfwerke, Brennöfen). Manche Maschinen griechischer und römischer Erfinder konnten schon erstaunliche Bewegungen vollziehen. Sie sollten den Betrachter aber meist nur verblüffen. Die **Mechanik** brachte jedoch auch den Hebel und den Flaschenzug hervor: Diese Werkzeuge erlaubten eine viel bessere Ausnutzung der Energie.

Die Römer verheizen den Wald

Im Römischen Reich war Holz fast der einzige zum Heizen verwendete Stoff. Riesige Mengen wurden verbrannt, um Metalle zu schmelzen, Töpfer-, Kalk- und Glasöfen zu befeuern und die Thermen im ganzen Reich zu betreiben. Überall, wohin die Römer kamen, rodeten sie die Wälder, zuerst in der Nähe von Bergwerken.
Schon zuvor gab es **Raubbau** an der Natur, etwa durch zu intensive landwirtschaftliche Nutzung. Die Abholzung der Wälder zur Römerzeit ist aber die erste Umweltveränderung, die hauptsächlich auf die Nutzung von Energie zurückgeht.

Neue Kraft aus Wasser und Wind

In den antiken Kulturen des Mittelmeerraums wurden neue Quellen für Energie gefunden: In hellenistischer Zeit kamen griechische Mechaniker auf die Idee, einen Fluss ein Wasserrad drehen zu lassen, um damit Getreide- und Ölmühlen anzutreiben. Die Römer verbesserten die Technik, sodass sie wasserbetriebene Schmiedehämmer und sogar Sägen für Steinblöcke bauten. In der Spätantike waren Wassermühlen für unterschiedlichste Zwecke im ganzen Mittelmeerraum bekannt.
Die Nutzung des Windes für schwere Arbeit ist vermutlich im Perserreich erfunden worden und breitete sich von dort aus. Erste Windmühlen in Europa kamen mit den Arabern in das heutige Spanien. Andere Typen wurden im 12. Jh. in Nordfrankreich und in Südengland erfunden.
Wasser- und Windkraft trieb im Mittelalter überall Mühlen an – nicht nur die, in denen Getreide zu Mehl gemahlen wurde.

[1] Siehe dazu S. 132 und 134.

Zugtiere Mechanik Raubbau

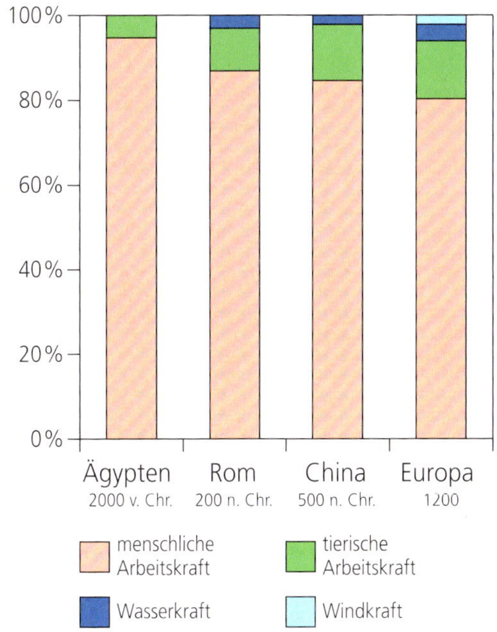

M 2 Drei Jahrtausende Nutzung von Energie
Welche Energieträger nutzten die Menschen?

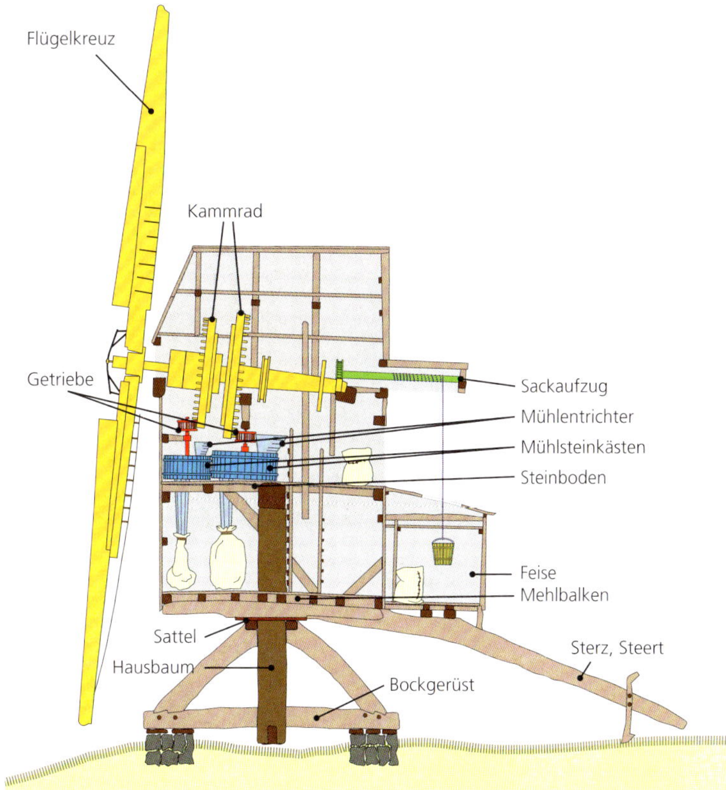

M 4 Bockwindmühle
Querschnitt einer Mühle, etwa 1600
Die ganze Windmühle war um ihre Achse (den Hausbaum) drehbar. Wenn der Wind aus einer anderen Richtung blies, musste sie gedreht werden.

M 3 Fortschrittliches Mittelalter

Manchmal wird das Mittelalter als „dunkle Epoche" angesehen. Was die Energieversorgung betrifft, ist es aber durchaus fortschrittlich gewesen:

Im Mittelalter, das wie die Antike agrarisch[1] geprägt war und sich in dieser Hinsicht strukturell[2] kaum von der Antike unterscheidet, wurden gegenüber der Antike bedeutende technische Fortschritte erzielt: Durch [...] die Konstruktion der Nockenwelle war es möglich geworden, die Rotationsbewegung des Wasserrades in eine hin- und hergehende Bewegung oder in eine Stampfbewegung umzuwandeln. Auf diese Weise konnte die Wasserkraft für völlig verschiedenartige Arbeitsprozesse genutzt werden, etwa zum Zerkleinern von Erz, zum Betrieb von Blasebälgen bei der Verhüttung, zur Wasserhaltung in Bergwerken, zum Walken von Tuchen oder zum Ziehen von Draht. Die Mühle, die Produktionsstätte, die mit Wasserkraft arbeitete, fand im Gewerbe des Mittelalters eine weite Verbreitung.

Helmuth Schneider, Geschichte der antiken Technik. München 2007, S. 8

[1] agrarisch: auf Landwirtschaft beruhend
[2] strukturell: in grundsätzlichen Merkmalen

1. *Beschreibe die Funktionsweise der Windmühle in M4. Arbeite heraus, welche Einschränkungen ein Nutzer dieser Energieanlage in Kauf nehmen musste. Gibt es auch Vorteile?*
2. *Helmuth Schneider nennt in M3, Z. 11 - 14, verschiedene Nutzungsmöglichkeiten für die Wasserkraft.*
   a) Zeichne als Skizze eine technische Anlage, die eine der genannten Aufgaben erfüllen kann.
   b) Überlege, welche Funktionen in einem heutigen Haushalt durch ein Wind- oder Wasserrad übernommen werden könnten.
3. *Arbeite aus M2 heraus, ob sich zwischen Ägypten um 2000 v. Chr. und Europa um 1200 wesentliche Aspekte der Energienutzung verändert haben.*
4. *Beurteile den Raubbau der Römer am Wald: Welche Folgen hatte die intensive Abholzung, welche Alternativen hätten die Römer gehabt?*

Vielleicht kannten bereits Ägypter und Babylonier Windmühlen – die Forschung ist sich nicht sicher
5. Jh. v. Chr: Wassermühlen zur Bewässerung (Mesopotamien)
Wassermühlen im ganzen Römerreich...
... und im mittelalterlichen Europa
900: Windmühlen in Persien
ab 1180: Windmühlen im Nordseeraum

2000 v. Chr. | 1500 v. Chr. | 1000 v. Chr. | 500 v. Chr. | Chr. Geb. | 500 | 1000 | 1500

Machen Kohle und Eisen unabhängig?

M1 „Coalbrookdale bei Nacht“
Ölgemälde von Philipp Jakob Loutherbourg d. J., 1801
Coalbrookdale (England) gilt als Geburtsort der Industriellen Revolution: Seit 1709 wurde hier zur Eisenherstellung nicht Holzkohle, sondern Steinkohle verwendet. Diese wurde an den Hängen des Tals gewonnen.
Arbeitet aus dem Bild heraus, was die Eisenherstellung mit der Nutzung von Steinkohle zu tun hat.

Der Hunger auf Energie wächst

Wer im Mittelalter oder in der Frühen Neuzeit mit Metallen arbeiten wollte, brauchte dazu Hitze, um das Metall zunächst aus dem Erz herauszulösen und dann zu verflüssigen. Nur so ließen sich Werkzeuge aus Eisen herstellen oder Silbermünzen prägen. Um die Hitze zu erzeugen, musste Holz verbrannt werden. Dazu wurden Unmengen an Bäumen gefällt und zerkleinert. Später nutzte man Holzkohle, die beim Verbrennen doppelt so viel Energie enthält wie einfaches Holz. Denn Holzkohle ist durch Hitze stark getrocknetes, „verkohltes“ Holz – also ein verdichteter Brennstoff, den sogenannte Köhler herstellten.

Gibt es Alternativen?

Ein Brennstoff war schon in der Antike bekannt: Weiche, brennbare „Steine“ dicht unter dem Acker. Bauern gruben diese Braunkohle aus und heizten damit ihre Häuser. An manchen Orten liegen in größerer Tiefe mächtige Schichten von schwarzen Brocken: Steinkohle. Sie lässt sich zwar schwerer entzünden als Braunkohle, hat aber einen höheren Heizwert.[1]

Was kann man mit Kohle anfangen?

Gegenstände aus Eisen wurden immer beliebter. Dies veranlasste Unternehmer in kohlereichen Gebieten, den begehrten Energieträger aus immer größerer Tiefe fördern zu lassen. Ausgedehnte Kohlebergwerke entstanden im 18. Jh. in England. In ihrer Nachbarschaft siedelten sich Hochöfen und Schmieden an, die die Steinkohle sofort nutzten. Dort entstanden die ersten Industriereviere.

Die Erfindung des Herrn Watt

Ein schweres Problem der frühen Kohlebergleute war das Grundwasser: Lange bevor sie die unterste Kohleschicht erreichten, liefen die Gruben und Schächte voll Wasser und verhinderten den weiteren Abbau. Entwässerungspumpen saugten mit der Muskelkraft von Pferden das Wasser ab.
Viele Techniker bemühten sich, die mechanische Energie zum Betrieb der Pumpen aus der Verbrennung von Kohle zu erzeugen. Dem Instrumentenbauer **James Watt** gelang es 1775, ältere Entwürfe so zu verbessern, dass sie kräftig genug für zahlreiche Anwendungen wurden. Die Dampfmaschine begann ihren Siegeszug.[2]
Nun war es möglich, überall unabhängig von Wind und Wasserkraft Bewegung zu erzeugen und Räder anzutreiben. Nach und nach entdeckten viele Gewerbe den Nutzen der Dampfmaschine: Bald trieben sie Mühlen, Sägen, Pumpen, Gebläse von Hochöfen, Walzen in Stahlwerken und Webstühle an.

Dampfkraft macht mobil

Die frühen Dampfmaschinen waren empfindliche, ortsfeste Anlagen. Viele Techniker entwickelten sie weiter, sodass sie noch im 18. Jh. auch Flussschiffe antrieben. Im 19. Jh. fuhren Dampfschiffe dann auch auf den Ozeanen.
Etwas später revolutionierte die Dampfmaschine auch den Landverkehr: Nach älteren Entwürfen für „Dampfwagen“ baute **George Stephenson** Bahnen zum Transport von Kohle vom Bergwerk zum nächsten Hafen.
Es dauerte nicht lange, bis die (von Pferden völlig unabhängigen) Wagen auch Personen beförderten: 1830 nahm die erste Eisenbahn zwischen den Industriestädten Liverpool und Manchester ihren Betrieb auf.[3]
So machte innerhalb kurzer Zeit die Energie aus Kohle in Handwerk und Verkehr den alten „Naturkräften“ Wind und Wasser erfolgreich Konkurrenz.

[1] Sowohl Braunkohle als auch Steinkohle bestehen aus den Bäumen ehemaliger Wälder, die vor Jahrmillionen überflutet und später vom Druck der Erdkruste zu Kohle zusammengepresst wurden.
[2] Siehe nochmals S. 90.
[3] Siehe ebd.

James Watt George Stephenson

M 2 Wälder im Gleichgewicht?

1751 - 1780 erscheint in Paris das Lexikon „Encyclopédie“. Es will das gesamte Wissen seiner Zeit sammeln. Im Artikel „Holz“ von 1752 heißt es:

Ich kann diesen Artikel zum Thema Holz [...] nicht beenden, ohne darauf hinzuweisen, dass wir uns hier in Kürze einem schwerwiegenden Mangel gegenübersehen werden und die Nutzung von Holz als Brennstoff einen erheblichen Einfluss auf das Wohlergehen [...] haben kann. Brennholz muss nicht erst so knapp und teuer werden, dass es eine große Anzahl der Einwohner der Hauptstadt aus der Stadt treibt und dieses Problem der Hauptstadt im ganzen Rest des Landes spürbar wird. [...]
Wenn die Wälder um unsere Städte erschöpft sind, wird sich jemand Geschäftstüchtiges finden, der gegen Geld Holz aus entfernteren Wäldern herbeischafft. Und wenn er damit Erfolg hat, tragen wir die Verantwortung dafür, dass auch die entfernteren Wälder zerstört werden. Schließlich werden wir auf Kohle als Brennstoff zurückgreifen müssen, die glücklicherweise überall gefunden werden kann.
Warum ergreifen wir diese Option nicht schon heute? Warum verbieten wir nicht den Gebrauch von Holz in den Fällen, in denen es leicht ersetzt werden kann? Wenn wir dies schon heute und nicht erst später tun, werden sich die Wälder früher beginnen zu regenerieren. Treffen wir dann noch ähnliche Schutzmaßnahmen wie in der Vergangenheit, werden die Wälder, so sie sich wieder im Gleichgewicht befinden, alle unsere Bedürfnisse befriedigen können.

Thomas Schabbach und Viktor Wesselak, Energie. Die Zukunft wird erneuerbar, Berlin u. a. 2012, S. 17f.

M 3 Die Eisenbahn verkleinert die Welt

Die schnelle Eisenbahn lockt viele Fahrgäste an:

Die Mehrheit der Bevölkerung [...] bejubelte jeden Fortschritt und jede technische Neuerung, so lange sie nur mehr Komfort und kürzere Fahrzeiten bedeutete. Je schneller die Züge wurden, desto mehr Fahrgäste stiegen auf das neue Transportmittel um: Während 1839 die Postkutsche noch 10 Stunden von München nach Augsburg brauchte – eine 60 Kilometer lange Strecke –, schaffte die Bahn die gleiche Route zwei Jahre später in nur drei Stunden. Die Reisenden wussten das zu schätzen: 1838 ließen sich 27 500 Fahrgäste von der Postkutsche über hessische Landstraßen zwischen Frankfurt und Mainz schaukeln. Zwei Jahre später beförderte die Taunusbahn dieselbe Zahl von Fahrgästen in nur zwei Wochen.

Werner Pluta, Triebwagen im Temporausch. Bild der Wissenschaft, Jg. 43, Nr. 1 (2006), S. 102

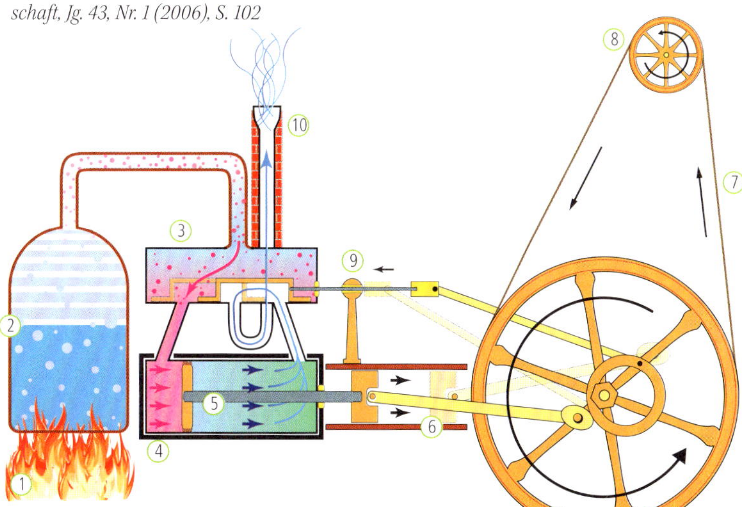

M 4 Bewegungsenergie aus Kohle

Schnitt durch eine Dampfmaschine nach James Watt

(1) Feuerung – (2) Dampfkessel – (3) Verteilungszylinder mit Schiebern – (4) Hauptzylinder mit (5) Kolben – (6) Gestänge zur Umwandlung der Hin- und Herbewegung in eine Drehbewegung – (7) Übertragungsriemen auf die (8) Arbeitsachse (Welle) – (9) Schieber zum Wechsel der Druckrichtung – (10) Dampfabzug

1. *Der Lexikonartikel M2 empfielt 1752 die Nutzung von Kohle zur Schonung von natürlichen Ressourcen (Holz). Beurteile diesen Vorschlag mit deinem heutigen Wissen.*
2. *Beschreibe die Funktion der Dampfmaschine M4. Was ist das Neue?*
3. *Dampfmaschine und Eisenbahn sollten Probleme im Kohlebergbau beheben. Sie erhöhten das Angebot von Steinkohle, aber auch die Nachfrage! Zeichne ein Schaubild mit diesen Eintragungen: Erhöhung der Kohleförderung – Erfindung der Dampfmaschine – Kohle ist begehrter Brennstoff im ganzen Land – Eisenbahn transportiert Kohle billig – Dampfmaschinen werden vielfältig verwendet – Erfindung der Eisenbahn – Dampfmaschinen pumpen Minen trocken.*
4. *Kutsche oder Eisenbahn? Legt eine Tabelle an, in der ihr die Vor- und Nachteile beider Beförderungsarten gegenüberstellt. Könnt ihr den Argumenten aus M3 etwas entgegensetzen?*
5. *Recherchiert die Anfänge der Eisenbahn in eurer Heimat: Befragt Historiker, besucht euer Museum, lest Bücher zur Ortsgeschichte. Vielleicht gibt es schon eine Eisenbahngeschichte eurer Stadt?*

Eisenverhüttung mit Blasebälgen, die von Wasserrädern angetrieben werden – Stein- u. Braunkohle in oberflächlichen Gruben abgebaut – 1575: Kohlebergwerk unter Meeresspiegel (Schottland) – Holz und Holzkohle werden knapp, Nachfrage nach Steinkohle wächst – 1775: verbesserte Dampfmaschine (James Watt) – 1830: erste Eisenbahn für Passagiere (George Stevenson)

1300 1400 1500 1600 1700 1800 1900

Neue Energiequellen, neue Verteilungswege

M 1 Der „Ölrausch" bei Peine
Holzstich von Bruno Straßberger, 1885
Im Juli 1881 wurde hier eine Probebohrung fündig – die vorhandenen Fässer reichten nicht aus, um die Ölmenge aufzunehmen. Ein „Ölrausch" setzte ein, der dem Ort auch seinen Namen gab: Oelheim.
1 500 Arbeiter aus 47 Firmen förderten Öl. Als aber 1882 die Regierung das Einleiten des bei den Bohrungen austretendenen Salzwassers in einen Fluss verbot, kam es zum Zusammenbruch: Viele Firmen gingen pleite, die Arbeiter zogen ab.
Der Ölboom in Oelheim hat Hoffnungen und Enttäuschungen geweckt. Stelle diese in einer Tabelle gegenüber.

Das „fossile Energiezeitalter"

Mit der Dampfmaschine konnten Handwerker und Hersteller von Gütern an jedem Ort kraftvolle Bewegungen nutzen. Handwerksbetriebe wuchsen zu Fabriken, eine Industrie entstand.

Neben der Kohle wurden bald auch andere Quellen zum Antrieb der Kraftmaschinen nutzbar gemacht: Erdöl wurde in größerem Maßstab erstmals 1859 in den USA gefördert. Es hat etwa 50 Prozent mehr Energie als Standardkohle, lässt sich leichter transportieren und durch technische Prozesse in verschiedene Brennstoffe umwandeln.

Als man auch das gemeinsam mit Erdöl vorkommende Erdgas nutzen konnte, standen mit der Kohle drei **fossile Brennstoffe** zur Verfügung. Die Gesellschaft des 19. und 20. Jh. nutzte sie intensiv – Historiker sprechen geradezu vom „fossilen Energiezeitalter".

Energie durch Drähte

Noch immer musste man Brennstoffe transportieren, um vor Ort Energie zu nutzen. Physiker und Techniker machten im 19. Jh. eine andere Form von Energie verfügbar: elektrischen Strom.

Ein Generator – vergleichbar mit einem Fahrrad-Dynamo – wandelt Bewegung in elektrischen Strom um. Dieser kann durch Drähte überall hin geleitet werden. An jedem Punkt eines Stromnetzes kann Elektrizität in nützliche Energie verwandelt werden: Beleuchtung, Wärme, Kälte oder Bewegung. In allen Ländern wurden Stromleitungen gezogen.

Energie aus Atomkernen

Eine ganz neue Art von Energie verdanken wir den Fortschritten der Physik: Wissenschaftler fanden heraus, dass bestimmte Stoffe Strahlung abgeben und dabei Wärmeenergie freisetzen. Die erste Anwendung dieser Energie war militärisch: Die USA beendeten 1945 mit zwei Atombomben auf Japan den Zweiten Weltkrieg. Später wurden **Kernkraftwerke (Atomkraftwerke)** entwickelt, die diese Energie für zivile Zwecke nutzen, etwa zur Gewinnung von Strom.

Die Strahlung der „radioaktiven" Elemente ist für den Menschen sehr gefährlich, daher müssen sie mit dicken Wänden abgeschirmt werden. Der Vorteil dieser neuen Energieart ist: Die radioaktiven Brennstoffe haben einen vieltausendfach höheren Energiegehalt als Kohle.

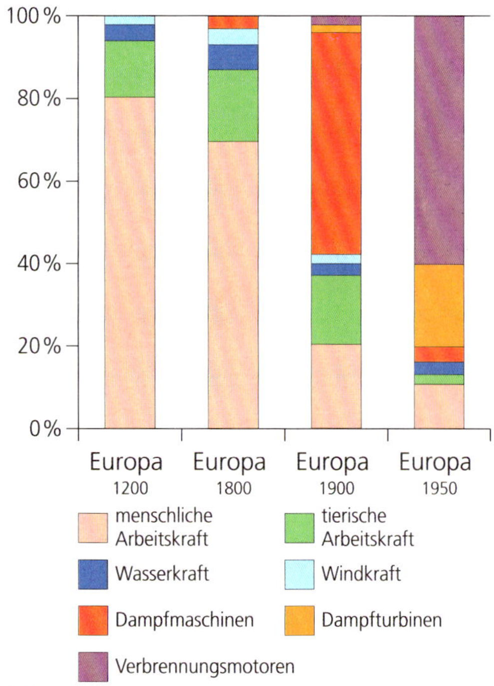

M 2 Acht Jahrhunderte Nutzung von Energie
Welche Energieträger nutzten die Menschen?

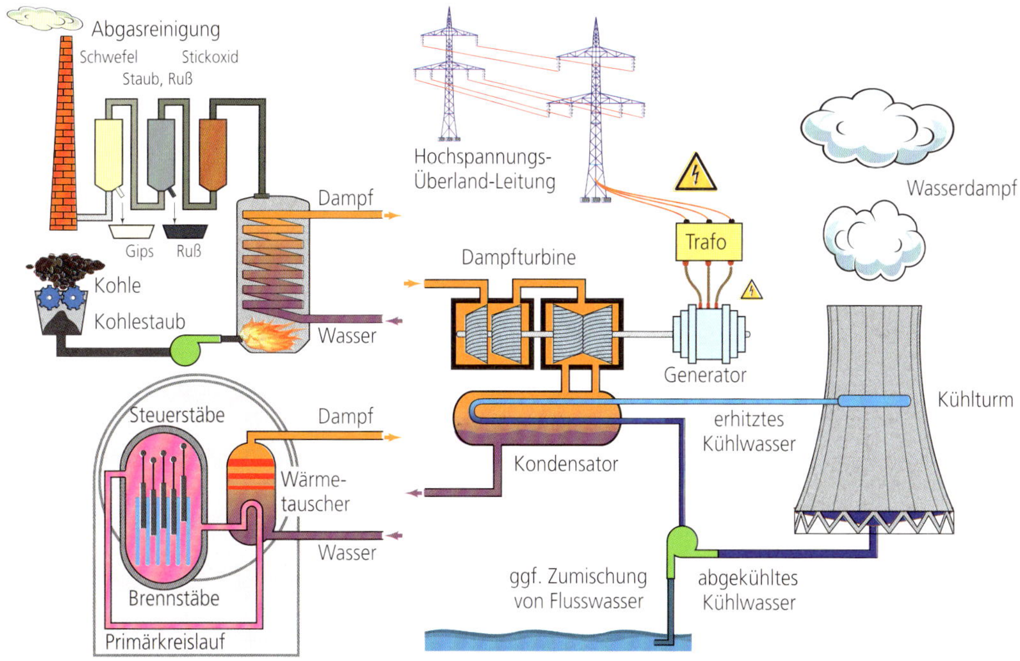

M3 Kohlekraftwerk und Kernkraftwerk
Unterschiedlich verläuft bei beiden Kraftwerksarten die Erzeugung von Wärmeenergie. Die Umwandlung von Wärme in Bewegung durch Turbinen und die Umwandlung von Bewegung in elektrischen Strom durch Generatoren sowie die Abführung der überschüssigen Wärme ist dagegen in beiden Fällen prinzipiell gleich.

M4 Majestätische Möglichkeiten

Nach dem Zweiten Weltkrieg arbeiteten viele Staaten auch an der friedlichen Nutzung der Kernenergie. Die USA und Großbritannien gingen voran. Über die Begeisterung an dieser Energiequelle schrieb das deutsche Magazin „Der Spiegel" 1954:

Nach einem amtlichen amerikanischen Bericht kostet Strom aus Atomkraft 0,45 Cent je Kilowattstunde, Strom aus einem normalen Kraftwerk mit Kohlefeuerung 0,75 Cent je Kilowattstunde. [...] Ein 500 000-kW-Kohlekraftwerk braucht jährlich rund eine Million Tonnen Kohle, ein gleich großes Atomkraftwerk ganze 100 Tonnen Uran. Zum Transport von einer Million Tonnen Kohle sind 670 Güterzüge nötig. 100 Tonnen Uran können dagegen von fünf Flugzeugen befördert werden. Das eröffnet besonders für die Energieversorgung (und Erschließung) von schwer zugänglichen, abgelegenen Gebieten phantastische Möglichkeiten. Große Kraftwerke etwa in der Arktis, der Sahara, in Sibirien wären denkbar. Länder, wie Schweden oder Brasilien, die nicht über genügend Kohle oder Wasserkräfte verfügen, könnten sich durch Atomkraftwerke billig mit Energie versorgen lassen. Und nirgendwo gäbe es ein Transportproblem. [...]

[Der britische Premierminister Churchill] unterstreicht seit längerem in privaten Gesprächen und öffentlichen Debatten, welche Segnungen die Atomspaltung über die Welt bringen könnte. Sie könnte, rief er aus, „der Menschheit die schnellste Erhöhung ihres materiellen Wohlergehens bringen, die es jemals in ihrer Reichweite, ja auch nur in ihren Träumen gab ... Diese majestätischen Möglichkeiten sollte man vor den Augen der Arbeitenden in allen Ländern gleißen lassen."

Der Spiegel 44, 27. Oktober 1954, S. 39

1. *Analysiere die in M2 gezeigte Entwicklung. Vergleiche mit S. 131, M2.*
2. *Arbeite aus der Darstellung wichtige Veränderungen bei der Energienutzung im 19. und 20. Jh. heraus. Fallen dir für diesen Zeitraum weitere Fortschritte ein? Diskutiert die Auswirkungen der Entwicklung.*
3. *Beschreibe die beiden Kraftwerke in M3. Arbeite heraus, an welchen Stellen Risiken für Mensch und Umwelt bestehen.*
4. *Arbeite aus M4 heraus, welche Hoffnungen man in den 1950er-Jahren in die Kernenergie setzte. Informiere dich, welche der genannten Hoffnungen und Zukunftsvisionen Wirklichkeit wurden.*
5. *Stelle Vor- und Nachteile von fossiler Energie und Kernenergie gegenüber.*

Energie – eine Frage für die Zukunft

M1 Logo der Atomkraftgegner
In den 1970er-Jahren wuchs die Zahl der Menschen, die sich über die Sicherheit und die Folgen der Kernenergie Sorgen machten. Dieses Logo – erfunden 1975 von einer dänischen Studentin – wurde zum bekanntesten Abzeichen der entstehenden Anti-Atomkraft-Bewegung.
Arbeite heraus, welche Botschaft das Logo transportiert.

Kernenergie in der Kritik

Der grenzenlose Optimismus gegenüber „Atomkraft“ in Wissenschaft und Medien wurde von der Bevölkerung nicht geteilt. Viele Menschen machten sich Sorgen, dass Kernreaktoren ganze Regionen unbewohnbar machen könnten. Sie fragten, was mit verbrauchten Brennstäben geschehen soll, die noch Jahrtausende tödliche Strahlung abgeben.

In den 1970er-Jahren bildete sich in vielen Ländern eine wachsende Anti-Atomkraft-Bewegung. Die 1980 gegründete Partei „Die Grünen“ vertrat ihre Positionen politisch. 1983 zog sie in den Bundestag ein und forderte den sofortigen „Atomausstieg“.

Die Warnungen der Kernkraftgegner wurden 1986 durch den Reaktorunfall in Tschernobyl (Sowjetunion) bestätigt: Das Kraftwerk geriet außer Kontrolle, es kam zum Schmelzen des Kerns, zu Explosionen und der Freisetzung großer Mengen radioaktiver Stoffe. Weite Gebiete wurden verseucht – bis heute. An den Folgen des bislang schwersten Atomunfalls starben etwa 4000 Menschen.

Politische Folgen der Katastrophe

Nun wurde Kernenergie auch von bisherigen Befürwortern kritischer gesehen. In der Bundesrepublik wurde schließlich 2000 der Ausstieg aus der kommerziellen Nutzung der Kernenergie bis etwa 2020 beschlossen. Man hielt einen langsamen Ausstieg für richtig, da die deutschen Kernkraftwerke mit dem veralteten sowjetischen Tschernobyl-Reaktor hinsichtlich Sicherheit keineswegs vergleichbar seien. 2010 wurde sogar eine Laufzeitverlängerung deutscher Kraftwerke um acht bis 14 Jahre erlassen.

Als jedoch 2011 der moderne japanische Kernreaktor Fukushima durch einen Tsunami[1] zerstört wurde und fast so viel Radioaktivität freigesetzt wurden wie in Tschernobyl 1986, kam es zu einer überraschenden Wende in der Energiepolitik: Der Bundestag beschloss mit großer Mehrheit das schnelle Ende der Kernenergie (**Energiewende**). Noch 2011 wurden die acht ältesten Reaktoren stillgelegt, die übrigen neun sollen bis spätestens 2022 vom Netz gehen.

Und die Alternativen?

2010 erzeugten Kernkraftwerke über 28 Prozent des Stroms in Deutschland. Soll man den Ausfall durch mehr Kohle- und Gaskraftwerke ausgleichen? Seit den 1970er-Jahren weisen Forscher auf eine globale Erwärmung des Klimas hin. In den 1990er-Jahren wurde zur Gewissheit: Kohlendioxid (CO_2) trägt als „Treibhausgas“ hauptsächlich zum Klimawandel bei. CO_2 entsteht bei jeder Verbrennung. Die meisten Wissenschaftler sind sich einig, dass nur die Abkehr von fossilen Energieträgern den folgenschweren **Klimawandel** stoppen kann. Viele Staaten haben sich zur Reduktion der CO_2-Emission verpflichtet. Deutschland will sie bis 2020 um 40 Prozent gegenüber 1990 senken.

Die doppelte „Energielücke“ (Wegfall aller atomaren und Reduktion der fossilen Kraftwerke) kann nur durch zwei Maßnahmen gefüllt werden: Die sogenannten „erneuerbaren Energien“ Sonne, Wind, Wasser und Biomasse sowie die Möglichkeiten zur Energieeinsparung müssen verstärkt genutzt werden. Durch finanzielle Anreize, Investitionen in die Forschung und Aufklärungskampagnen will die Politik diese Ziele erreichen.

[1] Tsunami: hohe Flutwelle, ausgelöst durch ein Seebeben

M2 Reaktorkatastrophe in Tschernobyl
Foto vom 27. April 1986
Am 26. April 1986 explodierte ein Reaktor des sowjetischen Kernkraftwerks Tschernobyl. Eine unsichtbare radioaktive Wolke zog über Europa und löste große Angst in der Bevölkerung aus.

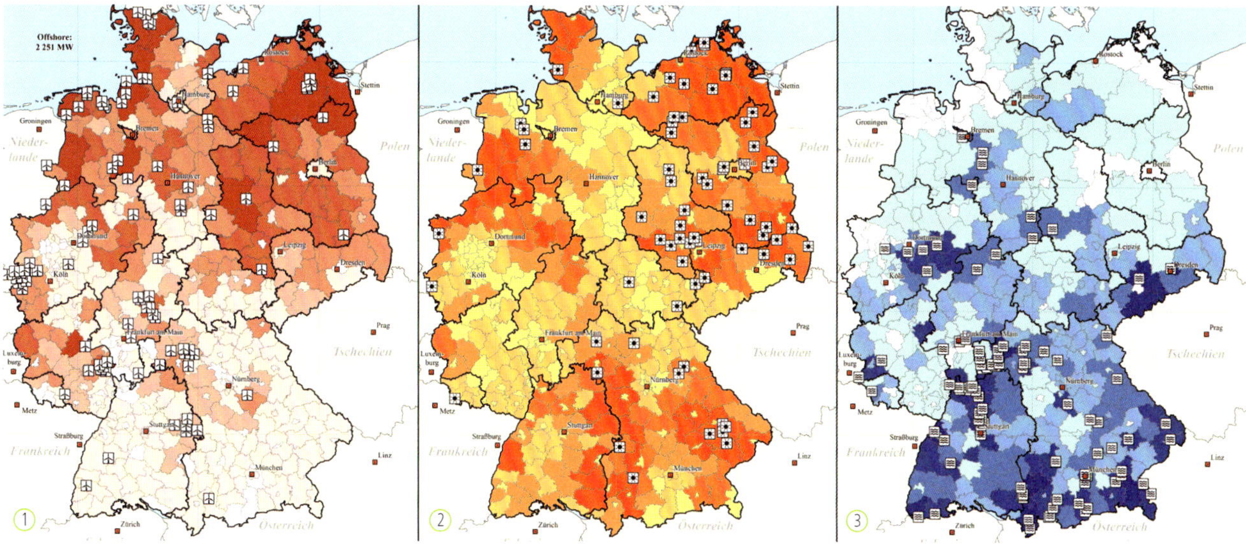

M 3 „Erneuerbare Energien" in Deutschland, Stand 2014

① Windenergie
0 <50 >50 >100 >250 >500
Installierte Gesamtleistung: 40 734 MW
Anlage > 5 MW

② Solarenergie
0 <50 >50 >100 >150 >200
Installierte Gesamtleistung: 37 127 MW
Anlage > 10 MW

③ Wasserkraft
0 <1 >1 >5 >10 >25
Installierte Gesamtleistung: 1 647 MW
Anlage > 3 MW

M 4 Ziele grüner Energiepolitik

Die neue Partei „Die Grünen" gibt sich 1980 ein Bundesprogramm. Dieses lehnt die Nutzung der Kernenergie massiv ab und fordert ferner:

2. Stopp der Energieverschwendung durch Abbau der Tarifvergünstigungen für Großverbraucher.
4. Verbot der Stromwerbung.
5. Angabe des Verbrauchs und des Wirkungsgrades auf allen elektrischen Geräten.
6. Energieeinsparung durch Ersatz veralteter Heizanlagen, Wärmeisolation, Sonnenenergienutzung.
8. Bessere Energienutzung durch bessere Verbrennung fossiler Energieträger.
9. Abgabe für Schadstoffbelastungen und für ungenutzte Abwärme, die zur Aufheizung von Flüssen und zur Belastung des örtlichen Klimas führt.
10. Aufhebung der Monopolstellung von Energieversorgungsunternehmen und Einleitungsrecht in das öffentliche Netz für privat erzeugten Strom.
12. Förderung dezentraler Energieerzeugung wie Biogasanlagen und kleine Wasserkraftanlagen.
13. Sofortige Nutzung der Windenergie besonders zur Stromversorgung.
17. Allgemeine Geschwindigkeitsbegrenzung im Straßenverkehr auf 100 km/h.
18. Verlagerung des individuellen Personenverkehrs und des LKW-Verkehrs auf die Schiene.
19. Aufklärung über umweltschonende Energie in Bildungseinrichtungen und Massenmedien.

Nach: Die Grünen, Das Bundesprogramm von 1980, o. O. (1980), S. 11 (gekürzt und vereinfacht)

M 5 Energie der Zukunft: Ausblick 2050

Die Wochenzeitung „Die Zeit" berichtet 2015:

Die Umweltschutzorganisation Greenpeace geht davon aus, dass es bis 2050 möglich ist, die gesamte globale Energieversorgung vollständig auf erneuerbare Energien umzustellen. [...] Entscheidende Technologien sind demnach ab 2020 die Windenergie und die Photovoltaik, gefolgt von Sonnenenergie und Geothermie. [...] Außerdem könne durch die weltweite Umstellung auf erneuerbare Energien der CO_2-Ausstoß so weit gesenkt werden, dass der Temperaturanstieg unter der kritischen Grenze von zwei Grad bliebe. Als weiteren Vorteil [...] führt die Studie die Schaffung von weltweit 20 Millionen Arbeitsplätzen an. [...] Deutschland könne [dabei] besonders profitieren.

Nach: www.zeit.de/wirtschaft/2015-09/klimaschutz-energiewende-erneuerbare-energien-umstellung-klimakonferenz

1. *Arbeite aus dem Verfassertext heraus, welche Gründe zur Energiewende führten. Welche Rolle spielten dabei Katastrophen?*
2. *Analysiere M3: Wo herrschen gute, wo weniger gute Bedingungen für die Energiearten? Werte die Gesamtleistung der Energiearten aus.*
3. *Stellt moderne Verfahren der Energiegewinnung zusammen (M5). Teilt eure Klasse in Kleingruppen ein, die sich jeweils über ein Verfahren informieren und dieses dann vor der Klasse vorstellen.*
4. *Vergleiche die energiepolitischen Forderungen der Partei „Die Grünen" (M4) mit der Gegenwart. Welche Forderungen sind heute verwirklicht? Was würde heute anders formuliert (Verfassertext, M3)?*
5. *Beurteile den Text M5: Welche Voraussetzungen müssen erfüllt sein, damit diese Prognose bis 2050 verwirklicht wird?*

1957: Forschungsreaktor München (Garching)
1962: erstes Kernkraftwerk in Deutschland (Kahl)
1973, 1979: Erdöl wird von den Öl fördernden Staaten verteuert: Energiekrisen in Industriestaaten
1986: Reaktorunfall von Tschernobyl
2011: Reaktorunfall von Fukushima; Bundestag beschließt Atomausstieg bis 2022
2013: Offshore-Windpark „BARD" in der deutschen Nordsee (400 Megawatt)

1950 1960 1970 1980 1990 2000 2010 2020

6

Imperialismus und Erster Weltkrieg

„Es liegt an euch, an eurem Tun und Streben, ob wir gestorben sind oder ewig leben" – so lautet die Inschrift auf der Vorderseite des Denkmals für die Gefallenen des Ersten Weltkrieges in der ostfriesischen Stadt Aurich. Über neun Millionen Soldaten, darunter über zwei Millionen aus Deutschland, starben in den vier Kriegsjahren den „Heldentod für das Vaterland", wie das Massensterben von der damaligen Propaganda beschönigend genannt wurde. Es gibt wohl kaum einen Ort in Deutschland und den anderen beteiligten Kriegsnationen Europas, der keine toten Väter, Söhne oder Brüder zu beklagen hatte. In vielen Städten und Dörfern wurden deshalb ähnliche Ehrenmäler oder Gedenktafeln zur Erinnerung aufgestellt, häufig mit den Namen der gefallenen Soldaten. An manchen Orten wurden sie bereits bald nach dem Ersten Weltkrieg aufgestellt, oftmals aber auch erst Jahrzehnte später.

M Denkmal für die Gefallenen des Ersten Weltkrieges
Foto von 2015
Auf der Rückseite ist der Schriftzug „Unseren Helden in dankbarer Erinnerung 1914 - 1918" angebracht. Das Denk- oder Ehrenmal entstand 1926 auf Veranlassung einer Auricher Bürgerinitiative. Der Düsseldorfer Bildhauer Joseph Hammerschmidt gewann den ausgeschriebenen Wettbewerb und fertigte es aus Sandstein nach der Form eines Großsteingrabes aus der Jungsteinzeit. Solche Gräber waren in Norddeutschland sehr verbreitet.

Beschreibt das Denkmal. Diskutiert, was die Auswahlkommission dazu bewogen haben könnte, sich für Hammerschmidts Entwurf zu entscheiden. Tauscht euch über die Bedeutung der Inschrift auf der Vorderseite aus. Überlegt, wie das Denkmal heute wahrgenommen wird.

Fragen an ... Völker im Wettstreit

Durch die Europäische Union (EU) bist du daran gewöhnt, dass verschiedene europäische Länder gemeinsame wirtschaftliche und politische Ziele verfolgen.

Um 1900 war das ganz anders. Jedes Land war auf seinen eigenen Vorteil bedacht und versuchte, möglichst viel Einfluss auf der Welt zu gewinnen. Seit dem 15. Jh. hatten zuerst europäische Staaten, später auch die USA und Japan Kolonien gegründet. Im 19. Jh. versuchten die Großmächte, ihren Einfluss über möglichst große Gebiete der Erde auszudehnen. Das Zeitalter des Imperialismus – der „Großreichspolitik" – begann. Vor allem Afrika wurde zum Schauplatz eines Wettlaufes um „freie" Gebiete.

Das Gerangel der europäischen Großmächte untereinander wurde immer bedrohlicher. Das Misstrauen wuchs und die Länder investierten verstärkt in die Entwicklung neuer Waffen.

Ein Wettrüsten begann, alte Bündnisse zerbrachen, neue entstanden. Als es 1914 zu einer politischen Krise kam, wurde daraus innerhalb kurzer Zeit der Erste Weltkrieg. Vier Jahre lang kämpften an vielen Fronten in Europa junge Männer verschiedener Nationen gegeneinander. Unter dem Krieg litten aber auch die Menschen in der Heimat.

M1 Die Kriegslage um 1916
Der Begriff „Alliierte" (von Allianz = Bündnis) bezeichnet miteinander verbündete Staaten. Das waren im Ersten Weltkrieg die gegen die Mittelmächte verbündeten Großmächte Frankreich, Großbritannien und Russland mit weiteren verbündeten Staaten.

Kolonialismus aus der Sicht der beherrschten Völker, Holzfigur aus Zentralafrika (Kongo), um 1905

„Dropping the pilot", Lithografie (45 x 28 cm) aus der englischen Satirezeitschrift „Punch" vom 29. März 1890

Leitfrage:
Wie konnte es vom Imperialismus zum Ersten Weltkrieg kommen?

Begegnung

In den Kolonien trafen Europäer und einheimische Völker aufeinander. Die Begegnungen waren unterschiedlich, letztlich aber stets ungleich: Den industrialisierten Kolonialmächten hatten weniger entwickelte Kulturen und Zivilisationen kaum etwas entgegenzusetzen. *Welche Folgen hatten die Begegnungen mit den Europäern für die Einheimischen in den kolonialisierten Ländern? ...*

Herrschaft

Als Kanzler des Deutschen Kaiserreiches konzentrierte sich Otto von Bismarck vor allem auf Europa. Nach seiner Entlassung begann Kaiser Wilhelm II. damit, Weltpolitik zu betreiben. *Was machte Wilhelm II. anders in der Außenpolitik als Bismarck? Welche Ziele hatte er für Deutschland? Wie wirkte sich seine Politik aus? ...*

1870 | 1875 | 1880 | 1885 | 1890

Gründung des Deutschen Reiches

Wilhelm II. wird Deutscher Kaiser

Reichskanzler Bismarck tritt zurück

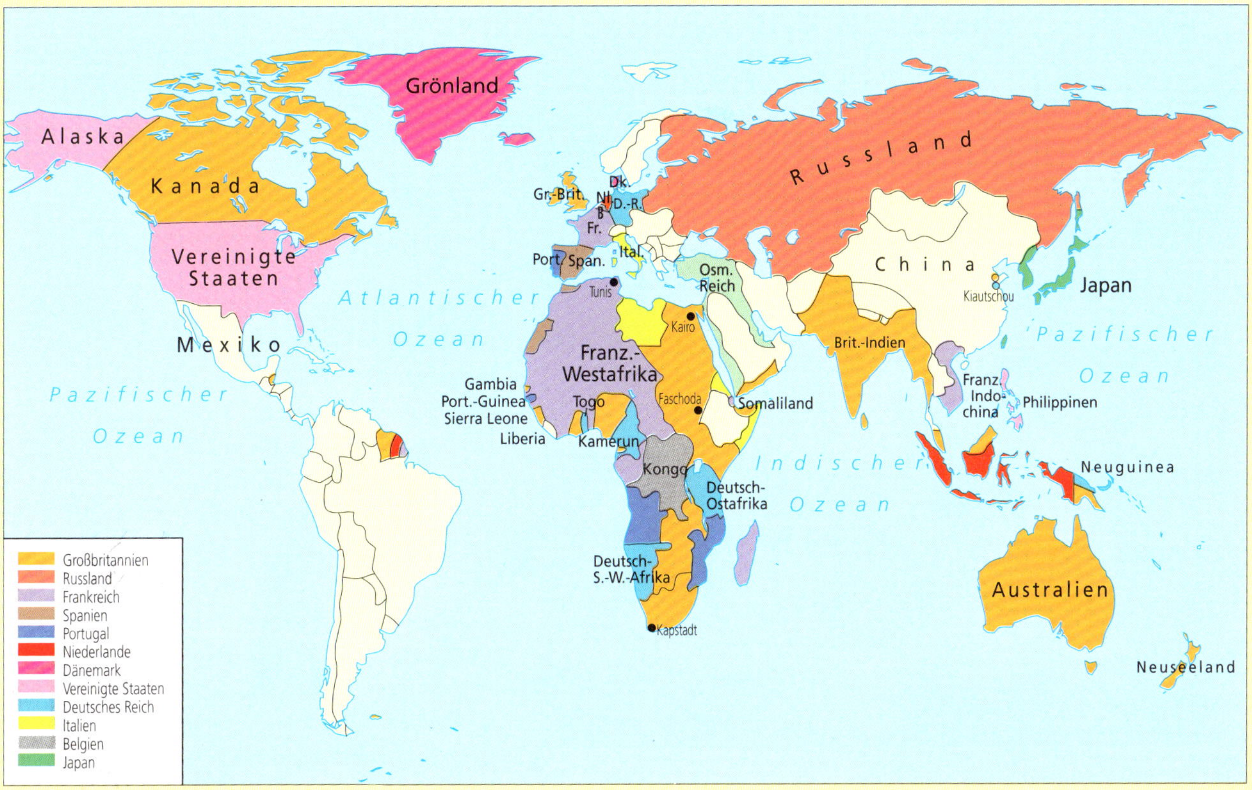

M 2 Kolonialreiche um 1914

Schule in Daressalam in Deutsch-Ostafrika (heute Tansania), Foto um 1903

Schüler posieren anlässlich der Kaisergeburtstagsfeier, Foto von 1915 (Ausschnitt)

Das Kreuzer-Geschwader der Hochseeflotte mit Zeppelin und Doppeldecker, Postkarte von 1914

Weltdeutung / Religion

Unter den Kolonialisten waren auch christliche Missionare, die unter anderem Schulen in den Kolonien errichteten. Sie wollten den Völkern den „rechten" Glauben, Zivilisation und Fortschritt nahebringen.
Welche Vorstellungen und Ideologien waren mit der imperialistischen Politik verbunden? Welche Folgen hatten sie? ...

Gesellschaft

Das Militär hatte ein hohes Ansehen im Deutschen Kaiserreich. Verstärkt wurde die Militarisierung der Gesellschaft durch Kaiser Wilhelm II., der Uniformen, Militärmanöver und Paraden liebte.
Was kennzeichnete die deutsche Gesellschaft im Kaiserreich? Welche Rolle spielte dabei die deutsche Politik? ...

Wirtschaft und Umwelt

Die Fortschritte der Industriellen Revolution veränderten auch die Kriegsführung. Der Erste Weltkrieg war der erste moderne Krieg.
Welche Zusammenhänge bestehen zwischen Industrialisierung und Kriegsführung? Wie wirkten sich die neuen Waffen auf die Soldaten, die Zivilbevölkerung und die Umwelt aus? ...

Zeitalter des Imperialismus | Erster Weltkrieg
Deutsches Kaiserreich

1900 | 1905 | 1910 | 1915 | 1920

Krieg gegen Herero und Nama
Eintritt der USA in den Ersten Weltkrieg
Russische Revolution

Die Welt wird aufgeteilt

M1 Verachtet sei, wer Schlechtes dabei denkt
Französische Zeichnung von 1899
Der Titel ist die Übersetzung des Schriftzuges. Es ist das Motto der höchsten englischen Auszeichnung, des „Hosenbandordens", und der Wahlspruch auf dem Wappen der englischen Monarchen.

Beschreibe die Zeichnung und überlege, warum der französische Zeichner sie mit dem Wahlspruch in Verbindung gebracht hat. Formuliere auf der Basis deiner Ergebnisse einen neuen Titel.

Europäer errichten Kolonien

Seit dem 15. Jh. befuhren europäische Seefahrer die Weltmeere. Sie nahmen Gebiete in Übersee im Namen ihrer Herrscher in Besitz und machten sie zu Kolonien. Besonders die Portugiesen und Spanier taten sich bei der Entdeckung neuer Seewege und Landteile hervor. Sie waren die ersten, die Kolonien in Mittel- und Südamerika sowie an den Küsten Afrikas und Asiens errichteten. Später folgten Frankreich, Großbritannien, die Niederlande und Russland als weitere Kolonialmächte. Das Zusammentreffen mit den Einheimischen wurde je nach Situation als Kulturbegegnung oder -zusammenstoß wahrgenommen.

Vom Kolonialismus ...

Die Kolonialmächte wollten ihre Handelswege ausdehnen, neue Handelsstützpunkte errichten und vor allem mit exotischen Produkten wie Elfenbein, Gewürzen und Seide reicher werden. Oft finanzierten Handelsgesellschaften die Entdeckungsfahrten, um später höhere Gewinne erzielen zu können. Sogar aus dem Handel mit Menschen wurde ein Geschäft gemacht, indem beispielsweise Millionen Afrikaner als Sklaven verschleppt wurden.

Trotzdem sahen sich die Europäer als gute Christen an. Sie hielten ihre Kultur und ihren christlichen Glauben für überlegen und wollten die Einheimischen, zur Not auch unter Zwang, durch **Missionierung** zum Christentum bekehren.

... zum Imperialismus

Im letzten Viertel des 19. Jh. steigerte sich der **Kolonialismus** zum **Imperialismus**. Die europäischen Nationen sowie die USA und Japan versuchten, ihren Macht- und Einflussbereich möglichst weit auszudehnen. Die Industriestaaten strebten nach einem möglichst großen Herrschaftsraum (lat. imperium), um so ihren wirtschaftlichen Anteil am Weltmarkt auszubauen. Die Kolonien sollten dabei gleichzeitig billige Rohstoffe liefern und als neue Absatzmärkte dienen. Daneben wollten die Kolonialstaaten auch ihr Ansehen steigern und neue Militärstützpunkte schaffen.

Um ihre Interessen gegenüber den Kolonialvölkern durchzusetzen, nutzten die Kolonialmächte zwei verschiedene Herrschaftsformen:

- die formelle Herrschaft: Die Kolonialmächte übernahmen die direkte Herrschaft. Sie bauten eine eigene Verwaltung auf und kontrollierten das Gebiet mithilfe von Militär und Polizei.
- die informelle (indirekte) Herrschaft: Um möglichst wenig finanziellen Aufwand zu haben, ließen die Kolonialmächte einheimische Machthaber im Amt und zwangen sie, so zu regieren, wie es für die jeweilige Kolonialmacht nützlich war.

Die Kolonialmächte hatten während der Industrialisierung technische Fortschritte gemacht. Sie konnten die Kolonialgebiete mit Telegrafie, Dampfschiffen, Eisenbahnen und modernen Waffen kontrollieren, effektiv verwalten und große Warenmengen schnell über weite Strecken transportieren. Die Einheimischen waren ihnen militärisch als auch wirtschaftlich unterlegen.

1. *Unterscheide zwischen Kolonialismus und Imperialismus.*
2. *Erkläre den Unterschied zwischen formeller und informeller Herrschaft.*

Missionierung Kolonialismus Imperialismus

M 2 Das britische Weltreich mit seinen Schifffahrtslinien
Beilage der Zeitung „The Graphic" vom 24. Juli 1886
Die kleine Karte zeigt die Gebietsgewinne seit 1786. Statistiken erläutern Geografie, Bevölkerung und Handel.

M 3 Die erste Rasse in der Welt

Der britische Kolonialpolitiker Cecil Rhodes rechtfertigt 1877 den Erwerb von Kolonien:

Ich behaupte, dass wir die erste Rasse in der Welt sind und dass es für die Menschheit umso besser ist, je größere Teile der Welt wir bewohnen. […] Darüber hinaus bedeutet es einfach das Ende aller Kriege, wenn der größere Teil der Welt in unserer Herrschaft aufgeht. […] Da [Gott] sich die englischsprachige Rasse offensichtlich zu seinem auserwählten Werkzeug geformt hat, durch welches er einen auf Gerechtigkeit, Freiheit und Frieden gegründeten Zustand der Gesellschaft hervorbringen will, muss es auch seinem Wunsch entsprechen, dass ich alles in meiner Macht Stehende tue, um jener Rasse so viel Spielraum und Macht wie möglich zu verschaffen: nämlich so viel von der Karte Afrikas britisch rot zu malen wie möglich […].

Nach: Wolfgang J. Mommsen (Hrsg.), Imperialismus. Seine geistigen, politischen und wirtschaftlichen Grundlagen. Ein Quellen- und Arbeitsbuch, Hamburg 1977, S. 103 f.

M 4 Viele neue Frankreiche

Der französische Außenminister Gabriel Hanotaux sagt 1901:

Bei der Ausdehnung Frankreichs handelt es sich nicht um Eroberungs- oder Machtpolitik, sondern darum, jenseits der Meere in Landstrichen, die gestern barbarisch waren, die Prinzipien der Zivilisation zu verbreiten […]. Es handelt sich darum, in der Nähe und in der Ferne ebenso viele neue Frankreiche zu schaffen. Es handelt sich darum, unsere Sprache, unsere Sitten, unser Ideal […] inmitten der stürmischen Konkurrenz der anderen Rasse […] zu schützen. Die französische Ausbreitung hatte zu allen Zeiten zivilisatorischen und religiös-missionarischen Charakter.

Nach: Karl Epting, Das französische Sendungsbewusstsein im 19. und 20. Jahrhundert, Heidelberg 1952, S. 90

1. *Beschreibe die Karte (M2). Erläutere, wie das Zusammenleben im britischen Empire charakterisiert wird.*
2. *Fasse anhand von M3 und M4 in einer Tabelle die Motive für den Erwerb von Kolonien zusammen.*
3. *Arbeite aus M3 und M4 heraus, wie die Kolonialherren über die einheimische Bevölkerung in den Kolonien dachten.*
4. *Vergleiche deine Ergebnisse aus den Aufgaben 1 bis 3 miteinander. Passen die Einstellungen, die in den Materialien deutlich werden, zueinander?*

Die Entdeckung Amerikas bildet den Auftakt der europäischen Expansion
Der Kolonialismus steigert sich zum Imperialismus
Kolonialismus
Imperialismus
1450 1500 1550 1600 1650 1700 1750 1800 1850 1900 1950

„Wettlauf" um Afrika

M1 „The Rhodes Colossus. Striding from Cape Town to Cairo"
Britische Karikatur, 1892
Cecil Rhodes war ein britischer Unternehmer, der sich dafür einsetzte, dass Großbritannien mehr Kolonien erwarb. Er selbst eroberte in mehreren Kriegen ein großes Gebiet im Süden Afrikas. Hinweis: Cape Town ist die südafrikanische Stadt Kapstadt.
Vergleiche Rhodes' Schrittposition mit der Lage der britischen Kolonien. Nimm dazu die Karte auf S. 141 zu Hilfe. Kannst du erkennen, was Rhodes in den Händen hält?

Afrika vor dem Imperialismus

Bis in die 1870er-Jahre war Afrika für die Europäer ein weitgehend unbekannter Kontinent. Besonders das Landesinnere war aufgrund meist natürlicher Hindernisse unerschlossen, die Urwälder, das Klima, aber auch die unbekannten afrikanischen Völker brachten Afrika den Ruf des „dunklen" Kontinents ein. Nur Südafrika war seit dem 17. Jh. Kolonisationsgebiet, Algerien seit 1840. Außerdem betrieben Franzosen, Briten und Portugiesen an den Küsten einzelne kleine Handelsniederlassungen.

Um 1800 gab es in Afrika etwa 1000 selbstständige Stämme, Clans oder Reiche. Viele der afrikanischen Stämme lebten als Nomaden, die mit ihren Herden von Wasserstelle zu Wasserstelle zogen und sich nicht an Grenzen orientierten.

Ein „Wettlauf" beginnt

Spätestens Anfang der 1880er-Jahre verstärkten die Großmächte ihr Interesse an Afrika. Forscher erschlossen auch die entlegenen Gebiete im Landesinnern und lösten in der Heimat mit ihren Berichten eine Welle der Faszination für die exotische Pflanzen- und Tierwelt aus.
Allerdings verfolgten die verschiedenen Afrika-Gesellschaften mit ihren Expeditionen nicht nur reine Forschungsinteressen, sondern vor allem imperialistische Ziele wie das Finden von Rohstoffen oder ertragreichen Kolonialwaren wie Elfenbein und Tee.
Die Aufteilung des afrikanischen Kontinents war der Höhepunkt des europäischen Imperialismus. Sie begann 1881, als die Franzosen Tunis eroberten und die Briten 1882 Ägypten. In den „Wettlauf" um vermeintlich „freie" Gebiete traten nach und nach auch die anderen Großmächte ein, wobei sie die Grenzen ihrer Kolonien willkürlich festlegten.
Die Europäer erwarben „ihre" Gebiete meist „schleichend", indem sie mit Afrikanern „Schutzverträge" für die Tätigkeit von Händlern, Missionaren und Unternehmern abschlossen. Hatten sie sich erst einmal festgesetzt, blieb den Unterworfenen oft nichts anderes übrig, als mit den neuen Herren zusammenzuarbeiten.

Die deutsche Regierung als Schlichter

Die Konkurrenz um Gebiete in Afrika führte zu Spannungen zwischen den Kolonialmächten. Als der belgische König Anspruch auf den Kongo erhob, lud Reichskanzler Bismarck die Kolonialmächte – darunter auch die USA und das Osmanische Reich – Ende 1884 zu einer Konferenz nach Berlin ein, wegen des Anlasses auch „**Kongo-Konferenz**" genannt. Er wollte Streit schlichten und gemeinsam Regeln für den Erwerb von Kolonien aufstellen.
Die teilnehmenden Staaten erkannten den Kongo als Privatbesitz des belgischen Königs an. Sie vereinbarten, dass jeder, der ein Gebiet beanspruchte, dies vorher ankündigen und mit den anderen Mächten gütlich verhandeln sollte.
Die Kolonialmächte gaben vor, wohltätig zu handeln. Deshalb stellten sie die Verurteilung des Sklavenhandels und die Förderung der Missionsarbeit in den Vordergrund. Außerdem verboten sie in einigen Gegenden den Verkauf von Alkohol und Schusswaffen.
Aber für die afrikanische Bevölkerung waren die Ergebnisse der Konferenz verheerend. Ohne Rücksicht auf ihre Sprachen, ethnischen Zusammengehörigkeiten oder Fehden wurde die Karte Afrikas wie ein Kuchen zerschnitten und verteilt. Mit der Unterzeichnung der Kongo-Akte am 26. Februar 1885 hoben die Kolonialmächte die Selbstständigkeit von etwa 10000 afrikanischen Völkern auf. Bei den Eigentumsverhältnissen und dem Rechtssystem setzten sie ihre eigenen Interessen durch.

M 2 „Jedem sein Teil"
Französische Karikatur zur Kongo-Konferenz in Berlin aus der französischen Wochenzeitung L'Illustration, 1885

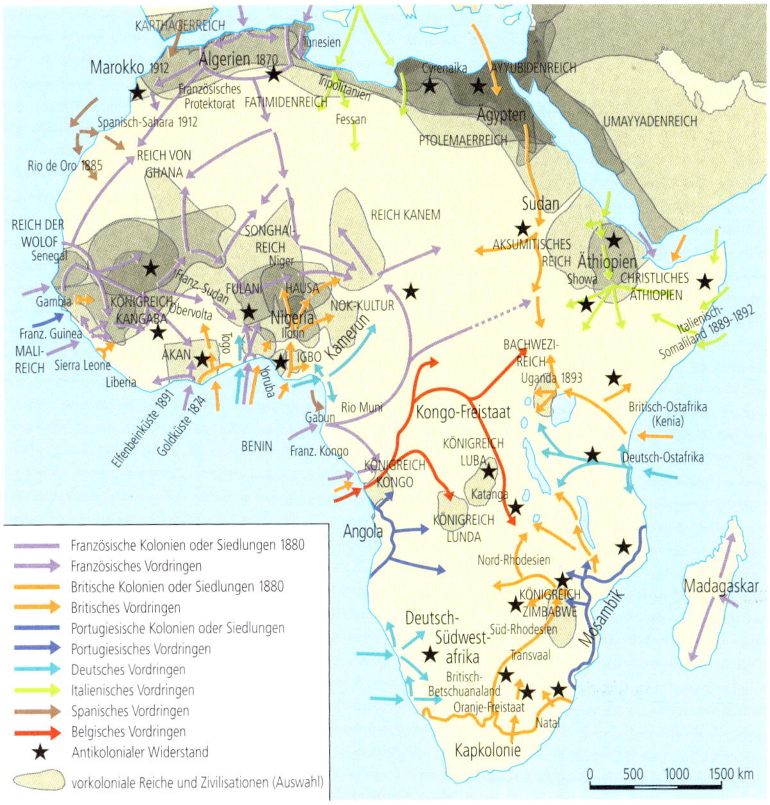

M 4 Afrikanische Zivilisationen (Auswahl) und Vordringen der Kolonialmächte

M 3 Konkurrenz in Afrika

Am 7. Juni 1894 äußert der französische Unterstaatssekretär für Kolonien Eugène Etienne:

Schon seit Jahrhunderten hat England alle Wege gequert, die Frankreich einzuschlagen versuchte. Vorwiegend Kolonialmacht, hat Frankreich als einer der ersten Staaten Niederlassungen an der West- und der Ostküste Afrikas und an den Küsten Asiens gegründet. Aber sogleich versuchte England durch seine gewöhnlichen Kunstgriffe mit den großen Mitteln, über die es verfügt, unsere Entwicklung zu hemmen. […] Seit 1830, wo wir in Algerien Fuß gefasst haben, sind wir eine mohammedanische[1] Macht; wir mussten unser Ansehen im Norden Afrikas befestigen und unsere Interessen entsprechend weiter zu entwickeln suchen. Vom Senegal aus drangen wir deshalb in den Sudan vor, und sofort trafen wir dort auf englische Kaufleute, die in Sierra Leone unseren Feinden Waffen zum Kampf gegen uns verkauften.

In Guinea gründeten wir wichtige Handelsniederlassungen; sogleich bemühten sich unsere britischen Nachbarn, uns den Weg nach dem Innern zu verlegen[2]. […] Meine Herren, das kann so nicht weitergehen. […] Es darf nicht vorkommen, dass ein Vertrag, den Frankreich unterschrieben hat, ungestraft verletzt wird und dass wir uns außerstande sehen, ihm Achtung zu verschaffen.

Nach: Das Zeitalter des Imperialismus 1890-1918 (Geschichtliche Quellenhefte, Heft 10), Frankfurt am Main 19656, S. 13

Lesetipp:
Lutz van Dijk, Die Geschichte Afrikas, Frankfurt am Main 2004

[1] islamisch, muslimisch
[2] versperren

1. *Beschreibe die Karikatur M2 und nimm Stellung zu der Bildunterschrift.*
2. *Erkläre die Probleme, die Eugène Etienne beschreibt (M3). Beziehe M1 und die Karte auf S. 141 mit ein.*
3. *Arbeite aus M4 und dem Verfassertext heraus, wie Afrika vor der Aufteilung durch die Kolonialmächte aussah.*
4. *Erläutere an M4, welche Vorteile die Kongo-Konferenz für die Kolonialmächte brachte und mit welchen Problemen sie rechnen mussten.*
5. *Wähle ein Gebiet aus der Karte M4 aus und versetze dich in die Lage eines dort lebenden Afrikaners im Jahr 1886. Erzähle aus seiner Sicht, wie sich die Beschlüsse der Kongo-Konferenz auf sein Leben ausgewirkt haben.*

Frankreich besetzt Tunis • Großbritannien besetzt Ägypten • erste deutsche Kolonien in Afrika Kongo-Konferenz in Berlin
„Wettlauf um Afrika"
1880 1885 1890 1895 1900

Zerstörte Kulturen – ermordete Völker

M1 Völkerschau
Werbeplakat um 1900
Wie in Hamburg gab es auch in vielen anderen Städten Ausstellungen, in denen Männer, Frauen und Kinder aus exotischen Ländern in Tierparks, Museen oder auf Jahrmärkten gegen Bezahlung in ihrer angeblich typischen Lebensweise gezeigt wurden. Ganze Dörfer wurden dafür als „echte" Kulisse nachgebaut. Die Schauen sollten das Wissen der Besucher erweitern, zur Belustigung dienen und auch für die Kolonialpolitik werben.

Diskutiert in der Klasse: Was verbindet ihr heute mit einem Zoologischen Garten? Was haltet ihr davon, dass dort Menschen aus fremden Ländern gezeigt wurden?

Folgen für die Einheimischen

Mithilfe von Eisenbahn und Telegrafie sowie Medikamenten gegen tropische Krankheiten gelang es den Kolonialmächten zunehmend, in Afrikas Landesinnere vorzudringen, es zu besiedeln und zu beherrschen.

Das Leben der Einheimischen änderte sich grundlegend: Die Kolonialherren führten Grenzen ein, die es vorher nicht gab. Dadurch wurden zusammengehörige Völker und Stämme gegen ihren Willen getrennt oder verfeindete zusammengefasst. Nomaden, die seit Jahrhunderten mit ihren Herden von einer Wasserstelle zur nächsten gezogen waren, mussten nun sesshaft werden und verloren ihre bisherige Lebensgrundlage. Die Europäer bauten große Plantagen für Erdnüsse, Kaffee, Kakao, Tee und Baumwolle und verdienten zudem mit dem Abbau von Rohstoffen. Den Einheimischen blieb immer weniger Land. Stattdessen wurden sie gezwungen, für die Kolonialherren auf Feldern und in Bergwerken zu arbeiten und Straßen, Eisenbahnstrecken und Häfen zu bauen.

Mit den Kolonialherren kamen **Missionare** und verbreiteten den christlichen Glauben. Traditionelle afrikanische Sitten und Bräuche wurden verdrängt. Einheimische konnten nur aufsteigen, wenn sie sich anpassten und Christen wurden.

Die Haltung der Kolonialherren

Die Kolonialherren hatten kein Interesse daran, sich mit den Sprachen oder Kulturen der Einheimischen zu beschäftigen. Im Gegenteil: Die meisten fühlten sich den farbigen Völkern geistig und moralisch überlegen und sahen mit Mitleid oder Verachtung auf sie herab.

Diesen **Rassismus** rechtfertigten die Weißen mit den Theorien des **Sozialdarwinismus**. Danach wurde die Evolutionstheorie des Naturforschers Charles Darwin, nach der sich im Tierreich der Stärkere und Überlegenere durchsetzt, auf Menschen übertragen, stark vereinfacht und verfälscht. Daraus erwuchs die rassistische Überzeugung, dass es sich bei den Farbigen um Menschen zweiter Klasse handele, die von Natur aus faul seien und von den Weißen zur Arbeit erzogen oder notfalls gezwungen werden müssten. Schon Zeitgenossen kritisierten diese rassistischen Argumente, die letztlich nur die Ausbeutungs- und Unterdrückungspolitik der imperialistischen Mächte verdecken sollten.

Die Unterdrückten wehren sich

Die Kolonialherren zwangen den einheimischen Völkern eine Lebensweise auf, die diesen fremd war. Zudem kam es immer wieder zu Betrügereien und Übergriffen gegenüber den Einheimischen. Die Zwangsarbeit und die Ausbeutung durch sogenannte Hütten- und Kopfsteuern ließ ganze Gebiete verarmen. Mangelernährung, eingeschleppte Seuchen und Erschöpfung kosteten unzählige Menschenleben.

Die einheimische Bevölkerung wehrte sich dagegen. Immer wieder kam es zu Aufständen. So gab es zwischen 1894 und 1914 allein in Britisch-Ostafrika 50 bewaffnete Konflikte. Besonders folgenschwer war der Aufstand der Herero und später auch der Nama in Deutsch-Südwestafrika 1904. Die beiden Völker wurden in der Folge fast vernichtet.

1. *Fasse die Folgen der Kolonialherrschaft für die Einheimischen zusammen.*
2. *Völkerschauen (M1) waren im 19. und beginnenden 20. Jh. sehr beliebt und wurden auch von Wissenschaftlern unterstützt. Stell dir vor, du diskutierst mit einem Tierparkbetreiber der damaligen Zeit. Überlege, welche Argumente er für solche Schauen vorbringen könnte. Was entgegnest du ihm aus heutiger Sicht?*

M 2 Zivilisierung Afrikas

1922 äußert sich der ehemalige britische Kolonialbeamte und Generalgouverneur Nigerias, Lord Frederick D. Lugard, zur imperialistischen Politik seines Landes:

So wie der Imperialismus der Römer die moderne Zivilisation begründete und einst die Barbaren der britischen Inseln auf den Weg des Fortschritts führte, so erstatten wir heute in Afrika unsere historische Dankesschuld und tragen die Fackel von Kultur und Fortschritt in die dunklen Winkel der Erde, die Brutstätten von Barbarei und Grausamkeit. Gleichzeitig dienen wir dabei den materiellen Bedürfnissen unserer eigenen Zivilisation.

Frederick D. Lugard, The Dual Mandate in British Tropical Africa, Edinburgh [3]1926, S. 618 (übersetzt von Boris Barth)

M 4 Ein britischer Beamter in Indien
Foto, um 1870
Wie auch die Kolonialherren anderer Staaten in ihren Kolonien ließen die britischen Beamten in der indischen Kronkolonie Einheimische für sich arbeiten und sich von ihnen verwöhnen.

M 3 Prügelstrafe als Mittel der Erziehung

Weil die Kolonialabteilung des Außenamtes in Berlin die Prügelstrafe in den Kolonien abschaffen will, verfassen die weißen Einwohner von Windhoek am 21. Juli 1900 das folgende Gesuch:

Da wir nun in der Aufhebung der Prügelstrafe bei Schwarzen eine ernstliche Bedrohung der gesunden wirtschaftlichen Entwicklung unserer Kolonie sehen, so halten wir es für unsere Pflicht, die Kolonial-Abteilung des Auswärtigen Amtes sehr ergebenst zu bitten, der Gefahr vorzubeugen, welche unserer Kolonie durch Aufhebung der Prügelstrafe drohen würde. […] Unsere Eingeborenen leben seit Urzeiten in Faulheit, Rohheit und Stumpfsinn in den Tag hinein; je schmutziger sie sind, desto wohler fühlen sie sich. Für jeden Weißen, der unter Eingeborenen lebt, ist es nicht gut möglich, dieselben als Menschen im europäischen Sinne anzusehen; sie müssen erst mit endloser Geduld, Strenge und Gerechtigkeit im Laufe der Jahrhunderte dazu erzogen werden. […] Als Strafe war ihm bisher nur körperliche Züchtigung bekannt, und die muss naturgemäß auch beibehalten werden, bis er in späteren Zeiten einmal mehr Mensch geworden ist.

Nach: Fritz Ferdinand Müller, Kolonien unter der Peitsche, Berlin 1962, S. 55 f.

M 5 Weihnachten in Afrika

Die Einheimischen übernahmen Sitten und Bräuche der Kolonialherren. Wie sich dies auch nach Ende der Kolonialherrschaft auswirkt, zeigt ein Zeitungsartikel aus dem Jahr 1976 aus Kenia:

Es ist wieder einmal Weihnachten, und alle sind heiter gestimmt. Die meisten sind glücklich, weil sie […] Ferien haben, und wenn man Ferien hat, ist man normalerweise glücklich. Aber […] an der ganzen Feier haftet etwas völlig Unafrikanisches. Es ist einfach unangemessen, mitten in den Tropen Christbäume mit Baumwolle zu dekorieren. Was symbolisiert die Baumwolle? Sie soll uns an Schnee erinnern. Sogar die Karten, die wir während dieser Festtage an unsere Freunde schicken, sind meistens mit Wintermotiven geschmückt und stellen Schneelandschaften dar. […] Warum müssen wir so blind Dinge nachäffen, die uns fremd sind?

Nach: Al Imfeld (Hrsg.), Verlernen, was mich stumm macht – Lesebuch zur afrikanischen Kultur, Zürich 1980, S. 26

Internettipp:
Zur deutschen Kolonialpolitik zwischen 1900 und 1914 siehe Mediencode 31053-19

1. *Erläutere, wie Lugard die imperialistische Politik Großbritanniens darstellt und welche Vorstellungen dabei deutlich werden (M2).*
2. *Arbeite aus M3 heraus, wie die Kolonialmächte sich selbst sehen und welches Bild sie von den Einheimischen haben.*
3. *Beurteile Vorgehen und Haltung, die aus M3 deutlich werden. Beziehe auch M4 mit ein.*
4. *Beschreibe, wie 1976 in Kenia Weihnachten gefeiert wurde (M5). Erkläre, was mit dem letzten Satz gemeint ist.*

Der „Wettlauf um Afrika" der europäischen Mächte beginnt
Kongo-Konferenz in Berlin
ca. 13 000 Deutsche leben in der Kolonie Deutsch-Südwestafrika (Namibia)
Beginn des Aufstandes der Herero und des Völkermordes an den Herero und Nama

1870 – 1880 – 1890 – 1900 – 1910

Der Aufstand der Herero

Deutsch-Südwestafrika war die älteste deutsche Kolonie in Afrika. Der Stamm der Herero hatte hier seine Heimat. Traditionell lebten die Herero mit ihren Herden als Nomaden. Zwischen ihnen und den deutschen Siedlern kam es zunehmend zu Konflikten. 1897 trafen eine Rinderpest und eine Dürreperiode die Herero schwer. Viele von ihnen mussten als Lohnarbeiter bei den weißen Siedlern arbeiten, um zu überleben. Im Januar 1904 kam es unter der Führung ihres Oberhauptes Samuel Maharero (auch Maherero) zu einem Aufstand, der sich zu einem vierjährigen Krieg ausweitete. Von den schätzungsweise 80 000 Herero lebten 1911 nur noch etwa 15 000; von den rund 22 000 beteiligten Nama überlebte wohl nur die Hälfte. Jahrzehntelang bemühten sich die Herero um Anerkennung der Geschehnisse als Völkermord und um ein deutsches Schuldbekenntnis. Im Jahr 2015 löste die deutsche Bundesregierung dies ein.

Vorschläge für Forschungsfragen:

Thema 1: *Was kennzeichnet die Denkweise bzw. das Verhalten der deutschen Kolonialmacht während der Herero-Aufstände?*

Thema 2: *Verantwortung und Erinnerung an koloniale Verbrechen – wie berechtigt sind die Forderungen der Herero?*

Aber vielleicht fallen euch ja noch andere Fragen ein?

Beschreiben

Thema 1: *Fasst den Verlauf des Herero-Aufstandes zusammen.*

Thema 2: *Beschreibt die beiden Denkmäler und ihre Unterschiede.*

Untersuchen

Thema 1: *Untersucht, wie Kolonialherren und Einheimische in den Quellen über sich und die anderen sprechen.*

Thema 2: *Untersucht, worauf sich die beiden Denkmäler jeweils beziehen und welcher Zielsetzung sie dienen.*

Einordnen

Thema 1: *Überprüft, inwiefern sich die Denkweise der Kolonialherren auf ihre Kolonialpolitik und diese wiederum auf die Reaktion der Herero ausgewirkt hat.*

Thema 2: *Beurteilt, warum eine offizielle Entschuldigung der deutschen Bundesregierung für die Herero wichtig ist.*

Präsentieren

Thema 1: *Erstellt eine Collage über Aspekte kolonialen Denkens, wie sie etwa in der heutigen Werbung vorkommen.*

Thema 2: *In vielen deutschen Städten sind Straßen oder Plätze nach Persönlichkeiten der deutschen Geschichte benannt, so auch nach Lothar von Trotha. Im Zuge der Aufarbeitung der Vergangenheit kommt es nun immer wieder zu Umbenennungen. Verfasst einen Leserbrief, in dem du Stellung dafür oder dagegen.*

M1 „Omanbonde: Plünderung der Farm des Herrn Gamisch“
Sammelbild mit Werbung für Kakao und Schokolade der Firma Riedel & Engelmann in Dresden, um 1900
Am 12. Januar überfielen die Krieger der Herero Farmen und zerstörten Bahn- sowie Telegrafenverbindungen, 123 Siedler wurden erschlagen. Entgegen der deutschen Berichte wurden Frauen, Kinder und Missionare verschont.

M2 Überlebende Herero
Foto nach 1904
Das Foto entstand nach der Flucht durch die Wüste Omaheke (siehe M4), auf der tausende Herero verdursteten. Die Überlebenden wurden in weit entfernte Lager deportiert und mussten Zwangsarbeit leisten.

M3 Einweihung des Reiterdenkmals in Windhoek
Foto vom 27. Januar 1912
Das Denkmal war den deutschen Soldaten und Kriegern gewidmet, die im Kolonialkrieg von 1904 bis 1908 umgekommen waren.

M 4 „Jeder Herero wird erschossen"

Die mit Gewehren und hölzernen Wurfkeulen bewaffneten Herero haben den deutschen Maschinengewehren und Geschützen nichts entgegenzusetzen. Sie fliehen in die Omaheke-Wüste. General Lothar von Trotha lässt die Omaheke von Soldaten auf einer Länge von 250 km abriegeln und alle Wasserstellen besetzen. Am 2. Oktober 1904 erlässt er folgenden Schießbefehl:

Ich, der große General der deutschen Soldaten, sende diesen Brief an das Volk der Herero. Die Herero sind nicht mehr deutsche Untertanen. Sie haben gemordet und gestohlen, haben verwundeten Soldaten Ohren und Nasen und andere Körperteile abgeschnitten und wollen jetzt aus Feigheit nicht mehr kämpfen. Ich sage dem Volk: Jeder, der einen der Kapitäne an eine meiner Stationen als Gefangene abliefert, erhält tausend Mark, wer Samuel Maherero bringt, erhält fünftausend Mark. Das Volk der Herero muss jedoch das Land verlassen. Wenn das Volk dies nicht tut, so werde ich es mit dem Groot Rohr[1] dazu zwingen. Innerhalb der deutschen Grenze wird jeder Herero, mit oder ohne Gewehr, mit oder ohne Vieh erschossen, ich nehme keine Weiber und keine Kinder mehr auf, treibe sie zu ihrem Volke zurück oder lasse auf sie schießen. Dies sind meine Worte an das Volk der Herero. Der große General des mächtigen deutschen Kaisers.

Nach: www.bundesarchiv.de/oeffentlichkeitsarbeit/bilder_dokumente/00663/index-14.html.de [Zugriff vom 23. Juni 2016] (gekürzt)

M 5 „Wären solche Dinge nicht geschehen"

Auf die Frage nach den Ursachen des Aufstandes antwortet ein zum Christentum bekehrter Herero nach dem Kolonialkrieg:

Der Krieg ist von ganz kleinen Dingen gekommen und hätte nicht zu kommen brauchen. Einmal waren es die Stuurmann[2] mit ihrem schrecklichen Wucher und eigenmächtigen, gewaltsamen Eintreiben [der Schulden]. […] Wer nicht zahlen wollte oder konnte, den verfolgten und plagten sie. Dann ist es der Branntwein gewesen, der die Leute schlecht und gewissenlos gemacht hat. Wenn jemand trinkt, dann ist es ihm gleich, was er tut. Aber das schlimmste Übel ist, was viel böses Blut und Streit hervorgerufen hat, die Vergewaltigung unserer Frauen durch Weiße. Manche Männer sind totgeschossen worden wie Hunde, wenn sie sich weigerten, ihre Frauen und Töchter preiszugeben, und drohten, sie mit der Waffe in der Hand zu verteidigen. Wären solche Dinge nicht geschehen, wäre kein Krieg gekommen, aber er ist bei solchen Vergewaltigungen ausgebrochen. Er war mit einem Male da, und da war kein Halten mehr, jeder rächte sich, und es war, als sei kein Verstand mehr unter den Massen.

Nach: Horst Gründer (Hrsg.), „... da und dort ein junges Deutschland gründen". Rassismus, Kolonien und kolonialer Gedanke vom 16. bis zum 20. Jahrhundert, München [3]2006, S. 153

M 6 „Vergebung unserer Schuld"

Bei den Gedenkfeierlichkeiten der Herero-Aufstände am 14. August 2004 in Okakarara sagt die damalige deutsche Entwicklungshilfeministerin Heide Wieczorek-Zeul unter anderem in einer Rede:

Vor hundert Jahren wurden die Unterdrücker – verblendet von kolonialem Wahn – in deutschem Namen zu Sendboten von Gewalt, Diskriminierung, Rassismus und Vernichtung. Die damaligen Gräueltaten waren das, was heute als Völkermord bezeichnet würde – für den ein General von Trotha heutzutage vor Gericht gebracht und verurteilt würde.

Wir Deutschen bekennen uns zu unserer historisch-politischen, moralisch-ethischen Verantwortung und zu der Schuld, die Deutsche damals auf sich geladen haben. Ich bitte Sie im Sinne des gemeinsamen „Vater unser" um Vergebung unserer Schuld. Ohne bewusste Erinnerung, ohne tiefe Trauer kann es keine Versöhnung geben.

Nach: www.windhuk.diplo.de/Vertretung/windhuk/de/03/Gedenkjahre__2004__2005/Seite__Rede__BMZ__2004-08-14.html [Zugriff: 23.06.2016]

M 7 „Genozid-Denkmal" für die getöteten Herero und Nama vor dem Independence Memorial Museum in Namibia

Foto von 2015

Das Denkmal wurde am 21. März 2014 eingeweiht. Auf dem Sockel steht der Schriftzug „Their blood waters our freedom". An der Vorder- und Rückseite befinden sich Reliefs mit Darstellungen von Opfern des Kolonialkrieges von 1904 bis 1908, die auf historische Kolonialfotografien zurückgehen.

[1] Groot Rohr: kapholländisch für Geschütz, Kanone

[2] Stuurmann: Kaufleute

Der „Wettlauf um Afrika" der europäischen Mächte beginnt

Kongo-Konferenz in Berlin

ca. 13 000 Deutsche leben in der Kolonie Deutsch-Südwestafrika (Namibia)

Beginn des Aufstandes der Herero und Nama und des Völkermordes

1870 1880 1890 1900 1910

Bündnisse und Konflikte

M1 „Das missratene Kind"
Karikatur aus dem englischen Satiremagazin Punch vom 10. Mai 1890
Die Bildunterschrift lautet: „Seien Sie doch nicht so unruhig! Sie werden den Kahn noch zum Kentern bringen."
Beschreibe die Karikatur. Wen könnten die Personen darstellen? Was symbolisiert das Boot? Stelle Vermutungen an, was Titel und Bildunterschrift zu bedeuten haben.

M2 Bismarcks Bündnisse um 1887

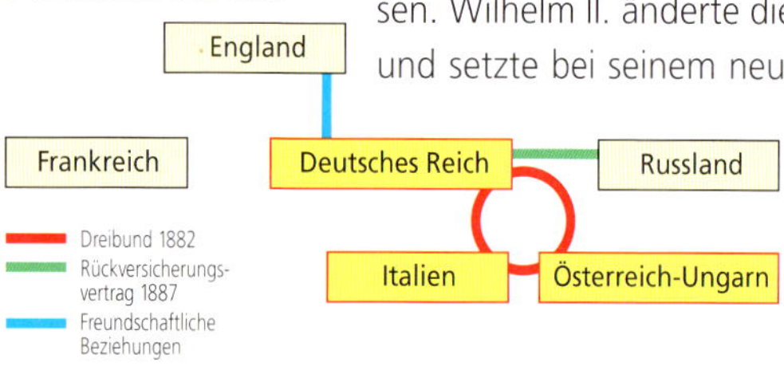

Bündnispolitik von Bismarck …

Mit der Gründung des Deutschen Reiches war 1871 mitten in Europa ein großer, militärisch schlagkräftiger Staat entstanden. Die übrigen europäischen Mächte begegneten ihm mit Misstrauen: Was, wenn der junge Nationalstaat nun die Vorherrschaft in Europa anstrebte?
Reichskanzler Bismarck fürchtete, Frankreich suche eine Gelegenheit, um Elsass und Lothringen zurückzugewinnen. Er wollte deshalb Frankreich isolieren und schloss Bündnisse mit Österreich-Ungarn und Italien (**Dreibund**) sowie mit Russland (**Rückversicherungsvertrag**). Gleichzeitig erklärte er, dass Deutschland in Bezug auf neue Gebietsansprüche „saturiert", also gesättigt sei. So wollte er die übrigen Mächte beruhigen.
Bismarck war zunächst gegen den Erwerb von Kolonien. Aber der Druck der Öffentlichkeit, wie die anderen Großmächte ebenfalls einen „Platz an der Sonne" zu erwerben, war zu groß. Bismarck änderte seine Einstellung. 1884/85 stellte er Gebiete in Afrika, die deutsche Kaufleute bereits erworben hatten, unter den Schutz des Deutschen Reiches.

… zu Wilhelm II.

1888 bestieg **Wilhelm II.** den Thron. Der ehrgeizige junge Kaiser wollte Weltpolitik betreiben und sich nicht mehr auf Europa beschränken. Bismarck störte bei diesen Plänen und wurde 1890 entlassen. Wilhelm II. änderte die deutsche Außenpolitik und setzte bei seinem neuen Kurs auf militärische Stärke. Er wollte Deutschland mithilfe einer starken Kriegsflotte zu einer Weltmacht machen und sich nicht mehr durch eine **Bündnispolitik** einschränken lassen. Deshalb ließ er den Rückversicherungsvertrag mit Russland 1890 auslaufen.

Rivalität mit Großbritannien

Wilhelm II. wollte den Flottenbau so vorantreiben, dass Deutschland es mit Großbritannien, der stärksten Seemacht, aufnehmen könnte. Unterstützung fand er beim „Deutschen Flottenverein", der auf Anregung der deutschen Industrie gegründet worden war, und bei Admiral Alfred von Tirpitz, dem Staatssekretär des Reichsmarineamtes. Dieser trieb das kostspielige Flottenbauprogramm voran.
Großbritannien fühlte sich als führende Seemacht vom Deutschen Reich wegen der starken Wirtschaft und des Flottenausbaus bedroht. Dies und ungeschickte Äußerungen Kaiser Wilhelms II. schürten in Großbritannien eine deutschlandfeindliche Stimmung. Ein Wettrüsten setzte ein.

Frankreich durchbricht die Isolation

Frankreich gelang es, seine außenpolitische Isolation zu durchbrechen. Zunächst schloss es mit Russland ein Verteidigungsbündnis gegen den Dreibund, nachdem Wilhelm II. den Rückversicherungsvertrag nicht verlängert hatte. Als es im Sudan um die Stadt Faschoda zu Auseinandersetzungen mit Großbritannien kam, lenkte Frankreich ein. Es sah sich einem Krieg gegen die führende britische Kolonialmacht nicht gewachsen. Die anschließenden Verhandlungen setzten einen Prozess der Annäherung zwischen Großbritannien und Frankreich in Gang, der 1904 in dem Bündnis der **Entente cordiale** (dt. „herzliches Einvernehmen") seinen Höhepunkt fand.
1907 schlossen auch Großbritannien und Russland eine Entente, die der britisch-französischen von 1904 ähnelte. Für die deutschen Politiker waren die Bündnisse ein schwerer Schlag. Sie fühlten sich zunehmend „eingekreist".

M3 Ziele der deutschen Flottenpolitik

Der Staatssekretär der Reichsmarine, Admiral Alfred von Tirpitz, schreibt am 17. Dezember 1908 in einer „geheimen Denkschrift“ an Reichskanzler Bernhard von Bülow:

In wenigen Jahren wird unsere Flotte so stark sein, dass ein Angriff auf dieselbe auch für England ein großes militärisches Risiko bedeutet. Damit ist der Zweck der Flottenpolitik des letzten Jahrzehnts erreicht. Von einer Kriegsgefahr wohl zu unterscheiden ist die feindselige Stimmung gegen uns in England. Mit einer solchen werden wir leider vielleicht andauernd zu rechnen haben, nicht der Flotte wegen, sondern infolge der Konkurrenz zweier großer Kulturnationen auf allen Gebieten.

Nach: Michael Behnen (Hrsg.), Quellen zur deutschen Außenpolitik im Zeitalter des Imperialismus 1890-1911, Darmstadt 1977, S. 420f.

M4 Die britische Perspektive

Der britische Außenminister Sir Edward Grey sagt am 27. November 1911 im Parlament:

Deutschland ist mit Recht stolz auf seine Stärke. Es baut eine große Flotte. Es ist gewiss natürlich und einleuchtend, dass das Anwachsen dieser Flotte Befürchtungen erwecken oder andere Nationen zum Mindesten sehr empfänglich für Befürchtungen machen muss, die stark werdende Macht hege aggressive Pläne gegen sie. Ich glaube nicht an diese aggressiven Pläne. Ich möchte es nicht in diesem Sinn ausgelegt wissen, aber ich meine, man muss sich vergegenwärtigen, dass andere Nationen besorgt und empfindlich sein und nach irgendwelchen Anzeichen einer Aggression ausspähen werden. Alles, was wir oder die andern Nachbarn Deutschlands wünschen, ist, auf gleichem Fuß mit ihm zu leben.

Nach: G. P. Gooch und Harold Temperley (Hrsg.), Die britischen amtlichen Dokumente über den Ursprung des Weltkrieges 1898-1914, Bd. 7/2, Berlin 1932, S. 1199 (übers. von Hermann Lutz)

M5 „Das erste Kaiserwort im neuen Jahrhundert“

Bildpostkarte von 1900

In der Mitte ist Kaiser Wilhelm II. in der Uniform eines Admirals, des höchsten Offiziers in der Marine, links die kaiserliche Yacht „Hohenzollern“ zu sehen. Darunter heißt es nach der Überschrift: „Wie Mein Großvater für Sein Landheer, so werde auch Ich für Meine Marine unbeirrt in gleicher Weise das Werk der Reorganisation [des Neuaufbaus] fort- und durchführen.“

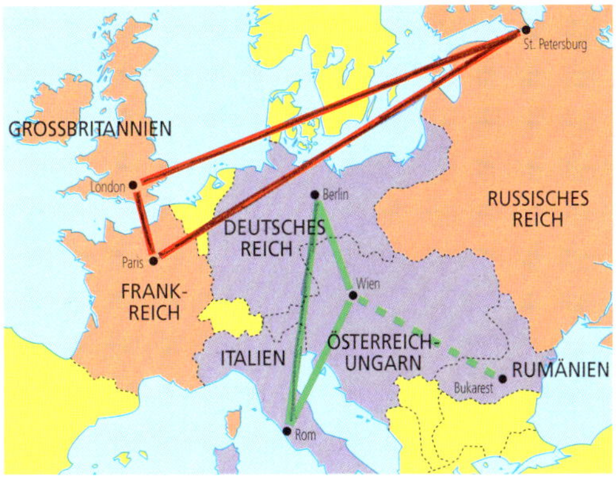

M6 Die Bündnisse um 1910

M7 Rüstungsausgaben

in Mio. Mark	1902	1913
Frankreich	954	1 327
Russisches Reich	958	2 050
Großbritannien	2 002	1 491
Deutsches Reich	965	2 111
Österreich-Ungarn	378	721

Nach: Der Weltkrieg 1914 bis 1918. Die militärischen Operationen zu Lande, bearb. im Reichsarchiv, Bd. 16,1,1: Kriegsrüstung und Kriegswirtschaft; Anlagen zum 1. Band, Berlin 1930, S. 530

1. *Vergleiche die außenpolitische Lage des Deutschen Reiches von 1910 (M6) mit der um 1887 (M2).*
2. *Nimm Stellung, ob du diese Postkarte (M5) verschickt hättest. Sammle Argumente für und gegen ihre Verwendung.*
3. *Arbeite aus M3 heraus, welche Ziele Tirpitz verfolgt und wie er das Verhältnis zwischen Großbritannien und Deutschland beschreibt.*
4. *Erkläre, warum Großbritannien auf das deutsche Vorgehen mit Misstrauen reagiert (M3, M4).*
5. *Ziehe politische und militärische Schlussfolgerungen aus der Rede Greys (M4) und der Tabelle (M7).*

Der „Wettlauf um Afrika“ der europäischen Mächte beginnt
Kongo-Konferenz in Berlin
Wilhelm II. wird Deutscher Kaiser und unterstützt Bestrebungen, deutsche Kolonien zu gründen
Der deutsche Reichskanzler fordert für das Deutsche Reich einen „Platz an der Sonne“
Gründung der Entente cordiale

1870 1880 1890 1900 1910

Krisen um Marokko

M3 „Es war einmal …"
Karikatur aus „Der Wahre Jacob" vom 1. August 1911
Das Bild ist wie folgt untertitelt: „Es war einmal ein Adler und ein Kamel, der Adler beschwatzte das Kamel zu einer Wikingerfahrt nach Afrika und stellte einen großen Schatz in Aussicht, den sie miteinander teilen wollten. Beim genauen Zusehen bestand der Schatz in einer fürchterlichen Prügelsuppe, die das Kamel ungeteilt erhielt, während der Adler davon flog."
Analysiere die Karikatur (vgl. S. 58 f.) und erkläre die Bildunterschrift.

Die Konflikte spitzen sich zu

Das Deutsche Reich wollte seinen Einfluss in Afrika weiter ausdehnen, aber das „herzliche Einvernehmen" von Frankreich und Großbritannien erschwerte das. Gegen den Widerstand der beiden Großmächte schien es unmöglich, den deutschen Kolonialbesitz zu vergrößern. In Marokko kam es zu einem Konflikt, der beispielhaft für das Mächteverhältnis nach 1900 steht.

Marokko hatte seine Unabhängigkeit bis um 1900 bewahren können. Doch wegen der dort vorhandenen Bodenschätze meldete Frankreich großes Interesse an dem nordafrikanischen Land an. In der Entente cordiale hatte Großbritannien Frankreich zugestanden, Marokko „friedlich durchdringen" zu dürfen, also faktisch zum französischen Protektorat zu machen – ohne Rücksicht auf deutsche Ansprüche. Seit Langem waren deutsche Firmen nämlich bereits in Marokko tätig. Der französische Anspruch gefährdete nun ihre Handelsinteressen. Die deutsche Regierung sah darin eine Gelegenheit, das britisch-französische Einvernehmen zu stören.

Erste Marokko-Krise

Ende März 1905 besuchte Kaiser Wilhelm II. die marokkanische Stadt Tanger und gab dort eine Garantieerklärung für die Unabhängigkeit Marokkos ab. Er wollte damit demonstrieren, dass die anderen Mächte nicht ohne deutsche Mitsprache in Marokko entscheiden dürften. Gleichzeitig verlangte er eine internationale Konferenz zur Marokko-Frage, die im Januar 1906 in Algeciras stattfand. Statt jedoch Frankreich und Großbritannien voneinander zu lösen, musste die deutsche Politik eine diplomatische Niederlage hinnehmen. Sie hatte den Einfluss Großbritanniens und Frankreichs auf die anderen Mächte unterschätzt. Marokko blieb zwar formal unabhängig und für den weltweiten Handel frei, jedoch konnte Frankreich seinen politischen Einfluss dort verstärken.

Zweite Marokko-Krise

Im Frühjahr 1911 kam es mit einer zweiten Marokko-Krise zum bis dahin gefährlichsten Konflikt zwischen den europäischen Mächten. Nach Unruhen gegen den Sultan hatten französische Truppen die marokkanischen Städte Fes und Rabat besetzt. Die deutsche Regierung sah darin einen Verstoß gegen die 1906 in Algeciras getroffenen Vereinbarungen. Sie schickte das Kanonenboot „Panther" in den südmarokkanischen Hafen Agadir, um Frankreich zur Aufgabe seines Kolonialgebietes zu zwingen. Doch auch diesmal stand Großbritannien an der Seite Frankreichs. Die Briten versetzten ihre Flotte in Alarmbereitschaft. In ganz Europa protestierten die Menschen gegen die drohende Kriegsgefahr. Schließlich gab das Deutsche Reich auf, um den Frieden zu erhalten. Es musste die französischen Interessen in Marokko anerkennen. Zum Ausgleich erhielt es Teile des französischen Kongos. Viele deutsche Politiker und Militärs stellte das nicht zufrieden. Sie forderten weitere Rüstungsanstrengungen. Das deutsche Vorgehen in Marokko förderte die britisch-französische Zusammenarbeit.

1. *Vergleiche die beiden Marokko-Krisen von 1905 und 1911 miteinander. Welche Gemeinsamkeiten kannst du erkennen?*
2. *Das Deutsche Reich fühlte sich um 1910 „eingekreist". Im Ausland sprach man von einer „Auskreisung" Deutschlands. Prüfe mithilfe der Karte M6 auf S. 151, welche Sichtweise die Lage besser kennzeichnet.*

M2 Die Konferenz von Algeciras

Der deutsche Reichskanzler Bernhard von Bülow erklärt am 5. April 1906 im Reichstag zu den Ergebnissen der Konferenz von Algeciras:

Wir wollten nicht in Marokko selbst festen Fuß fassen; denn darin hätte eher eine Schwächung als eine Stärkung unserer Stellung gelegen. [...] Was wir wollen, war, zu bekunden, dass das Deutsche Reich sich nicht als [belanglose Größe] behandeln lässt, [...] dass in einem so mächtigen, selbstständigen, an zwei Welthandelsstraßen gelegenen Wirtschaftsgebiete die Tür für die Freiheit des fremden Wettbewerbs offen gehalten werden soll. Das geeignetste Mittel, dieses Ziel auf friedlichem Wege zu erreichen, war die Einberufung einer neuen Konferenz. [...] Unser Vertrauen in die Stärke, die ein fester Rechtsboden verleiht, war so groß, dass wir auf die Konferenz drangen, obwohl jedermann wusste, dass [...] wir unsere Forderungen auf der Konferenz gegen eine Mehrheit der Großmächte durchzusetzen hätten. [...] Auch ließ sich schwer bestreiten, dass kein Land vermöge seiner Erfahrungen geeigneter war, Polizeikonstrukteure zu stellen als [...] Spanien und Frankreich. Hätten wir uns dieser Tatsache hartnäckig verschlossen, so würde der während der Konferenzverhandlungen von der französischen Presse gegen die deutsche Politik so laut erhobene Vorwurf der Unverträglichkeit wirklich berechtigt gewesen sein.

Nach: Wilhelm von Massow (Hrsg.), Fürst Bülows Reden, Bd. 4, Leipzig 1910, S. 92 - 96

M3 „Panthersprung" nach Agadir

a) Am 1. Juli 1911 läuft das kleine, leicht bewaffnete deutsche Kanonenboot „Panther" den marokkanischen Hafen Agadir an. Am selben Tag übergeben die deutschen Botschafter in allen Hauptstädten eine Mitteilung (Note) an die Regierungen ihrer Gastländer:

Einige deutsche Firmen [...] haben an die Kaiserliche Regierung appelliert, das Leben ihrer Beschäftigten und ihr Eigentum zu schützen.

Auf ihr Ersuchen hat die Kaiserliche Regierung beschlossen, ein Kriegsschiff zum Hafen von Agadir zu entsenden, um [...] die wichtigsten deutschen Interessen in dem fraglichen Gebiet zu wahren.

b) Ein Historiker schreibt dazu 2011:

Die Note, das erkannte man in Paris und London sogleich, wies einen argen Schönheitsfehler auf: In und um Agadir gab es überhaupt keine deutschen Firmen. Agadir war nämlich ein sogenannter „geschlossener" Hafen, das heißt, jeglicher Handel [...] dort war Ausländern verboten.

Die deutsche Seite hatte sich jedoch bemüht, dieses Manko zu beseitigen. Im Auftrag des Auswärtigen Amtes beschaffte ein gewisser Wilhelm Regendanz, Geschäftsführer der Hamburg-Marokko-Gesellschaft blanko (!) die Unterschriften einiger Hamburger Bankiers und Kaufleute. Im Auswärtigen Amt formulierte man einen „Hilferuf" deutscher Firmen, die im Marokkogeschäft tätig waren, und versah ihn mit den zuvor eingesammelten Unterschriften.

c) Die der Industrie nahe stehende „Rheinisch Westfälische Zeitung" schreibt am 2. Juli 1911:

Endlich eine Tat, eine befreiende Tat [...]. Sie war dringend notwendig. Es geht um die Ehre unseres Volkes [...]. Die Franzosen [...] schicken sich an, das reiche nordwestafrikanische Land sich vollends anzueignen; über unsere wohlerworbenen Ansprüche, über unsere gerechten Interessen hinweg [...].

Erster Text: Robert K. Massie, Die Schalen des Zorns, Frankfurt a.M. 1993, S. 604 (übers. von Walter Brumm)
Zweiter Text: Gerd Fesser, Der Panthersprung nach Agadir, in: DIE ZEIT Nr. 27/2011; nach: www.zeit.de/2011/27/Panthersprung [Zugriff vom 03.07.2016]
Dritter Text: Hans Fenske (Hrsg.), Unter Wilhelm II. 1890 - 1918, Darmstadt 1982,S. 303f.

M4 „Agadir!"

Titelseite der französischen Zeitung „L'Illustration" vom 16. September 1911

Die Schlagzeile unter dem Bild lautet übersetzt: „Agadir! Ein kleines Schiff vor einer alten marokkanischen Festung: das ist der deutsche Kreuzer ‚Berlin', der den Frieden Europas bedroht."

Der kleine Kreuzer „SMS Berlin", ein Kriegsschiff der Kaiserlichen Marine, löste im Juli 1911 das Kanonenboot „Panther" vor Agadir ab.

1. *Belege am Text, wie Bülow die diplomatische Niederlage beschönigt und was er damit bezwecken will (M2).*
2. *Analysiere den Begriff „Interessen" (M3): Was wird darunter verstanden? Welche Faktoren kommen dabei zusammen? Wie ist das deutsche Verhalten zu erklären?*
3. *Untersuche, welche Sichtweisen die Presse in den verschiedenen Ländern zum „Panthersprung" wiedergibt (M1, M3, M4).*

1904: Entente cordiale
1905: Kaiser Wilhelm II. besucht Tanger
1906: Konferenz von Algeciras
April 1911: Unruhen in Marokko; französische Truppen besetzen Fes und Tanger
1.7.1911: deutscher „Panthersprung"
18.11.1911: deutsch-französischer Marokko-Kongo-Vertrag

1905 — 1910 — 1915

Konfliktherd Balkan

M 1 „Balkan Troubles"
Karikatur aus dem britischen Satiremagazin „Punch", 1912
Die hier nicht abgebildete Bildunterschrift lautet: „The Boiling Point" (Der Siedepunkt).
Beschreibe die dargestellte Szene. Untersuche mithilfe des Verfassertextes, wer daran beteiligt war, das Feuer der „Balkan-Wirren" zu schüren.

„Der kranke Mann am Bosporus"

Auch auf dem Balkan gab es einen Krisenherd mit internationalen Spannungen. Seit dem 15. Jh. hatte das Osmanische Reich den Balkan beherrscht. Ab dem 19. Jh. wurde die ehemalige Großmacht immer schwächer. Das Osmanische Reich konnte die nationalen Bestrebungen der Balkanvölker nicht länger unterdrücken. Es drohte zu zerfallen, weshalb es als „kranker Mann am Bosporus" verspottet wurde. Bis 1913 erkämpften mehrere Völker ihre (Teil-)Selbstständigkeit, etwa Serbien und Bulgarien. Die europäischen Mächte unterstützten die neuen Staaten, um das Osmanische Reich zu schwächen.

Gegensätzliche Interessen in der Balkankrise …

Der Balkan entwickelte sich zu einem Pulverfass, das jederzeit hochgehen konnte, denn es stießen zu viele gegensätzliche Interessen aufeinander.
Viele der neu entstandenen Balkanstaaten waren mit den Grenzziehungen unzufrieden. Bulgarien hatte große Teile seines Staatsgebietes verloren. Serbien wollte alle südslawischen Völker in einem slawischen Einheitsstaat vereinigen (**Panslawismus**).
Der Vielvölkerstaat Österreich-Ungarn, in dem viele Slawen lebten, fühlte sich von den slawischen Freiheitsbestrebungen bedroht. 1908 besetzte er Bosnien-Herzegowina, um zu verhindern, dass Serbien einen Zugang zum Meer erhielt.
Die slawische Großmacht Russland wiederum unterstützte Serbien. Das Zarenreich sah in der Balkankrise die Möglichkeit, seinen Einfluss in Europa zu stärken und mithilfe der Serben die Kontrolle über die beiden Meerengen Dardanellen und Bosporus zu gewinnen.

Das Deutsche Reich befand sich in einem Dilemma: Es hatte gute Beziehungen zum Osmanischen Reich und half beim Bau der sogenannten „Bagdad-Bahn", die von der europäischen Türkei bis zum Persischen Golf führen sollte. Gleichzeitig wollte es den Bündnispartner Österreich-Ungarn nicht verlieren.

… führen zum ersten Balkankrieg …

Im Oktober 1912 eröffneten Serbien, Bulgarien, Montenegro und Griechenland den Krieg gegen das Osmanische Reich. Innerhalb von nur zwei Monaten eroberten sie fast dessen gesamte europäische Gebiete. Das Osmanische Reich war keine europäische Macht mehr.
Erst am 30. Mai 1913 gelang es im Londoner Frieden, den Krieg zu beenden und den Balkan neu zu ordnen. Österreich-Ungarn setzte die Selbstständigkeit Albaniens durch, um Serbien den Zugang zur Adria zu versperren.

… und zum zweiten Balkankrieg

Streitigkeiten um die Verteilung der eroberten Gebiete führten 1913 zum zweiten Balkankrieg. Bulgarien griff am 29. Juni 1913 Serbien an, das am 8. Juli mit Griechenland den Krieg gegen Bulgarien erklärte. Es folgten Montenegro, Rumänien und das Osmanische Reich, das dadurch einen Teil der Gebietsverluste aus dem ersten Balkankrieg auszugleichen versuchte. Vor dieser Übermacht kapitulierte Bulgarien; am 10. August wurde in Bukarest das Friedensabkommen unterzeichnet.
Der Balkan blieb jedoch weiterhin ein gefährlicher Krisenherd: Österreich-Ungarn und Russland waren unversöhnliche Großmächte, die zu unterschiedlichen Bündnissen gehörten. Serbien und Bosnien wollten Österreich-Ungarn vom Balkan verdrängen. Über ihre Bündnisse zogen sie die übrigen europäischen Mächte in den Konflikt hinein.

Erkläre, warum die Konflikte auf dem Balkan für ganz Europa gefährlich waren.

M2 „Gefahr für die Monarchie“

Der österreichische Generalstabschef Franz Conrad von Hötzendorf erklärt am 20. Januar 1913:

Die Entwicklung eines selbstständigen großserbischen Staates ist eine eminente Gefahr für die Monarchie, sie liegt darin:

Dass erstens die Slawen der Monarchie […] ihren Hort in diesem neuen […] Staatswesen suchen […], dass zweitens das selbstständige Serbien im Verein mit Montenegro eine nennenswerte Militärmacht repräsentiert […], dass drittens das aufgeflackerte Prestige des Serbentums der Monarchie einen empfindlichen moralischen Schlag […] versetzt hat […], dass viertens dieser Prestigeverlust von nachteiligster Wirkung auf alle Patrioten […] ist […].

Eingekeilt zwischen Russland, dann einem mächtig gewordenen Serbien und Montenegro […] wird die Monarchie zur politischen Ohnmacht und damit zum sicheren Niedergang verurteilt sein. […] [D]ie Monarchie muss durch eine militärische Kraftäußerung ihr Prestige, besser gesagt ihre politische Geltung, wiederherstellen. Am wirksamsten wäre dies der Fall, wenn es gelänge, in einem Krieg gegen Russland Sieger zu sein. Mit dieser rationellsten Lösung wären auch alle anderen Fragen, darunter speziell auch die serbische, gelöst. […] Es ist […] auch für Deutschland nur von Vorteil, wenn die Kraftprobe zwischen Dreibund und Triple-Entente[1] möglichst bald zum Austrag kommt.

Franz Conrad von Hötzendorf, Aus meiner Dienstzeit 1906-1918, Bd. 3, Wien 1922, S. 11 f.

M3 „Kriegsrat“

Im Dezember 1912 lädt Kaiser Wilhelm hohe Militärs zu einem „Kriegsrat“. Der Chef des Marinekabinetts, Alexander von Mueller, notiert:

Seine Majestät habe sich folgendes Bild gemacht: Österreich müsse den auswärtigen Slawen (Serben) gegenüber kraftvoll auftreten, sonst verliere es die Macht über die Serben[2] der österreichisch-ungarischen Monarchie. Wenn Russland die Serben stütze […], wäre der Krieg für uns unvermeidlich […]. Die Flotte müsste sich natürlich auf den Krieg gegen England einrichten.

Im Mai 1913 erklärt Wilhelm II. dem Sekretär des britischen Königs:

Die Slawen sind jetzt unruhig geworden und werden Österreich angreifen wollen. Deutschland ist verpflichtet, seinem Bundesgenossen beizustehen – Russland und Frankreich werden eingreifen, und dann England […]. Ich bin ein Mann des Friedens – aber jetzt muss ich mein Land aufrüsten, damit ich alle, die über mich herfallen, vernichten kann – und ich werde sie vernichten.

Erster Text nach: Erwin Hölzle (Hrsg.), Quellen zur Entstehung des Ersten Weltkrieges: Internationale Dokumente 1901-1914, Darmstadt ²1995, S. 111
Zweiter Text nach: John C. G. Röhl, Vorsätzlicher Krieg? Die Ziele der deutschen Politik im Juli 1914, in: Wolfgang Michalka (Hrsg.), Der Erste Weltkrieg, München 1994, S. 207

M4 Der Balkan 1913

[1] Triple Entente: Informelles Bündnis zwischen Großbritannien, Frankreich und Russland

[2] Serben: In Österreich-Ungarn lebten rund zwei Mio. Serben.

1. *Erläutere die Gefahren, die der österreichische Generalstabschef sieht. Beurteile seinen Lösungsvorschlag (M2).*
2. *Erörtere die deutschen Vorstellungen zur Lösung der Probleme auf dem Balkan (M3).*
3. *Zeige an der Karte M4, wie sich die Grenzen auf dem Balkan veränderten.*
4. *Stelle in einem Schaubild die Konflikte der Bündnispartner Deutsches Reich und Österreich-Ungarn mit den übrigen deutschen Großmächten dar (Verfassertext, M2-M4). Beachte auch M6 auf S. 151.*
5. *Begründe, ob mit der Beilegung des Balkankonflikts von 1912/13 eine Chance auf dauerhaften Frieden bestand (Verfassertext, M2-M4).*

Österreich-Ungarn annektiert Bosnien-Herzegowina
Gründung der Geheimorganisation „Schwarze Hand“ in Serbien
Oktober 1912: Balkanstaaten gegen Osmanisches Reich: Erster Balkankrieg
Juni 1913: Balkanstaaten gegeneinander: Zweiter Balkankrieg
Mehrere Staaten befreien sich auf dem Balkan von der osmanischen Herrschaft
Slawische Völker auf dem Balkan fordern ihre Unabhängigkeit von Österreich-Ungarn
August 1913: Frieden von Bukarest
1900 1910 1920

Frieden ist keine Option

M1 Die Ekels
Karikatur von Werner Hahmann in der deutschen Satirezeitschrift „Kladderadatsch“ vom 16. August 1914
Die Bildunterschrift lautet: „Endlich hat die Hydra auch den dritten Kopf hervorgestreckt und nun – feste druff!“ Die Hydra war ein mythologisches Ungeheuer mit mehreren Köpfen. Herkules besiegte sie, indem er ihre Köpfe abschlug und die Halsstümpfe dann versengte, damit sie nie wieder nachwachsen konnten.

Eigentlich sind Karikaturen ein Instrument, um Kritik an der Macht zu üben. Während des Ersten Weltkrieges aber stellten sich die deutschen Zeichner oftmals in den Dienst des Kaiserreiches. Untersuche, inwiefern dies bei M1 zutrifft. Analysiere die Haltung des Zeichners.

Funke im Pulverfass

Die Krise auf dem Balkan hatte sich noch nicht beruhigt, als der österreichische Thronfolger Franz Ferdinand mit seiner Frau Sophie zu einer Reise in die bosnische Hauptstadt Sarajewo aufbrach. Er plante, den Slawen im Vielvölkerstaat mehr Selbstständigkeit zu gewähren.
Damit stand er den Zielen der serbischen Nationalisten im Weg, die alle Slawen der Balkanländer in einem Großserbien vereinen wollten. Die „Schwarze Hand“, eine terroristische Geheimorganisation der Serben, beschloss die Ermordung Franz Ferdinands. Zur ihr gehörte der 19-jährige Serbe Gavrilo Princip. Er erschoss Franz Ferdinand und seine Frau am 28. Juni 1914, als sie in ihrem offenen Wagen durch Sarajewo fuhren.

Der deutsche „Blankoscheck“

Österreich-Ungarn wollte den Vorfall nutzen, um Serbien zu schwächen. Die deutsche Reichsführung wusste, dass ein Krieg auf dem Balkan Deutschland in einen Zwei-Fronten-Krieg stürzen könnte. Dennoch unterstützte sie ihren Zweibundpartner gegen Serbien ohne jede Bedingung. Man sprach von einem **„Blankoscheck“**, einer uneingeschränkten Vollmacht an Österreich-Ungarn.
Alle Regierungen in Europa hatten fertige Pläne für einen möglichen Krieg in der Schublade. Den deutschen Plan hatte Generalfeldmarschall Schlieffen schon 1905 entwickelt. Dieser **Schlieffen-Plan** sah vor, einen Zwei-Fronten-Krieg zu vermeiden, indem man zuerst Frankreich im Westen und danach Russland im Osten besiege. Unter Missachtung des internationalen Rechts sollten die deutschen Truppen durch das neutrale Belgien in Frankreich einmarschieren.

Kettenreaktion

Überzeugt von diesem Plan stellte Österreich-Ungarn am 23. Juli Serbien ein Ultimatum. Es war absichtlich hart formuliert. Das Motiv war eindeutig: Die erwartete Ablehnung sollte einen Vorwand für den schon beschlossenen Krieg liefern. Obwohl die serbische Regierung den größten Teil der Forderungen akzeptierte, erklärte Österreich-Ungarn am 28. Juli Serbien den Krieg. Als Großbritannien ankündigte, Frankreich bei einem Angriff beizustehen, suchte die deutsche Regierung vergeblich eine friedliche Lösung. Nachdem Russland mit der Mobilmachung begonnen hatte, erklärte das Deutsche Reich erst Russland und zwei Tage später Frankreich den Krieg. In Deutschland wurden die Kriegserklärungen an Russland und Frankreich nun als Notwendigkeit dargestellt, mit der auf die äußere Bedrohung reagiert werden musste. So gelang es, die Öffentlichkeit über Parteigrenzen hinaus im **Burgfrieden** weitgehend zu einen.
Nun standen sich die **Mittelmächte** – das Deutsche Reich und Österreich-Ungarn, denen sich das Osmanische Reich und Bulgarien anschlossen – und die **Alliierten** (die Entente-Mächte Frankreich, Großbritannien und Russland mit ihren Verbündeten) im Krieg gegenüber, der sich zum ersten Weltkrieg der Geschichte ausdehnen sollte. Der britische Außenminister Edward Grey formulierte am selben Abend: „In Europa gehen die Lichter aus. Wir werden es nicht mehr erleben, wenn sie wieder angehen.“

Der Krieg entsteht auch in den Köpfen

Gegenüber den Einwohnern ihrer Kolonien verstanden sich die Europäer selbstverständlich als „überlegene Rasse“. Das eigene Volk, die eigene Nation wurde jeweils als überlegen und wertvoller bezeichnet als die anderen europäischen Länder. Aus Vorurteilen wurden Feindbilder: „Der französische Erbfeind“ als Bezeichnung für Frankreich und „das perfide Albion[1]“ als Bezeichnung für England sind Beispiele dafür. Die Teilnahme am Krieg als Soldat galt als heldenhaft, ehrenvoll und erstrebenswert.

[1] Albion: antiker Name für England.

M2 Zukunftsaussichten

Der Staatssekretär des Auswärtigen Amtes, Gottlieb von Jagow, hält fest, was ihm der Generalstabschef Helmuth von Moltke Ende Mai/Anfang Juni 1914 in Berlin mitgeteilt hat:

Die Aussichten in die Zukunft bedrückten ihn schwer. In 2-3 Jahren würde Russland seine Rüstungen beendet haben. Die militärische Übermacht unserer Feinde wäre dann so groß, dass er nicht wüsste, wie wir ihrer Herr werden könnten. Jetzt wären wir ihnen noch einigermaßen gewachsen. Es bleibe seiner Ansicht nach nichts übrig, als einen Präventivkrieg[1] zu führen, um den Gegner zu schlagen, solange wir den Kampf noch einigermaßen bestehen könnten. Der Generalstabschef stellte mir demgemäß anheim, unsere Politik auf die baldige Herbeiführung eines Krieges einzustellen.

Nach: Erwin Hölzle (Hrsg.), Quellen zur Entstehung des Ersten Weltkrieges. Internationale Dokumente 1901-1914, Darmstadt ²1995, S. 243

M3 „Gesundung“?

Wenige Tage nach der Unterredung zwischen Jagow und Moltke (M2) besprechen der Reichskanzler Bethmann Hollweg und der bayerische Gesandte in Berlin, Hugo Graf von Lerchenfeld, die Lage. Lerchenfeld berichtet nach München:

Es gebe aber Kreise im Reich, die von einem Krieg eine Gesundung der inneren Verhältnisse in Deutschland erwarten, und zwar im konservativen Sinne. Er – der Reichskanzler – denke aber, dass ganz im Gegenteil ein Weltkrieg mit seinen gar nicht zu übersehenden Folgen die Macht der Sozialdemokratie, weil sie den Frieden predigt, ganz gewaltig steigern und manche Throne stürzen könnte.

Nach: Pius Dirr (Hrsg.), Bayerische Dokumente zum Kriegsausbruch und zum Versailler Schuldspruch, München 1922, Dok. Nr. 1

M4 „Ich bin bereit ...“

Wilhelm II. telegrafiert am 31. Juli 1914 an Kaiser Franz Joseph I. von Österreich:

Ich bin bereit, die Verpflichtungen unseres Bündnisses zu erfüllen und unmittelbar zum Krieg gegen Russland und Frankreich zu schreiten. In diesem schwierigen Kampf ist es von äußerster Bedeutung, dass Österreich seine Hauptstreitkräfte gegen Russland wirft und sie nicht verbraucht in einer Offensive gegen Serbien [...]. Serbien spielt nur eine untergeordnete Rolle in diesem gewaltigen Kampf und erfordert deshalb nur jene Defensivmaßnahmen[2], die absolut notwendig sind.

Nach: Fritz Fischer, Hitler war kein Betriebsunfall, München 1992, S. 52

Nr. 356. Abendausgabe. Erstes Blatt. Sonnabend, 1. August 1914.

Königsberger Hartungsche Zeitung.

Der Weltkrieg.

Zwölf Stunden Frist für Rußland zum Rückzug.

Eine Schicksalsfrage an Frankreich. — Mobilmachung und „Vermittlung“ gleichzeitig. — Enthüllungen der deutschen Regierung über russische „Kriegslist“. — Die kaiserliche Familie; Bethmann Hollweg; König Ludwig. — Die öffentliche Meinung. — Sozialdemokratisches. — Jaurès erschossen!

M5 Schlagzeile vom 1. August 1914

M6 Gegen das Völkerrecht

Am 4. August 1914, dem Tag des Einmarsches in Belgien, erklärt Reichskanzler Bethmann Hollweg im Reichstag:

Meine Herren, wir sind jetzt in der Notwehr; und Not kennt kein Gebot! Unsere Truppen haben Luxemburg besetzt, vielleicht schon belgisches Gebiet betreten. Meine Herren, das widerspricht den Geboten des Völkerrechts. Die französische Regierung hat zwar in Brüssel erklärt, die Neutralität Belgiens respektieren zu wollen, solange der Gegner sie respektiere. Wir wussten aber, dass Frankreich zum Einfall bereit stand. Frankreich konnte warten, wie aber nicht! Ein französischer Einfall in unsere Flanke am unteren Rhein hätte verhängnisvoll werden können.

Nach: Richard von Kralik, Geschichte des Völkerkrieges (1914-1919), Paderborn 2015 (Nachdruck des Originals von 1923), S. 41

[1] präventiv: vorbeugend
[2] Defensive: Abwehr

Internettipp:
Nach Ausbruch des Ersten Weltkrieges wandte sich der Kaiser mit einer Rede an das deutsche Volk, die in allen deutschen Zeitungen und auf Plakaten veröffentlicht wurde. Kurz vor Ende des Krieges fertigte er davon auch eine Tonaufzeichnung an. Beides kannst du unter Mediencode 31053-20 abrufen.

1. *Charakterisiere Moltkes Grundeinstellung (M2).*
2. *Stelle Vermutungen an, was in M3 mit „Gesundung der inneren Verhältnisse … im konservativen Sinne“ gemeint ist.*
3. *Prüfe, ob im Deutschen Reich militärische Überlegungen größeres Gewicht hatten als politische (M2, M4, M6).*
4. *Deutschland hat mit dem Einmarsch in Belgien bewusst gegen das Völkerrecht gehandelt. Recherchiere über aktuelle Völkerrechtsverletzungen und bereite einen Kurzvortrag vor.*
5. *Bis heute diskutieren Historiker über die Rolle des Deutschen Reiches vor dem Ersten Weltkrieg: Hat die Regierung zielstrebig einen Angriffskrieg vorbereitet? War die deutsche Politik riskant? Untersuche die Fragen mithilfe des Verfassertextes, der Materialien M1 bis M6 sowie S. 160 f.*

28.06.: Der Thronfolger Österreich-Ungarns wird in Sarajewo von einem Serben ermordet
28.07.: Österreich-Ungarn erklärt Serbien den Krieg; das Deutsche Reich erklärt daraufhin Russland und Frankreich den Krieg

1910 1920 1930

Krieg der Bilder

Mehr als je zuvor wurde im Ersten Weltkrieg Propaganda eingesetzt, um Einfluss auf die Einstellung der Bevölkerung zu nehmen. Postkarten waren als Massenmedium besonders geeignet, den Kampfgeist anzuspornen, die Vaterlandsliebe zu betonen oder den Durchhaltewillen zu fördern. Mit ihnen konnten die Gefühle der Menschen angesprochen werden: Postkarten waren durch die persönlichen Nachrichten ein sehr individuelles Medium, zudem sorgten sie für eine qualitativ hochwertige, bis dahin unbekannte Bilderflut. So verwundert es nicht, dass während des Ersten Weltkrieges Milliarden kostenlos verteilte Postkarten zwischen Heimat und Front verschickt wurden.

Um Propaganda zu erkennen und zu entschlüsseln, kannst du nach folgendem Schema vorgehen:

1. Bildbeschreibung

Personen, Gegenstände, Landschaft, Symbole, Farben ...
Was fällt dem Betrachter besonders auf? Was ist im Vorder-/Hintergrund zu sehen? Aus welcher Perspektive blickt man auf das Geschehen? Wie sind die Personen dargestellt? Wie sind die Bewegungs-/Blickrichtungen? Welche Details lassen sich erkennen? Welche Elemente, die man erwarten könnte, fehlen bei der Darstellung?

2. Textbetrachtung

Inhalt, Adressat, Sprache, Bezug zum Bild ...
Wie ergänzt / erklärt der Text das Bild? Wer spricht / schreibt ihn? Wer wird angesprochen? Welche sprachliche Form hat der Text?

3. Entschlüsselung

Deutung, Erschließung der Gefühle, historische Hintergründe ...
Auf welche Ereignisse bezieht sich die Postkarte? Welche Emotionen löst das Bild / der Text aus? Ist die Szene natürlich oder gestellt? Welche Bedeutung haben die Farben / Gegenstände? Welche Rolle spielt das Licht? Welche Atmosphäre wird vermittelt? Inwiefern wird der Betrachter einbezogen?

4. Bewertung

Vergleich mit der historischen Realität, Wirkung, Handlungsaufforderung ...
Welche Haltung wird beim Betrachter erzeugt? Wo unterscheiden sich Postkarte und Realität? Wie wird die Realität verfälscht?

Diese Zusatzinformationen benötigst du, um die Propaganda-Postkarte M1 zu entschlüsseln:

- 1 Auf der Darstellung wird der Krieg ausgeblendet; nur Uniformen und Gewehre deuten darauf hin
- 2 bewusster Widerspruch zwischen Bild und Text: Vorwürfe der Entente-Mächte sollen als Lüge aufgedeckt und der Lächerlichkeit preisgegeben werden
- 2 Postkarte richtet sich an deutsche Soldaten („Du gehörst einer ehrenvollen Armee an"); soll einer Demoralisierung entgegenwirken
- 2 Adressaten sind auch deutsche Zivilisten, um Zuspruch zum Krieg und Opferbereitschaft zu erhöhen
- 3 Postkarte zeigt eine gestellte Szene
- 4 Unter belgischen Opfern waren auch Frauen und Kinder
- 4 Weite Teile Belgiens wurden zerstört
- 4 Betrachter wird aufgefordert, den Aussagen der Entente-Mächte keinen Glauben zu schenken
- 4 Durch gestellte und stark beschönigende Szene wird Realität verfälscht

Mit den Arbeitsschritten und den Informationen aus M1 könntest du die Postkarte etwa so entschlüsseln:

Die deutsche Postkarte von 1915 ist ein gestelltes Foto: Vier Soldaten machen Pause unter freiem Himmel. Sie sind fröhlich, ihre Gewehre haben sie abgestellt. Eine Frau und zwei kleine Kinder sind hinzugekommen. Ein Mädchen streichelt einem der Soldaten die Wange, ein anderer scheint dem Jungen etwas zu schenken. Der Titel „Deutsche Barbaren" steht in Anführungsstrichen.
Seit Kriegsbeginn wurden Deutschland von seinen Gegnern barbarische Verbrechen und eine grausame Kriegsführung vorgeworfen. Besonders der Marsch durch das neutrale Belgien und Übergriffe auf Zivilisten wurden angeprangert und gegen Deutschland gerichtet. Die Postkarte gibt mit der Bildunterschrift vor, die „Wahrheit" über das Verhalten deutscher Soldaten in besetzten Gebieten zu zeigen: Sie seien friedlich, kulturvoll und so harmlos, dass Frauen und Kinder sich ihnen vertrauensvoll nähern und sogar beschenken lassen. Die Postkarte vermittelt deutschen Soldaten, dass sie einer ehrenvollen, sogar vom Feind respektierten Armee angehören. Besonders richtet sie sich aber an deutsche Zivilisten, um die Wirkung der Anklagen gegen Deutschland zu entkräften. Dies soll den Glauben an den Sinn des Krieges und die Opferbereitschaft fördern.

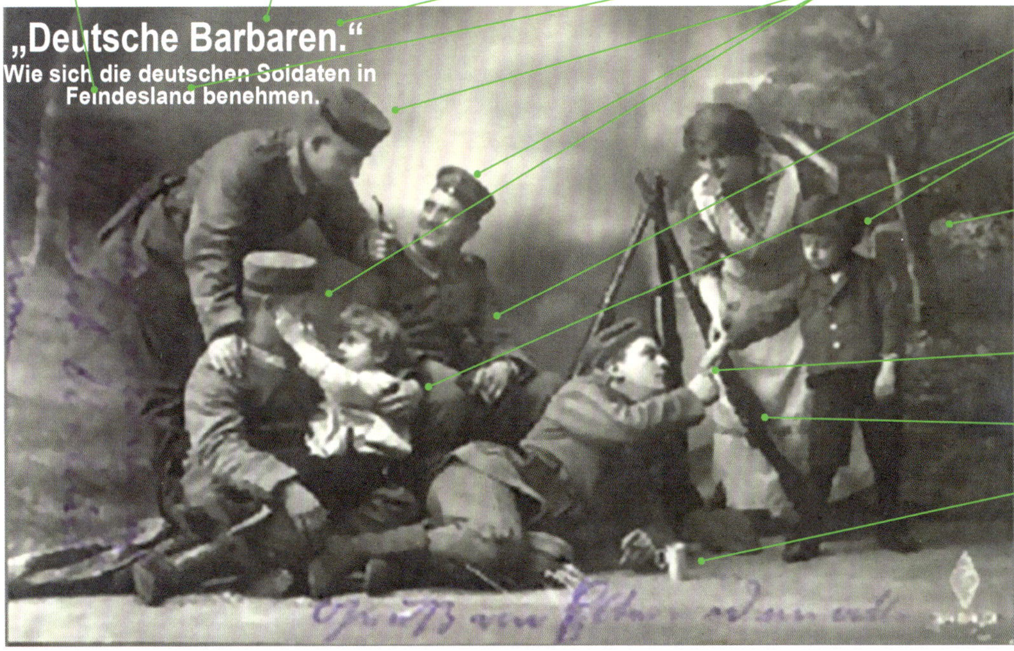

M1 „Deutsche Barbaren“
Deutsche Postkarte aus dem Jahr 1915

M2 „Die Sonne sank im Westen“
Deutsche Postkarte aus dem Jahr 1915

Propaganda
(von lat. propagare: erweitern, verbreiten): Die gezielte, systematische Verbreitung von politischen Ideen, Weltanschauungen oder Meinungen. Bei politischer Propaganda geht es auch um die Manipulation von Meinungen und Einstellungen. Deshalb hat der Begriff Propaganda einen deutlich negativen Beigeschmack und wird häufig mit Diktaturen in Verbindung gebracht.

1. *Schreibe eine Analyse der Propaganda-Postkarte M2. Orientiere dich am Schema links.*
2. *Erkläre mithilfe der Definition rechts, warum es sich bei M2 um Propaganda handelt.*
3. *Finde Gemeinsamkeiten von M1 und M2. Leite daraus allgemeine Regeln für die Bildpropaganda im Ersten Weltkrieg ab.*
4. *Verfasse die Reaktion eines Frontsoldaten, der die Postkarte M1 oder M2 sieht.*

Suche nach einem Schuldigen

Bereits zu Beginn des Ersten Weltkrieges nutzten die beteiligten Länder Propaganda, um die jeweilige Bevölkerung von der Notwendigkeit des Kriegseintritts zu überzeugen. Kurze Zeit später musste den hohen Opferzahlen und den großen Schäden ein Sinn gegeben werden. So kam schon beim Kriegsausbruch die Frage nach dem Schuldigen auf und die Diskussion darum hält bis heute an. Mithilfe der folgenden Materialien könnt ihr euch ein eigenes Urteil bilden.

Folgende Begriffe können euch bei der Bearbeitung helfen: Alleinschuld, Teilschuld, Kollektivschuld, Bündnistreue, Unausweichlichkeit, Tragödie

Vorschläge für Forschungsfragen:
Thema 1: *Wer hat welche Rolle im Krieg?*
Thema 2: *Warum ist die Kriegsschuldfrage bis heute aktuell?*
Aber vielleicht fallen euch ja noch andere Fragen ein?

Beschreiben

Thema 1: *Stellt zusammen, wie die verschiedenen Länder auf den Abbildungen die Gründe für den Krieg, sich selbst und andere darstellen (M1, M5, M6 sowie M1 auf S. 152).*

Thema 2: *Haltet in einer Tabelle fest, welche Aussagen zur Kriegsschuld jeweils von den Historikern getroffen werden.*

Untersuchen

Thema 1: *Untersucht, welche Vorwürfe sich in den Abbildungen verbergen.*

Thema 2: *Vergleicht die Historikerurteile miteinander und findet heraus, ob es Entwicklungen gibt.*

Einordnen

Thema 1: *Überprüft, inwiefern sich die Vorwürfe anhand von historischen Fakten belegen lassen. Fertigt euch dazu einen Zeitstrahl an.*

Thema 2: *Beurteilt, wie die Historiker einzelne historische Ereignisse bewerten. Zieht eure Ergebnisse aus Frage 5 auf S. 153 hinzu.*

Präsentieren

Thema 1: *Bereitet eine Diskussion über die Schuld am Kriegsausbruch vor, indem ihr Rollenkarten für die Vertreter der einzelnen Länder anfertigt.*

Thema 2: *Verfasst ein eigenes Historikerurteil, in dem ihr die gewonnenen Erkenntnisse einarbeitet.*

M1 The Crime of the Ages – Who did it?
Karikatur von John T. McCutcheon aus der US-amerikanischen Zeitung „The Chicago Tribune" aus dem Jahr 1914

M2 „Deutschland hat den Krieg gewollt"

Der deutsche Historiker Fritz Fischer löst im Jahr 1961 mit seinem Buch „Griff nach der Weltmacht – Die Kriegszielpolitik des kaiserlichen Deutschland 1914/1918" einen Streit zwischen Historikern aus. 1965 verdeutlicht er seine Position:

Ich selbst habe noch [...] im Oktober 1964 die Ansicht vertreten, Deutschland habe im Juli 1914 bewusst das Risiko eines großen europäischen Krieges auf sich genommen, weil ihm die Situation so günstig wie nie zuvor erschien. In Verschärfung meiner damaligen Ausführungen stelle ich heute fest, gestützt auf allgemein zugängliches wie auch unveröffentlichtes Material: Deutschland hat im Juli 1914 nicht nur das Risiko eines eventuell über den österreichisch-serbischen Krieg ausbrechenden großen Krieges bejaht, sondern die deutsche Reichsleitung hat diesen großen Krieg gewollt, dementsprechend vorbereitet und herbeigeführt.

Fritz Fischer, Vom Zaun gebrochen – nicht hineingeschlittert. Deutschlands Schuld am Ausbruch des Ersten Weltkriegs, in: Die Zeit vom 3. September 1965, Nr. 36, S. 30

M 3 „Keiner hat den Frieden gewollt"

Der deutsche Historiker Karl Dietrich Erdmann entgegnet 1980 auf Fritz Fischers These:

Das Problem [der Kriegsschuld] gewinnt eine andere Dimension, wenn man – angenommen, keine der Regierungen habe es auf einen allgemeinen Krieg angelegt – die Frage umgekehrt stellt, ob sie denn den Frieden gewollt haben. Auch auf diese Frage muss die Antwort für alle Beteiligten Nein lauten. [...] Keiner hat es zuwege gebracht, das Entscheidende zu tun, nämlich sich aus den bestehenden Bündnissen und Verpflichtungen herauszureißen und auf die Verfolgung bestimmter politischer Ziele zu verzichten. [...] Einige unternahmen Schritte, die einen mehr oder weniger starken Wunsch nach Vermeidung eines allgemeinen Krieges erkennen lassen [...]. Aber niemand wollte den Preis für den Frieden bezahlen.

Karl Dietrich Erdmann, Der Erste Weltkrieg, München 1980, S. 92 f.

M 4 Schlafwandler in den Krieg

Der australische Historiker Christopher Clark vertritt im Jahr 2013 folgende Meinung:

Der Kriegsausbruch von 1914 war kein Agatha-Christi-Thriller, an dessen Ende wir den Schuldigen [...] auf frischer Tat ertappen. In dieser Geschichte gibt es keine Tatwaffe als unwiderlegbaren Beweis, oder genauer: Es gibt sie in der Hand jedes einzelnen wichtigen Akteurs. So gesehen war der Kriegsausbruch eine Tragödie, kein Verbrechen. Wenn man dies anerkennt, so heißt es keineswegs, dass wir die kriegerische und imperialistische Paranoia der österreichischen und deutschen Politiker kleinreden sollten [...]. Aber die Deutschen waren nicht die einzigen Imperialisten, geschweige denn die einzigen, die unter einer Art Paranoia litten. Die Krise, die im Jahr 1914 zum Krieg führte, war die Frucht einer gemeinsamen politischen Kultur. [...] So gesehen waren die Protagonisten von 1914 Schlafwandler – wachsam, aber blind, von Albträumen geplagt, aber unfähig, die Realität der Gräuel zu erkennen, die sie in Kürze in die Welt setzen sollten.

Christopher Clark, Die Schlafwandler. Wie Europa in den Ersten Weltkrieg zog. Aus dem Englischen von Norbert Juraschitz, München 2013, S. 715-718

M 5 „Take up the sword of justice"
Britisches Poster von 1915
Das Poster wurde vom Parlamentarischen Rekrutierungsausschuss in London veröffentlicht. Seine Aufgabe war es, Freiwillige für den Krieg zu gewinnen. Das Schiff im Hintergrund ist der britische Luxusdampfer „Lusitania", der im selben Jahr von einem deutschen U-Boot versenkt worden war. Lies dazu S. 168.

M 6 „Kultur Allemande" – „Deutsche Kultur"
Französische Karikatur von Guillaume Morinet, 1915
Unten links im Bild ist zu lesen „L'apogée", der Höhepunkt.

Kriegsalltag an der Front …

M1 „Ausflug" nach Paris und Berlin
Foto von abfahrenden Soldaten am 1. August an einem deutschen Bahnhof (links) und von Anfang August 1914 vom Gare de l'Est in Paris

Fotos wie diese von gut gelaunten Soldaten auf dem Weg in den Krieg oder von Umzügen mit freudig winkenden Menschen in den Straßen wurden massenhaft verbreitet.

Welche Wirkung hatten solche Fotos auf die Betrachter? Beurteile, warum die Fotografie im Ersten Weltkrieg ein wichtiges Propagandamittel war.

Weihnachten zu Hause

Zu Beginn des Krieges waren alle Kriegsnationen der Meinung, der Krieg werde nur von kurzer Dauer sein. Die deutsche Heeresleitung ging von einem Ende noch vor Weihnachten aus. Nach dem Schlieffen-Plan sollte der Krieg im Westen nach spätestens 40 Tagen siegreich beendet sein. Besonders Angehörige des bürgerlichen Bildungsmilieus, die die Kriege der Vergangenheit im Licht der nationalen Verklärung sahen, bejubelten den Kriegsausbruch als den Beginn von etwas Neuem.

Zunächst schien der Schlieffen-Plan zu gelingen. Paris war nach einem schnellen Vormarsch fast erreicht, als die deutsche Armee am französischen Fluss Marne durch eine Gegenoffensive der Alliierten gestoppt wurde. An der **Westfront**, die sich schließlich über eine Länge von 750 Kilometern zwischen Ärmelkanal und Schweizer Grenze erstreckte, kam der Krieg zum Stehen.

Stellungskrieg im Westen

Aus dem Bewegungskrieg wurde ein langandauernder **Stellungskrieg**: In einem aufwändigen System von Schützengräben und unterirdischen Höhlen (Unterständen) lagen sich die feindlichen Soldaten gegenüber, suchten dort Schutz und bereiteten Angriffe vor. Unter menschenunwürdigen Bedingungen und in ständiger Todesgefahr wurde unter unvorstellbaren Verlusten Meter um Meter erkämpft, nur um ihn bald danach wieder verloren geben zu müssen. Die Soldaten starben im Artilleriefeuer, durch Granaten und Gift, im Stacheldraht.

Im Stellungskrieg zeigte sich schnell: Die bekannte Kriegsführung hatte sich überholt. Pickelhaube und grelle Uniformfarben erwiesen sich als ungeeignet, sie wurden durch Stahlhelme und graue Uniformen ersetzt. Auch die berittene Kavallerie musste weichen, gegen Geschütz- und Artilleriefeuer konnte sie nichts mehr ausrichten.

Weihnachten 1914 verbrachten die Soldaten nicht zu Hause, sondern im Schützengraben. An einzelnen Frontlinien kam es zu einer Waffenpause und vorübergehenden Verbrüderungen. In den Folgejahren waren die Fronterfahrungen jedoch zu schrecklich geworden, um noch aufeinander zugehen zu können.

Die Ostfront

Auch an der **Ostfront** scheiterte der Schlieffen-Plan, da das russische Heer schneller einsatzbereit war als gedacht. Bereits im August besetzte Russland Ostpreußen. Die deutschen Oberbefehlshaber wurden durch die Generäle Erich Ludendorff und den bereits pensionierten Paul von Hindenburg ersetzt. Nach der Schlacht von Tannenberg ergaben sich über 90 000 russische Soldaten. Auch wenn diese Schlacht nicht entscheidend war, erwuchs aus ihr ein Mythos, der in den kommenden Jahren eine große Rolle spielen sollte.

Österreich-Ungarn hatte sich ebenfalls verkalkuliert. Serbien ließ sich nicht schnell bezwingen. Anschließend kam es zum Debakel, als die russische Armee in Galizien eindrang. Bis 1916 rückten deutsche Truppen langsam weiter nach Osten vor, dann erstarrte auch hier der Krieg zum Stellungskrieg.

Lesetipp:
Erich Maria Remarque, Im Westen nichts Neues, Köln 2008

Internettipps:
Zum Einsatz von „Medien" im Ersten Weltkrieg siehe Mediencode 31053-21

M2 Kriegstaumel?

Die in Hannover erscheinende Zeitung „Volkswille" schreibt am 29. Juli 1914:

Wer am Sonnabendabend und Sonntag die innere Stadt und die größeren Wirtschaftslokale aufgesucht hat, der konnte bereits eine Art Kriegstaumel wahrnehmen, hervorgerufen durch schnell aufeinanderfolgende Extrablätter der bürgerlichen Zeitungen. [...] Durch die sich überstürzenden Meldungen, die alle nicht amtlichen Charakter tragen, werden die Leidenschaften aufgepeitscht und der klare Verstand und die reine Vernunft übertäubt. [...] [A]llerdings handelt es sich wohl ausschließlich um jugendliche Elemente, die sich von einem Kriege kaum eine blasse Vorstellung machen können und die „weit vom Schuss" sich befinden. Die Arbeiterschaft aber hält sich allen tumultarischen, sogenannten patriotischen, Begeisterungen fern; sie ist ein Feind des Krieges. [...] Für uns lautet die Parole: Krieg dem Kriege!

Nach: Reinhard Oberschelp (Hrsg.), Stahl und Steckrüben. Beiträge und Quellen zur Geschichte Niedersachsens im Ersten Weltkrieg, Hameln 1993, S. 70f.

M3 „Schlimmste Stunden"

Der Gymnasiast Georg Götting aus Vechta schreibt am 27. Oktober 1916 aus Valmicourt an seine Eltern:

Gestern erhielt ich Euren um mich so besorgten Brief. Er traf mich schon außer Schussweite an. [...] Wir wurden in Autos geladen, um nur möglichst schnell anderen Truppenteilen Platz zu machen. Arme Schlachtopfer! [...] Dann kamen wir wieder in unseren Regimentsabschnitt zurück, und dort bekam auch meine Kompagnie den Todesstoß. In wenigen Stunden verlor ich 53 Mann. Es war zum Verzweifeln. [...] Ich hatte mit allem abgeschlossen. Als ich mit meiner Kompagnie einrückte, habe ich geweint wie ein kleines Kind. [...] Wie es mir erging, davon vielleicht später mal mündlich. Ich mag noch nicht wieder daran denken. Nehmt es mir nicht übel und seid nicht zu neugierig. Es sind meine schlimmsten Stunden gewesen während meiner ganzen Kriegszeit. Anfangs ging es so gut, und nachher kam es so ganz anders. Komme, was kommen mag!

Nach: Spiegel Geschichte 5/2013, S. 57

M4 „Ein schrecklicher Anblick"

Der 1893 geborene elsässische Landwirt Dominik Richert schreibt seine Fronterlebnisse nach dem Krieg als Vermächtnis an seine Nachkommen auf. Seine Aufzeichnungen werden später gefunden und als Buch herausgegeben:

Es war ein schrecklicher Anblick, überall lagen Tote und Verwundete, Deutsche und Engländer durcheinander, und aus den Wunden rieselte das Blut. Wenn man in die Laufgräben hineinschaute, sah man nichts als Beine mit Wickelgamaschen und verkrallte Hände in die Höhe stehen. Der Boden dieser Gräben war ganz mit toten Engländern bedeckt. Wir mussten nun die in den Stellungen liegenden Toten begraben. An der hinteren Grabenwand machten wir etwas Erde weg, legten die Toten hin und deckten sie mit etwas Erde zu. Da man sonst im Graben keine Sitzgelegenheit hatte, dienten diese kleinen Hügel als Sitze.

Dominik Richert, Beste Gelegenheit zum Sterben. Meine Erlebnisse im Krieg 1914-1918, hrsg. von Angelika Tramitz und Bernd Ulrich, München 1989, S. 82

M5 Otto Dix, „Der Krieg"
Mittelteil eines dreiteiligen Gemäldes (Triptychon) von 1929/32

„Der Krieg" gilt als bedeutendstes (Anti-)Kriegsbild der Zeit. Zu seinem Werk äußerte sich der Künstler Otto Dix so: „Ich habe den Krieg genau studiert, man muss ihn realistisch darstellen, damit er auch verstanden wird."

1. *Politiker betonten nach 1914 die allgemeine Kriegsbegeisterung. Untersuche, ob M2 diese Einschätzung bestätigt.*
2. *Arbeite aus M3 und M4 die Informationen zu Frontalltag, Gefühlen und Wünschen heraus.*
3. *Postkarten, Briefe und Päckchen waren die einzige Verbindung zwischen den Soldaten an der Front und ihren Angehörigen. Die Feldpost wurde auf „gefährliche" Inhalte geprüft. Nenne mögliche Gründe.*
4. *Charakterisiere die Quellenmerkmale von Feldpostbriefen (M3) und Kriegstagebüchern bzw. -erinnerungen (M4). Was unterscheidet sie?*
5. *Informiere dich über Leben und Werk von Otto Dix und erkläre, was den Künstler zum „Kriegsberichterstatter" werden ließ.*

… und in der Heimat

M1 „Durchhalten!" Postkarte von 1915
Bereits im Sommer 1915 mussten die Lebensmittel in Deutschland rationiert werden. Der Text lautet: „Droh'n uns're Feinde auch noch so viel / Uns mit der Hungersnot Graus / Wir machen die letzte Kartoffel mobil / Wir Deutsche, wir halten es aus!"
Untersuche Absicht und Wirkung der Postkarte.

Kriegswirtschaft

Erstmals wirkte sich ein Krieg direkt auf die gesamte Zivilbevölkerung der beteiligten Staaten aus. Die Industrie musste in erster Linie Kriegsmaterial für die Truppen an der Front herstellen: Waffen, riesige Mengen an Munition, Ausrüstung und Lebensmittel für die Soldaten. Die Kriegsgegner der Mittelmächte verhinderten, dass Rohstoffe nach Deutschland geliefert wurden: Edelmetalle, Kautschuk, Öl, Baumwolle, chemische Stoffe für die Munition. Die Regierung zog alle verfügbaren Mittel ein. Kirchenglocken und Eisengitter wurden eingeschmolzen. Ersatzstoffe wurden für das entwickelt, was fehlte, z. B. für Kaffee, Butter, Öle, Leder.
Männer, die nicht an der Front kämpften, mussten eine Dienstpflicht leisten. 900 000 Kriegsgefangene mussten Zwangsarbeit verrichten.
Insgesamt sank der Lebensstandard wegen der von Jahr zu Jahr steigenden Kriegskosten. Um sie zu bezahlen, nahm die Regierung Anleihen bei der Bevölkerung auf und ließ immer mehr Papiergeld drucken. Da alle Waren knapper wurden, stiegen die Preise; das Geld war also immer weniger wert.

Die Rolle der Frauen ändert sich

Der Krieg veränderte auch den Alltag der Frauen. Sie trugen nun allein die Verantwortung für ihre Familien und hatten zusätzliche Aufgaben zu übernehmen, die bisher den Männern vorbehalten waren. Frauen mussten einspringen, wo männliche Arbeitskräfte fehlten und Kriegsgefangene die Lücken nicht schließen konnten.

Not und Hunger

Die Zivilbevölkerung blieb von Kampfhandlungen nicht verschont. Städte und Dörfer in der Nähe der Kampflinien wurden durch Artillerie und Kampfflugzeuge zerstört.
Die Menschen litten besonders unter der Lebensmittelknappheit. Seit dem Winter 1915/16 gehörte Hunger in Deutschland zum Alltag, vor allem für die, die ihre Nahrungsmittel nicht selbst produzieren konnten. Im „Steckrübenwinter" 1916/17 konnten sich viele nur mithilfe von Rüben am Leben erhalten. Etwa 500 000 Menschen verhungerten während der Kriegsjahre.
Durch die nicht ausreichende Versorgung mit Lebensmitteln waren die Menschen anfälliger für Krankheiten. Ende 1918 wütete weltweit eine schwere Grippe-Epidemie. Sie forderte 25 bis 40 Millionen Tote und damit mehr Opfer als der Krieg selbst.

Streiks und Demonstrationen

Wegen der schlechten Lebensbedingungen und der steigenden Inflation (Geldentwertung) verschlechterte sich die Stimmung in der Bevölkerung immer mehr. Die Kriegsmüdigkeit nahm zu. Immer häufiger kam es zu Massenstreiks und Demonstrationen.

1. *In der Kriegswirtschaft machten Selbstständige und Unternehmer zum Teil sehr hohe Gewinne. Begründe, warum.*
2. *Stelle Vermutungen an, warum von der „Heimatfront" gesprochen wird.*
3. *Nimm Stellung, ob diese Bezeichnung passend ist.*

Internettipps:
- Zu einem digitalen Archiv mit vielfältigen Quellen zum Ersten Weltkrieg führt Mediencode 31053-22
- Zur Lebensmittelversorgung und „Kriegsmoral" siehe Mediencode 31053-23

M2 „Das Vaterland ruft"

Im Januar 1917 veröffentlicht eine Geschäftsstelle für „Frauendienst" im „Kasseler Volksblatt" folgenden Artikel:

„Das Vaterland ruft" ist das Wort, das heute an alle, die in der Heimat geblieben sind, mit lautem Klang ertönt!

Der Vaterländische Frauenverein fordert deshalb alle Frauen und Mädchen auf, ihre Kräfte dem Vaterlande zu widmen gegen Bezahlung oder auch unentgeltlich.

In Betracht würden kommen: landwirtschaftliche, gärtnerische und hauswirtschaftliche Tätigkeit; Kinderfürsorge; Krankenpflege und andere gemeinnützige Aufgaben; kaufmännische, mündliche und schriftliche (auch fremdsprachliche) Arbeiten; praktische Betätigung in industriellen Betrieben und dergleichen mehr. Jede prüfe ihre Fähigkeiten und überlege, für welche Zwecke sie sich dem Vaterlande zur Verfügung stellen kann, aber Niemand bleibe ohne zwingenden Grund abseits.

Nach: Brigitte Löhr (Hrsg.), Frauen in der Geschichte, Bd. 2: Materialien, Tübingen 1994, S. 220

M3 „Jedes andere Volk dieser Erde würde ..."

Eine Australierin, die den Krieg in Leipzig erlebt hat, berichtet im Dezember 1917 in einem Brief:

Wir haben eine seltsame Woche durchgestanden – die schlimmste Woche, die das deutsche Volk bis jetzt erleben musste. Keine Kohle, das elektrische Licht abgestellt, Gas heruntergedreht ... und praktisch nichts zu essen – es scheint keine Kartoffeln mehr zu geben – jeder hat ein halbes Pfund sogenannte Kartoffelflocken bekommen [...]. Sie scheinen mir getrocknete Kartoffelschalen zu sein [...]. Wir hatten also dies halbe Pfund, 5 Pfund Rüben, 3½ Pfund Brot und das war alles [...]. Es übersteigt mein Fassungsvermögen, wie die Armen hier zurechtkommen. Jedes andere Volk dieser Erde würde sich gegen eine Regierung erheben, die es in solches Elend geführt hat, aber diese Leute haben keinen Funken Unternehmensgeist mehr.

Decie Denholm, Eine Australierin in Leipzig. Die heimlichen Briefe der Ethel Cooper 1914 - 1919, in: Bernd Hüppauf (Hrsg.), Ansichten vom Krieg, Königstein/Ts. 1984, S. 141 (übersetzt von Barbara Hüppauf)

M4 „Deutsche Frauen arbeitet im Heimatheer!"
Deutsche Propaganda-Postkarte aus dem Ersten Weltkrieg, ohne Jahr
Mit solchen Postkarten wurden die Frauen zur Unterstützung der Soldaten mobilisiert und zur Arbeit etwa in den Munitionsfabriken aufgerufen.

M5 Das Vordringen der Frauenarbeit

Die Arbeiterschaft in den deutschen Industriebetrieben mit zehn und mehr Beschäftigten ändert sich im Krieg:

	1913	1918
Männer	(in 1 000)	(in 1 000)
Erwachsene	5 410	4 046
unter 16	384	421
insgesamt	5 794	4 467
Frauen		
Erwachsene	1 406	2 139
unter 16	187	181
insgesamt	1 593	2 320

Nach: Jürgen Kocka, Klassengesellschaft im Krieg. Deutsche Sozialgeschichte 1914 - 1918, Göttingen ²1978, S. 12

1. *Beschreibe, wie sich die Rolle der Frau während des Krieges änderte (M2, M5, Verfassertext).*
2. *Begründe, was an dem Artikel M2 für uns heute eigenartig wirkt.*
3. *Schreibe einen Brief, in dem du als Mutter mit mehreren Kindern deinen Alltag beschreibst (M2, M3, Verfassertext). Berücksichtige dabei auch, dass nach dem damaligen Gesetz die Frau dem Mann untergeordnet war und sich vor allem um den Haushalt kümmern sollte (vgl. S. 124 f.).*
4. *Diskutiert mögliche Gründe, warum die deutsche Bevölkerung sich bis zum Dezember 1917 nicht gegen die Regierung erhob (M3).*

Schrecken des modernen Krieges

M1 Soldatenfriedhof und Gedenkstätte Douaumont
Foto von 2014
Neben diesem Friedhof für die in Verdun gefallenen französischen Soldaten gibt es im Umkreis von Verdun allein 29 deutsche Soldatenfriedhöfe und zahlreiche weitere französische. Oft waren sie neben Lazaretten angelegt worden, um die Toten schnell begraben zu können.
Wir wirkt diese Aufnahme auf dich? Gib ihr einen treffenden Titel.

M2 Deutsche Flieger im Kampf gegen britische Panzer
Gemälde (80 x 100 cm) von Rudolf Stark, 1918
Der berühmteste deutsche Pilot im Ersten Weltkrieg war der „Rote Baron" Manfred von Richthofen. Den Beinamen erhielt er, weil er sein Flugzeug rot lackieren ließ. Seine Gegner nannten ihn „Roter Teufel".

Neue Waffen zu Land, Wasser und in der Luft

Die Kriegstechnik hatte industriell gefertigte Waffen mit immer verheerenderer Wirkung entwickelt. Der Krieg entwickelte sich zu einer Materialschlacht, bei der der Feind häufig unsichtbar blieb. Gepanzerte Kettenfahrzeuge, Zeppeline, Flugzeuge, Unterseeboote und Schlachtschiffe, Granaten, Minen und Giftgas sowie das Dauerfeuer der Maschinengewehre töteten, verletzten und verstümmelten Millionen. Ganze Landstriche mit Wäldern, Seen, Feldern und Dörfern wurden verwüstet.
Das Maschinengewehr MG 08/15 konnte pro Minute 450 Schuss abgeben. Das von der Firma Krupp entwickelte Paris-Geschütz feuerte 1918 hunderte Granaten auf das über 130 Kilometer entfernte Paris.
Flugzeuge dienten anfangs der Aufklärung, die Piloten feuerten mit Handfeuerwaffen. Doch die Entwicklung war rasant. Bomber lösten Zeppeline ab, die anfangs großflächige Bombardements durchgeführt hatten.

Tod aus dem Labor

Der Chemiker Fritz Haber entwickelte mit chemischen Kampfstoffen die ersten Massenvernichtungsmittel. Die Deutschen setzten erstmals im April 1915 Giftgas ein. Briten und Franzosen benutzten es danach auch. 1918 war fast jede dritte Granate mit chemischen Kampfstoffen gefüllt.
Mit dem Einsatz wollte man den Gegner in den Schützengräben nicht töten, sondern kampfunfähig machen, um dessen Stellungen einnehmen zu können. Trotzdem starben Tausende daran, noch mehr Soldaten verloren ihr Augenlicht oder behielten Lungenschäden. Kampfgas wurde zum Inbegriff der modernen Kriegsführung.

Massensterben

Am Ersten Weltkrieg nahmen so viele Soldaten wie nie zuvor in einem Krieg teil, insgesamt 64 Millionen. Fast 15 Millionen starben, davon über neun Millionen bei den Kämpfen an der Front. 20 Millionen wurden verwundet. Im tagelangen Geschützfeuer wurden viele Soldaten wahnsinnig. Um Soldaten davon abzuhalten zu desertieren (ohne Befehl die eigene militärische Einheit verlassen), wurden Fahnenflüchtige in großer Zahl hingerichtet. Die Schlacht von Verdun 1915/16 wurde zum Symbol für das Massensterben. Etwa 360 000 Franzosen und 335 000 Deutsche verloren dabei ihr Leben.

M 3 Der erste Gasangriff

Vor Ypern setzt die deutsche Armee erstmals Chlorgas gegen französische Truppen ein. Ein Augenzeuge dieses Angriffes am 22. April 1915 berichtet:

Völlig unvorbereitet auf das, was noch kommen sollte, blickten die [französischen] Divisionen für eine kurze Weile wie verhext auf das seltsame Phänomen, das sie langsam auf sich zukommen sahen. Wie eine Flüssigkeit ergoss sich der schwere, intensiv gefärbte Nebel unerbittlich in die Gräben, füllte sie und zog weiter. Für ein paar Sekunden passierte nichts. Das süßlich duftende Zeug kitzelte nur in der Nase. Sie erkannten nicht die Gefahr, in der sie schwebten. Dann, mit unbegreiflicher Schnelligkeit, begann das Gas zu wirken, und blinde Panik breitete sich aus. Nach einem schrecklichen Kampf um Luft wurden Hunderte bewusstlos und starben, wo sie gerade lagen – ein Tod in abscheulichen Qualen, mit gurgelndem Schaum in ihren Kehlen und übler Flüssigkeit in ihren Lungen.

Charles Francis Horne, Source Records of the Great War, Bd. 3, Washington 1923, S. 116, übersetzt von Markus Sanke

M 5 „Gassed“
Gemälde (230 x 610 cm) von John Singer Sargent, 1918/19 (Ausschnitt)
Der amerikanische Maler Sargent war 1918 an der französischen Front.

M 6 Gasmaske von 1917/18
Anfangs schützten sich die Soldaten vor Kampfgas, indem sie sich Mull vor Nase und Mund pressten. Erst ab Herbst 1915 wurden die Soldaten mit Gasmasken ausgerüstet. Aber auch die Kampfstoffe wurden weiterentwickelt. Vor diesen konnte auch die abgebildete, verbesserte Maske aus Ziegenleder und einem mit Aktivkohle gefüllten Filter nicht mehr schützen.

M 4 Der Boden um Verdun

Conrad von Goßler, der Kommandierende General einer Reserveeinheit, schreibt in seinen Erinnerungen, die 1919 veröffentlicht werden:

Der Boden um Verdun löste sich durch langen Regen an vielen Stellen vollständig auf, die Erde wurde locker wie flüssige Seife; die Gräben fielen zusammen, bis an die Knie sanken die Mannschaften ein, häufig noch tiefer. Ich selbst wäre einmal rettungslos im Schlamm erstickt, wenn mich nicht Mannschaften mit Holzlatten herausgewuchtet hätten. Man setzt sich lieber den feindlichen Geschossen aus, als sich durch den Morast durchzuarbeiten. Wer nicht Offiziere und Mannschaften gesehen hat, wie sie bei Regenwetter bis zum Kopf vor Schmutz starrten, kann sich von diesem Zustande keinen Begriff machen.

Conrad von Goßler, Erinnerungen an den Großen Krieg, Breslau 1919, S. 38

M 7 Im Kampfgelände von Armentières (Frankreich)
Foto vom April 1918

1. *Arbeite anhand des Verfassertextes und der Materialien heraus, warum der Erste Weltkrieg zum Krieg mit den bis dahin meisten Opfern werden konnte.*
2. *Schützengräben wurden nachgebaut, um an die Situation der Soldaten zu erinnern. Nimm Stellung, ob diese Art von Museum sinnvoll ist.*

Vom europäischen Krieg zum Weltkrieg

M 1 „The Navy Needs You! ...“
Plakat (70 x 48 cm), um 1917

Nenne den Zweck des Plakates.

Vor dem Kriegseintritt der USA

Bis 1917 hoffte der US-amerikanische Präsident Woodrow Wilson, sein Land aus dem Krieg heraushalten zu können. Trotz Neutralität fühlten sich die USA aber mit den Briten verbunden. Denn sie waren nicht nur der wichtigste Handelspartner, sondern hatten auch dieselbe Sprache. US-amerikanische Banken gewährten den Alliierten hohe Kredite für Nahrungsmittel, Waffen und Munition. Viele US-Bürger sympathisierten aber auch mit den Mittelmächten, etwa die deutschen Einwanderer. Ein Kriegseintritt, so die Sorge der US-Regierung, könnte das Land möglicherweise spalten.

Am 2. November 1914 erklärte Großbritannien die Nordsee zum Sperrgebiet für deutsche Schiffe. Diese Seeblockade war völkerrechtswidrig, weil sie auch die deutsche Zivilbevölkerung betraf. Die Versorgungsprobleme in Deutschland wurden immer größer, Hunger breitete sich aus. Deshalb rief die deutsche Regierung – ebenfalls völkerrechtswidrig – den **uneingeschränkten U-Boot-Krieg** aus. Zunächst noch mit, dann ohne Ankündigung wurden britische Schiffe und die ihrer Verbündeten versenkt. So auch der britische Passagierdampfer „Lusitania“: Bei dessen Untergang im Mai 1915 starben 1198 Menschen, darunter 124 US-Bürger. Doch auch zu diesem Zeitpunkt sahen die USA noch von einem Kriegseintritt ab, weil das Deutsche Reich zunächst auf einen weiteren U-Boot-Einsatz verzichtete.

[1] Dazu informieren wir dich im nächsten Band.

M 2 New York Times vom 8. Mai 1915

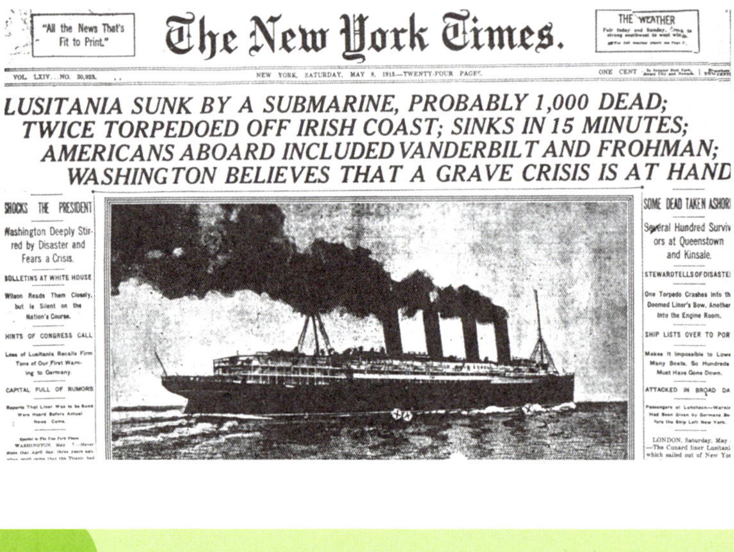
"All the News That's Fit to Print."

The New York Times.

THE WEATHER

VOL. LXIV...NO. 20,923. NEW YORK, SATURDAY, MAY 8, 1915.—TWENTY-FOUR PAGES. ONE CENT

LUSITANIA SUNK BY A SUBMARINE, PROBABLY 1,000 DEAD; TWICE TORPEDOED OFF IRISH COAST; SINKS IN 15 MINUTES; AMERICANS ABOARD INCLUDED VANDERBILT AND FROHMAN; WASHINGTON BELIEVES THAT A GRAVE CRISIS IS AT HAND

SHOCKS THE PRESIDENT

Washington Deeply Stirred by Disaster and Fears a Crisis.

BULLETINS AT WHITE HOUSE

Wilson Reads Them Closely, but is Silent on the Nation's Course.

HINTS OF CONGRESS CALL

Loss of Lusitania Recalls Firm Tone of Our First Warning to Germany.

CAPITAL FULL OF RUMORS

Reports That Liner Was to be Sunk Were Heard Before Actual News Came.

SOME DEAD TAKEN ASHORE

Several Hundred Survivors at Queenstown and Kinsale.

STEWARD TELLS OF DISASTER

One Torpedo Crashes Into the Doomed Liner's Bow, Another Into the Engine Room.

SHIP LISTS OVER TO PORT

Makes It Impossible to Lower Many Boats, So Hundreds Must Have Gone Down.

ATTACKED IN BROAD DAY

Passengers at Luncheon—Warning Had Been Given by Germans Before the Ship Left New York.

LONDON, Saturday, May ... —The Cunard liner Lusitania which sailed out of New York ...

Die USA greifen ein

Russland schied im März 1918 nach der Oktoberrevolution[1] aus dem Krieg aus. Die amerikanische Regierung befürchtete nun einen Sieg der Mittelmächte. Wenige Monate zuvor hatten die Deutschen auch den uneingeschränkten U-Boot-Krieg wieder aufgenommen, um Großbritannien zum Kriegsaustritt zu zwingen.

Am 6. April 1917 erklärten die USA dem Deutschen Reich den Krieg, aus dem dadurch ein **Weltkrieg** wurde. Die offizielle Begründung war, die eigenen Handelsinteressen verteidigen zu müssen und dabei undemokratische Staaten zu bekämpfen: „War to end all wars“.

Die Mittelmächte kapitulieren

Mit ihrem Kriegseintritt verstärkten die Vereinigten Staaten die Alliierten nicht nur mit insgesamt 2 Millionen Soldaten, sondern auch mit einem großen Nachschub an Kriegsmaterial. Gegen diese Übermacht konnte das Deutsche Reich nicht bestehen. Im Oktober 1918 verlangte die deutsche Heeresleitung von der deutschen Regierung, den Krieg zu beenden und bei den USA um Waffenstillstandsverhandlungen zu ersuchen. Am 11. November 1918 unterzeichnete ein Vertreter der deutschen Regierung in Compiègne bei Paris den Waffenstillstand. Damit endete der Erste Weltkrieg.

Fasse zusammen, welche Entwicklungen 1917 den Krieg zum Weltkrieg machten.

M3 Werben für die Kriegserklärung

Am 2. April 1917 bittet der amerikanische Präsident die Abgeordneten im Senat und im Repräsentantenhaus um Zustimmung zur Kriegserklärung gegen das Deutsche Reich:

Die Welt muss sicher gemacht werden für die Demokratie. Wir haben keine selbstischen Ziele, denen wir dienen. Wir verlangen nach keiner Eroberung, keiner Herrschaft.

Wir sind lediglich einer der Vorkämpfer für die Rechte der Menschheit.

Es ist eine fürchterliche Sache, dieses große friedfertige Volk in den Krieg zu führen, in den schrecklichsten und verheerendsten aller Kriege, in dem die Zivilisation selbst auf dem Spiele zu stehen scheint. Aber das Recht ist wertvoller als der Friede, und wir werden für die Dinge kämpfen, die wir stets unserem Herzen zunächst getragen haben – für die Demokratie, für das Recht jener, die der Autokratie unterworfen sind, für ein Mitspracherecht bei ihrer Regierung, für die Rechte und Freiheiten kleiner Nationen, für eine allgemeine Herrschaft des Rechts durch ein Konzert der freien Völker, das allen Nationen Frieden und Sicherheit bringen und die Welt selbst endlich frei machen wird.

Nach: Erich Angermann, Der Aufstieg der Vereinigten Staaten von Amerika. Innen- und außenpolitische Entwicklung 1914-1957, Stuttgart o. J., S. 7f.

M5 Der gemeinsame Kampf der Alliierten gegen Deutschland
Zeichnung von A. Beltrame, 1917

M4 „Für Recht und Ordnung in der Welt"

US-Minister David F. Houston beschreibt 1926 in seinen Erinnerungen die Überlegungen im Kabinett vor der Kriegserklärung an Deutschland im Frühjahr 1917:

Wir konnten Deutschland nicht erlauben, uns zu beherrschen oder England abzuschneiden und dann Frankreich niederzuwerfen. Wir würden die nächsten auf seiner Liste sein. Wenn es England niederwarf, würden wir allein für Recht und Ordnung in der Welt stehen. Deutschland würde eine erniedrigende Kapitulation von England fordern. Es würde seine Flotte verlangen und seine Kolonien und riesige Entschädigungen beanspruchen. Es würde sich zur Herrin der Welt aufschwingen, und seine Arroganz und Grausamkeit würden keine Grenzen mehr kennen.

Peter Schäfer, Alltag in den Vereinigten Staaten. Von der Kolonialzeit bis zur Gegenwart, Graz / Wien / Köln 1998, S. 313f.

1. *Erläutere, inwiefern sich der Kriegseintritt der USA von denen der anderen beteiligten Nationen unterscheidet (Verfassertext, M2).*
2. *Erörtert die Rolle der Moral bei der Kriegsentscheidung (M3, M4).*
3. *Im März 1915 veröffentlicht die amerikanische Zeitschrift „Appeal to Reason" folgenden Text zum möglichen Kriegseintritt der USA: „Wenn Sie den Krieg lieben, ziehen Sie einen Graben in Ihrem Garten, füllen Sie ihn halb mit Wasser, kriechen Sie hinein und bleiben Sie dort einen Tag oder zwei, ohne etwas zu essen; bestellen Sie sich weiter einen Geisteskranken, damit er mit ein paar Revolvern und einem Maschinengewehr auf Sie schieße, dann haben Sie etwas, das gerade so gut ist und Ihrem Land eine Menge Geld spart." Findest du den Text passend? Nimm Stellung und vergleiche mit M2.*
4. *Interpretiere das Bild M5.*

Das weiß ich – das kann ich!

Am Anfang dieses Kapitels steht die Leitfrage:
Wie konnte es vom Imperialismus zum Ersten Weltkrieg kommen?
Mit den Arbeitsfragen zu den fünf Kategorien auf Seite 140/141 kannst du sie nun beantworten:

Herrschaft

Bis zum Ende des 19. Jh. basierte die deutsche Außenpolitik auf Bismarcks kompliziertem Bündnissystem, das Frankreich isolieren und das europäische Gleichgewicht erhalten sollte.
Unter Kaiser Wilhelm II. gewann das Militär mehr Einfluss auf die Außenpolitik. Er strebte eine Weltmachtstellung für das Deutsche Reich an. Neue Bündnisse gegen das Deutsche Reich und ein Wettrüsten waren die Folge.
Seit dem letzten Viertel des 19. Jh. wetteiferten die europäischen Mächte um den Besitz von Kolonien vor allem in Afrika und Asien. Der Kolonialismus steigerte sich zum Imperialismus.
Zum Hauptkonfliktgebiet zwischen den europäischen Großmächten wurde nach 1905 der Balkan. Die Ermordung des österreichischen Thronfolgerpaares war 1914 der Anlass für den Ersten Weltkrieg. Es kam zu einem jahrelangen Stellungskrieg mit großem Einsatz von Menschen und neuen Waffen. Als die USA unter Präsident Wilson 1917 an der Seite der Alliierten in den Krieg eintraten, wendete sich der Krieg gegen die Mittelmächte. Das Deutsche Reich gestand im November 1918 seine Niederlage ein.

Begegnung

Bei der Begegnung der Europäer mit den Einwohnern in den Kolonien verstanden sich die Europäer meist selbstverständlich als „überlegene Rasse". Das Verhalten der Kolonialherren ließ häufig offene Ablehnung und Widerstand entstehen. Ein Beispiel dafür ist der Aufstand der Herero in Deutsch-Südwestafrika von 1904.
Auf den Schlachtfeldern Europas begegneten sich Soldaten verschiedener europäischer Nationen – sowohl als Verbündete als auch als Feinde. Die Feindbilder der nationalen Propaganda sowie die Kriegserfahrungen prägten das Bild vom jeweils anderen.

Weltdeutung und Religion

Die Kolonialmächte führten für die Unterdrückung von Völkern ideologische Gründe an: Sie wollten den angeblich rückständigen Einheimischen Zivilisation und Fortschritt bringen.
Eine zwiespältige Rolle nahmen dabei die christlichen Missionare ein. Sie gründeten Hospitäler und Schulen, wurden aber auch zum Träger der imperialistischen Ideologie. Die meisten Europäer hielten sich für geistig und moralisch höherwertig. Eine Begründung für den Rassismus lieferte der sogenannte Sozialdarwinismus. Mit ihm wurde die vermeintliche Überlegenheit der „entwickelten" über die „nicht entwickelten" Völker gerechtfertigt.
Die Kolonialmächte zerstörten bestehende Kulturen, Lebensräume und Wirtschaftsformen und zwangen die Einheimischen zur Übernahme ihrer Vorstellungen.

Gesellschaft

Das Bürgertum wollte die Politik in seinem Interesse beeinflussen: Kolonien für mehr Wachstum und eine internationale Politik der Stärke. Die Meinung der Öffentlichkeit spielte für die Politik eine größere Rolle und damit auch der Einfluss der Medien. Daneben prägten Gehorsam gegenüber der Obrigkeit und eine Verehrung alles Militärischen die Gesellschaft des Kaiserreiches. Soldaten hatten nach Auffassung der Bürger die nationale Einigung ermöglicht. Friedensbewegungen hatten in diesem Klima keine Chance.

Wirtschaft und Umwelt

Als Grund für den Wettbewerb um Kolonialgebiete nannten die imperialistischen Mächte wirtschaftliche Motive: billige Rohstoffe, tropische Nahrungsmittel, neue Absatzgebiete für ihre Produkte, mehr Sicherheit vor Wirtschaftskrisen und steigende Gewinne. Wirtschaft und Umwelt in den Kolonien wurde nachhaltig auf die Bedürfnisse der europäischen Mächte ausgerichtet.

Kompetenz-Test
Einen Fragebogen, mit dem du überprüfen kannst, was du schon kannst und was du noch üben solltest, findest du unter 31053-24.

Wähle eine Kategorie aus und erläutere einen für dich wesentlichen Aspekt ausführlicher an einem Beispiel.

1

2

3

M 1 Kolonien im Spiegel von Briefmarken

1. Briefmarke des mittleren Kongo, 1907
2. Liberianische Briefmarke, 1906
3. Briefmarke der deutschen Post in Kamerun, 1900

Ein Exemplar 4 Heller.
15. Jahrgang. Nr. 5204.

Illustrierte
Kronen Zeitung

Monatlich Krone 1.20
mit Zustellung ins Haus.

Administration:
Stadtbureau:

Wien, Dienstag, den 30. Juni 1914.
Redaktion: Wien, IX/1.

Provinz-Abonnement vierteljährlich Kronen.

Das Attentat von Sarajewo. Die Ermordung des Thronfolgers und seiner Gemahlin.

Das Standrecht in Sarajewo verhängt.

Große Demonstrationen gegen die Serben.

M 3 Titelblatt der Wiener „Kronen-Zeitung" vom 30. Juni 1914
Der Attentäter wurde unmittelbar nach der Tat gefasst. Das „Standrecht" (siehe Schriftzug rechts) erlaubt hohen Offizieren in Krisen und im Krieg, Tatverdächtige ohne Prozess zu verurteilen.

M 2 Arbeit für den Frieden"
Logo des „Volksbundes Deutsche Kriegsgräberfürsorge"; es entstand um 1980

1. *Die Briefmarken (M1) verraten uns viel über die Zeit des europäischen Imperialismus, die Kolonialmächte, ihre Ziele, ihr Selbstverständnis und ihr Bild von den Kolonien und deren Bewohnern, aber auch über ihre Herrschaftspraxis. Erstelle eine Tabelle mit selbst gewählten Kategorien, in der du die drei Briefmarken gegenüberstellst. Ergänze deine Aufstellung gegebenenfalls noch durch weitere koloniale Briefmarken dieser Zeit (z. B. aus dem Internet).*
2. *Ordne das Titelblatt M3 in den historischen Kontext ein. Welche Informationen enthält es? Wie wirkt es auf dich? Untersuche an diesem und weiteren Beispielen aus diesem Kapitel, welche Rolle Medien im Vorfeld und während des Ersten Weltkrieges spielten. Erstelle eine Präsentation zu diesem Thema.*
3. *Informiere dich über den „Volksbund Deutsche Kriegsgräberfürsorge" (M2). Warum und wie erinnert er an Kriege? Bereitet in der Klasse eine Podiumsdiskussion vor: Aus welchen Gründen haltet ihr solche Initiativen für sinnvoll oder nicht sinnvoll?*

Arbeitsanweisung in der Aufgabe	Was ist genau zu tun?	Was dir zusätzlich helfen kann
analysieren	Du wertest Materialien (Texte, Bilder, Karten, Schaubilder usw.) nach bestimmten Gesichtspunkten aus und stellst das Ergebnis übersichtlich in einer sinnvollen Reihenfolge dar.	In der „Methodenbox" der Methodenseiten in diesem Buch findest du hilfreiche Arbeitsschritte.
beschreiben	Du nennst in eigenen Worten wesentliche Teile oder Kennzeichen eines Materials. Dein Ziel ist eine sachliche, gegliederte Information, keine Stellungnahme. Fachbegriffe sind erwünscht.	Formulierungen, die du verwenden kannst: *Hier ist abgebildet … – Hier sehe ich … – Hier wird gesagt, dass …*
beurteilen	Du prüfst Material, ob es in sich stimmig und logisch ist und nimmst dann wertend und begründet Stellung.	Formulierungen, die du verwenden kannst: *Ich halte die Aussage für überzeugend, weil … – Weniger/nicht überzeugend ist, dass …*
charakterisieren	Du beschreibst etwas in seinen besonderen Merkmalen und hebst das, was auffällig ist, hervor.	Formulierungen, die du verwenden kannst: *Auffällig ist … – Der Autor benutzt für … die Worte …*
einordnen	Du stellst etwas in einen meist vorgegebenen Zusammenhang.	Achte darauf, auch zu erklären, *warum* das eine zum anderen passt. Als Vorarbeit kann es wichtig sein, zunächst zu beschreiben, *was* ein- oder zugeordnet werden soll.
entwickeln	Du prüfst einen Sachverhalt, erläuterst Probleme und mögliche Lösungen oder Alternativen.	Achte darauf, dass sich dein Lösungsansatz *mit Gründen oder Belegen* aus den vorgegebenen Materialien *untermauern* lässt.
erklären	Du stellst einen Sachverhalt so dar, dass seine Voraussetzungen Ursachen und Folgen verständlich werden.	Hier sollst du die Gründe für etwas oder die Zusammenhänge von etwas aufzeigen. So kannst du eine Antwort auf die Frage geben, *warum etwas so ist oder war.* Formulierungen, die du verwenden kannst: *weil …; deshalb …; daher …; dadurch …*
erläutern	Du zeigst Sachverhalte in ihrem Zusammenhang und nennst dabei Beispiele oder Belege.	Die hier besonders wichtigen Beispiele und Belege sollen deine Erklärung veranschaulichen, also verständlich machen, warum etwas so ist. Formulierungen, die du verwenden kannst: *Dies zeigt sich daran, dass …. – Dies wird belegt durch …*
erörtern	Du stellst Vor- und Nachteile eines Problems abwägend gegenüber, also wie auf einer zweischaligen Waage, und begründest abschließend deine Haltung.	Formulierungen, die du verwenden kannst: *Dafür spricht … – Dagegen spricht … – Insgesamt komme ich zu der Einschätzung, dass …*
gliedern	Du ordnest einen Raum, eine Zeit, oder einen Sachverhalt systematisierend nach selbst gewählten oder vorgegebenen Kriterien.	Hier kann eine Aufzählung sinnvoll sein.

Arbeitsanweisung in der Aufgabe	Was ist genau zu tun?	Was dir zusätzlich helfen kann
herausarbeiten	Du hebst aus einem Material die wichtigsten Inhalte hervor, meist anhand eines bestimmten Gesichtspunktes.	Achte auf die in der Aufgabenstellung genannten Gesichtspunkte und vermeide eine reine Inhaltswiedergabe. Gib bei Texten die Zeilen an, auf die du dich bei deiner Herausarbeitung beziehst.
in Beziehung setzen / vergleichen	Du stellst Inhalte von Materialien nebeneinander und erläuterst Gemeinsamkeiten und Unterschiede.	Hier kann eine dreispaltige Tabelle hilfreich sein: Spalte 1: Merkmal, das du vergleichen möchtest – Spalte 2: Material 1 – Spalte 3: Material 2. Achte darauf, dass auch die Nennung von Unterschieden zu einem Vergleich gehört.
interpretieren	Du findest aus Materialien wichtige Aussagen heraus und deutest sie im Hinblick auf dahinter stehende Motive oder Gründe.	Achte auf den Unterschied zum Auftrag, etwas zu analysieren. Mögliche Formulierungen: *Die Aussage könnte darauf hinweisen, dass … – Aus dem Material ist aus folgendem Grund herauszulesen, dass …*
nachweisen	Du untersuchst Materialien nach bestimmten Gesichtspunkten und belegst deine Aussagen.	Du kannst deine Aussagen entweder mit konkreten Belegen aus dem Text / Material oder historischen Fakten aus anderen Zusammenhängen belegen.
Stellung nehmen	Du findest zu einem Sachverhalt eine gut überlegte Meinung und formulierst sie begründet.	Der Auftrag geht über eine Begründung hinaus; gefordert ist hier deine eigene reflektierte Meinung, die du dir auf der Grundlage deiner bereits erworbenen Kenntnisse bildest.
überprüfen	Du prüfst Inhalte, Sachverhalte oder Vermutungen anhand deiner Kenntnisse oder zusätzlicher Materialien auf ihre Richtigkeit und Überzeugungskraft.	Auch hier hilft das Bild der Waage (s. o.: „erörtern")
wiedergeben	Du stellst Inhalte in eigenen Worten sachlich ohne Wertung geordnet dar.	Arbeite dafür zunächst die zentralen Informationen aus dem Material heraus und erzähle sie in einer selbst gewählten, aber sinnvollen Reihenfolge nach.
zusammenfassen	Du gibst die wichtigsten Aussagen in eigenen Worten unkommentiert wieder.	Folgende Fragen helfen dir: *Was ist das Wichtigste? – Welche Erkenntnis habe ich gewonnen? – Wie lässt sich das kurz und bündig als „Konzentrat" formulieren?*

Zeitstrahl

Jeder Mensch hat eine unverwechselbare Geschichte. Auch Familien, Regionen und Länder haben einzigartige Geschichten. Es ist spannend, sie zu erforschen, denn dabei findest du immer wieder Neues heraus. Wenn du viele Ereignisse der Vergangenheit ermittelt hast, musst du den Überblick behalten.
Am besten ist es, die Informationen zeitlich zu ordnen. Dann kannst du gleich erkennen, was früher war und was später.
Ein Hilfsmittel für die chronologische Ordnung von Ereignissen ist es, sich die Zeit als Pfeil vorzustellen: Die ältesten Ereignisse stehen links, am Beginn des Pfeils.
Je mehr wir uns der Gegenwart nähern, desto weiter kommen wir nach rechts, zur Pfeilspitze. Solche „Zeitpfeile" nennen wir Zeitstrahl oder Zeitleiste.

Einen eigenen Zeitstrahl kannst du so anlegen:

1. Vorbereitung

- Sammle die Ereignisse, die du darstellen möchtest. Stelle ihre Zeit fest (Jahr, Datum).
- Ermittle das älteste und das jüngste Ereignis. Ihr Zeitabstand soll durch den Zeitstrahl ausgedrückt werden. Zeichne eine entsprechend lange Linie.
- Teile die Linie mit Strichen in gleich lange Abschnitte. Beschrifte sie mit „glatten" Zahlen (z. B. Fünf-Jahres-Schritte, Jahrzehnte oder Jahrhunderte).

2. Eintragung

- Finde für jedes Ereignis die Stelle auf dem Strahl.
- Trage ein geeignetes Symbol ein und beschrifte es.
- Für zusammengehörende Ereignisse kannst du gleiche Symbole verwenden. Unterscheide auch kurze „Ereignisse" und längere „Entwicklungen".

3. Deutung

- Durch die chronologische Ordnung kannst du entscheiden, ob ein vergangenes Ereignis ein anderes bewirkt hat. So stellst du Ursachen und Folgen fest.

Bilder

Bilder können Geschichten erzählen und uns etwas über die Zeit mitteilen, in denen sie entstanden sind. Du kannst sie zum Sprechen bringen, indem du Fragen an sie stellst. Nicht alle lassen sich bei jedem Bild beantworten. Oft musst du weitere Informationen einholen.

Drei Schritte bei der Arbeit mit Bildern:

1. Beschreibe das Bild

- Wann und wo wurde es geschaffen oder veröffentlicht?
- Welche Personen erkennst du auf dem Bild?
- Was tun die Personen?
- Wie sind sie gekleidet? Haben sie Gegenstände bei sich?
- Kannst du weitere Dinge oder Tiere auf dem Bild er kennen?
- Wie wirkt das Bild auf dich?

2. Erkläre die Zusammenhänge

- Ist auf dem Bild etwas hervorgehoben? Wodurch?
- Wie sind die Personen dargestellt? Fällt dir dabei etwas auf? Sind es wirkliche Personen oder stehen sie für etwas?
- In welcher Beziehung zueinander sind die Personen dargestellt?

3. Bewerte das Bild

- Zu welchem Zweck wurde das Bild hergestellt?
- Was sollte es dem Betrachter sagen?
- Welche Ereignisse und Vorstellungen haben für die Darstellung eine Bedeutung? Findest du sie auf dem Bild wieder?

Diese Formulierungen helfen, Bildquellen auszuwerten:

1. Das Bild stammt aus dem Jahr … . Es wurde von … gemalt. Von links nach rechts erkennt man … . Die Figur … ist mehrmals abgebildet. Die Figur des … ist durch … besonders hervorgehoben. Auffällig ist … . Einige Figuren halten … in der Hand.
2. Einige der Figuren sind (Menschen / Götter / Teufel …). Dies erkennt man an … . Die meisten Figuren (blicken / gehen) nach … Besonders hervorgehoben ist … . Als einzige Figur ist … dargestellt. Das Bild zeigt (einen einzigen Moment / einen längeren Zeitraum).
3. Das Bild diente als … / war angebracht am … . Es beschreibt die Vorstellung vom … . Die abgebildete Szene war für die Menschen sehr wichtig, da … . Das Bild ist eine Quelle für die Vorstellungen der …zeit über … .

Geschichtskarten

Landkarten informieren über die Lage von Orten, Meeren, Flüssen, Bergen und anderen Kennzeichen einer Landschaft. *Karten für den Geschichtsunterricht* enthalten noch mehr: Sie verknüpfen Erdkunde und Geschichte, indem sie zeigen, welche Ereignisse und Entwicklungen in der Vergangenheit in welchen Gebieten stattfanden.

Wo siedelten Menschen? Wie veränderten sich die Lebensräume von Völkern und Ländergrenzen? Woher kamen Handelsgüter, wohin wurden sie auf welchen Wegen gebracht? *Auch genaue Karten geben immer nur einen Teil der Geschichte wieder.*

Karten kannst du lesen:

- Um welches *Thema* es in der Karte geht, sagt dir die Über- oder Unterschrift.
- Die verwendeten Zeichen, Farben und Abkürzungen werden in der *Legende* erklärt. Sie nennt dir meist auch den Maßstab.

Bei Fragen zu einer Karte gehe so vor:

- Kläre, welches *Gebiet* sie zeigt, welche *Zeit* sie behandelt, welche *Einzelheiten* sie darstellt.
- Wähle Informationen, die zu den Fragen passen.
- Wenn dir Fragen zu *Entfernungen* zwischen Orten gestellt werden, nutze die Maßstabsleiste.
- Bei Fragen zur *Landschaft* berücksichtige Merkmale wie Küstenverlauf, Flüsse, Höhenangaben.

Zur Kartenarbeit nützliche Formulierungen:

Der Kartenausschnitt zeigt ... . – Der abgebildete Raum ist ungefähr ... km groß. – Die Karte bildet die Verhältnisse im ... . Jh./im Jahr ... ab. – Mit Farben wird angegeben, ... – Aus den Angaben kann man erkennen, dass der Raum über den Landweg/Seeweg ... zu erreichen war. – Symbole zeigen an, wo die Menschen ..., wo sie ... anbauten, wo es Orte für die Verehrung von ... gab und wo sie ... förderten. Man sieht, welche ... es in ... gab. – Die Karte erlaubt Aussagen über die Lebensbereiche ...

Textquellen

... sind die wichtigsten geschichtlichen Zeugnisse. Ein Text aus der Vergangenheit kann beim ersten Lesen schwierig sein – sogar für Profi-Historiker!

Wir müssen erst den Inhalt verstehen:

1 Lies den Text sorgfältig durch. Oft erschließt sich sein Sinn beim zweiten Lesen schon besser.
2 Notiere dir unbekannte Begriffe und Namen. Kläre sie mithilfe eines Lexikons (Buch, Internet).
3 Ausdrücke, die dir unverständlich bleiben, kannst du im Unterricht klären.

Im nächsten Schritt sollst du den Text einordnen:

4 Finde heraus, wann und wo der Text entstand.
5 Ermittle den Autor. Welchen Beruf, welche Aufgabe hatte er, als er den Text schuf? Was war der Anlass? Ein Lexikon kann dir dabei helfen.
6 Lies in deinem Geschichtsbuch nach, was wir über die Zeit der Textquelle wissen.
7 Um welche Art von Quelle handelt es sich? Ein Gesetz hatte andere Absichten als ein Gedicht oder eine Rede.

Überlege, was der Text bewirken sollte und an wen er sich richtete.

8 Stelle fest, was der Autor in seiner Zeit mit dem Text bewirken wollte und warum.
9 Finde heraus, ob die beabsichtigte Wirkung erzielt wurde (etwa: „Was geschah nachher?").
10 Manchmal ist wichtig, wie ein Text in unsere Zeit kam (Historiker nennen das „Überlieferung"). So klärst du, wie zuverlässig der Inhalt ist.

So kannst du dich bei Texten ausdrücken:

Bei dem Text handelt es sich um (eine Rede/eine Inschrift/ein Gesetz ...). – Der Text soll von ... im Jahr ... aufgeschrieben worden sein. – Er stammt aus (der Stadt ... / dem Land ...). – Zur dieser Zeit war für die dortigen Menschen (das Ereignis ...) sehr wichtig, weil ... – Der Text wurde (vom Autor ... selbst aufgeschrieben/von ... überliefert). – Die wichtigsten Stellen/Kernaussagen des Textes sind: a) ..., b) ..., c) ... – Der Autor möchte mit seinem Text (wahrscheinlich) erreichen, dass ...

Antike Reliefs

Zu den bildlichen Darstellungen aus der Zeit des Römischen Reichs gehören die Reliefs. Anders als Wandmalereien oder Mosaike sind sie erhaben, sie ragen aus einer Grundfläche heraus. Aber sie sind auch keine völlig dreidimensionalen Kunstwerke wie z. B. Statuen. Reliefs schuf man u. a. aus Holz, Stein, Metall oder Elfenbein. Sie waren in römischer Zeit sehr beliebt. Reliefs verzierten öffentliche Gebäude und private Wohnhäuser, Tempel und andere Bauwerke wie z. B. Siegessäulen oder Torbögen.

Reliefs stellten oft Szenen des römischen Lebens dar. Du kannst sie wie Bildergeschichten lesen. Sie vermitteln uns bis heute einen Eindruck davon, wie römische Künstler und ihre Auftraggeber den Alltag, die römische Gesellschaft oder bestimmte Kriege sahen.

Das Material, aus dem Reliefs hergestellt wurden, ihre Größe, die Kunstfertigkeit der Gestaltung und der Detaillreichtum geben uns Hinweise auf die gesellschaftliche Stellung des Auftraggebers und darauf, wie er von der Nachwelt wahrgenommen werden wollte.

Schritte zur Interpretation von Reliefs:

1. Lies zunächst die Legende. Was erfährst Du über die Quelle?
   - Wozu gehörte sie (Bauwerk, Sarkophag ...)?
   - Wann entstand sie?
   - Wer gab sie in Auftrag?
   - Aus welchem Material besteht sie?

2. Informiere Dich über die Entstehungszeit der Quelle.

3. Beschreibe strukturiert (z. B. von links nach rechts) zentrale Elemente des Reliefs:
   - Was wird dargestellt?
   - Was oder wer steht im Zentrum?
   - Gibt es wiederkehrende Elemente, die auf Gemeinsamkeiten/Verbindendes hinweisen?
   - Sehen sich Personen ähnlich, handelt es sich bei mehreren der Dargestellten vielleicht um dieselbe Person?
   - Wird nur eine einzige Szene oder mehrere Geschichten erzählt?

4. Ordne nun einzelne Bildelemente zu und bestimme die Grundaussage/die Stimmung, die die Darstellung vermittelt.

5. Untersuche, warum der Auftraggeber diese Form der Darstellung wählte.

Städte

Die meisten unserer Städte wurden im Mittelalter gegründet. Viele haben sich seither stark verändert: Stadterweiterungen, Kriegszerstörungen, Straßenbau, Feuer und Erdbeben – die Stadt des Mittelalters verwandelte sich und wurde zur Stadt von heute.

In vielen Städten sind noch mittelalterliche Spuren erhalten. Auf einem Stadtrundgang kann man viel über das Leben hinter Stadtmauern erfahren.

Arbeitsschritte bei der Erkundung einer Stadt

- Besorge dir einen **aktuellen Stadtplan**. Auf ihm kannst du oft schon erkennen, wo sich der mittelalterliche Stadtkern befindet.
  Tipp zum Stadtplan: Manche Straßennamen enden auf „-wall" oder „-ring" und umschließen den Stadtkern.
- Suche **Informationen zur Stadt**. **Tipps für Fragen:** Wann wurde die Stadt gegründet? – Von wem? – Gab es große Zerstörungen? – Was arbeiteten die Menschen? Vergiss nicht, auch **eigene Fragen** aufzuschreiben.
- Anschließend folgt die **Spurensuche „vor Ort"**. Achte beim Rundgang auf alle **Besonderheiten aus dem Mittelalter**. **Fotos** können später hilfreich sein, um mehr über deine Stadt zu erfahren.
- Zuletzt musst du die **Spurensuche auswerten**.
  Tipps zur Auswertung: Welche Gebäude bilden das Zentrum der mittelalterlichen Stadt? – Wo gibt es Kirchen und Klöster, große Plätze, auffällig verzierte Gebäude? – Hast du Wappen oder Inschriften gefunden? – Wie verlaufen die Straßen? – Gibt es Brücken? – Wo verlief die Stadtmauer? – Was sagen die Spuren über die Größe der Stadt, die Zahl der Einwohner und die Lebensverhältnisse im Mittelalter aus?

Zur Stadtbeschreibung sind diese Sätze nützlich:

Das Zentrum der mittelalterlichen Stadt bildet ... – Die Zugangswege zum ...platz verlaufen von ... nach ... (Himmelsrichtungen) – Die Stadtmauer umschloss ... – Aus den Straßennamen ... können wir schließen, dass hier einmal ... gelebt haben.

Perspektiven erkennen

Wie könnt ihr mit schriftlichen Quellen umgehen, die voneinander abweichen oder sich sogar widersprechen?
Zunächst müsst ihr erkennen, dass ein Geschehen aus einer bestimmten *Perspektive* (Sicht) beschrieben wird, der Verfasser des Textes also einen eigenen *Standpunkt* einnimmt. Prüft dazu, was der eine erwähnt, der andere weglässt. Ihr könnt dafür die Leitfragen unten benutzen. Um die Quelle auf Glaubwürdigkeit zu überprüfen, ist es wichtig zu wissen, *wer* der Autor ist und *wann*, *wo* und in *wessen Auftrag* er den Text verfasst hat. So könnt ihr die verschiedenen Perspektiven der Verfasser erkennen. Abschließend solltet ihr beurteilen, wessen Aussagen ihr eher traut.

Folgende Tipps können euch dabei helfen:

1. Informiere dich über den Autor der Quelle. Finde seine Haltung zu den berichteten Ereignissen heraus. War er beteiligt? Hat er die Ereignisse selbst beobachtet? Berichtet er, was er von anderen gehört hat? Berichtet er zeitnah oder liegt längere Zeit zwischen den dargestellten Ereignissen und dem Abfassen der Quelle?
2. Überlege, mit welcher Absicht der Autor über die Ereignisse berichtet (Intention). Was will er mit seinem Text erreichen?
3. Überlege, an wen sich der Text richtet (Adressat) und in welchem Verhältnis Autor und Adressat stehen.
4. Lies die Quelle aufmerksam und unterstreiche dabei Begriffe, Sätze oder Satzteile, die du nicht verstehst.
5. Unklare Sachverhalte kannst du mit Hilfe deines Lehrers/deiner Lehrerin und/oder mit Nachschalgewerken klären.
6. Gib den Inhalt der Quelle in eigenen Worten schriftich wieder.
7. Markiere im Text farblich Begriffe, Sätze oder Satzteile, in denen der Autor eine Bewertung vornimmt.
8. Entwickle Leitfragen, um die Quellen zu vergleichen.
9. Markiere Unterschiede und Gemeinsamkeiten mit zwei Farben.

Zum Vergleich zweier Quellen könnt ihr schreiben:

Die Quelle ... wurde im Jahr ... von ... verfasst. – Die dargestellten Ereignisse fanden im Jahr ... statt. – Bei dem Autor handelt es sich um ... . – Der Autor berichtet (in Zeile ...) davon, dass ... . – Die Quelle handelt von ... und berichtet über ... .
Der Autor ... richtet seinen Text ... an ... . – Er möchte mit dem Text erreichen, dass ... . – Während Autor ... angibt, dass ... , spricht der Autor ... davon, dass ... . – Die Autoren widersprechen beim Punkt ... . Hier stellt der Autor ... dar, dass .... , Autor ... hingegen hebt hervor, dass ... . – Beide Autoren weisen auf ... hin.

Spottbilder

Kurz vor und vor allem während der Reformation erschienen erstmals *Spottbilder*. Man musste nicht lesen können, um ihre Aussage zu verstehen. Daher erreichten sie eine breite Öffentlichkeit. Wie Giftpfeile wurden die Bilder zwischen den Lagern der Reformwilligen und ihren Gegnern hin und her geschossen. Zentrale Gestalten der Abbildungen waren *Luther* und die Päpste.
Die meisten Spottbilder erschienen als Flugblätter, oft ohne den Künstler zu nennen. Dafür wurde die Holzschnitt-Technik immer weiter entwickelt. Auch namhafte Künstler stellten solche Bilder her, v. a. Lucas Cranach d. Ä. Nach Luthers Tod endete dieser „Bilderkampf".

Absicht und Wirkung von Spottbildern aufdecken

Uns heute bereitet das Verständnis mancher Spottbilder Schwierigkeiten. Folgende Tipps können dabei helfen:

1. Formuliere einen ersten Eindruck: Was ist auf dem Bild zu sehen? Welche Hauptaussage soll wohl mit diesem Bild getroffen werden? Schreibe dies kurz auf.
2. Nenne die Figuren. Beschreibe ihr Aussehen (z. B. Körper, Kleidung, Haare, Ausdruck) und Verhalten.
3. Beschreibe Gebäude, Landschaft und Gegenstände.
4. Gib den enthaltenen Text mit eigenen Worten wieder.
5. Finde heraus, *wo* und *wann* das Bild entstand und *wie es eingesetzt* wurde. Informiere dich, was zu dieser Zeit geschah, als das Spottbild veröffentlicht wurde.
6. Erkläre, welche Bedeutung Personen, Gebäude und Gegenstände haben. Erkläre, welche Übertreibungen der Künstler vornimmt, und erkläre, warum er dies tut.
7. Stelle fest, was der Künstler bewirken wollte.
8. Stelle Vermutungen an, wie das Spottbild auf einen Zeitgenossen gewirkt haben mag.
9. Überprüfe deinen Eindruck aus Arbeitsschritt 1.

Sätze zur Auswertung von Spottbildern:

Im Vordergrund des Bildes ist ... zu sehen – Im Hintergrund sieht man ... – Im Mittelpunkt steht ...
Der Holzschnitt entstand ... in ... – Die Person im Zentrum soll ... darstellen – Der Künstler wollte damit bewirken, dass ... – Auf einen Betrachter im Jahr ... könnte das Bild ... gewirkt haben.

Herrscherbilder

s. S. 24 f.

Wie wir Prominente heute sehen, bestimmen vor allem die Medien. Deshalb versuchen Prominente, ihr Image durch Berater, durch Auftritte im Fernsehen und Veröffentlichungen im Internet zu steuern.
Dabei könnten sie von Ludwig XIV. lernen. Der verstand es wie kaum ein Zweiter, sein Bild als Herrscher in der Öffentlichkeit zu formen. Dass er als alles überstrahlender „Sonnenkönig" wahrgenommen wurde, war Ergebnis seiner geschickten Selbstdarstellung.

1. Beschreiben: Was sehe ich?
Wer ist abgebildet? Wo steht die Person? Wie steht die Person da (Gestik) und wo schaut sie hin (Mimik)? Wie ist das Bild aufgebaut? Welche Kleidung, welche Accessoires trägt die Person? Welche Zeichen der Macht, welche Herrschaftsinsignien lassen sich erkennen? Wie und wo sind sie angeordnet? Wie ist der Hintergrund gestaltet?

2. Einordnen und deuten: Was bedeuten die Einzelheiten?
Was weiß ich über die abgebildete Person? Welche politischen Verhältnisse herrschten damals? Bezieht sich das Bild auf ein Ereignis? Wo hing das Bild? Wer sah es? Wie groß war das Bild im Original? Welche Perspektive nimmt der Betrachter ein? Welche Bedeutung haben Symbole, Farben und andere Gegenstände? Welche Rolle spielt das Licht?

3. Absicht und Wirkung untersuchen: Was ist die Botschaft?
Wann, wo und in wessen Auftrag ist das Bild entstanden? Aus welchem Anlass und zu welchem Zweck? Wer war der Maler? Welche Wirkung soll das Bild auf den Betrachter entfalten? Wie will die porträtierte Person gesehen, wie als Herrscher verstanden werden?

Nützliche Sätze bei der Interpretation von Herrscherbildern:
Schritt 1: *Bei der porträtierten Person handelt es sich um … – Im Bildvordergrund/-hintergrund erkenne ich …*
Schritt 2: *Das Gemälde stammt aus der Zeit … – Damals passierte … – Der Maler hat folgende Symbole benutzt … – Sie stehen für/bedeuten/sind Zeichen für … – Eine besondere Rolle spielt auch …*
Schritt 3: *Das Gemälde wurde in Auftrag gegeben von … – … , weil … – Die Wirkung des Bildes wird unterstrichen durch … – „Ich bin … / Ich will … / Ich kann …" – Interessant wäre noch …*

Schaubilder

s. S. 50 f.

Die Verfassung eines Staates ist meist sehr komplex. Ein Verfassungsschema kann die Zusammenhänge anschaulich machen. Es stellt den Aufbau und die Arbeitsweise eines Staates sowie die Rechte der Bürger grafisch dar. Um es lesen zu können, musst du zunächst entscheiden, an welcher Stelle du am besten mit der Beschreibung beginnst. Wichtig für die Deutung des Schaubildes sind vor allem seine Form und die Beziehungen zwischen den Bestandteilen.

1. Thema:
- Für welchen Staat gilt die Verfassung?
- Wer hat die Verfassung wann ausgearbeitet und beschlossen?

2. Beschreibung
- Welche Teile der Bevölkerung werden genannt?
- Gibt es ein Wahlrecht? Wer darf wählen (aktives Wahlrecht) und wer darf gewählt werden (passives Wahlrecht)?
- Welche Ämter und Einrichtungen gibt es?
- Wer hat welche Aufgaben, Rechte oder Pflichten?
- Wer arbeitet mit wem zusammen?
- Welche Informationen bietet die Legende?
- Was bedeuten mögliche Symbole?

3. Beurteilung
- Wer hat wie Zugang zu Ämtern und Einrichtungen?
- Wer hat wie viel Macht? Wer ist ausgeschlossen?
- Besteht eine Gewaltenteilung? Sind die Gerichte unabhängig?
- Wie hoch ist der Anteil der Bevölkerung mit Wahlrecht?
  Wie ist es also zu bewerten?
- Wie wird verhindert, dass Einzelne ihre Macht missbrauchen?
- Was hat sich gegenüber der Zeit vor der Verfassung geändert?

Folgende Satzbausteine können dir helfen:
Im Zentrum/links/rechts im Verfassungsschema steht … – Besonders wichtig ist …, weil … – Auffällig ist, dass auf … viele Pfeile zeigen/viele Linien wegführen/… – Die Aufgaben von … sind …

Karikaturen s. S. 58 f.

Karikaturen kommentieren und bewerten Ereignisse. Sie spitzen zu und beziehen Stellung. Da sie in zeitlicher Nähe zum Geschehen entstehen, sind sie historische Quellen. Da die Zeichner gerne Symbole benutzen, gilt es, sie zu entschlüsseln und zu deuten. Auch Größenverhältnisse und Bildaufbau sind für die Interpretation wichtig, da sie auf Macht, Wichtigkeit oder Überlegenheit hindeuten. Zunächst ist zu klären, welche Ereignisse vor welchem zeitlichen Hintergrund dargestellt sind. Dabei hilft auch die Bildunterschrift.

1. Beschreiben: Was wird dargestellt? Auf welches Ereignis oder welche Situation spielt die Karikatur an? Sind Personen zu erkennen? Welche Gegenstände sind wichtig? Wurden besonders auffällige Farben verwendet? Wie stehen die Figuren und Gegenstände im Verhältnis zueinander? Kannst du Symbole erkennen?

2. Analysieren: Bringe dein historisches Wissen ein. Weißt du etwas über den Zeichner? Wann ist die Karikatur entstanden? Gibt es erläuternde Äußerungen, z. B. ein Zitat / eine Anspielung? Stehen die Personen für eine Gruppe oder ein Volk? Was bedeuten die Symbole? Was wird übertrieben dargestellt? Warum?

3. Deuten: Was möchte der Zeichner aussagen oder kritisieren? Wie wird das erreicht? Wo wurde die Karikatur veröffentlicht? Wen soll sie ansprechen? Warum hat der Zeichner diese Szene gewählt?

Hilfreiche Satzbausteine:
Im Zentrum der Karikatur ist … zu sehen. – Besonders wichtig ist …, weil … – Die Person links/rechts/in der Mitte sieht aus wie … – Der Karikaturist kritisiert/lobt …

Denkmäler s. S. 84 f.

Gerade im Deutschen Kaiserreich wurden zahlreiche Denkmäler errichtet. Sie sollten die Siege der Nation und die „Reichsgründer" ehren. Allein für Bismarck wurden bis 1914 ca. 700 Denkmäler errichtet.

1. Äußere Merkmale: Welche Ausmaße hat das Denkmal? An welchem Standort stand es bzw. steht es jetzt? Gibt es Inschriften?

2. Entstehungsgeschichte: Wer hat das Denkmal in Auftrag gegeben? Wer hat es geschaffen? Wie wurde es finanziert? Wann wurde das Denkmal aufgestellt? Aus welchem Anlass wurde es errichtet?

3. Beschreiben: Wie ist das Denkmal aufgebaut? Kann man verschiedene Teile unterscheiden? Welche Personen und Figuren sind zu sehen? Sind es „echte" oder symbolische Figuren?

4. Deuten: Welche Haltung und welchen Ausdruck haben die Figuren / Personen? Was will das Denkmal aussagen? Formuliere einen Titel, der die Bedeutung des Denkmals zusammenfasst.

5. Wirkung: Wie wirkt das Denkmal? Welche Rolle spielt der Standort für den Gesamteindruck? Warum wurde es gerade dort aufgestellt, wo es steht (oder ursprünglich stand)?

Nützliche Sätze bei der Analyse:
Das Denkmal befindet sich … – Es wurde gebaut von … für … – Es stellt … dar … – Die Inschriften lauten … – Es stammt aus der Zeit … – Eingeweiht wurde es im Jahre … aus Anlass von … – Das Denkmal besteht aus … – Es wirkt wie/erinnert an … – Zu erkennen sind … – Die Symbole bedeuten … – Das Denkmal wirkt auf mich …

Diagramme s. S. 106 f.

In deinem Geschichtsbuch findest du neben zahlreichen Schrift- und Bildquellen immer wieder auch Zahlenmaterial, das in Tabellen oder Diagrammen, also grafischen Darstellungen von Daten, dargestellt ist. Dieses brauchen wir, wenn es etwa um die Bevölkerungs- oder Wirtschaftsentwicklung oder die Ergebnisse von Wahlen geht. Werden Daten systematisch gesammelt, sprechen wir von einer Statistik.
Diagramme helfen dir dabei, komplexe Informationen und Zusammenhängen anschaulich zu machen. Damit kannst du schnell und strukturiert Entwicklungen und Veränderungen sowie Verhältnisse erfassen und vergleichen.

1. **Bestimme das Thema** der vorliegenden Datensammlung.
2. Überlege dir, was du darstellen willst und entscheide dich auf dieser Grundlage für eine **geeignete Diagrammform**.
3. **Wähle** einen geeigneten **Maßstab oder Durchmesser** für dein Diagramm.
4. **Übertrage die vorliegenden Werte** genau und stelle die unterschiedlichen Aspekte verschiedenfarbig dar.
5. **Beschrifte das Diagramm** verständlich. Mache deutlich, worum es geht und was wo dargestellt ist.

Tipp: Mithilfe eines Tabellenkalkulationprogramms kannst du **Diagramme am Computer erstellen**. Achte auch hier darauf, dass die Darstellungsform zum Inhalt passt. Um dein Diagramm noch besser lesbar zu machen, kannst du z. B. noch die Farben verändern oder Beschriftungen hinzufügen.

Industriedenkmäler

s. S. 100 f.

Du hast bereits Denkmäler als Zeitzeugnisse kennengelernt. Diese wurden meist schon als Erinnerungsstätten geplant. Das ist bei Industriedenkmälern anders. Sie entstanden und entstehen dort, wo Fabriken und Maschinen, Hochöfen und Fördertürme Orte und auch das Leben der Menschen prägten. Sie gelten als technische Denkmäler; oftmals sollen sie auch die Erinnerung an die Geschichte der Industrialisierung wachhalten. Natürlich kannst du ein Industriedenkmal in der Schule nur mittels Internet besuchen und so deine Recherchen anstellen. Aber vielleicht gibt es ja auch die Möglichkeit, mit deiner Klasse eine Exkursion zu unternehmen.

- Als erstes solltest du **allgemeine Informationen** einholen: Wo steht das Industriedenkmal? – Welche Funktion hatte das Gebäude/Gelände ursprünglich, was wurde dort hergestellt? – Wann ist es entstanden, wer hat es gegründet? – Warum wurde der Standort gewählt? – Wie verlief die historische Entwicklung? – Wann, warum und auf wessen Initiative hin wurde das Gebäude/Gelände zum Industriedenkmal? – Wie wird es heute genutzt?
- Dann solltest du dich auf Spurensuche begeben und die **Besonderheiten des Geländes und der Bebauung** erkunden. Suche im Internet oder vor Ort einen Grundriss oder Fotografien, aus denen du die Informationen gewinnen kannst.
  Tipps für Fragen: Wie groß war das Werksgelände? – Welche Gebäude gab es und welche Funktion hatten sie? – Welche Besonderheiten zeichnen sie aus (z. B. Baustil)? – Gab es Werkswohnungen auf dem Gelände? – Wo wohnte der Unternehmer? – Wie wirkte sich der Industriestandort auf die Umgebung aus?
- Nun folgt der zweite Schritt der Spurensuche: Was lässt sich über **die Produktion und die Arbeitsbedingungen** herausfinden?
  Tipps für Fragen: Welche Technik und welche Maschinen wurden verwendet? – Welche Arbeitsschritte gab es? – Wer arbeitet dort und unter welchen Bedingungen? – Wie groß war die Belegschaft? – Wie hat sich die Produktion im Laufe der Zeit verändert?
- Zuletzt musst du deine **Spurensuche auswerten**.
  Was sagen all diese Spuren über die damalige Bedeutung des Industriedenkmals aus? – Welche Bedeutung hat das Industriedenkmal heute als Erinnerungs- und Gedenkort? – Wie bewertest du die heutige Gestaltung und Nutzung, wie die Möglichkeiten der Informationsbeschaffung und des Lernens vor Ort?

Postkarten

s. S. 158 f.

Mehr als je zuvor wurde im Ersten Weltkrieg Propaganda eingesetzt, um Einfluss auf die Einstellung der Bevölkerung zu nehmen. Postkarten waren als Massenmedium besonders geeignet, den Kampfgeist anzuspornen, die Vaterlandsliebe zu betonen oder den Durchhaltewillen zu fördern. Mit ihnen konnten die Gefühle der Menschen angesprochen werden: Postkarten waren durch die persönlichen Nachrichten ein sehr individuelles Medium, zudem sorgten sie für eine qualitativ hochwertige, bis dahin unbekannte Bilderflut. So verwundert es nicht, dass während des Ersten Weltkrieges Milliarden kostenlos verteilte Postkarten zwischen Heimat und Front verschickt wurden.

1. Bildbeschreibung

Beschreibe Personen, Gegenstände, Landschaft, Symbole, Farben. Was fällt dem Betrachter besonders auf? Was ist im Vorder-/Hintergrund zu sehen? Aus welcher Perspektive blickt man auf das Geschehen? Wie sind die Personen dargestellt? Welche Details lassen sich erkennen? Welche Elemente, die man erwarten könnte, fehlen bei der Darstellung?

2. Textbetrachtung

Betrachte Inhalt, Adressat, Sprache, Bezug zum Bild. Wie ergänzt / erklärt der Text das Bild? Wer spricht / schreibt ihn? Wer wird angesprochen? Welche sprachliche Form hat der Text?

3. Entschlüsselung

Deutung, Erschließung der Gefühle, historische Hintergründe …

Auf welche Ereignisse bezieht sich die Postkarte? Welche Emotionen löst das Bild / der Text aus? Ist die Szene natürlich oder gestellt? Welche Bedeutung haben die Farben / Gegenstände? Welche Rolle spielt das Licht? Welche Atmosphäre wird vermittelt? Inwiefern wird der Betrachter einbezogen?

4. Bewertung

Vergleich mit der historischen Realität, Wirkung, Handlungsaufforderung …

Welche Haltung wird beim Betrachter erzeugt? Wo unterscheiden sich Postkarte und Realität? Wie wird die Realität verfälscht?

Kapitel 1: Der frühneuzeitliche Fürstenstaat

S. 15, A2
- Wiederhole, was du im Verfassertext über die Territorialfürsten gelesen hast. Skizziere Herkunft, Herrschafts- und Wirtschaftspolitik Herzog Heinrichs und stelle sie in Bezug zu den allgemeinen Informationen.

S. 16 A1
- Trage dazu erst einmal dein Vorwissen vom Ende des letzten Schuljahres zusammen. Wie kam es zur Reformation? Welche Veränderungen wurden in der Kirche eingeführt? Wie reagierte die katholische Kirche, wie der Kaiser, wie die Fürsten? Warum breitete sich die Reformation über Europa aus? Ergänze deine Zusammenstellung mithilfe des Verfassertextes.

S. 17, A2
- Der Satz beschreibt den Kern der Konfessionalisierung. Inwiefern verhalf diese zu mehr Macht?

S. 19, A3
- Mögliche Fragen für die Diskussion: Was erfahrt ihr über die Lebenssituation der Söldner? Wie sah die Versorgung der Bevölkerung während des Krieges aus? Gab es für die Söldner Alternativen? Wie ist das Vorgehen der Söldner zu bewerten? Welche Rolle spielen die Feldherren, in deren Dienste sich die Söldner stellen?

S. 27, A2
- Ziehe deine Ergebnisse aus der Frage auf S. 26 hinzu.

S. 29, A1
- Untersuche, was Lage und Größe der Anlagen, die Ausstattung, Gärten und Wegführungen aussagen. Wer wohnte dort alles? Welche Funktion hatten die Anlagen für den jeweiligen Fürsten bzw. Herrscher? Lies auch noch einmal S. 26.

S. 31, A4
- Berücksichtige v.a die Frage der Zölle, der Ein- und Ausfuhrpolitik. Was bedeutet es für den zwischenstaatlichen Handel?

Kapitel 2: Bürgerliche Revolutionen

S. 41, A2
- Beginne folgendermaßen: „Was sich Locke und Montesquieu ausgedacht haben, das finde ich …".

S. 43, A2
- Diese Fragen helfen dir: Welche sind eher gemäßigte Reformen der bestehenden Staats- und Gesellschaftsordnung? Welche zielen auf eine grundlegende Veränderung? Achte bei M3 auf Forderung Nr. 2, die die Grundlage nennt. Kläre zu M4, was mit „heilig" und mit „Grundgesetzen" gemeint sein könnte. Welche Staatsform soll es sein? Was würde sich gegenüber der bisherigen Gesellschaftsordnung ändern? Die Frauen (M5) sagen zunächst, was ihnen nicht gefällt; dann drücken sie aus, wie ihre Stellung künftig sein möge und schließlich nennen sie den für sie entscheidenden Grund für ihre Bitte.

S. 45, A2
- Notiere dir erst einmal in Stichpunkten, was du unter Nation verstehst. Nimm dann einen Lexikoneintrag zu Hilfe. Einfache Erklärungen finden sich auch im Internet, z. B. auf der Homepage der Bundeszentrale für politische Bildung oder unter www.lernhelfer.de. Viele Informationen findest du auch ab S. 74 in diesem Buch. Vergleiche deine Ergebnisse aus Aufgabe 1 mit deinen Stichpunkten zur modernen Nation. Hilfreich für den Vergleich ist es, eine Tabelle mit zwei oder drei Kategorien anzulegen und die Punkte gegenüberzustellen.

S. 45, A3
- Achte darauf, was Sieyès über den Dritten Stand sagt. „Eine Körperschaft von Gesellschaftlern" kannst du zu „Gesellschaft" vereinfachen. In den Zeilen 12 bis 14 stehen die beiden Voraussetzungen für den von Sieyès gewünschten Staat. Sieh dir Z. 16 f. an: Was ist mit den anderen Ständen? Tipp: Achte darauf, nicht nur die Rechte des Dritten Standes, sondern auch die Behandlung der Stände vor 1789 zur Sprache zu bringen. Wen

sieht der König als Nation an (M3, drittletzte Zeile)? Diese Haltung musst du in deiner Rede kritisieren.

S. 47, A4 • Die Bastille hatte zwei wichtige Aufgaben und galt als entscheidendes Symbol des absolutistischen Staates. Was zeigte ihre Besetzung durch die Revolutionäre den Anhängern des Königs?

S. 48, A1 • Erstelle eine dreizeilige Tabelle zu den drei Grundsätzen und unterteile diese in zwei Spalten. In die linke Spalte trägst du ein, durch welche Punkte der jeweilige Grundsatz erfüllt ist, und in die rechte Spalte, für wen bzw. aus welchem Grund dieser Punkt nicht erfüllt ist, z. B. „Gleichheit": alle Stände sollen politisch und steuerlich gleichberechtigt sein; unerfüllt: dies galt nicht für Frauen und Sklaven in den Kolonien; nur Bürger mit einem bestimmten Vermögen durften wählen.

S. 53, A2 • Lies dazu nochmals S. 22 f. und S. 35.

S. 54, A1 • Du kannst deinen Artikel wie folgt beginnen: Heute, am 12. Juni 1776, wurde die „Virginia Bill ofRights" verabschiedet. Diese sogenannte Unabhängigkeitserklärung widerspricht so ganz den Ideen eines Staatswesens, wie wir es in England haben, nämlich … In ihr ist zu lesen, dass …

S. 55, A1 • Formulierungshilfen: Alle Menschen sind … – Die Gewalt im Staat muss … – Alle Macht im Staat soll von … ausgehen …

S. 57, A1 • Formuliere etwa wie folgt: Die erste Phase der Französischen Revolution (1789-1792) war gekennzeichnet durch … – Ihre Ergebnisse waren … – Die Absetzung des Königs bewirkte … – Die zweite Phase der Französischen Revolution (1792/93) setzte eine Entwicklung in Gang, die …

S. 63, A1 • Überlege, welche Funktion Krönung und Salbung bei einer Kaiserkrönung im Mittelalter besaßen. Wozu war der Papst nötig? In welche Tradition möchte sich Napoleon stellen und was sagt dies über seinen Herrschaftsanspruch aus?

S. 65, A3 • Gib zunächst die Kernaussagen des Liedes wieder. Greife dabei auch auf deine Ergebnisse aus dem vorigen Arbeitsauftrag zurück. Beschreibe mit eigenen Adjektiven die Stimmung, die der Text erzeugt. Überlege dann, bei welchen Gelegenheiten solche Lieder gesungen wurden und welche Funktion sie hatten. Siehe auch das Bild M4.

S. 65, A4 • Vergegenwärtige dir zunächst die politische Situation, die Ende des 18. Jh. im Heiligen Römischen Reich Deutscher Nation herrschte (Ständegesellschaft, absolutistische regierte Fürstenstaaten, Grundherrschaft und Leibeigenschaft etc.). Arbeite dann die Punkte heraus, die Dumont besonders betont. Nimm den Verfassertext auf S. 64 zu Hilfe. Überlege, ob du die Position Dumonts in allen Punkten teilst. Berücksichtige M1: Georg Forster etwa erschien der Rückhalt in der Mainzer Bevölkerung zu schwach, um diese Republik unabhängig von Frankreich am Leben zu erhalten.

S. 66, A1 • Informiere dich über die Bauernbefreiung in Preußen und die Maßnahmen, die zur Gewerbefreiheit führten. Du kannst auch im Begriffslexikon hinten im Buch ab S. 186 nachschlagen.

S. 67, A3 • Stichworte: Bündnisse, Frieden, Akzeptanz der Restauration etc.

S. 69, A2 • Untersuche zunächst, was beide – die Burschenschaften sowie der Publizist und Lehrer Görres – wollten. Arbeite dann die Unterschiede heraus: Was stellt Görres in den Vordergrund, wofür plädieren hingegen die Burschenschaften?

S. 71, A1 • Tipp: Du kannst für diesen Vergleich eine Tabelle anlegen. Untersuche dabei die Stellung des Monarchen, die Aufgaben von Kaiser, Reichstag und Volk.

Kapitel 3: Der deutsche Nationalstaat im 19. Jahrhundert

S. 76, A2 • Die Wartburg galt um 1800 als nationales Denkmal. Viele glaubten, dass sie sich wegen ihrer Geschichte besonders dazu eigne. Recherchiere in deinen Unterlagen des vergangenen Schuljahres oder auch im Internet, mit welcher historischen Persönlichkeit die Wartburg verbunden wird und was diese während ihres Aufenthaltes dort tat. Ein weiterer Anhaltspunkt: Die national gesinnten Burschenschaften feierten auch das 300. Jubiläum des Reformationsbeginns. Lies noch einmal nach, wer die Teilnehmer des Wartburgfestes waren. Überlege dann, von wem die Reformation ausgingund finde Parallelen.

S. 77, A3 • Achte auf die Flaggen. Erkläre, welche Nationen hier repräsentiert werden. Hinweise gibt die Bildlegende. Was besitzt außer den Flaggen noch Symbolcharakter? Betrachte nicht nur den Bildinhalt, sondern auch das Bild selbst und seine Funktion.

S. 79, A3 • Arbeite aus dem Verfassertext auf S. 70 und 78 heraus, welche Vorstellungen es unter den Abgeordneten der Frankfurter Paulskirche von einem Nationalstaat gab. Begründe dann, welche Vorstellungen nicht durchzusetzen waren. Tipp: Die Fürsten mussten der Verfassung zustimmen.

S. 81, A1 • Für deine Analyse sind die Hilfestellungen auf S. 24f. nützlich. Recherchiere fehlende Informationen im Internet, etwa zu Napoleon III. oder den in der Bildlegende genannten Symbolen. Überlege, warum einige Symbole und Teile des Bildes auf Germanen und Mittelalter anspielen. Lies dazu den letzten Textabschnitt auf S. 80.

S. 83, A1 • Tipp: Achte auf den Bildaufbau, das Licht, die Haltung der dargestellten Personen und die Farben der Uniformen. Schau dir das Podest genau an. An welche Abbildung erinnert es dich?

Kapitel 4: Industrialisierung und Soziale Frage

S. 91, A1 • Lege dazu eine Tabelle mit folgenden Spalten an: Ort/wachsende Stadt, geografische Lage, technische Entwicklungen, Nähe zu welcher Industrie/Rohstoffvorkommen.

S. 93, A3 • Erkläre zunächst die Vorteile für Industrie und Handel. Welche Folgen hat es für die Wirtschaft, wen die Zölle wegfallen? Welche Vorteile ergeben sich daraus für die Bevölkerung? Denke vor allem an eine wachsende Wirtschaft, höhere Staatseinnahmen etc.

S. 94, A2 • Untersuche zunächst, an wen sich die Anzeige richtet. Was wird angeboten? Was verrät die Werbung über die Zusammenarbeit von Produktion und Fachkräften und über den Wirtschaftszweig?

S. 96, A1 • Kläre zunächst, warum die Wissenschaftler die Industrialisierung in dieser Weise zweiteilen. Was war in der ersten Phase „revolutionär", was in der zweiten ab 1870? Du kannst eine Tabelle erstellen, in der du die Hauptkennzeichen der beiden Phasen einträgst und diese gegenüberstellst. Berücksichtige dabei folgende Punkte: In welchen Bereichen und auf welchen Grundlagen fand jeweils der Fortschritt statt? Wie wurde dadurch jeweils die wirtschaftliche Entwicklung beeinflusst, z. B. welche Energie- und Kraftquellen spielten in der ersten Phase eine Rolle? Welche verloren in der zweiten Phase ihre Bedeutung und warum? Welche Bedeutung hatten die beiden „Industrielle Revolutionen" jeweils für den Alltag der Menschen?

S. 97, A1 • Nenne Beispiele für Geräte, die mit elektrischer Energie betrieben werden. Wie verändern sich Hausarbeit und Freizeit, wenn diese Geräte nicht mehr funktionieren?

S. 103, A1 • Zur Information: 1 dz (Doppelzentner) entspricht 100 kg, 1 ha (Hektar) sind 100 x 100 m. Zum Vergleich: ein Fußballfeld kann zwischen 45 x 90 m und 90 x 120 m groß sein.

S. 105, A1 • Arbeite heraus, wie sich die Bevölkerungszahl der drei Ortskategorien zwischen 1816 und 1910 veränderte. Erklärungen bieten die Tabelle M4 zum Wachstum ausgewählter Großstädte und die Karte M5 (Binnenwanderung).

S. 109, A2 • Du kannst es so formulieren: Die Gewerbeordnung schützt vor Lärm- und Geruchsbelästigung, vor …

S. 111, A2 • Anhaltspunkte gibt die Zeitleiste unten auf der Seite. Du kannst auch noch einmal auf S. 68 und 70 nachlesen. Die Gründe für die spätere Auswanderungswelle ergeben sich aus dem sogenannten Sozialistengesetz, zu dem du auf S. 122 mehr erfährst.

S. 113, A2 • Formulierungshilfen: Die Unternehmer betrachten die Arbeiterschaft sowie Frauen- und Kinderarbeit aus der Perspektive … – Der einzige Zweck von Arbeitskräften scheint ihrer Ansicht nach darin zu liegen, … – Die Unternehmer bemängeln, dass … – Für mich sind diese Argumente …

S. 115, A1 • Bereiche wären z. B. Beruf, Verdienst, Aufgaben/Rolle der Frau, Wohnung/Haushalt, Situation der Kinder, Bildung, Aufstiegsmöglichkeiten und Perspektiven.

S. 115, A4 • Arbeite die Kernaussagen der Grafik heraus. Wer gehört zu welcher Schicht? Welche Anteile der Bevölkerung an den Schichten verdeutlicht die Grafik? Was sagen die Pfeile aus? Zu der Frage, wer heute zur Ober-, Mittel- und Unterschicht gehört, kann dir folgender Link helfen: http://www.bpb.de/izpb/198045/facetten-der-modernen-sozialstruktur?p=all
Berücksichtige dabei auch, welche Rolle (Schul)bildung und Beruf spielen.

S. 117, A3 • Beschreibe zunächst das Stickbild: Was ist abgebildet, wie lautet der Text und was sagt er aus? Welchen Stellenwert besitzt die Arbeit? Stelle die Ansichten von Marx diesen Punkten gegenüber und beurteile, ob diese übereinstimmen.

S. 119, A3 • Untersucht zunächst das Gemälde. Welche Situation wird dargestellt und wer sind die Protagonisten? Wie werden die Personen auf dem Bild dargestellt? Was wird daraus über ihre Situation, ihre Ansichten deutlich? Zentral ist sicherlich der Disput zwischen dem Fabrikherrn und dem Arbeiterführer (links). Überlegt, worum es in dem Konflikt genau gehen könnte und welche Argumente beide Seiten vorbringen.
Tipp: Nehmt Position und Körperhaltung der von euch gewählten Personen ein und leitet daraus Wortwahl und Lautstärke, Gestik und Mimik ab.

S. 121, A4 • Untersuche zunächst, wie der Papst seine Forderungen formuliert. Sind sie konkret oder allgemein? Kläre z. B. folgende Aussage: Der Arbeiter soll „nicht gemeinsame Sache machen mit verbrecherischen Menschen, die in wohlgesetzten Reden das Blaue vom Himmel versprechen" (Zeile 10-13). Was bedeutet es für das Verhältnis von Arbeitgeber und Arbeitnehmer, die „persönliche Würde, die er als Christ hat" (Zeile 16 f.) zu achten?

S. 123, A4 • Du kannst deine Antwort etwa so formulieren: Bei einer freiwilligen Lösung hätte die Gefahr bestanden, dass … – Demgegenüber garantierte eine gesetzliche Lösung …

Kapitel 6: Imperialismus und Erster Weltkrieg

S. 143, A1 • Welche Stimmungen suggerieren die unterschiedlichen Farben, wie sehen die Vertreter der verschiedenen Völker aus, inwiefern agieren Menschen und Tiere, welche Bedeutung haben die Begriffe in den Bannern oben?

S. 143, A2 • Wie sehen sich die Kolonialmächte selbst, wie sehen sie sich im Vergleich mit den anderen Kolonialmächten, welche Zukunftsvorstellungen haben sie?

S. 145 A1 • Blättere zurück zu S. 58f. und orientiere dich an den dort vorgestellten Schritten zur Analyse.

S. 147, A1 • An wen richtet sich Lugard? Was will er mit seiner Argumentation bezwecken? Und wen übergeht er dabei? Was versteht er unter Zivilisation und warum zieht er das Beispiel des Imperium Romanum heran?

S. 147, A4 • Berücksichtige, dass die Afrikaner missioniert wurden; denke an die Klimaverhältnisse in Afrika.

S. 151, A2 • Überlege dir, an wen du eine Postkarte verschicken würdest, welche Motive du in der Regel auswählst, welche Stimmung durch die Postkarte vermittelt wird, welche Aussageabsicht hinter dem abgebildeten Postkartenmotiv steckt, wie der Empfänger auf die Karte reagieren könnte, in welche Zeit die Postkarte passt.

S. 152, A1 • Lies den Verfassertext mit Blick auf folgende Fragestellungen: Welche Ziele hatten die beteiligten Mächte jeweils, welche Erfolge erzielten sie, wie ist in beiden Krisen die jeweilige Mächtekonstellation?

S. 153, A1 • Welche Einstellung unterstellt Bülow den anderen Großmächten, welche Absichten formuliert er für Deutschland, inwiefern kritisiert er Frankreich indirekt? Prüfe, in welchen Formulierungen du Ungenauigkeiten im Vergleich zum Darstellungstext siehst.

S. 153, A3 • Beachte die Ziele des gewählten Landes. Welchen Erfolge hatte das Land bisher in der Kolonialpolitik, wie sahen die Bündnisverhältnisse aus?

S. 155, A5 • Berücksichtige deine Ergebnisse aus den vorangegangenen Aufgaben und den Verfassertexten. Erläutere, welche Interessen außerhalb des Balkans verfolgt wurden. Welche Rolle spielten Bündnisse?

S. 157, A2 • Lies noch einmal den letzten Teil des Verfassertextes. Wie war das Verhältnis der Regierung zu den Sozialdemokraten? Welche Rolle spielte der Krieg für den „Burgfrieden"? Wieso stabilisierte dies die kaiserliche Regierung?

S. 163 A1 • Welches Interesse hatte die Regierung an der Verbreitung des Eindruckes, es herrsche Kriegseuphorie? Berücksichtige auch deine Ergebnisse aus M1.

S. 163 A4 • Nimm deine Ergebnisse aus Aufgabe 3 zuhilfe. Was konnten die Soldaten in ihren Briefen erzählen, was nicht? Wie nah sind nachträglich aufgeschriebene Erlebnisse an der Realität? Inwieweit können Briefe und Erinnerungen wiedergeben, wie es „wirklich" war?

S. 167, A2 • Informiere Dich im Internet z. B. über das Kriegsmuseum in Flandern und die Kritik, die daran geäußert wird. Teilst du die Kritik? Sollte deiner Meinung nach überhaupt an die Bedingungen an der Front erinnert werden und wenn ja, wie sollte diese Erinnerung aussehen? Was müsste ein solches Museum vermitteln?

S. 169, A1 • Fertige eine Tabelle an, in der du neben selbst gewählten Kategorien (z. B. Bündnisverpflichtungen, Meinung der Bevölkerung, Entfernung zum Kriegsgeschehen, gemeinsame Vergangenheit mit dem Deutschen Reich) auch den Anlass für den Kriegseintritt sowie die Ziele gegenüberstellst. Sieh dir dazu noch einmal ab S.150 die Bündnissysteme und die Gründe für die Kriegseintritte an. Lies dir M3 gründlich durch. Erschließe die Plakate M4.

S. 169, A3 • Wiederhole, was du über den Stellungskrieg im Westen gelernt hast. Welche Gründe sehen die Amerikaner für den Kriegseintritt? Was haben sie von dem Krieg in Europa bisher mitbekommen? Kann man mit einem Vergleich beeinflussen? Wären harte Fakten überzeugender?

Lexikon zur Geschichte: Begriffe

In allen Darstellungstexten sind wichtige Begriffe ***hervorgehoben*** *und auf der jeweiligen Seite unten wiederholt. Erklärungen für diese Worte gibt dir unser „Lexikon zur Geschichte". Wenn wir bei der Erklärung eines Wortes einen anderen Eintrag in das Lexikon verwenden, machen wir dies mit dem ▸ Pfeilsymbol deutlich. Dies kannst du dir beim Nachschlagen zunutze machen: Folge einfach den Pfeilen, dann erschließt du ein ganzes zusammenhängendes Themenfeld. Probier es einmal aus, zum Beispiel mit dem Begriff „Arbeiterbewegung".*

Absolutismus (lat. *absolutus*: uneingeschränkt): monarchische Herrschaftsform (Monarchie), in der Fürsten seit dem 17. Jh. ihre Stellung nicht nur von Gott ableiteten (Gottesgnadentum), sondern den Anspruch erhoben, „losgelöst" von den Gesetzen und den Ständen regieren zu können.

Aktiengesellschaft: Betriebsform; bei ihr kaufen Aktionäre Anteilsscheine (Aktien) von dem jeweiligen Unternehmen. Dadurch sind sie am Gewinn und Verlust des Unternehmens beteiligt.

Alliierte: Der Begriff „Alliierte" (von Allianz = Bündnis) bezeichnet miteinander verbündete Staaten. Das waren im Ersten Weltkrieg die gegen die Mittelmächte verbündeten Großmächte Frankreich, Großbritannien und Russland (Entente) mit weiteren verbündeten Staaten.

Arbeiterbewegung: Zusammenschluss von Arbeitern, um ihre soziale, wirtschaftliche und politische Benachteiligung zu beseitigen. Den Anfang bildeten kleine Gesellen- und Handwerkervereine. Die Allgemeine Deutsche Arbeiterverbrüderung von 1848 forderte ein allgemeines, gleiches Wahlrecht und eine Lösung der ▸Sozialen Frage. Wichtige Aufgaben in der Arbeiterbewegung übernahmen die ▸Gewerkschaften und der 1863 gegründete Allgemeine Deutsche Arbeiterverein, aus dem die Sozialdemokratische Partei Deutschlands hervorging, die sozialistische (▸Sozialismus) und kommunistische (▸Kommunismus) Forderungen stellte.

Arbeitsteilung: Wenn die Arbeit in verschiedene Aufgaben aufgeteilt wird und sich Einzelne auf bestimmte Gebiete spezialisieren können, so dass z. B. Berufe entstehen oder sich die industrielle Arbeitsweise herausbildet (▸Fabrik).

Atomausstieg: staatliche Entscheidung, den Betrieb von ▸Kern- bzw. Atomkraftwerken einzustellen und auf andere Energieformen, v. a. erneuerbare Energien wie Wind- und Solarkraft, umzusteigen.

Aufklärung: Epoche der Wissenschafts- und Geistesgeschichte im 17. und 18. Jh. Die Aufklärer verließen sich bei ihrer Suche nach der Wahrheit auf Vernunft (lat. *ratio*), Experimente und Erfahrungen (griech. *empeiria*).

Bauernbefreiung: Die Bauernbefreiung wurde in Preußen durch das Oktoberedikt von 1807 eingeleitet. Es beendete die Erbuntertänigkeit der Bauern, einer Art Leibeigenschaft, in der sie ihrem Gutsherrn rechtlich und wirtschaftlich unterstanden. Die Bauern mussten den Grundherrn nicht mehr um Zustimmung bitten, wenn sie heiraten wollten, er durfte auch nicht mehr in allen Fällen über sie richten. Die Bauern konnten Grund und Boden erwerben oder in die Stadt ziehen. Doch die Dienste und Abgaben fielen erst weg, wenn sie den Gutsherrn dafür entschädigt hatten. Dazu fehlte ihnen aber meist das Geld. Auch die soziale Absicherung bei Krankheit oder Not durch den Gutsherrn fiel weg. Viele arme Bauern zogen als ungelernte Arbeiter in die entstehenden Industriegebiete (▸Industrialisierung).

Bill of Rights: Am Ende der unblutigen ▸Revolution, der „Glorious Revolution" („Glorreiche Revolution"), legte 1689 die „Bill of Rights" Rechte und Pflichten des ▸Parlaments und der Könige fest. Sie machte England zur ▸konstitutionellen Monarchie.

„Blankoscheck": Am 5. Juli 1914, am Vorabend des Ersten ▸Weltkrieges, gab die deutsche Reichsführung ihrem Bündnispartner Österreich freie Hand für eine militärische Aktion gegen Serbien. Berlin knüpfte an seine Unterstützung keine Bedingungen. Man sprach daher auch von einem „Blankoscheck", einer uneingeschränkten, Vollmacht.

Bündnispolitik: Teil der Diplomatie und Außenpolitik. Der Zerfall des Bismarck'schen Bündnissystems nach 1890 trug zur außenpolitischen Isolierung des ▸Deutschen Reiches vor dem Ersten ▸Weltkrieg bei.

Burgfrieden: Der Begriff stammt aus dem Mittelalter und bezeichnete das Hoheitsrecht auf der Burg, mit dem alle Streitigkeiten innerhalb der Burgmauern verboten waren. Er wurde 1914 auf den Zustand während des Ersten ▸Weltkrieges übertragen. Im Krieg sollten alle Streitigkeiten ruhen, da diese das Land schwächten. Darauf wirkte Kaiser ▸Wilhelm II. mit einer Rede vom 4. August 1914 hin: „Ich kenne keine Parteien mehr, Ich kenne nur Deutsche." Die bisher als „vaterlandslose Gesellen" beschimpften Sozialdemokraten nahmen den ▸„Burgfrieden" an, stimmten im Reichstag für die Kriegskredite und stellten ihre Forderungen nach mehr Demokratie zurück.

Deutscher Zollverein: wirtschaftlicher Zusammenschluss deutscher Staaten von 1834. Er führte zu einer wirtschaftlichen Einigung ohne Österreich und bereitete den deutschen ▸Nationalstaat vor.

Deutsches Kaiserreich: deutscher Staat, der im Verlauf des Deutsch-Französischen Krieges 1871 auf Betreiben ▸Bismarcks gegründet wurde. Das Deutsche Kaiserreich war nach der ▸Verfassung von 1871 ein konstitutionell-monarchischer Bundesstaat (▸konstitutionelle Monarchie), an dessen Spitze der König von Preußen als Deutscher Kaiser stand und in dem gewählte Abgeordnete im Reichstag Gesetzesanträge stellen konnten.

Dreibund: geheimes Verteidigungsbündnis zwischen dem ▸Deutschen Reich, Österreich-Ungarn und dem Königreich Italien. Die Mächte verpflichteten sich, einander bei einem Angriff Russlands zu helfen.

Eisenbahn: Ein Verkehrsmittel auf Schienen für den Transport von Gütern und Personen. Die Erfindung der Eisenbahn und der rasante Ausbau des Schienennetzes gehören zu den wichtigsten Grundlagen der ▸Industrialisierung.

Energiewende: der Übergang von der nicht-nachhaltigen Nutzung von fossilen Energieträgern (Kohle, Erdöl, Erdgas) und der Kernenergie (Atomkraft) zu einer nachhaltigen Energieversorgung mittels erneuerbarer Energien bezeichnet. Zu den erneuerbaren Energien zählen Windenergie, Sonnenenergie, Meeresenergie, Bioenergie, Wasserkraft und Erdwärme.

Entente cordiale: der Begriff heißt übersetzt „herzliches Einvernehmen" und bezeichnet ein beiderseitiges Abkommen zwischen Frankreich und England. Hierin erkannte Frankreich Ägypten endgültig als rein britisches Interessengebiet an, während England den von Frankreich angestrebten verstärkten Einfluss in Marokko billigte.

Etikette: königliche Vorschriften für den Umgang bei Hofe, die während des ▸Absolutismus aufkamen und vor allem am Hof ▸Ludwigs XIV. (Sonnenkönig) große Bedeutung hatten.

Fabrik (lat. *fabricare*: anfertigen): eine durch den technischen Fortschritt im Zeitalter der ▸Industrialisierung entstandene Produktionsstätte, in der viele kleine Arbeitsgänge (▸Arbeitsteilung) aufeinander abgestimmt und im Gegensatz zur ▸Manufaktur nicht mehr nur vereinzelt, sondern hauptsächlich von Maschinen übernommen werden. Die Fabriken ermöglichten eine enorme Erhöhung der Produktionsmengen. Sie veränderten im 19. Jh. die Arbeitswelt, brachten die soziale Schicht der Industriearbeiter und mit ihnen die ▸Soziale Frage hervor.

Föderalismus (von lat. *foedus*: „Bund", „Bündnis", „Vertrag"): die Selbstständigkeit einzelner Glieder, die zu einer Gesamtheit zusammengeschlossen sind.

fossile Brennstoffe: über Jahrmillionen aus Hölzern oder Farnen entstandene Braun- und Steinkohle; auch das Erdöl zählt dazu, als dessen Ursprung Wissenschaftler kleine Meerestiere und Pflanzen vermuten. Die gesamten bestehenden Brennstoffvorräte nennt man Ressourcen.

Generalstände: Versammlung von Vertretern der drei Stände Adel, Geistliche und „Dritter Stand" (Bürger und Bauern). Sie tagten von 1302 bis 1614 in unregelmäßigen Abständen. Danach wurden sie erst zum 5. Mai 1789 von ▸Ludwig XVI. aufgrund der finanziellen Krise auf Druck des Adels nochmals einberufen. Die Versammlung der Generalstände 1789 beendete die absolutistische Herrschaft ▸Ludwigs XIV. und bildete den Auftakt der Französischen ▸Revolution.

Gewaltenteilung: eine im 18. Jh. entwickelte Lehre, die sich gegen die „absolutistische" Regierungsweise (▸Absolutismus) richtete. Demnach sind die Hauptaufgaben eines Staates von drei getrennten Einrichtungen zu erfüllen, die sich gegenseitig kontrollieren: Das ▸Parlament (Legislative) beschließt Gesetze, die Regierung (Exekutive) führt sie aus, und die Gerichte (Judikative) sprechen Recht. Die Virginia Bill of Rights von 1776, die amerikanische Bundesverfassung von 1787 und die französische ▸Verfassung von 1791 berücksichtigten die Gewaltenteilung erstmals.

Gewerbefreiheit: Seit dem 18. Jh. galten die Zünfte zunehmend als Hindernis für wirtschaftlichen Aufschwung und Fortschritt, denn sie legten die Produktionsverfahren fest, kontrollierten die Qualität der Produkte und diktierten die Verkaufspreise. Der Zunftzwang hemmte das Spiel von Angebot und Nachfrage auf einem freien Markt. Führende Theoretiker und Staatsmänner forderten daher „Gewerbefreiheit": Jeder sollte in jedem Umfang jeden Produktionszweig mit jeder Produktionstechnik eröffnen und betreiben können. Die Gewerbefreiheit wurde seit Beginn des 19. Jh. in den deutschen Staaten eingeführt.

Gewerkschaften: Zur Durchsetzung ihrer Interessen gegenüber den Unternehmern schlossen sich die Arbeiter seit dem 19. Jh. in Gewerkschaften zusammen. Diese gingen nach britischem Vorbild aus einzelnen Berufsverbänden, z.B. der Drucker, Metall-, Holz- und Bergarbeiter, hervor. Ihre Hauptaufgaben bestanden im Kampf um Lohnerhöhungen und Arbeitszeitverkürzungen, aber auch um die generelle Verbesserung der Arbeitsbedingungen. Ihr wirkungsvollstes Kampfmittel war der Streik. Die Gewerkschaften spielten eine wichtige Rolle in der ▸Arbeiterbewegung.

Gleichgewicht der Mächte (engl. balance of power): außenpolitisches Ziel der europäischen Großmächte seit dem ▸Westfälischen Frieden, um die ▸Hegemonie eines Staates auf dem Kontinent zu verhindern. Das Streben der absolutistischen Herrscher nach Vormacht (Hegemonie) verhinderte die Gleichgewichtspolitik der Großmächte.

Hambacher Fest: Bezeichnung für die bis dahin größte politische Veranstaltung auf deutschem Boden, bei der sich vom 27. Mai bis zum 1. Juni 1832 etwa 30 000 Menschen auf dem Hambacher Schloss und nahe bei Hambach sowie in Neustadt an der Haardt trafen. Es gilt als Höhepunkt der bürgerlichen Oppositionsbewegung in der Zeit der ▸Restauration und zu Beginn des ▸Vormärz. Die Festteilnehmer forderten nationale Einheit, Freiheit und Volkssouveränität.

Hegemonie: Vorherrschaft, etwa eines Staates in militärischer und wirtschaftlicher Hinsicht. Die absolutistischen Herrscher strebten danach. Seit dem Westfälischen Frieden war es vor allem außenpolitisches Ziel Englands, ein ▸Gleichgewicht der Mächte (engl. balance of power) herzustellen und damit die Hegemonie eines Staates auf dem Kontinent zu verhindern.

Hugenotten: so bezeichneten sich die calvinistisch-reformierten Glaubensanhänger in Frankreich. Unter ▸Ludwig XIV. wurden sie verfolgt und aus Frankreich vertrieben. Sie flohen in die benachbarten Länder, auch in protestantische Territorien des Deutschen Reiches.

Ideologie: Vorstellung, die die Welt aus einer bestimmten Sicht erklärt und dazu auffordert, nach ihren Ideen zu handeln. Beispiele: ▸Kommunismus, ▸Imperialismus, ▸Nationalismus und Rassenideologie (▸Rassismus).

Imperialismus (lat. *imperium*: Herrschaft): „Großreichspolitik" in allen Epochen. Im engeren Sinne die direkte oder indirekte Herrschaft wirtschaftlich-industriell entwickelter Mächte Europas, der USA und Japans über unterlegene Regionen von ungefähr 1880 bis zum Ende des Ersten ▸Weltkrieges.

Industrialisierung: die durch den Einsatz von Maschinen, neue Verkehrs- und Transportmittel (▸Eisenbahn) und den Handel bewirkte tief greifende Veränderung der Lebens- und Arbeitswelt. Sie begann Mitte des 18. Jh. in England und erfasste die meisten europäischen Staaten sowie die Vereinigten Staaten von Amerika. Die Industrialisierung veränderte die Gesellschaft umfassend und zog die ▸Soziale Frage nach sich.

Jakobiner: politischer Klub während der Französischen ▸Revolution. Seine Mitglieder trafen sich im ehemaligen Kloster St. Jakob in Paris. Sie übten unter der Führung von ▸Robespierre eine ▸Schreckensherrschaft aus.

Kapitalismus/Kapitalisten: Im 15. Jh. entstand eine Wirtschaftsform, in der es für Unternehmer darum ging, möglichst hohe Gewinne zu erzielen (z.B. die Medici in Florenz und die Fugger in Augsburg). Im Kapitalismus dominieren im Gegensatz zum ▸Kommunismus die Interessen der Unternehmer, die Eigentümer von Besitz und Kapital sind.

Kernkraftwerk/Atomkraftwerk: ein Wärmekraftwerk zur Gewinnung elektrischer Energie aus Kernenergie durch kontrollierte Kernspaltung

Klassengesellschaft: nach ▸Karl Marx und ▸Friedrich Engels Kennzeichen für die Industriegesellschaft. Diese setze sich aus der Klasse (lat. classis = Gruppe) der ▸Kapitalisten, die Geld, Marktkenntnisse und Produktionsmittel besitzen, und der Klasse der besitzlosen Arbeiter (Proletarier) zusammen (Zweiklassengesellschaft).

Klimawandel: bezeichnet die Veränderung des Klimas auf der Erde, die auf natürliche oder menschliche Einflüsse zurückgehen können. Die gegenwärtige, vor allem durch den Menschen verursachte globale Erwärmung ist ein Beispiel für einen Klimawandel. Ein Klimawandel kann eine Abkühlung oder Erwärmung über unterschiedliche Zeiträume bezeichnen.

Kolonialismus: Ausdehnung von Herrschaft über Gebiete und Gesellschaften einer anderen Kultur. Charakteristisch für den modernen Kolonialismus des 19./20. Jh. – die Herrschaft europäischer Staaten über außereuropäische Gebiete, die sich zum ▸ Imperialismus steigerte – ist das vorrangige Ziel, die beherrschten Gebiete und Gesellschaften wirtschaftlich auszubeuten und auch kulturell zu unterwerfen.

Kommunismus (lat. *communis*: allgemein, allen gemeinsam): eine Weltanschauung, die von einem gemeinsamen Eigentum an den Produktionsmitteln wie Boden, Kapital, Fabriken und Maschinen ausgeht, in der es keine Ausbeutung der Arbeiter mehr gibt und Frieden und Gerechtigkeit herrschen. Gegenteil des Kommunismus ist der ▸Kapitalismus. Nach ▸Marx und ▸Engels ist der Kommunismus das anzustrebende Endstadium der gesellschaftlichen Entwicklung (▸Marxismus). Ihm geht ein sozialistischer Staat (▸Sozialismus) voraus.

Konfessionalisierung: Vorgang während des Zeitalters der Reformation, bei dem die ▸Landesherren in ihren Territorien (▸Territorialstaaten) die Glaubensrichtung (Konfession) vorgaben.

Kongo-Konferenz: von ▸Bismarck 1884 einberufene Konferenz in Berlin, bei der sich die teilnehmenden Kolonialmächte auf Regeln für den Erwerb von Kolonien einigten, um künftig Interessenkonflikte untereinander zu verhindern. Die Vereinbarungen beschleunigten den „Wettlauf" um Afrika und sind ein Höhepunkt während des Zeitalters des ▸Imperialismus.

konstitutionelle Monarchie: Regierungsform, in der die absolute Macht der Könige (▸Absolutismus) durch eine ▸Verfassung begrenzt wird. Ein Monarch steht zwar weiterhin an der Spitze des Staates, ihm ist aber ein ▸Parlament zur Seite gestellt, das an der Gesetzgebung mitwirkt.

Landesherren: Herrscher, die in ihren Gebieten die höchste Gewalt haben. Im Laufe des Mittelalters entwickelten sich die im Reich vergebenen Königslehen zu eigenen ▸Territorialstaaten mit einem Fürsten als Landesherr an der Spitze.

Liberalismus (lat. *liber*: frei): Staats-, Gesellschafts- und Wirtschaftslehre. Dabei soll sich jeder Einzelne frei entfalten können. Seit 1815 fordern Liberale die Mitbestimmung von Bürgern und Verfassungen, die Grundrechte garantieren.

Manufaktur (von lat. *manu facere*: mit der Hand machen): Werkstätte, in der viele Frauen und Männer gleichzeitig mit unterschiedlichen Arbeitsgängen (▸Arbeitsteilung) ein Produkt herstellen (z.B. Spielkarten, Porzellan und Uhren). Manufakturen prägten den ▸Merkantilismus.

Marxismus: die von ▸Marx in Zusammenarbeit mit ▸Engels entwickelte Weltanschauung (▸Ideologie), nach der wirtschaftliche Veränderungen und nicht Ideen die Gesellschaft beeinflussen. Die Auseinandersetzungen zwischen den Klassen der Ausbeuter (Bourgeoisie, Unternehmer) und der Ausgebeuteten (▸Proletariat) führe in der ▸Industrialisierung zwangsläufig zum Sieg des Proletariats und zum ▸Kommunismus.

Mechanisierung/Mechanik: Entwicklungsprozess, bei dem die menschliche Arbeitskraft mehr und mehr durch Maschinen unterstützt wird. Dabei wird der Arbeitsprozess zunehmend auch in kleinere Arbeitsschritte zerlegt, die mechanisch ausgeführt werden. Die ▸Arbeitsteilung setzte bereits in der ▸Manufakturen ein, kam aber erst im Zuge der ▸Industrialisierung in den ▸Fabriken zum Durchbruch.

Menschen- und Bürgerrechte: Freiheiten und Rechte aller Menschen, u.a. die Gleichheit vor dem Gesetz, Glaubens- und Gewissensfreiheit und das Recht auf freie Meinungsäußerung. Sie sind unantastbar und sollten vom Staat geschützt werden. In den USA („Virginia Bill of Rights", 1776) und in Frankreich während der Französischen ▸Revolution („Erklärung der Menschen- und Bürgerrechte", 1789) wurden Menschen- und Bürgerrechte erstmals Bestandteil von ▸Verfassungen.

Merkantilismus (lat. *mercari*: Handel treiben): von den Fürsten gelenkte Wirtschaftsform zur Zeit des ▸Absolutismus. Sie stärkte die einheimischen Gewerbe und erhöhte die Steuereinnahmen.

Missionare/Missionierung (lat. „*missio*": Sendung, Auftrag): Ein Missionar ist Angehöriger einer Religion, der oft in einem fremden Land seinen Glauben verbreiten will oder im Auftrag einer Missionsgesellschaft religiös motiviert soziale Arbeit leistet.

Mittelmächte: Im Ersten ▸Weltkrieg die Mächte Deutsches Reich und Österreich-Ungarn, denen sich das Osmanische Reich und Bulgarien anschlossen. Sie kämpften gegen die ▸Alliierten.

Nation (lat. *natio*: Herkunft, Abstammung): Als Nation wird seit dem 18. Jh. eine große Gruppe von Menschen mit gleicher Abstammung, Geschichte, Sprache und Kultur oder mit gemeinsamer Regierung und Staatsordnung (▸Verfassung) in einem Staat bezeichnet (▸Nationalstaat). Nationen sind keine natürlichen Gebilde. Sie sind einerseits Konstruktionen der Politik und leben andererseits davon, dass sich Menschen zu ihr bekennen.

Nationalversammlung: Vertreter einer Nation (▸Parlament, Reichstag). 1789 erklärten sich in Frankreich die Vertreter der Stände zur Nationalversammlung (Französische ▸Revolution). 1848 trafen sich die von der deutschen Bevölkerung gewählten Abgeordneten in der Frankfurter Paulskirche, um einen Nationalstaat zu gründen und für ihn eine ▸Verfassung auszuarbeiten.

Norddeutscher Bund: 1866 unter Preußens Führung entstandener Bund deutscher Staaten. Er löste den auf dem ▸Wiener Kongress 1814/15 geschaffenen Deutschen Bund ab und bestand aus Preußen, 17 Kleinstaaten und vier Freien Städten. Der Norddeutsche Bund ging 1871 im ▸Deutschen Kaiserreich auf. Seine ▸Verfassung war die Grundlage der Reichsverfassung.

Ostfront: im Ersten ▸Weltkrieg der Hauptschauplatz der Kriegshandlungen der ▸Mittelmächte mit Russland. Das Kriegsgebiet umfasste große Teile Osteuropas und reichte ab 1916 bis zum Schwarzen Meer.

Panslawismus (griech. *pan*: alle): slawische Unabhängigkeitsbewegung, die alle Slawen, also auch die Völker auf dem Balkan, unter russischer Führung vereinigen wollte. Österreich-Ungarn befürchtete, dass sich die slawische Unabhängigkeitsbewegung auch gegen den eigenen Vielvölkerstaat richten könnte. Der Kampf Österreich-Ungarns gegen den Panslawismus kann als einer der Gründe für den Ausbruch des Ersten ▸Weltkrieges angesehen werden.

Parlament: ursprünglich eine von einem Herrscher einberufene Versammlung angesehener Männer seines Reiches (Stände). Seit 1295 wurde in England der Große Rat des Königs durch gewählte Vertreter des Landadels und der Städte ergänzt. Diese Versammlungen waren die Keimzelle des englischen Parlaments.

Proletariat: Für ▸Marx ist das Proletariat der Teil der Gesellschaft, der nichts besitzt als seine Arbeitskraft. Seine Aufgabe sei es, den ▸Kapitalismus zu beseitigen, um den ▸Kommunismus herbeizuführen (▸Marxismus).

Puritaner (lat. *purus*: rein): Anhänger der „reinen" calvinistisch-reformierten Lehre in England, einer Mischung aus katholischer Tradition und calvinistisch-reformierten Auffassungen. Um 1567 lösten sich die ersten Puritaner aus der anglikanischen Staatskirche. Sie gingen teilweise in die Niederlande oder wanderten nach Nordamerika aus.

Rassismus: Rassistisches Denken geht davon aus, dass die eigene Rasse einer fremden überlegen ist (▸Sozialdarwinismus). Kennzeichen von Rassismus sind: Benachteiligung, Ausgrenzung und Unterdrückung von Menschen wegen ihrer Herkunft, Hautfarbe oder Religion. Rassismus fand immer dort Anhänger, wo andere Bevölkerungsgruppen oder ganze Völker (▸Imperialismus) unterdrückt und entrechtet wurden, um eigene Machtpositionen zu behaupten oder zu erlangen.

Raubbau: Übernutzung von Ressourcen ohne Rücksicht auf die Folgewirkungen. Raubbau an der Natur erfolgt etwa durch übermäßige landwirtschaftliche Nutzung, Rodung von (Ur)wäldern oder den Abbau von Bodenschätzen.

Republik (lat. *res publica*: öffentliche Angelegenheit): Staatsform mit jährlich wechselnder Regierung hoher Beamter, die in Rom um 500 v. Chr. entstand. Kennzeichen einer republikanischen Herrschaft sind seit der Amerikanischen sowie der Französischen Revolution eine ▸Verfassung, ein ▸Parlament, die ▸Gewaltenteilung sowie die Vergabe von öffentlichen Ämtern durch Wahlen.

Restauration (lat. *restaurare*: wiederherstellen): Wiederherstellung früherer, politischer und gesellschaftlicher Verhältnisse, die oft durch eine Revolution beseitigt worden waren. So wird auch die Epoche in der Zeit von 1815 bis 1848 genannt, in der die Fürsten versuchten, alle nationalen und liberalen Bestrebungen zu unterdrücken.

Revolution (lat. *revolutio*: Umwälzung): grundlegende und tief greifende Veränderungen bestehender Verhältnisse. In der Politik wird von Revolutionen gesprochen, wenn der Zugang zur Macht (Herrschaft) in einem Staat in kurzer Zeit grundlegend verändert wird. Revolutionen sind in der Regel mit kulturellen, sozialen, wirtschaftlichen und rechtlichen Veränderungen und der Anwendung von Gewalt verbunden.

Rückversicherungsvertrag: ein 1887 abgeschlossenes geheimes Neutralitätsabkommen zwischen dem Deutschen Reich und dem Russischen Reich. Der Vertrag verpflichtete beide Seiten zur Nichteinmischung, falls das Deutsche Reich von Frankreich oder Russland von Österreich-Ungarn angegriffen würde.

Säkularisation (von lat. *saecularis*: weltlich): die Übernahme der Herrschaft in kirchlichen Gebieten durch weltliche Fürsten während der Herrschaft ▸Napoleons.

Sansculotten (franz. *sans culottes*: wörtlich: ohne Hosen, gemeint ohne Kniehosen, wie sie Adlige und Großbürgerliche trugen): Vereinigung der Pariser Unterschichten während der Französischen ▸Revolution. Ihre Anführer waren meist Rechtsanwälte und Journalisten.

Schlieffen-Plan: Die deutsche Kriegsplanung im Ersten ▸Weltkrieg ging vom Plan des preußischen Generalfeldmarschalls Alfred Graf von Schlieffen von 1905 aus: Frankreich sollte, solange die russische Armee noch nicht voll einsatzfähig war, zuerst niedergeworfen werden. Danach wollte man alle Truppen gegen Russland einsetzen.

Sozialdarwinismus: die Übertragung der biologischen Evolutionstheorie Charles Darwins von der natürlichen Auslese auf die Gesellschaft. Sozialdarwinistische Vorstellungen gingen von der Überlegenheit der industrialisierten über die nichtindustrialisierten Völker aus und rechtfertigten so den ▸Imperialismus und die ▸Rassenlehre.

Sozialdemokratie: seit Mitte des 19. Jh. Teil der politisch organisierten ▸Arbeiterbewegung, die unter dem Einfluss von ▸Marx und ▸Engels stand und sich seit ▸Lassalle nicht mehr nur für die Lösung der ▸Sozialen Frage, sondern auch für das allgemeine Wahlrecht und damit die parlamentarische Demokratie einsetzte. Die Sozialdemokratie wandelte sich von einer revolutionären Arbeiterpartei zu einer reformorientierten Volkspartei.

Soziale Frage: Bevölkerungsexplosion, Massenarbeitslosigkeit und -armut sowie Wohnungsnot kennzeichneten die Soziale Frage vor und während der ▸Industriellen Revolution. Arbeiter, Unternehmer und Kirchen, später auch der Staat, suchten nach Lösungen. Die von ▸Marx und ▸Engels verkündete kommunistische Weltanschauung (▸Kommunismus) und die sozialistischen Forderungen (▸Sozialismus) der Sozialdemokratie waren Reaktionen auf die ungelöste Soziale Frage.

Sozialismus (lat. *socius*: Genosse): eine Wirtschafts- und Gesellschaftsordnung, die auf gesellschaftlichen oder staatlichen Besitz der Produktionsmittel (Fabriken usw.) zielt und eine gerechte Verteilung der Güter und Gewinne an alle Mitglieder der Gemeinschaft anstrebt.

Schreckensherrschaft (franz. *„terreur"*: der Schrecken): Phase der Französischen ▸Revolution von Juni 1793 bis Juli 1794, die durch die brutale Unterdrückung aller Personen gekennzeichnet war, die verdächtigt wurden, gegen die Revolution zu sein. Die Terrorherrschaft wurde vom Wohlfahrtsausschuss, einem Komitee von zwölf Männern, geleitet. Die Schreckensherrschaft endete mit der Hinrichtung ▸Robespierres, einem der Führer des Wohlfahrtsausschusses.

Stellungskrieg: im Gegensatz zum Bewegungskrieg eine Form Kriegsführung, die auf Verteidigung der gewonnenen Gebiete ausgelegt ist. Dabei verschanzen sich die Soldaten über Monate hinter ausgedehnten Feldbefestigungen, weshalb es sich bei vielen Stellungskriegen um Grabenkriege handelte. Höhepunkt des Stellungskrieges bildeten die Frontkämpfe im Ersten ▸Weltkrieg.

Territorialstaat: Bezeichnung für ein Herrschaftsgebiet (lat. *territorium*: Gebiet), über das ein ▸Landesherr ohne Einmischung eines anderen Herrn regierte.

uneingeschränkter U-Boot-Krieg: Alle Handels- und Passagierschiffe in bestimmten Gebieten im Atlantik und im Mittelmeer sollten ohne Vorwarnung versenkt werden dürfen, auch Schiffe von Staaten, die nicht am Krieg teilnehmen.

Urbanisierung (von lat. *urbs*: Stadt): Verstädterung, bei der neue Städte entstehen und bestehende wachsen.

Verfassung: zunächst eine Satzung, die die Wahl sowie die politischen Rechte und Aufgaben der Könige („Goldene Bulle"), Regierungen, Stände und Bürger festlegte. Im Laufe der Geschichte änderte sich die Verteilung der Macht und wurde allmählich in Verfassungen (Konstitutionen) schriftlich festgelegt. Die amerikanische Verfassung von 1787 wurde von Vertretern der Kolonisten erarbeitet. Die französische Verfassung von 1791 war das Werk der ▸Nationalversammlung. Die von den Abgeordneten der deutschen Nationalversammlung erarbeitete Reichsverfassung von 1849 konnte nicht gegen die Macht der Fürsten durchgesetzt werden. Das 1871 gegründete ▸Deutsche Kaiserreich erhielt eine fortschrittliche Verfassung, die das allgemeine und gleiche Männerwahlrecht garantierte (Reichstag).

Verwaltung: alle Vorgänge und Aufgaben, die für die Organisation des Zusammenlebens und -arbeitens nötig sind und von weisungsgebundenen Beamten oder Angestellten durchgeführt werden. Das Vorhandensein einer Verwaltung ist Kennzeichen früher Hochkulturen (z. B. Ägypten, Mesopotamien) und moderner Staaten mit Ämtern und Behörden (Bürokratie).

Weltkrieg: Als Weltkriege werden Kriege bezeichnet, die auf mehreren Kontinenten und unter Einsatz von allen verfügbaren Ressourcen geführt werden. Am Ende eines Weltkrieges steht oft eine grundlegende Neuordnung des internationalen Staatensystems.

Westfälischer Frieden: Er beendete den Dreißigjährigen Krieg (1618-1648). Durch ihn verlagerte sich das politische Schwergewicht vom Heiligen Römischen Reich Deutscher Nation auf die ▸Territorialstaaten, gleichzeitig gewannen andere europäische Mächte durch ihn mehr Einfluss auf die deutsche Politik.

Westfront: Bezeichnung für den Frontverlauf in Frankreich und Belgien während des Ersten ▸Weltkrieges, die sich über rund 750 km Länge vom Ärmelkanal bis an die Schweizer Grenze erstreckte.

Wiener Kongress: 1814/15 versammelten sich die europäischen Mächte in Wien, um in einer Friedensordnung das ▸Gleichgewicht der Mächte auf dem Kontinent wiederherzustellen und revolutionäre Bestrebungen (▸Revolution) zu verhindern.

Zugtiere: Arbeitstiere wie Rinder, Kühe, Pferde, Esel oder Maultiere sowie in anderen Teilen der Erde auch Wasserbüffel, Yaks, Lamas, Trampeltiere, Dromedare, Elche oder Elefanten, die in der Landwirtschaft etwa zum Ziehen von Pflügen oder allgemein zum Transport von Waren eingesetzt werden.

Lexikon zur Geschichte: Namen

Bismarck, Otto Fürst von (1815 - 1898): Jurist, Gutsherr und Diplomat; 1862 bis 1890 preußischer Ministerpräsident und Minister des Auswärtigen, 1871 bis 1890 auch Reichskanzler. Er gilt als eigentlicher Gründer des ▸Deutschen Kaiserreiches. Mit seiner ▸Sozialgesetzgebung reagierte er auf die ▸Soziale Frage und politische Probleme.

Engels, Friedrich (1820 - 1895): Kaufmann, Philosoph und sozialistischer Politiker aus Barmen. Mit seinem Freund ▸Marx prägte er die Vorstellungen vom ▸Kommunismus, der ▸Arbeiterbewegung und der ▸Sozialdemokratie.

Lassalle, Ferdinand (1825 - 1864): Sohn eines jüdischen Kaufmanns aus Breslau; Philosoph, Journalist und Politiker; gründete 1863 den Allgemeinen Deutschen Arbeiterverein, aus dem 1890 die Sozialdemokratische Partei Deutschlands (SPD) hervorging (▸Sozialdemokratie).

Ludwig XIV. (1638 - 1715, „Sonnenkönig"): seit 1643 König von Frankreich. Er entmachtete den Adel und die Kirche und regierte absolutistisch (▸Absolutismus). Seine Macht zeigte sich in seinem prächtigen Schloss Versailles und in zahlreichen Eroberungskriegen. Die wirtschaftliche Stärke des Landes steigerte er durch den ▸Merkantilismus.

Ludwig XVI. (1754 - 1793; hingerichtet): Enkel Ludwigs XIV. und König von Frankreich; er regierte von 1774 bis 1792 und war mit der österreichischen Kaisertochter Marie Antoinette (1755 - 1793; hingerichtet) verheiratet. Er wurde während der Französischen ▸Revolution abgesetzt und 1793 wegen Verrats durch die Guillotine getötet.

Marx, Karl (1818 - 1883): Journalist, Philosoph und Begründer des ▸Marxismus. Gemeinsam mit ▸Engels prägte er die Vorstellungen vom ▸Kommunismus sowie ▸Arbeiterbewegung und ▸Sozialdemokratie.

Napoleon I. Bonaparte (1769 - 1821): Er war in den Revolutionskriegen ein erfolgreicher General. Durch einen Staatsstreich kam er 1799 an die Macht und beendete die ▸Revolution. 1804 krönte er sich zum Kaiser der Franzosen. Mit seinen Truppen eroberte er fast ganz Europa. Die Niederlage im Russlandfeldzug 1812 leitete das Ende seiner Herrschaft ein. 1815 wurde er bei Waterloo endgültig besiegt und auf die Insel St. Helena im Südatlantik verbannt.

Robespierre, Maximilien de (1758 - 1794; hingerichtet): Rechtsanwalt, führender ▸Jakobiner und mitverantwortlicher Politiker für den Terror (▸Schreckensherrschaft) in der Französischen ▸Revolution.

Stephenson, George (1781 - 1848): englischer Ingenieur und erfolgreichster Pionier des Eisenbahnwesens. Er wurde als Sohn armer Eltern geboren und brachte sich Lesen und Schreiben sowie seine technischen Kenntnisse selbst bei. Er baute nicht die erste Dampflokomotive (diese baute 1802 der Engländer Richard Trevithick), aber die Lokomotive für die erste öffentliche ▸Eisenbahn der Welt, die 1825 erstmals in England fuhr. Auch die erste deutsche Lokomotive Adler kam aus seiner Maschinenbauanstalt.

Watt, James (1736 - 1819): Neben einigen anderen Erfindungen konstruierte der schottische Kaufmannssohn und Feinmechaniker die erste funktionstüchtige Dampfmaschine. Sie wurde 1785 erstmals in einer Baumwollfabrik eingesetzt. Nach ihm wurde auch die Einheit der elektrischen Stromleistung „Watt" benannt.

Wilhelm II. (1859 - 1941): preußischer König und Deutscher Kaiser von 1888 bis 1918. Nach grundlegenden Meinungsverschiedenheiten mit ihm trat Reichskanzler ▸Otto von Bismarck 1890 zurück. Wilhelm II. änderte den außenpolitischen Kurs und wollte die weltpolitische Geltung des ▸Deutschen Reichs steigern. Nach der Niederlage im Ersten ▸Weltkrieg wurde er zur Abdankung gezwungen.

Sachregister

Die hervorgehobenen Seitenzahlen verweisen auf wichtige Begriffe, die in der Fußzeile des Darstellungstextes genannt und im Glossar erläutert werden.

Personenregister

Die hervorgehobenen Seitenzahlen verweisen auf wichtige Personen, die in der Fußzeile des Darstellungstextes genannt und im Glossar erläutert werden.

Bildnachweis

Ackermann GmbH & Co KG, Melle – S. 103; AEG Firmenarchiv, Frankfurt – S. 97; akg-images, Berlin – S. 21, 39, 45, 47, 77, 88, 92, 105, 109, 113, 114, 117, 134, 140, 150, 154, 162, 163; - / Bildarchiv Monheim – S. 85; - / British Library – S. 130; - / Chaplin-United Artists-Album – S. 127; - / Jérôme de Cunha – S. 38; - / Fototeca Gilardi – S. 38; - / Erich Lessing – S. 59; Archiv der sozialen Demokratie der Friedrich-Ebert-Stiftung, Bonn – S. 118, 125; Archiv der Volkskundlichen Kommission für Westfalen – Landschaftsverband Westfalen-Lippe, Münster – S. 115; BAS. AG / Zentralabteilung Öffentlichkeitsarbeit - Unternehmensarchiv, Ludwigshafen – S. 112; Bayerisches Nationalmuseum / Bertram Krack, München – S. 13; BBC Hulton Picture Library, London – S. 147; Margit Becker, Meinersen – S. 164; Bibliothèque Nationale de France, Paris – S. 62, 63 (2); bpk-Bildagentur, Berlin – S. 53, 56, 89; - / Hermann Buresch – S. 83; - / Alfredo Dagli Orti – S. 169; - / Kunstbibliothek, SMB, Knud Petersen – S. 73; - / RMN Grand Palais – S. 73; - / RMN Grand Palais, Agence Bulloz, Musée Carnavalet, Paris – S. 43; - / The Metropolitan Museum of Art, New York – S. 59; Bridgeman Images, Berlin – S. 22; Dr. Christoph Bühler, Heidelberg – S. 159; Bundesarchiv, Koblenz – S. 65; C.M. Histoire la France au fil du temps de 1789 á nos jours, 1985, S. 77 – S. 162; Demag, Duisburg – S. 93; Deutsches Historisches Museum, Berlin – S. 39, 89, 111, 118, 122, 161, 167 (2); - / S. Ahlers – S. 148; - / J. Desnica – S. 159; Deutsches Museum, München – S. 90; Die photographische Sammlung / S. Stiftung Kultur-August-Sander-Archiv, Köln – S. 141; dpa Picture-Alliance / abaca, Christian Liewig – S. 3, 36/37; - / akg-images – S. 40, 119, 145; - / Bildagentur Huber, Szyszka – S. 85; - / dpa – S. 101; - / dpa, Uwe Zucchi – S. 13; - / Mary Evans Picture Library – S. 165; - / Wolfram Steinberg – S. 110; - / vintage.de, Burghart Jüttner – S. 166; Elektrotechnisches Museum der Hastra, Hannover – S. 97 (2); Emil-von-Behring-Bibliothek, Arbeitsstelle für Geschichte der Medizin, Marburg – S. 98; Emschergenossenschaft, Essen – S. 108; Emslandmuseum Schloss Clemenswerth, Sögel – S. 29; Fabrikmuseum Nordwolle, Delmenhorst – S. 100; Harald Focke, Bassum – S. 94; Getty Images / Bettmann, München – S. 168; Herzog-August-Bibliothek, Wolfenbüttel – S. 16; Hessisches Landesmuseum, Darmstadt – S. 68; Historisches Museum der Stadt Frankfurt – S. 70; Historisch; Imperial War Museum, London – S. 166, 167; Interfoto, München – S. 99; Koloniales Bildarchiv / Universitätsbibliothek CJS. Foto: Albrecht, Frankfurt – S. 148; Kunstmuseum im Ehrenhof, Düsseldorf – S. 19; Library of Congress, Washington – S. 161; Mauritius Images / Alamy, Mittenwald – S. 12; - / imageBROKER, Björn Kietzmann – S. 4, 74/75; Musée Carnavalet, Paris – S. 39, 42, 46, 48, 49; Musée Histoire, Riquewihr – S. 64; Musée National du Louvre, Paris – S. 31; Musée National du Versailles et des Trianons, Château de Versailles – S. 27; Museum für deutsche Geschichte, Berlin – S. 44; Nationalarchiv Namibia, Windhoek – S. 148; Nordwestdeutsches Museum für Industriekultur, Delmenhorst – S. 101 (2); Porzellanmanufaktur FÜRSTENBERG – S. 32, 33; Residenzmuseum im Celler Schloss, Fotostudio Loeper, Celle – S. 33; Sammlung Karl Stehle, München – S. 102, 125; Schloss Schönbrunn Kultur- und Betriebsgesellschaft m.b.H., Schloss Schönbrunn – S. 28; Siemens Museum, München – S. 112; Nils Stappenbeck, Porta Westfalica – S. 3, 10/11; Stiftung Stadtmuseum, Berlin – S. 81; Wilhelm Stöckle, Filderstadt – S. 151; Thinkstock / iStockphoto, SanderStock – S. 4, 128/129; - / iStockphoto, santirf – S. 80; Ullstein-Bild, Berlin – S. 153; - / Granger Collection – S. 143; - / histopics – S. 76; - / Reuters – S. 136; - / Westend61, Wilfried Wirth – S. 116; Universitätsbibliothek, Heidelberg – S. 127; Universitätsbibliothek Heidelberg, Sig. G 5442-3 Folio RES – S. 156; Universitätsbibliothek Heidelberg, Sig. ZS. 4579 C RES – S. 152; Universitätsbibliothek, Wien – S. 171; Verkehrsmuseum, Nürnberg – S. 95; VG Bild-Kunst, Bonn 2016 – S. 163; Westfälisches Landesmuseum, Münster – S. 12; www.deutsche-schutzgebiete.de – S. 141; www.staff.uni-oldenburg.de / Ulrich Kattmann, Mafuka – S. 171; www.wikimedia.org – S. 14, 23, 26, 38, 41, 60, 61, 70, 94; www.wikimedia.org / Arch – S. 12; www.wikimedia.org / Arno Bendszeit, CC B-S. 4.0 – S. 5, 138/139; www.wikimedia.org / Chérieux – S. 61; www.wikimedia.org / europicture.de – Cover, 9, 24; www.wikimedia.org / Magnus Gertkemper, CC BY-S. 3.0 – S. 4, 86/87; www.wikimedia.org / Historic Museum Frankfurt – S. 78; www.wikimedia.org / Jürgen Howaldt, CC BY-S. 2.0 – S. 101; www.wikimedia.org / Sir Godfrey Kneller – S. 41; www.wikimedia.org / Johann Jacob Müller (drawn by), Joost van Sasse (engraved by), Pieter Schenk (published by) – S. 29; www.wikimedia.org / Photo de F. Lamiot, CC BY-S. 2.5 – S. 60; www.wikimedia.org / RD-old – S. 13; www.wikimedia.org / Reichspost of the German Empire – S. 171; www.wikimedia.org / Elke Wetzig (elya), CC BY-S. 1.2 – S. 89; www.wikimedia.org / www.davidmus.dk – S. 25; www.wikimedia.org / © Thomas Wolf, www.foto-tw.de, CC BY-S. 3.0 – S. 28; www.wikipedia.de – S. 88, 132; Yale University Art Gallery, New Haven – S. 55.

Europa 1914

Südgrenze des Norddeutschen Bundes 1867
Grenze des Deutschen Bundes 1871
Die Habsburger Monarchie bis 1918
Im Reichsrat vertretene Königreiche und Länder (Zisleithanien und Österreich)
Länder der Ungarischen Krone (Transleithanien)
Bosnien und Herzegowina (Kondomimium beider Reichsteile)
Abkürzungen:
Kgr. Königreich
Fsm. Fürstentum
Kfsm. Kurfürstentum
Hzm. Herzogtum
Gft. Grafschaft
Mgft. Markgrafschaft
0 100 200 300 400 500 1000 Kilometer
20° West
10° West
0°
10° Ost
50° Nord
40° Nord
Norwegen
Kristiania
Göteb
Schott-land
Edinburgh
Irland
Dublin
Grossbritannien
London
Nordsee
Dänemark
Kope
Schleswig-Holstein
Hamburg
Grhzm. Mecklenburg Schwerin
Grhzm. Oldenb.
Bremen
Prov. Hannover
Hannover
Brande
Amsterdam
Niederlande
Fsm. Lippe
Westfalen
Sachs
Atlantischer Ozean
Brüssel
Belgien
Rheinprovinz
Prov. Hessen-Nassau
Weimar
Leipz
Thüring. Staaten
Kgr. Sach
Hessen
Luxemburg
Paris
Grhzm. Baden
Pfalz
Nürnberg
Lothringen
Kgr. Bayern
Kgr. Württem-berg
Nantes
Frankreich
Elsass
Ulm
München
Zürich
Schweiz
Tirol
Bordeaux
Mailand
Venedig
Portugal
Avignon
Andorra
Marseilles
Florenz
Ital
Madrid
Barcelona
Korsika
Lissabon
Rom
Spanien
Cordoba
Sardinien
Gibraltar
Algier
Sizi
Fez
Algerien
Marokko
Tunesien
Südterritorien